滄海叢刊

近代中國人物漫譚續集

王覺源 著

1991

東大圖書公司印行

國立中央圖書館出版品預行編目資料

近代中國人物漫譚續集／王覺源著。
--初版。--臺北市：東大出版：三民總經銷，民80
面；　　公分。--(滄海叢刊)
ISBN 957-19-1277-8（精裝）
ISBN 957-19-1278-6（平裝）

1.中國-傳記

782.18　　　　79001458

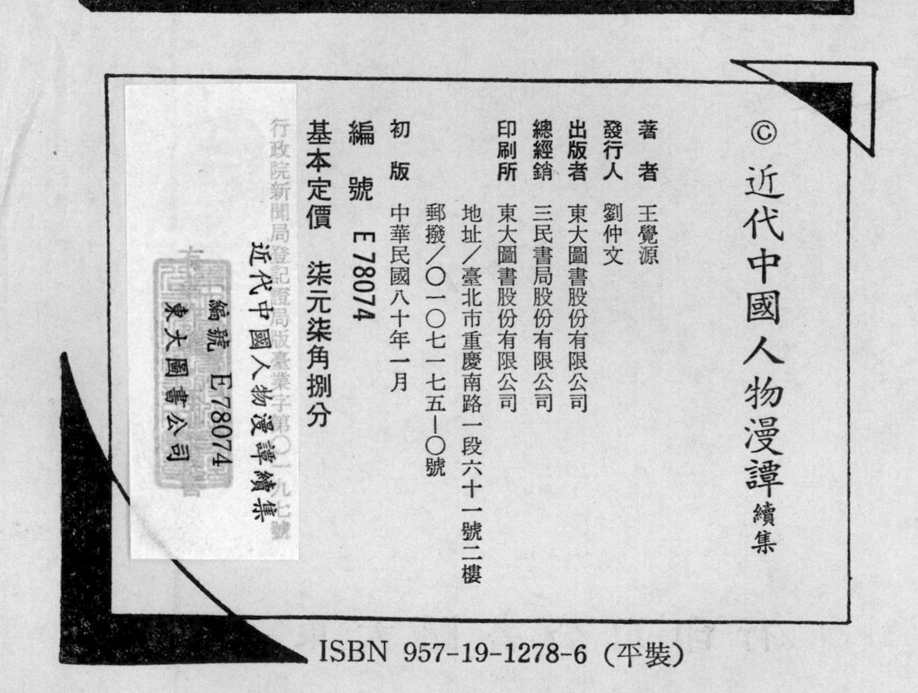
© 近代中國人物漫譚續集

著者　王覺源
發行人　劉仲文
出版者　東大圖書股份有限公司
總經銷　三民書局股份有限公司
印刷所　東大圖書股份有限公司
地址／臺北市重慶南路一段六十一號二樓
郵撥／〇一〇七一七五－〇號
初版　中華民國八十年一月
編號　E 78074
基本定價　柒元柒角捌分
行政院新聞局登記證局版臺業字第〇一九七號

近代中國人物漫譚續集
編號　E78074
東大圖書公司

ISBN 957-19-1278-6（平裝）

近代中國人物漫譚 續集 卷頭語

一、本卷頭語，在說明著者寫作出版本書所想要說的話。不另寫序言，也不請人作序。

二、本書係繼『近代中國人物漫譚』前集而來、故稱續集。所不同於前集者，其中文章十之八九皆係新作。寫作章法與風格等，亦與前集完全一貫。

三、顧名思義，本書當然以人物作中心；但略有別於過去一般傳記，不忽略其趣味性，亦不摒棄道義的批評。內容包括了官海、儒林、江湖、社會各方面的掌故風習。時間則起自清末民初，以迄播遷來臺。

四、通常傳記多在告訴當代人以過去歷史，卻缺乏給未來人認識當代的意義。本書對人物故事的敍述，根據客觀事實，不採主觀臆斷；綜合過去與未來，不作皮相之談或略存偏見。

五、本書在學術上說不上有多大價值，但多係第一手資料，不敢敝帚自珍、願供史家參考。落筆有別於正史傳記，也不同於傳奇小說。荀子有言：「以仁心說，以學心聽，以公心辨。」作者願與讀者有此共識！更希望讀者多予指教！

一九九〇年五月二十六日 王覺源於臺北愧園

近代中國人物漫譚續集 目次

卷頭語

德高望重的林森主席……一

儒林一標準學人丁文淵……一九

中國語言學之父趙元任……三五

裘帶雍容的譚延闓……五三

王纘緒與四川省主席……七一

現代武俠小說先驅向愷然（不肖生）……八五

八方風雨會中州的吳佩孚……一〇五

中國哲學兼史學家馮友蘭……一二五
鄧錫侯愛附庸風雅……一三九
學貫中西的潘光旦……一五一
雛鳳聲清話洪深……一六三
張皇失措的張治中……一七五
救國七君子中的沈鈞儒……一九三
繼鄧演達搞黨的章伯鈞……二一一
司徒美堂與海外洪門組織……二三五
梁鴻志的悲劇……二五一
漢奸羣中一奇人任援道……二六九
美洲致公堂與陳其尤……二八三
報界先進葉楚傖……二九一
民主同盟的史實和人物……三〇九

不務正業的江亢虎……三五九
獻國寶交換國代的尤永昌……三七七
由學閥而職教派的黃炎培……三八九
朱學範其人其事……四〇一
何魯利用農民搞政治……四二三
終未與中央合作的李濟琛……四三五
一代學人梁漱溟……四四九
周亞衛妻唱夫隨企圖參政……四六九
黃炎培足踏兩邊走四方……四七七
川軍兩驍將劉文輝與潘文華……四九一
傲慢自大的劉文典……五〇三
神乎其技的周仲平……五一七

德高望重的林森主席

立身處世典型人物

中華民國國民政府前主席林森先生，德高望重，衮帶雍容，國人咸以超凡而具風趣之元老目之。他素有民胞物與之懷，公平正直之德。當國家政局混亂之秋，寧粵和談期間，各方黨、政、軍首要，咸望有一個年高德劭、慈祥愷悌之人，出而領導全國國民。先生爲眾望所歸，受眾擁戴，於民國二十一年就任爲國民政府主席。雲霓望慰，舉國歡欣，他坐鎮廟堂十有一年，砥柱中流，實有垂拱而治的氣象。

林主席名森，字子超，號長仁，又號天波，晚年別署青芝老人。清同治七年（一八六八）二月，生於福建閩侯（今林森縣）。少壯奔走革命，一九〇五年，加入同盟會；幾經改組，民國十二年，轉入中國國民黨；深受國父孫先生特達之知。領導青年，從事革命救國運動，窮幹苦幹，充分發揮犧牲奮鬬精神，展開了國家的新運。民國肇造伊始，服務黨國，垂四十餘年。其犖犖著者：在地方曾任福建省議會議長、福建省長。在中樞，則由議長（民元，南京參議會；民十、廣州非常國會）、部長（十三年，中委兼海外部）、國府委員（十四與十六年）、立法院長（二十年）而國民政府主席，連任十一年。當民國三十二年八月一日，正對日抗戰，勝利在望之時，先生竟於是日，在四川重慶，別全國軍民而溘然崩逝，享年七十有五歲。

林主席在其一生之中，無論奔走革命，或當方面、或主中樞，其道德文章與其豐功偉績，在我國近代的國家元首中，實難找出第二人。太上有所謂三不朽者，先生庶幾近之。他是一個政治家立身處世的典型人物，在黨國史乘、私家劄記隨筆中，皆已言之詳矣。本文俱不加贅述，僅就世所罕傳而具有趣味性者，略紀之於下。

謙讓為懷與世無爭

林主席，自少及壯的音容笑貌，我沒有親接過的。他在七十左右的年代，我倒見過不少次。他那種白髮朱顏、隆準修髯的面貌；步武安詳、豐神飄舉、藹然可親的態度；每出現在人們的眼前時，令人無不肅然起敬！說他很像一個爐火純青、不食人間煙火、超然物外的人物。我記得易君左（近代文學家，來臺去世），在江蘇省政府服務時，寫過一本「閒話揚州」，引起了揚州人士的閒話。鬧了一次風波。曾有好事者，在上海小報刊載一幅對聯說：「林子超、國府主席、主席國府、林子超然；易君左、閒話揚州、揚州閒話、易君左矣。」易君是否「左矣」？暫且不談。林子之「超然」，語固自然，亦實描出林公裘帶雍容的神氣。

林先生自少矢志革命，三十七歲加入同盟會。終身追隨國父孫先生，爲革命而犧牲奉獻。策動清廷海軍響應革命成功最著。爲人守正不阿、立場堅定。原任民元南京臨時參議院議長。民二，參院北遷，仍被選爲參議院議長。當時繼孫先生爲臨時大總統的袁項城（世凱），身着戎裝、佩劍腰際、趾高氣揚、跨進參議院。林公看不慣袁氏這種驕狂自大的形像，便正色面戒袁氏曰：此地乃民主最高殿堂，必須解除武裝——佩劍，以崇法治。袁氏聞言，面色立變，礙於情勢，祇得解下配劍，入席就坐。林公正直不阿、不怕惡勢力的精神，立時傳遍於議場內外。林公曾兩度充任全國最高立法機關的領袖（南京與廣州）。孫先生兩次就任國家元首，都是由他以國會議長資格授印的。他不但毫無得色，且素無政治野心與植黨營私。器度恢宏、雍容易與。以書生執政，不循私、善馭下，尤能自安於心！祇求有利於國家社會，絕不計較個人的名利地位。無論地方或中樞；無論高官或屬吏；皆無可無不可，更無不處之泰然！

因此養成了他謙讓爲懷、與世無爭的德行。他無論在任何場合中，除了革命正義、公理，與個人人格道德之外，公忠體國、盡其在我，從不與人有爭。大家亦以其人格道德之超羣出眾，儘管他處處謙讓，還非推選他爲領袖作領導不可。如其任議長、部長、院長乃至國府主席，無不是被推舉出來的。他亦常以「滿招損、謙受益」與老子「人皆居先、己獨取後」的道理，告誡其子姪和晚輩：自己愈謙退，人必愈推進；也才能擴展其志而公爾忘私，犧牲貢獻於國家社會。因其人格道德修養之高尚，卽自然獲致大眾的敬仰！他奔走革命於海內外數十年，計其行程，在海外似比在國內的時間爲多。在海外的活動，多爲宣傳與募捐，以推進革命運動。凡所至之地，處處歡迎、人人愛戴，信其言、受其教，更樂其捐而不避者。無他，實其人格道德之感召，有以致之！

清明廉潔自奉儉約

林主席不但對於革命大業，與國家政治等等大問題，關注殷切。卽對個人日常生活之自處，也絕無因循、苟且、偷安的習性。他二十五歲（一八六八）娶元配夫人鄭氏，越三年，夫人因病逝世。青壯喪偶，鰥居四十餘年。既無親生子女，承繼子林京，又留學美國，常不侍奉左右，眞不免有影隻形單的寂寞。先生居官，清正廉明，自奉儉約，生活皆極簡單。晚年，上海住宅，僅用傭工兩人。南京住宅，除衛兵外，亦不過三數人。各分執炊爨、清潔之役。但家務操作，委之僕從，他又常以未能躬親、殊不自安。故住家環境，早晚都必親自檢點一過，才能放心！他家中，大概常無秘書人員侍側。所有私人函札往復，每於深夜皆必躬親處理。函件記由的方法，極爲簡單明瞭：推介人事者，則寫「人」字；談論字畫古董者，則寫一「古」字；通財物者，則寫一「戈」字；求題字畫者，則寫「山」字；以資識別。林公亦擅書、畫，常爲人題字，寫得蒼老遒勁；畫係淡墨，信手描作，不以示人，所作亦不多。日常函札往還，無論親筆或代書，凡蓋章、封緘、黏貼郵票、甚至送郵寄發，亦常不假手他人。其生活之恬澹簡素可知。身爲議長、部長、院長乃至國家元首之尊，猶勤愼如此，人或很難置信。此余從其侍從口中所聞之實情實報，信不信由你。

林主席公餘回家休息，除賞鑑家藏古董字畫、檢視家務之外，就是看書。他對時間觀念，特別珍惜。早年他已養成好學習慣，常書「學足三餘」字條，張貼於座右以自勉！這是取用三國時代董遇的警言。董遇好學，尤善利用空間和時間。他說：「爲學當以三餘，冬者歲之餘；夜者日之餘：陰雨者晴之餘。」他不但用以自勉，亦常以告其子侄，如何把握時間去爲學做事！他有兩個侄兒其琪與其珪。皆在公務機關服務，常有書信往還。余曾見其針對時病，有告戒勉勵其姪的信說：

其一：「凡勤愼工作者，無論上峯何人，必能器重也。」

其二：「誦來書，慰悉努力工作，已爲上峯器重。諺云：路遙知馬力、事久見人心。凡能盡忠職務者，雖多費心力，終不吃虧……。當此長期抗戰，各盡所能救國，不拘身份俸給，只有極力從公。眼前雖受屈，終有能伸之日。況爲公雖勞，不與較量高低，的是立身處世之道。因向來社會公評，終不致使好人勞而無功也。諸凡勉力，尤宜保重身體爲尙。」

以上兩函，實不異夫子自道之親歷經驗。斤斤以立身處世之道訓姪，率直坦白，且眞情流露。類此函件，必然不少，很可作爲公教人員修身的守則。

衣着更換理由為窮

林主席在少壯時代，經常爲革命奔走於海內外，尤其要與洋人接觸，衣着總以西裝革履時爲多。這在黨史會很多照片中，是可作證的。以後易西裝而中服，依情況看，大約是在民國十四年，他北上的時候（爲反共，開西山會議），一爲禦寒又方便、舒適；二或如其所言「我很窮」、要節省開支。從此以後，就很少見他着西裝，經常是一襲長袍或加馬褂。無論在辦公室或出外，多是如此，春秋常穿一件藏青棉製或薄絲綿袍；夏季多爲白色夏布長衫；冬季就是羊皮袍。遇有慶典舉行禮儀時，則外加一件適時的馬褂。嚴寒出外，則外加一件黑色呢製風衣，顯得格外豐神飄舉！

民國六、七年間，國父開府廣州、建立革命基地時。林先生的衣着原是西裝革履。且認短裝對各界人士——特別是工農——從事工作，都比較方便舒適。這時，北方國會南遷，林公被推選爲參議院議長。他公餘之暇，則常手携宣傳單一束，到馬路旁分贈行人。傳單內容爲「勸人不要穿長衫」。大意是說：長衫確是一件累贅的事。把它穿起來，似乎表示你是一個優閒階級的人物。農工人士，不宜於長衫，固不用說，就是黨、政、軍各界，以至於商人，若穿了長衫辦事，總不如穿短衫的來得敏捷，比較有振作精神。林先生用這許多理由作宣傳，目的都不外「打倒長衫階級」。無論其理由如何！此舉出之於最高議院議長，能置路人批評、誹笑於不顧，其精神毅力，總是可敬可佩的！

可是不數年之後，他又自食前言，易短而長，實際穿起長衫來。不免有人問他：「先生何前後矛盾若此！」林公說：「我很窮，現在穿的長衫，還是十年前朋友送的。」據我的推測：林公到北平參加西山會議，正是十四年的冬季，爲適應氣候與經濟環境改變服式，自屬常理，漸漸也成了習慣。所說：「我很窮」，是很合情理的眞話。人受了實際環境的支配，而改變了生活方式，又何足怪！

男女平等反對納妾

林主席一貫提倡男女平等，主張一夫一妻制度，反對納妾。他自元配夫人鄭氏去世後，一直沒有續絃，也沒有納妾。這情形，與其並時的行政院譚故院長延闓很相似。不過譚氏，民七喪偶，已是中年，誓不再娶，猶有理由可說：一、他受了舊禮教家庭的影響很大；二、他已有了幾個子女，沒有「無後爲大」的隱憂。至於林氏喪偶，還是青年，復無子女。不再娶的原因：一、或爲事業關係，誤了續絃之事；或更有不足爲外人道的苦衷，便率性不娶；二、續娶，實際何殊於納妾，他又是反對納妾的人。此則二公之所以異曲同趣的緣故。我國男女有欠平等，納妾之風尤盛，林主席爲了反對納妾，據說：某歲他赴九江廬山避暑，捐置很多石凳於牯嶺路旁，供遊客坐息之用。但凳旁皆刻有「有小老婆的人不許坐」的字句。這是他的成見，亦可說是他的風趣。此事余曾見南京某報刊載過。胡適之先生所作「國府主席林森先生」文中，也曾說過。看來應不會假。後來據玄廚（當係筆名）先生說，他是林主席極親近的同鄉，對林公的歷史及生活，聞見比較明確。

據玄廚先生說：「其實林先生在廬山，雖然捐置了許多石凳，爲行人休憩之用；但凳上所刻的，都是『同胞請坐』、『努力前進』、『勿忘五月九日之恥』……等。其有稍高的石凳，乃供過往負載之人暫卸貨物用的。都有『暫息仔肩』、『任重道遠』……等等。並無前項『有小老婆的人不許坐』字樣。但這也是『事出有因』的。遠在蓮谷地方，有一石岩，上面的確刻有『有姨太太者，不許住在此地』字樣；然非林先生所刻。因爲蓮谷那個住宅區，本來是教會中人組織的，該地居民，立有公約，其中有一條，載明：『凡有姨太太者，不得在此建築房子』。以後不知道是那位好事者，便於蓮谷岩石上、刻上那些字，大概也是有心人吧！」

林主席原是倡導男女平等，反對納妾的人。他喪偶以後，未再續絃或納妾，確屬事實。好事的文人，以訛傳訛，又將之移作林公的故事，自不爲無因。如玄廚先生所言，似也合情合理。眞象如何？現在我尚無法肯定，祇好俟諸將來。林公一生不二色，自然更討厭男女亂搞關係。他的承繼子林京，當年留學美國時，鬧過一件桃色糾紛——騙婚某百貨公司的女店員，曾引起林公大發雷霆，終於斷絕了對他的經濟接助。林公堅持反納妾的態度，由此亦可想見。

平易近人幽默風趣

凡會見過林主席的人，都會說：林主席確是一位非常風趣的長者，平易近人，與任何階層人士，都交接得上。有關他的風趣故事頗多，茲略言其一二：北洋政府時代，黎元洪擔任大總統，被軍閥操縱，實已大權旁落。終日無所事事，偶爾輕車簡從，赴舊書攤買書。路人見之，咸稱爲奇事，謂以大總統之尊，對此區區小事，何必親勞下降！叫人去、或要店家搬來，皆無不可。這當然是少見多怪的事。對林主席來說，卻是司空見慣。他任國民政府主席時，常不帶侍從（實有侍衛，尾隨看護），個人安步當車、策杖徜徉於夫子廟一帶，看書店、找古董。北京琉璃廠，是古董、舊書店薈萃之區，也是他每到北京所必至之地。漫步其間，舉止安詳，自我平凡，絕不自外於一般市民。路人有識而鞠躬示敬者，林公必揮手示意或向之握手，閒話幾句。歸途如携有書籍等物時，才叫黃包車代步。他毫無官派架子，平易近人，此亦爲其一端。

南京市郊明孝陵前，有林主席別墅一所。名爲別墅，實係明太祖的紀功碑，俗稱四方城故址所改造而成。其地包括在中山陵園之內、佳木葱蘢、泉石清幽，風景絕勝。林主席認爲這是休閒最佳處所。滬紳某聞之，乃購之加以整建，以贈林公者。林公因在南京市石板橋，已有主席官邸；明孝陵別墅，一年難得一二至，以致經常空寂無人居。遊客經其門前，亦不知其爲主席別墅。宅西有防空洞、構築異常堅固、安全。當上海「一二八」事變發生時，每遇空襲警報，附近鄉民，輒多避難於此。或有言於林公者，林公則曰：「我既不用，與其空廢，不如與人共之。救人一命，勝造七級浮圖。」（禪學思想）鄉人聞之，益爲自得，且引以爲榮。對林主席的豁達胸襟，尤爲感激！

曾見臺灣某報，刊載一則有關林主席幽默風趣的故事。故事中說：「林公擔任參議院（民元，南京臨時參議院）議長，時張繼（溥泉，任參議員）先生與林公相知最深，交往極密。有一天，林森去上海訪問張繼，適張不在家。於是他留張名片後離去。張繼回家後，看到了名片，立即遣人送了一封短信給林森。信上云：『公臨我不獲，悵甚、悵甚！返寓見留言，喜極、喜極；覆草請速來，勿卻、勿卻；入夜買一醉，樂乎、樂乎？』林森接信，立刻回信，信上說：『來滬先造府，唐突、唐突；坐了冷板凳，不快、不快；既約我小飲，算數、算數；勿再作亡羊、至禱、至禱！』林森以三十六字的去信，對上張繼三十六字的來信，風趣可喜，充分表現出他幽默的性格。」

前輩風範，類多若此。絕無今日官場中的陋習；亦無一般人的俗套；林公尤然。

愛好古董在其藝術

林主席一生，有四大嗜好——古董、山水、禪佛、賓客。他玩了數十年的古董字畫，家中收藏既多，自然免不了有些贋品；但他的鑑別力很強。眞遇了精品，也願出重價而得之。其收藏品中，宋、元、明、淸的東西，不但有些眞的，而且是精品。有人說：他家中收藏之物，多爲三數元的東西。價值高者，輒不購置，亦無能力購置。購必以「愛、否」作衡量標準。凡所愛者，即明知爲贋品亦不顧。常自慰地以告人曰：「我著眼在藝術，不在眞僞；藝術價值高的，僞製仿造品，亦無名藝術家的作品。」故其收藏品中，有稀世之珍，亦有泛泛之物。有人向他開玩笑的說：「你那些寶貝古董中，恐有不少假貨吧！」林公亦幽默地說：「是啊！沒關係。千百年後，就全成了眞古董啊！」其心無芥蔕，爽朗氣慨，自無往而不適也。

先生收藏字畫之多，當在南京時，已不下萬件；大小古董或當倍之。外行估計，約值二十萬左右，內行則云五六萬元。南京石板橋主席官邸，牆壁字畫滿懸；櫃中架上，盡是古董；舊銅爛鐵、破瓦斷磚，則雜然陳置窗前房角；他皆視爲國粹。琳瑯滿目，古色古香。其抱殘守缺的精神，也是値得贊佩的！他雖不算古物專家；但也沒有如阮雲臺（專家）一樣，把燒餅紋拓本當漢物；也沒有像端午橋一樣，強取豪奪舊家的翡翠玉瓶；更沒有如一般世家子弟，貪奇懷璧、玩物喪志。故他之愛玩古董，完全是一種賞鑑性質，在其藝術，或可說一種消閒遣興。

有人說：林先生在三十歲以前，卽已開始玩古董。這當是在他喪偶以後。自不外藉此解除寂寥、安慰其心靈苦悶而已！民國十八年，國父孫先生舉行奉安大典，林公被推選爲迎櫬專員。他到了北京，暇時則消磨於海王村畔。買了大批古董，分裝爲十多大箱，帶回南京。下車時，箱子一大堆、什麼寶物？所費原不過五六百袁大頭。後來還在京滬黨國顯要中，傳爲佳話。

樂水樂山養智求仁

林主席另一嗜好，則爲遊山玩水，頗有太史公「名山大川」的戀情。論語有云：智者樂山，仁者樂水。他之愛好山水，要不外養志求仁，以達其人生的社會觀、國家觀而已。這一番大道理，我亦暫不置論。故他所經過之地，凡名山大川、風景勝境，都不願失之交臂。如九江廬山、福州鼓山（閩侯縣東三十里，風景幽美。山中有巨石如鼓，得名，洋人多避暑於此），且置有別墅，不過皆極簡樸，沒有富麗的色彩。他每年夏季，常赴廬山避暑一、二月，這是盡人皆知的事。其他凡遇風景幽美之處，手中又濶綽的時候，一定擇其中最適當的地點，購置幾畝地、建築一所廬舍。除鼓山山莊、明孝陵別墅外，他在廬山牯嶺，與友人合置一座小洋樓，署名「麥蘆精舍」。在黃龍寺附近鹿野地方，蓋了三間平房，署名「鹿野軒」。他在廬山避暑期間，以居此軒時爲多。在福州青芝山，原名百洞山、虎洞之前，建了一座三開間的小樓，署名「嘯餘廬」。背山面江、風景殊勝。百洞山，早爲福建有名的勝蹟。明賢董見龍、葉臺山兩先生皆讀書此地，虎洞題石有云：「半嶺風聲聞虎嘯」，林公那「嘯餘廬」，得名於此，抑係「嘯歌餘憩」之意，則不得而知。今林公已歸道山四十餘年。這許多名廬，則皆不知主屬誰何了？如其晚死若干年，相信黃山、華山……，也會少不了他的山莊。

林公青芝山別墅，據伏龍（筆名）先生於其「青芝別墅記」文中所言：「……管江青芝山，自古被稱爲八閩勝景。山奇水秀、氣象萬千，曾爲墨客騷人，留傳不少佳話。林子超先生的故居，卽在青芝山畔。林公晚年別署『青芝老人』，卽因山得名。名山高人，相得益彰；人傑地靈，亦地靈而人傑。青芝山去福州約百餘里，遊青芝山，必至管江。管江僅一小鎭。小鎭沾青芝之光，得以名傳遐邇。管江有青芝寺，寺的歷史悠久，依山憑水，淸幽拔俗。而青芝山，則蒼蒼古木、累累山石，閩江水光，照耀其上，更顯出一種絕妙色彩。山中名勝古蹟頗多，如青芝、虎洞、鷹岩、採桑女等，或以故事感人，或以奇景招人，常使遊客、流連忘返。」

林公的青芝別墅，原是許崇智（汝爲，國父開府廣州，曾任粵軍總司令。已病故於香港多年）將軍，與八閩人士，合建以贈林公的。因林公性好山水，一日與許將軍同遊，至青芝山虎洞，愛其深廣幽靜、風暢氣清，竟流連不忍捨去。終與寺僧商購其地，築別墅於其間。祇惜別墅剛剛落成，孫傳芳大軍入閩，林公亦祇好匆匆離去。俟何應欽將軍，敉定閩亂之後，林公才有重返青芝機會，得以遂其夙願！不久，對日抗戰發生，林公坐鎮陪都重慶。從此亦與青芝永別了。

性耽禪悅明心見性

林主席對於俗所謂：「酒、色、財、氣」之事，一生都很少沾染，甚至與之絕緣。惟於「好佛」倒被人視爲他的嗜好之一。其實他之所謂好佛，並不同於一般善男信女之朝夕禮拜、誦經迷信於神道；而是探討佛家禪宗的思想理論。這又是他受了宋明理學的影響。林公對於宋學的研究，頗具相當功力。在其生活思想、態度方面，已多所表現。我國當南宋時代，「宋學」與外來的「禪宗」，已普遍流行於社會。所謂「宋學」，又名「性理學」，重視義理之學。原來「宋學」與「禪學」所探討的，都是人的「心、性」，所以二者之間，有很多共通之點。例如：禪學所說的「明心見性」，和宋儒所說的「省察修道」，幾乎相同。禪宗所說的「見性成佛」與儒家所說的「窮理見性」、理無二致。他如「坐禪」與「靜坐」、「性相」與「性理」，都有共通的含義。尤其禪家的「頓悟妙境」，與宋儒的「豁然貫通」的大覺大悟，均有異曲同功之妙。即不怪當時有「儒禪不分」的論見。

胡適之先生作「中國哲學史」，出版了上册，沒出下册。卽因他寫到宋、明哲學時期，碰到外來的禪學擋了路，無法繼續寫下去，必得對禪學，再下一番探討功夫。他灌注後半生的心血，研究禪學——特別是禪宗東土七祖神會（禪宗二十八傳到達摩爲東土初祖，衣缽相傳到七祖神會），終未找到禪學的究竟義。對其「中國哲學史」，也就不得不暫時擱筆。林主席雖不是學術大師，他之研究禪學，也不外想將「明心見性」與「省察修道」，「見性成佛」與「窮理盡性」等思想理論，相互融會發煌，而能豁然貫通，達到大澈大悟的妙境——明心見性，除用鍥而不捨的精神致力外，平日與胡適先生談話，其所探討者，亦皆不外「儒禪不分」的種種問題。有謂：介石蔣公之重視陽明學說與倡力行哲學，也是受了林公啟導影響。所以林主席的好佛，祇在參悟禪悅上用功，而不具外在任何色相。這在一般凡夫俗子，乃至善男信女看來，自然是很難理解的。

「好客」，也是林主席的習性。他雖好客，實則日常座上客不多。更少如時下的夫妻檔、閒話家常的近親遠戚。除談國家大事的顯者，與談佛論道的淸客，便是講古董字畫的人士，品茗閒話。飲茶，本來是閩南人的習慣，茶具也比較考究，主席官邸，也不例外；偶然亦出茶點招待。常來的客人，深知主席待客的習慣，多能知趣，見機而退。至投緣知己，不速而至者，則主客皆不拘形跡，飯時共餐，事亦尋常。平時家中絕少大宴賓客之舉，他的理由，第一、沒有一個會做菜的厨子；其次、沒有女主人接待週旋；深恐對客人有簡慢失禮之處。偶有必要宴客之時，輒假市中餐館飯店而爲之，反能收得主客兩便之利。所以林主席之好客，與一般人最大不同之處，尊重自己、更能尊重別人。對任何客人，皆始終謙恭有禮，自然又不落俗。更絕無一般顯要、富家、酒肉朋友的「座上客常滿、樽中酒不空」的陋習；與打牌、賭錢、沙哈……等等腐化場面。他能經常受到國人的尊崇，此亦重要原因之一。

不入富貴神仙中人

以上所述，皆不過林主席生活中的細微末節，由小可以見大；其有關國計民生之大者，皆有史冊可考。不過史冊，亦常有不可信賴之處。例如：民國十七年，京滬報刊，發表五院正副院長履歷，時林公正任立法院副院長，其所刊之履歷，則錯亂支離，多爲推測杜撰。二十年，林公改任立法院院長，各報仍將其舊時錯誤履歷，重行刊出。當時有人建議林公，函請報館更正！林公則曰：「聽他。」除此二字外，終未有所表示。林公向有精明細心之稱，而「大而化之」，亦其常有之風度。現在林公，已早歸道山，史冊對其履歷所載如何？或亦無人問津了。

林公生前，爲戀青芝景色優美，既結廬作其修養遊息之所，且作了百年身後的安排。在青芝山之南，於民國十二年，爲自己建築一座生壙。當中豎塔立碑，題曰：「前參議院議長林森先生藏骨處」。他於抗戰時，病歿於重慶，此鬱鬱佳城，現在是否移靈歸葬？碑題是否仍舊？皆又一將信將疑之事。林公一生、愷悌慈祥，爲一博愛主義者，亦有以「革命老人」稱之者。自民國成立以後，以迄歿世，閱歷多方、聲揚中外；或寄封疆、或主中樞。清明廉潔，盡人皆知。單就俸錢所入，爲數亦復不少，但從未聞有比較豐裕的享受。何以致此？實則林公的收入，除古董、字畫、旅遊、簡單的生活花費外，費在救濟貧苦、資助無力就學青年、捐助慈善與有益公眾的事業，實爲其大宗支出。行善不欲人知，又其本然之性。故不知情者，便不免於疑。兩袖清風，固不敢說他身後蕭條；但僅有的遺產，就是一些破銅爛鐵的古董與書籍字畫。

綜林先生一生行誼來看，我很同意葉楚傖（小鳳，江蘇人，名記者，一生多從事文化事業。三十五年，病逝上海）先生曾經說過的話：「林公，縱未入聖，斯已超凡。雖爲一國元首，卻不是富貴中人，乃神仙中人也。」這不算溢美之詞，應算是公見公論。本文也不是爲林公表道誌墓而作，也不妨仿照古例結束，讚曰：國之大老、民之師表。澹泊明志、寧靜致遠。砥柱中流、垂拱而治！

儒林一標準學人丁文淵

儒林雙傑科學人才

清末民初，江蘇省泰興縣，地靈人傑，出了兄弟兩個著名的學者：一爲中國名地質學家丁文江先生（字在君，筆名宗淹，一八八七—一九三六），與中國另一位地質學家翁文灝（字詠霓，浙江，一八八九—一九七一。曾任行憲後第一任行政院長，後投共）同爲中國地質界的兩瑰寶。一爲中國儒林標準學者丁文淵博士。丁文江初留學日本，繼留英習動物學及地質學，雙科畢業。回國後，參加清政府學部留學畢業生考試，得「格致科進士」，被稱爲洋翰林。曾爲國家社會，致用其學。祇惜天不假年，於對日抗戰先一年，因一氧化碳中毒，病逝於湖南長沙（時作者正在長沙），享年四十九歲。長才未盡展，實我國家社會一大損失。

丁文江先生，兄弟七人，文江居仲。丁文淵先生，乃文江的四弟，也是文江一手所培植出來的。他受教育的整個過程，幾全是文江負的責任。文江去世時，還指定文淵爲其遺囑的執行人。不但能見其兄弟友如之情深切，亦必於其弟之人格道德與學識才能，深具信心者，才會以身後大事相寄！作者於丁文淵先生，原來素昧平生。直至抗戰之前一年，在南京一次偶然的機會，相値於許崇灝（廣東，許崇智、崇清之兄弟，曾任考試院秘書長）先生處。有此一面之緣，晤談之後，心目中當卽留下很好的印象。他長我五歲，覺得很容易與他接近、交朋友。從此以後，彼此雖未重晤；但我對他的行誼，所聞所知者頗多。他是一個正人君子，近代一個大思想家、儒林一個標準的學者。

奔波勞碌未遑寧日

丁文淵博士，字月波，光緒三十二年（一八九七）生於江蘇泰興之書香世家。十六歲受其仲兄文江之愛顧，偕至上海入學，由中學而同濟大學，專攻醫學（該校亦以醫科著名）。畢業後，初赴瑞士留學，繼轉入德國柏林大學，得博士學位。這博士學位，是得自醫學；但他實際所愛好而專注的，不是醫學，而是人文科學。如由現代急切功利主義者來抉擇，誰又不取醫學而捨人文？丁博士反重人文而捨醫學。他這種取捨標準，或以人文用世廣、造福深。是否因此？卻不敢說。後來，幾乎把醫學完全拋掉，致力於人文科學——尤其是德國語文反多。他在德國實際從事的工作，也不是醫學、醫務，而是人文科學方面者居多：如任佛朗克福大學中國學院副院長，並爲該院創辦中國民俗博物館、本城博物館的中國文化館。德國一般人士，乃至希特勒（納粹黨領袖）與戈林（德國空軍總司令，僅次於希特勒的第二號人物），也稱他「達克特丁」。他留德時間最久，僅次於胡適留美三十年的紀錄。爲生活上的方便，娶了一位德籍夫人。伉儷情深，亦如胡適一樣「從一而終」，始終不變；可是卻成了他晚年的負累。

丁博士自民國八年留德後，很少回國的機會。至民國二十三年，始爲其服務機構，蒐集研究資料，專程返國一次，翌年仍然返德。二十五年一月，因其兄文江逝世長沙，爲接受執行其兄的遺囑，復回祖國。適十一屆世運會，將於是年八月，在柏林舉行。其時德國正希特勒當政，鬧得天翻地覆、震動世界時代，中國正有某些人物的思想，傾向於德國納粹黨，戈林將軍又對中國表示極力支持的時候。我國爲了外交關係的必要，中國世運代表團的領隊必有一資深望重者當之，方够份量。黨國元老戴季陶（傳賢）先生，時任考試院長，且係領袖最信賴依畀之人，自然就成了最適當的人選。戴院長奉派爲中國世運隊的總領隊兼政府代表。丁博士雖剛返國未久，因他在德國學術文化上的知名度，比在中國來得更響亮，且是一個德國通，自然就被戴院長借重了，聘爲隨隊赴德的秘書。後來有人說：也所幸有丁博士同往，當時中國駐德大使某，並未發生他應有的作用。戴、丁兩氏，仍費了很多周折，才得與希特勒正式見面一次，由丁博士擔任翻譯。雖僅此一面，如無丁博士在，戴氏即不免白跑一趟。

十一屆世運大會後，丁博士還隨戴院長遊歷了歐洲許多國家，經時四月，始返南京。丁氏以戴院長之挽留，便任職於考試院；嗣轉任於外交部。二十七年當希特勒全盛時期，我政府爲使丁博士才盡其用，復派任爲駐德大使館參贊。及三十一年，我與德國絕交，始下旗返國，接長國立同濟大學；不久辭職離去。抗戰勝利後，同濟大學由昆明遷回上海。三十六年，丁氏重長同大。三十七年，因學潮問題，再辭同大。時國內政局，已日趨緊張。三十八年，乃隨政府播遷來臺。稍事勾留，三十九年，便偕其德籍夫人，轉赴香港，參加文化教育工作。雖稍息奔波之勞，卻仍惓惓未忘反共抗俄大業。生活方面，則幾成了公職退休，衣食難以爲繼的狀態；加以其夫人，傷腿臥病，他還要處理家務，兼做護士，時予扶持。其物質與精神，自皆疲憊已極！來港七年之間，雖曾數度返臺，仍不外爲反共策劃而奔走。至四十六年十二月二十九日，因心臟病突發逝世於香港寓所，後其夫人之去世，不過數月，享年六十有一。綜其一生，盡瘁國事，奔波勞碌，未遑寧日，現在他才算是眞正休息了。

生活習慣自成規律

丁博士人生六十年之中，留德的時間佔去三分之一強。因之對於德國人的生活習慣，自然沾染不少。但他對中國文化、風俗習慣，仍然非常愛好。他常說：「人是不能忘本的。」所以他的人生態度，大都能保持中國人的本色，絕少洋化的型式與習氣。衣着、飲食，都非常隨便，而不過事講究，此固中華民族生活節儉美德之一；亦德國人樸實儉約，絕不奢侈浪費的風尙。他夏季經常是一套白色麻料西裝；冬季則取藏青色的毛呢製品。他說：「西裝式樣，外國不像中國，經常變樣。料子好的西裝、一套够穿十多年。」亦有德國人講究經濟、實在的意識。

飲食方面，他在留德期間，娶的是德籍夫人，當然是入鄉隨俗。他在德國時，曾施行過大腸手術，須要「戒愼飲食」。所以回國以後，在家仍然未改吃德國飯的習慣。除簡單的菜蔬外，便依德國式製法的「薯泥」（馬鈴薯煮作漿糊），代替中國式的大米飯。他這並不是特爲將就其德籍太太的口味習慣，或不愛中國式大魚大肉的盛饌，而實在是爲着適合自己飲食必要的要求，且已養成的習慣。如此的飲食生活，他不但甘之如飴，更認爲是最適合簡單、樸素、清潔、衛生的條件。所謂「口之於味也、有同好焉」。他也不是矯情做作，如在宴會應酬席上，美食當前，也只淺嚐卽止。至於煙、酒，平時固不接近，應酬場合，間或不免，亦只點到爲止。他認爲這是禮貌。

丁博士出身於書香世家，守身善道，不失家風。不但對中國傳統文化所要求的「崇實黜華」，斤斤默守。他如聲、色、犬、馬之好，乃通常一個文人學者，所不免的。丁博士雖不是一個儒林道學先生，卻確是一個典型的學人。在我朋輩之中，無論直接或間接，都曾未傳播過有關他「風流放蕩」的報導。他能被與論稱爲正人君子者，亦卽在此。既屬正人君子，對人、對事、對物，自有分寸；一切晨昏息作的生活習慣，不待人來策勵，自我也會隨時檢點，自成爲一種規律。

博聞強記言之有物

丁博士學有專長，是醫學。後來專注於人文科學。晚年則以從事文化教育工作居多。他是一個思想家。其思想方法，固多追踪於哲學上傳統的思想方法。關於人文方面的研究，似特重歷史法的源流與因果關係。認爲「有源才有流，有因才有果；決不可能有無源之流，無因之果的道理」。所以他無論研究任何問題，寫文章或演講，都是從源流、因果上去探索，博聞強記發揮出來的。所以才能構思淵博、出語自然、言之有物、頭頭是道。

他留德前後二十餘年，德國簡直成了他的第二故鄉。在德國的工作，也多屬於人文方面的，對德國語文，尤多精到之處。故能於德國朝野，多通聲氣。一般人都稱他「達克特丁」，希特勒、戈林也不例外。他對德國古代文化，既有研究；於德國近數十百年來的學術文化，對人類的貢獻，其歷史源流，因果關係，尤瞭如指掌，分析透澈，且有很多作品發表。這就是他留德二十多年來，躬行實踐研究而來的成果。絕非如今日某些留學生，於其駐在國一、二年回國後，膚淺驕妄，夜郎自大，目無餘子者，眞不可同日而語矣。

他平日固是一個謹言愼語的人；但和他閒聊的時候，卻又風趣橫生，莊諧雜出。他對於近代中國宦海掌故、儒林外史、民間風習，知道極多。閒談起來，有內容、有實境，來龍去脈，清清楚楚。既非無稽之談，更能遏惡揚善，絕不掀人的瘡疤，揭人的隱私。態度尤溫和平靜，口角生香，常能使人如沐春風，樂而忘倦。如就中國傳統文化中之衣冠禮俗來說，他就有一套邏輯見解。如香港學人程先生，於其「回想錄」中，引證丁氏之言曰：

「中國文化，多次受外族文化的混合，遠不及日本的漢冕秦裳之爲隋唐正宗。……我們這個國家，每次在換朝代的時候，一定換衣冠和風俗。例如清朝，不但衣冠換了，而且男人薙髮拖辮子，這便是強迫改變風俗。似這樣從五胡以來，雖經過唐、宋黃金時代；可是北宋與遼對立；南宋與金對立；分據中國。到了蒙古和滿清，全國又復兩次被外族統治。弄到最後，我們實在說不出，中國到底是用的什麼衣冠？辛亥革命以後辮子沒了，初期推平頭，後來用西式頭。長袍馬褂，是清代衣冠的餘緒，而被國民政府定爲禮服。除了衣冠，便是風俗習慣，婚喪喜事，無所適從。弄到今天，我們已經答覆不出來，什麼是中國衣冠和禮俗了。」

丁氏能若此簡略，夾敘夾議的道出中國衣冠禮俗，沿革變遷過程，倘非研究貫通了中國史乘有素者，決不可能言簡意賅的幾句話，畫出一張圖來。其他關於冠、婚、喪、祭的禮俗，丁氏亦各有一套見解，茲且略而不言。總之，丁氏無論談一人、一事、一物與任何問題，無不是從「正本清源，持果探因」，得出來的結論。乃能持之有故、言之有物、放之皆準。他之爲學治事，可說都是依此法則而進行。

愛人助人古道熱腸

丁博士的身材體魄，原來都是很標準的，結結實實，顯得格外健康。他離開泰興故鄉，算是很久了；但他一口家鄉土腔，直到鬢毛催人老，鄉音仍少改變。我和他初次在南京見面時，他還不過四十左右。方面修儀，頭髮灰白，並無老態。四十一年，有人在香港見到他時，也只五十多歲；但已滿頭白髮，銀絲飄飄，特別顯目。身軀雖傴僂了，精神還很健旺！祇是火氣比較大，這或許是因爲國破山河碎，流浪香江，生活困頓，心志鬱鬱難展的緣故。

他雖留德日久，性格並無多所改變。日耳曼民族的精神：奮勉、強毅、簡樸實在、思想周密、愛國心重等等，給他的感染固深。但其本性溫和、淡泊、愛人、助人，重視中國文化傳統的美德，卻始終保存在他的心坎中。居常對人，不論青少年，或中老年，都是笑面相迎，謙恭有禮。對朋友、部下、學生，尤特別關心！如已成年尚未結婚成家者，便想盡方法，替他或她介紹朋友，極盡其紅娘的責任，促成好事，甚至支援其活動費用，亦屬常事。任何人有家務糾紛，只要他遇上了，也總愛攬到自己身上來，任勞任怨，費力費財，也在所不辭。其兄丁文江先生，素以熱忱待人，見稱於世。丁博士之待人接物，實具乃兄的遺風。

人有請求委託之事，首先總是滿口答應，當作自己的事，來思量考慮。不達其願望，總覺於心耿耿難安！據說：丁博士居家香港香檳大厦十樓的時候。某日與左舜生先生，相約準十時在「香港中文協」會面。當其依時從十樓乘電梯下來時，恰與一「同大」學生某，相遇於門口，他不想簡慢學生，又邀某生返回十樓家中。學生並不瞭解校長（同大學生皆如此稱呼）生活實況，訴苦一番之後，要求暫借三十元，以應急需！丁氏聞言，久未作答。因他正作苦思，口袋空空，如何以應其求？只好說：「請多跑一趟，明日來！」學生聞言，無詞以對。正當賓主各有難色，默默無言之際，左舜生亦以久候丁氏未到，乃改變主意，走赴丁宅。恰巧碰到如此場面，頗覺驚異！而丁氏卻欣欣有喜色，詢左：「身邊方便否？」左說：「不多，五十够否？」丁氏隨即全部借來，交給學生。博士難題，無意中得到解決；學生開口三十，獲得五十，自然皆大歡喜了！世有古道熱腸之人，丁、左兩氏，實可當之無媿！

潦倒香江衆庶憑生

蔡文姬的「胡笳十八拍」第一拍云：「天不仁兮，降離亂；地不仁兮，使我逢此時。」中國大陸，對日抗戰後，繼之以國共戰爭，天不仁、地不仁，造成人民混亂不堪的局面。三十七年多，已開始有人由北而南逃難來到香港。三十八年起，逃難人潮，更接連不斷的湧進，使香港人口，年年增加。同時，香港也出現了「難民收容所」。丁博士和其夫人，三十九年，由臺灣轉來香港，雖沒有落進難民收容所，自然也算是「難民」。隨之，香港政府辦理難民登記，丁博士夫婦和左舜生（曾任農林部長）、易君左（名文學作家）等一樣，原也辦過難民登記手續的。當他前去登記時，曾有人提出不贊成的意見，認為「有失大學校長的身份」。丁氏曾很坦白的說：「我雖是從大陸逃出來的知識份子，但不是『遺民』，因為我沒有亡國；也不是『義民』，因為我沒有陣前起義；更不是『順民』，因為我不甘作奴隸，才逃難來港。既然是逃難，當然就是『難民』。眞難民，登記了又有何妨？也許可能得到慈善家們一點救濟！」其言雖哀；但丁氏一生胸懷之坦蕩，不欺不苟，即類多如此。

當韓戰正熱烈進展之際，美援會曾在香港有「知識份子救濟委員會」的組織。其中重要工作人員，委員會決定：要從登記的難民中來物色；未經難民登記的，絕不延攬。丁博士與左舜生、易君左，算是很幸運的，皆得中選膺聘。丁博士任「救濟委員會編譯所」所長之職，內分政治、社會兩部，則分由左、易兩人主持。中國古老哲學的傳說：「夸者死權，眾庶憑生。」意卽謂：夸夸者，指大人物，爭權奪利；眾庶，則指一般庶民，庶民最重要的要求，就是「生活」。丁氏與左、易兩先生，逃難來港，都由大人物一變而為庶民，自然也是生活第一。現在由「難民階級」一變為「薪水階級」，生活總算得到暫時解決。因美援待遇，都相當的高。不過這美援機構，名爲「知識份子救濟」，實際自然是專門救濟由大陸逃港的知識份子。後來，因爲登記者，已達五、六萬人之多，杯水車薪，無濟於事。故獲得救濟的人，並不理想。本會存在未久，也就名實俱亡了。

丁博士來港，渡過了初步難關以後，謀生面也漸漸擴展了。如創辦前途雜誌半月刊、組織新世紀出版社、組織香港中德文化協會，主持自由人月刊、自由文化協會、香港中國文化協會等。教書則先後兼任珠海新亞兩書院教授。他的生活，算是剛剛踏進苦盡甘來，比較的順境，不幸又遭到夫人久病去世，悼亡之痛！此時他正主持着香港自由文化事業，亦因之自然減色了。丁氏自其夫人去世後，不想再住此傷心地，便遷居到金巴利道香檳大厦十樓。四間房間，分租出兩間；自己只用兩間，一間臥室、一間書房。既較舊居侷促多了，亦較昔時孤寂多了。多情博士，終日愁眉，苦況日增，老懷莫遣。故經時未久，亦陪從夫人於地下去了。

經濟環境害苦夫人

丁文淵博士，於三十九年偕其德籍夫人來到香港不久。其夫人在一次不小心的時候，步下石階，跌倒坐地，傷了腿骨。當時雖輕微作痛，猶能步履如常。以常情來說，這是不足道的事，丁氏故未在意。不料拖延多日，未去就醫。及其苦痛加劇就醫時，又爲香港庸醫所誤(未明其詳)，一直未覺，最後，還期其能有奇蹟出現！據丁博士說：這種病當初如果是在北平或上海，都算不了什麼。現在則非到柏林或紐約，莫能挽救。可是我現在的經濟環境，在香港就醫，已很吃力；即到日本或臺灣，也不許可，又那能到柏林或紐約！以致他這位異國老夫人，因缺乏積極的醫療，積時過久，便漸次癱瘓起來了。經常躺在床上，不但不能行動操作，還得有人扶持揹負她。丁氏經濟情況，既如此拮据，自然無力請護士僱傭人了。丁氏義不容辭，一切都只好自己來。照顧扶持夫人，家務瑣碎，都要包攬無遺。更重要的，每天還要常常離家奔走，去做那些靠它吃飯的文教工作。天不仁兮、地不仁兮！他還是一個學者，大學校長咧！

丁博士夫婦，一是病婦，一是病夫。現在要受物質的痛苦，也要受精神的痛苦。病婦病不痊，病夫愈痛苦；病夫愈痛苦，刺激病婦愈危急。互爲因果，終於促成病婦於四十六年春，病歿於香港。丁夫人去世以後，丁氏儘量抑制內心的傷感！猶故意表示達觀的說：「她是一個外國人，生時、已有很多不便；病時、又不能作好的醫療安排；這是環境誤了她，也是我害苦了她。她早日脫離苦海，正算是福！我在無可奈何之中，也安心了！」在旁人看來，這不算是怨天尤人，乃發乎情理之正常。是眞儒生最多情，其情也慘，故其言也慟！一個中外馳名的學者，做過中外高級公職，當過大學校長，經濟環境竟落得如此潦倒，如果不是事實具在，說來又誰能相信！

身罹痼疾因名病夫

丁博士當其夫人去世之時，曾說：「這是環境誤了她，我害苦了她。」其實也不盡然。他所謂「環境」、「害苦她」，都是指當日經濟困乏情形來說的。嚴格言之，尤與丁氏身罹痼疾的病體有關。知其內情者，卽常稱丁氏爲「病夫」。丁夫人在丁氏朋輩的口碑中，都有「異國賢內助」之譽。未到香港臥病之前，照顧丈夫的日常生活與病體，眞是無微不至。丁氏乃得用其全副精神力量，對付他學術研究和事業。及夫人臥病癱瘓，不能行動操作。丁氏雖屬病夫，亦不得不反其道，自居於主婦、護士、傭人的地位。他最大的拘束和苦難，也就從此開始了。

丁氏何以成了「病夫」？說來這還是他生前二十多年的事。當時他在德國，不幸患了某種大腸病，藥物無法治療。結果，只好施行手術，由人工將大便改道，從腰腹之間，開一個洞，接一支特製的橡皮管，使大便從此放出來。這方法，是在腰腹上，繫紮一特製的儀器，接通橡皮管，每日開放兩次，沖洗清潔以後，再裝置使用。這後果，就成了他終身曠時費事的痼疾。亦卽「病夫」得名之由來。當時德國醫學昌明，獨步全球。後來德、日派與英、美派，互爭雄長，又半世紀了。醫學進步，一日千里，此種大便改道的手術若何？丁博士也說：「不知，也不敢揣測了。」不過他又說：「我當年裝用的儀器，已使用了三十年，還很好！習慣成自然，也不覺得有什麼滯礙。當年如果沒有此儀器救了我，我也不會活到今天了。只是飲食方面，隨時得小心謹慎，壞肚子的東西，絕不能沾染。疾苦問題，雖解脫了；而精神方面，總免不了有心理作用的侵襲！雖說人能巧奪天工，總不若自然之爲自然。自然是永遠沒有錯的。」

一個學者、專家，是要靠辦公室或試驗室，去構思、設計、運作的，那能如僕夫僕婦之行，操勞家務瑣碎與照顧病患？這已是無法想像的事。何況巧婦難爲無米之炊，又正是丁氏的處境。現在丁氏既任僕婦之職「主內」，還不能放棄「主外」的責任。內外夾攻，自然就更難堪、更憔悴了！不幸的，夫人去世，給他的打擊就更重了。他本是個極深情的人，老年喪妻，神傷奉倩，且又內心深藏著對夫人的愧咎！說者謂：「丁氏恐亦難久於人世！」果然，距夫人之死，纔數閱月耳，大家又得來追悼博士！

蓋棺論定標準學人

丁文淵先生原是一個科學中人，在醫學上得過德國醫學博士的學位。如早在本行業上發展其所學，當可與其兄文江先生並美；一個是中國地質學家，一個是功同良相的醫學家。他不此之圖，反致力於人文科學，這也未嘗不對。晚年，在香港則專注於文化教育，這或許是興趣；或許是取其自由，輕而易舉：或許是衆庶憑生所迫的緣故。現在都已成了過去，不必再來討論。惟他晚年，在港從事自由文化事業，並不十分順心就道，原因很多也不必細講。但以他的人格、學問、聲望來講，應該能左右逢源，勝任愉快！可是有一些所謂「自由領袖」者，卻不讓他遂行其計畫作爲，常來掣他的肘，甚至蜚短流長來刺激他，這完全是不公道的。他雖儘量顧全大局，容忍下來，而他耿耿於懷，鬱悶不樂，自是不免的。卽此一端，對他的信心、熱腸、活力生命，也是一種斲喪！

有一位原來是中國大陸文化教育界的知名學者程先生，在香港文教界也浮現了很多年。他對於丁博士之加入香港自由文化陣線來活動，謂爲一支生力軍，力表同情與支持。他對於近年來，主持香港自由文化乃至教育界諸名流的風度、作法，也看不過去，不免嘖有煩言。曾說：「在香港文教界諸名流之中，有人格能及丁先生的，學問又不及丁先生；有學問能及丁先生的，人格又不免慚德。還有既無人格，又無學問，而聲望又不及丁先生的，反能左右開弓，大出其風頭。……可是要求一位能在人格、學問、聲望三方面，都趕得上丁先生的，我個人實在想不出有誰。」這位學者程先生的論評，比較客觀，不算過激，不算一家之言，我也深表同感！卽作爲丁博士的蓋棺論定，又有什麼不當?!

中國語言學之父趙元任

博學能約多才多藝

近代中國儒林中，有兩對同命鳥，都是清華庚款留美的學者。一對爲陳衡哲與任鴻雋夫婦；一對是趙元任與楊步偉夫婦。前一對陳衡哲夫婦，我在中外雜誌第二四九期，已經說過。現在只說趙元任與楊步偉這一對。

趙元任博士，在我們語言學界，向有「中國語言學之父」之稱。連現在素不講究學術文化的中共領袖們，對他也是恭維備至。民國六十二年與七十年，趙博士曾兩度訪問過中國大陸，周恩來（國務院總理）、郭沫若（科學院院長）、竺可楨（生物學、地理學部主任）、丁西林（文字改革委員會副主委）、張龍翔（北大校長）、蔣南翔（教育部長），都謙恭有禮的歡迎接待他，並致贈最高的榮譽禮品。他何以能致此？當然不是他的虛聲奪人，或中共要利用他，實在是他對學術文化上的貢獻，有實至名歸的成就。

他是如何成就的？趙博士的資質，固然很高；但天才是未必可靠的。可靠的還是他有恒的努力；更靠他博學能約的功夫，才能成爲一個多才多藝的大學者。他不但蜚聲於中國，在國際亦佔有很重要的地位。一個外國人，能居「全美語言學會」會長的，就是他；一個外國人，能爲「英國正字學會」灌英語留聲機錄音片的，也就是他。他一生爲學術而學術，曾未沾染過任何政治色彩的學者，所以也才成了中共必須爭取的對象，作其門面的裝飾品。本文所欲介紹的趙元任博士，不是他在學術文化上各方面的成就。這份量太重，以俟其他專家學者來從事。本文所欲言者，僅限於輕鬆的一面。

名門之後造就不凡

趙元任，字仲宣，江蘇武進人。一八九二年（清光緒十八年，民國紀元前二十年）降生於天津。系出名門，世代書香。其先世趙翼，人稱甌北先生，卽中國的名史學家。名山著作，極爲世重。趙博士秉賦很高，聰明絕頂，闊達大度，才氣橫溢。小的時候，活潑調皮，簡直是一個頑童。自小也養成寫日記的習慣，有爲必記，有聞必錄，很少間斷。家人厭之甚，亦愛之深。求知慾極強，好奇心亦重，不但注意日常生活，更有興趣於風雲日月。見有新奇事物，必鍥而不捨的去追究瞭解試驗。每日黎明卽起，已成了他的習慣，起卽追求一日的希望！十一歲由北南返，回到家鄉武進。十三歲，父母相繼去世，孤苦伶仃，便往蘇州，依姨母爲生。一年後，仍回常州就學，由小學漸進至南京高等師範。一九〇一年（宣統二年），才與胡適博士，同時考取清華大學庚款留學美國。以後胡適博士常追憶的說：與我早期在美國同時留學最好的朋友，除永林（任鴻雋）、莎菲（陳衡哲）之外，就是與我同榜，列我前茅，考上清華第二屆留美的語言學家趙元任。如果趙博士說：「我的朋友胡適之」這句話，誰都相信，絕不是冒牌的。趙博士赴美，初入康奈爾大學，獲理學士後，轉入哈佛大學。當其在康大時，胡適一九一五年赴哥大之前，常赴康大與趙元任討論中國文字語言問題。當時他們的共識，卽已「承認白話是活文字；古文是半死文字。」故趙氏對語言文字的研究，此時卽已具有相當基礎。對於胡適以後所倡導的文學革命與國語運動，自具極大的影響。民國七年，趙氏獲得博士學位。一生的成就，卽以此爲起點。

趙博士之爲學，首先是致力於數學，次攻哲學，兼及物理學、地質學、心理學、天文學，幾乎無不涉獵、無不研究。對音樂、戲劇，亦饒興趣，而其語言學，尤早揚名於國際，被稱爲「語言學之父」。但他的博士學位，不是來自語言學，而是從自然科學中的物理學得來的。故趙博士的天才和學力，不但舉世無雙，前不見古人，後亦罕見的怪傑。他獲得博士學位後，爲取教學相長之益，仍留在美國任教。直到民國九年，始回國任教於清華大學。時英國大哲學家羅素，來華講學，趙博士也就成了他最好的翻譯。民國十年，他與楊步偉結婚後，便相偕赴美。從此或在國內任教、與研究機構工作；或在美、英、法、德、瑞、日各國任教、講學、研究、遊歷。在他有生九十餘年之中，在國內居住停留的時間，不會超過三十年。二十三年，雖已在南京藍家橋建造了房舍，擬作定居打算。終因對日抗戰發生，又打破了定居計畫，應聘出國赴美。他縱橫於美、歐各國，至少亦在六十年。戰後，他一直在美國教書與研究。據我看來，世亂如此，趙博士或將終老於是邦。果然，他以九十一歲高齡，於一九八二年，病歿於美國。

身世略同耄耋偕老

民國十年，與趙元任博士結婚的楊步偉女士，字韵卿，安徽石埭人。一八八九年（清光緒十五年，民前二十三年）出生於南京，長趙氏三歲。祖父文會公，以積學知名，晚耽佛學；父自新公，亦儒林中人；至讀書種子楊步偉之世；亦三代書香世家。步偉降生時，卽已承繼爲其二妹之女。兩歲，與繼父母偕往廣州。時其繼父，正爲廣東撫臺劉瑞芬司帳務。未久，撫臺去世，其繼父亦罷歸南京。步偉幼年，生性卽異於常兒，女孩具有男孩思想。常着男裝，裝男孩模樣，嬉戲於羣兒之中。繼父母因鍾愛之故，亦任之不禁。七歲始入學讀書，因常隨繼父母轉移至武昌、大冶、南京、上海等地，學校亦頻頻更換。民國元年，二十三歲，時安徽督軍柏文蔚，在南京新創務實學校，聘步偉任校長。民國二年，學校解散，便赴日本，勤習日本語文，準備留日升學。民三，入日本女子醫學校。在學三年，派往日本帝國大學附屬三井醫院實習。民國八年，畢業回國，初在北京同仁醫院工作。隨與同學李貫中，在北京創辦森仁醫院，任院長。值紅鸞星動，與趙元任博士相識交好。民國十年六月，乃正式結婚。八月，醫院交由朱徵先生接辦。九月隨趙博士赴美。

從此，趙博士經常在國外的時間多，在國內時日少。她惟恐「香霧雲鬟濕，清暉玉臂寒」，則時追隨於其左右。步偉的生活情況習性，因而大變，奔波遊歷歐、美、亞各國，有暇始從事自己的醫務、教學及社會服務。人亦多以「楊博士」稱之。博士從何而來？爲實授或榮銜，手中缺乏資料，亦無法肯定。吾從眾，也以博士稱之。楊博士與趙博士結婚十年之中，生有如蘭、新那、來思、水中四女，家庭美滿，友朋尤爲健羨。現在不但皆已長成自立，更已綠葉成蔭子滿枝了。楊博士爲東方最有文化根基的賢妻良母，是無人否認的，趙博士在語言學上的成就，應該三分之一，歸功於趙氏的天才；三分之一，歸功於其研究精神；另三分之一，則不能不歸於楊步偉內助的功力。楊博士於民國七十年三月，因心臟病在美國加州去世，享年九十有三。趙博士則於七十一年二月，在麻薩諸塞州因病去世，享年九十一歲。兩人之死，相距未逾一年，亦可謂：身世略同，同登耄耋，白頭偕老者矣。

趙元任博士，一生著作有中英文學術文化專著、論文、編輯、譯述、作曲、灌錄音片，非常豐富。楊步偉博士，早年在上海商務印書館出版有婦女生理學、婦女衛生常識、婦女受孕育兒等醫學著作。晚年有「一個女人的自述」中、英（趙譯）文本、「趙家雜誌」、「中國食譜」等出版，食譜銷行最廣。原來趙楊兩夫婦，皆極好客。客至必留餐。而楊步偉且自詡是「烹飪學」大師；做菜著名的儒林太太；到時還要親自下廚，表演其得意之作；還怕客人吃得不滿意、不痛快！其食譜銷行之廣，與其好客，或不無關係。

語言天才研究有恒

趙元任博士自小天生聽覺靈敏精細。據說：他的耳朵，是國際上公認的五對耳朵中之一。當他發覺自己的耳朵，有過人之天才時，方開始注意與攻讀「語言學」。留心各種語言口音，學習各地方言。窮年累月，不斷孜孜研究，才成功爲二十世紀大語言學家。胡適爲人的態度，不妄論人，亦不妄許人，獨於趙元任的語言學，在其「藏暉室劄記」上說：「元任辨音最精細，吾萬不能及也。」有人說：趙元任的方言，實爲龔自珍（定菴）後第一人。龔定菴爲清季大文學家，少時資質極高，生來有一對極靈敏的耳朵，一條極巧的舌頭。受其外祖父及名師段玉裁的培植，在語言上，有任何人所不及的特長。每到一陌生地方，只要住上幾日，就能通曉當地的方言。甚至滿、蒙的語言，也能聽能說。趙元任也應和他一樣，都是天才語言學家。

世界名著「阿麗斯漫遊奇境記」（商務出版），這本童話故事書，原是趙博士在民國十一年所譯的。流傳七十年至今，尚無第二本新譯出現。趙氏在譯述此書時，亦已放棄了物理學本行，進到語言學這一行。本書所以沒有新譯出現，實是由於一般研究語言學的人，都沒有能表達比趙氏更够韻味的語意出來。這也就是說：非有天才超過趙氏的人，不敢動筆。同樣情形，趙博士在商務的國語留聲機課本灌音片，至今多年來，仍沒有第二種習國語的留聲機課本灌音片，能比得上的。上述二者，今日似乎都已成了絕響。尤其趙氏從事此一工作時，不僅要把握到譯語的韻味；還要顧到學理，與照顧學生的對象與興趣；這就更非易事了。

趙博士的語言天才，能說三十多種中國方言，他猶覺不够。他生長在北方，稍長才回到南方，馬上學會了常州、蘇州、南京、上海的話。更深入內地西南，調查方言，灌錄音片。到廣東不及一個月，廣州話、臺山、客家話都會了，且能以土話來作演講。他爲中國語言，灌了很多錄音片，奠定了中國語言學的基礎。他精於美、英、法、德、瑞、日多種語言文字。更妙的是：外國地方的方言，有時說得如當地人一樣。他在美國各地跑，到喬治亞州，和黑人說話，便說黑人語言的美國話；在巴黎，對下層人士，則說巴黎市的土話；到德國福蘭克佛州，對下層人士，則說福城音的德語。他最高興的事，就是旅行到任何地方，祇須經過很短的時日，就能說當地的土話。最不高興的，是別人說：「你的話我不懂。」

語言遊戲、練語方法

趙博士自小好作一種語言遊戲。如寫日記，其中便有不少的代號與方言，祇有自己看得懂，別人則把它當作「天書」。用反切的方法，講秘密話，沒有經過他指點的人，完全是聽不懂的。語言遊戲中，有一種「繞口令」，最初祇是爲遊戲而遊戲的。後來他覺得也是一種練習語言音韻的方法，大可寓教學於遊戲。因而作了一較長的絕妙好詞繞口令：「施氏食獅」，文說：

「石室詩士施氏，嗜獅，誓食十獅。氏時時適市視獅。十時，適十獅適市。是時，適施氏適市。氏視十獅，恃矢勢，使是十獅逝世。氏拾是十獅屍，適石室。石室濕，氏使侍拭石室。石室拭，氏始試食十獅屍。食時，始識是十獅屍、實十石獅屍，是釋是事。」

這段妙文，以遊戲說，很少有人能在短時間內，字字正確，句句清晰，誦讀如流的。因爲誦讀不易，便多棄之不取。這段妙文，便有漸漸失傳之勢。在「語言學」著作中，或尚能找得到。就練習語言音韻來說，確是很好的教材。也虧趙博士想得出，做得出來。他爲使學者易學易練，練習舌尖上顎音的ＮＬ之區別時，創作了兩句話：「牛郎年年戀劉娘，劉娘連連唸牛郎。」這也可以作繞口令遊戲，但都祇有有心人，才能想得出做得出來。

趙博士沒有在湖南長沙居住停留過（戰時經過過），在北京或因與長沙朋友、學生交往關係，對於長沙的土話、諺語，也學會不少。土話如：俄式搞的（怎麼做的）、禾自客（客讀去聲，那里去）、洞販子（開頑笑）、達班里（謝謝你）、裡手（內行人）、毛深皮厚（不要臉）。諺語如：外甥打燈籠（照舅－舊）、三十晚上貓叫（除夕、兆頭不好）、毛廁缸裡的石頭（又硬又臭）、半天雲裡吹喇叭（那里、那里），這類很多土話諺語，他都能聽能說。有一次，一個李姓學生，用長沙中小學生流行的複音語，問他。聽了，要學生再說一遍後說：我懂了，這是複音語，將一個字的音，化成爲兩個相似的音，如你剛說的：「勞趙連先輪生黎你老好！」正說卽是「趙先生你好！」這種複音語，比繞口令易學易講，也可作爲練習語言方法之一。所以趙博士的語言學，僅歸功於其天才，是不够的，還應歸功其悟性高用心切才對。

和聲樂家超人聽力

趙元任博士，多才多藝，音樂與戲劇，亦其才藝之一，且爲世界音樂界公認爲中國最好的「和聲樂家」。這是由於他有一對超人聽力的耳朵，能聽極精細方言的分別。他所作的「教我如何不想他」一曲，當年風傳於中外各地。抗戰時，在陪都重慶，還是最流行的一首歌曲。更沒有想到：「教我如何不想他」的媚力，經過數十年之後，猶餘音繚繞，不絕於耳。到一九七〇年，趙博士訪問中國大陸時，在一次盛大的歡迎會上，與會人士，仍未忘情於其音樂天才，要求他高歌一曲：「教我如何不想他」，並解答歌中的「他」。

談到這裡，還得追溯到半世紀之前。民國十四年，趙元任博士曾與劉半農（復，江蘇江陰人，北大教授）、黎錦熙、汪怡、錢玄同、林語堂等，在上海組織「數人會」，從事語言、字聲、樂律研究，推行國語運動。二十二年七月，劉半農因病去世。趙博士輓之以聯云：「十年奏雙簧，無詞今後難成曲；數人弱一個，教我如何不想他？」這首歌詞，原是劉半農所作，趙博士作曲，兩人合作成功的。曲名「教我如何不想他」，故云。趙博士當年依詞作曲：教我如何不想他，「他」何所指？趙氏可能不知，也可能知而不便說。這在今日看來，已經都不重要。重要的，是這歌曲，數十年後，未成明日黃花，猶能這樣感人之深，當不易得。茲錄其原歌詞於下：

「天上飄着些微雲。地上吹着些微風。啊！微風吹動了我的頭髮，教我如何不想她？月光戀愛着海洋，海洋戀愛着月光。啊！這般蜜也似的銀夜，教我如何不想她？水面落花慢慢流，水底魚兒慢慢游。啊！燕子，你說些什麼話？教我如何不想她？枯樹在冷風裏搖，野火在暮色中燒。啊！西天還有些兒殘霞，教我如何不想她？」

趙元任博士的有關音樂、國語、調查方言等灌錄音片，以及治學紀錄卡片，據說有一間房間四壁架櫃那麼多，可謂洋洋大觀了。皆其一生心血之結晶，國家學術文化的珍寶。對日抗戰，上海「八一三」戰爭之前，政府將之全部專機運往美國一小城市保存，怕被無情的砲火，把它燬了。可是當時有些功利淺見之徒，還認爲是不急之務，無關戰時的國計民生。而政府在國家民族緊急關頭，猶惓惓不忘學術與人才，由此亦可見其一端。

智慮周詳放膽去行

趙元任博士的「教我如何不想他」一曲，感情洋溢，未可否認；但從另方面來看，他似乎又是一個理智重於感情的人。趙氏無論研究學術與動手動腳行事之前，都是運用理智，三思而後行的。祇拿一件小事——學游泳來說，便可完全瞭解。凡一個不會游水的人，無不覺得水之無情與可怕的。而趙博士之學會游泳，卻是一躍入水，無師自通，一舉成功的游泳好手。趙氏賦性，相當機智勇敢。他也說過：「機智勇敢是成功之母。」機智以慮事，勇敢以行事。必智慮周詳，才能放胆去行。俗話說：「天下無難事，祇怕有心人」，有心人所依賴的，也就是機智和勇敢！

陳衡哲先生曾對我說過：「祇有趙先生學游泳，最特別，是無師自通的。一般所謂函授學校，都祇是言而不行的。趙先生卻自開門路，行通其言。」余初不解其言，後來詳細探聽，才知道：趙博士當年在美國讀書時，忽然興趣風發，寫信到哥倫比亞大學的函授學校，索取一份游泳講義。講義上祇有言論，卻沒有臨水不懼，如魚適水的方法。他於收到函授講義之後，祇研究其言論法則，不問有經驗的人，亦未經人臨池指導，就眞的閉門造車起來。在家裡俯伏在一張長條橈上，照着講義所說的：手腳應如何動作？呼吸應如何控制？依樣葫蘆畫起來。自認已經相當熟練，有相當把握之後，便躍躍欲試，一顯身手了。一日，與幾個愛好游泳的朋友，偕往游泳池畔，立在池旁，先於任何朋友，毫不遲疑畏縮，勇敢的一躍入池，衆皆驚惶不已！他卻仿照在家伏櫈練習的動作方式，游泳自如，大家始由驚惶而讚其爲游泳英雄。也有人說：這祇是他冒險的僥倖而已。乃不知偶一不愼，是會要命的。同時趙博士一向是不孟浪行事的，他之敢於勇敢赴水，與其游泳自如者，乃是他先已研究透澈、考慮周詳的結果。

玄奘得道觀音護助

趙元任博士與其夫人楊步偉，於民國十年六月結婚後，「人人都說好姻緣」（胡適語）似爲衆所公認。但兩人在結婚之前，又各有一段「解約另聘」的故事，亦爲衆所週知的。趙博士在十多歲時，由家長作主，已與常州一遠親陳姓女子訂婚。這種訂婚，在封建時代，是最通行的，原不足怪。因那時的婚姻制度，還是要經過父母之命、媒妁之言才算合法。趙氏民國九年由美回國，經馮織先生介紹，復與楊步偉女士結識。行將結婚之前，他才回鄉與陳女解除婚約。十年六月，才與楊步偉在北京正式結婚的。同樣情形：楊步偉在未降生之前，其父母亦已指腹與其戚程姓爲婚。及長，光緒末年（一九〇八）步偉到上海中西女塾讀書，受了時代潮流的感染，反對包辦婚姻，主張改革婚姻制度。是年十一月，即已去函二表弟程景瑞，解除了婚約。十餘年之後，才結織趙元任，與之正式結婚的。他們結婚，是請胡適與朱徵兩人作證的。當年坊間尚無印就的結婚證書，他們還是自製而成的。婚後，他們的朋友，都稱他們夫唱婦隨（後來改稱爲婦唱夫隨），是理想的一對。從此他們同息同作，同出同進，四海飃遊，形影不離，够得上西廂記「有情人終成眷屬」的那句話。

民國三十五年六月，爲他們銀婚之期。原來證婚人胡適博士，還作了一首詩，向他們道賀！詩云：「蜜蜜甜甜二十年（胡氏誤銀婚爲二十年），人人都說好姻緣；新娘欠我香香禮，記得還時要利錢。」胡適之幽默風趣，還成了當年儒林的佳話。除依外國風習銀婚、金婚之外，他們每年的結婚紀念日，似乎也有一番表示。五十年六月，恰值趙氏七十生日，值他們結婚四十年之期。前往慶祝的友朋，亦復不少。時李濟（濟之，湖北人，清華及臺大教授，曾代中央研究院院長）還在慶祝會上說了話：「將趙元任博士之求學與研究精神，比之爲西遊記上的玄奘和尚。玄奘之所以成功，又是得力於觀音菩薩的保護協助。楊步偉乃趙元任的觀音菩薩也。」李氏一言驚四座，引得楊步偉更笑逐顏開，眾亦爲之拍掌狂歡！李氏卽情取譬，確是相當切貼：一、玄奘得觀音之護助，是神話中的事實；二、世俗之談懼內者，多尊太太爲觀音菩薩。行家話不明言，實寓有趙氏「懼內」之意於其中。斯亦胡適博士幽默風趣之流亞耳。

六十年六月，爲趙氏與楊步偉金婚之期，其門生故舊，在舊金山假四海酒家，稱觴奉賀，場面更爲熱烈。楊步偉首先興發，仿上述胡適銀婚詩體賦金婚詩一絕云：「吵吵爭爭五十年，人人反說好姻緣；元任欠我今生業，顛倒陰陽再團圓。」懼內的趙氏，也不能不助興，答以詩云：「陰陽顛倒又團圓，猶似當年蜜蜜甜；男女平權新世紀，同偕造福爲人間。」如此夫婦唱和，本是他們燕暱之私，不足爲外人道，外人亦難明其內幕。不管他們來生如何顛顛倒倒？有恩報恩，有怨報怨。而今世當場的即景，卻顛倒了傳統的「夫唱婦隨」，明明爲「婦唱夫隨」了。這雖是當場賀客的笑話，亦算是他們金婚生活的趣景。

管教稍嚴唯夫是從

「懼內」一詞，並不算一個壞名詞和壞事情。因各人見仁見智之不同，才生出風情萬種的差別。儒林中人，則一直當它是一個遊戲之詞。現在我們亦以遊戲的心情來說說。民國十幾年之中，京華很多人說：中國儒林懼內的名家，名列前茅的，第一當推清華教授李四光（仲揆，原蒙古人，後落籍湖北，名地質學家），趙元任不是第二、也是第三。因此，趙博士懼內之名，便普傳於學生故舊之間。楊步偉的習慣，凡有她署名的著作、論文或譯述，都有一種特殊格式：「楊步偉（即趙元任夫人）」。人稱之爲「夾帶派」或「尊夫派」。一個女士既然尊夫，夫又何懼內之有？豈非怪事！傳說：楊步偉管教她四個女兒，是採用自由民主的方式，因之，四個女兒，個個勤儉向學，皆卓然有成。唯其管教丈夫——趙博士，則全異乎是，既不講自由民主，也不是「

尊夫」，而是採用東方傳統的「子曰館」學究老師的辦法，「動輒夏楚以威之——打人」。這樣一來，博士不懼也得「懼」了。晚年，有學生某，笑問趙博士夫婦說：老師與師母，能相處得這樣好，有何秘訣？楊說：「完全是因爲他耐性好。」趙氏說：「那裡的話，是我的忘性好。」絃外之音，更可玩味！

民國十七年，清華大學改爲國立，羅家倫（志希，浙江紹興人，與傅斯年、段錫朋等，同爲五四運動的重要人物）被任爲校長。二十一年，羅滿一任之後，教育部建議：趙元任（時任中央研究院歷史語言研究所第二組主任）繼長清華。蔣委員長介公，行將批准照辦了。其時吳稚暉先生，正在蔣公側，含笑的說：「那不如直批楊步偉女士做校長好了，因爲反正兩禮拜之後，還是趙太太掌權的。」趙元任之懼內，不但儒林傳爲佳話，連蔣委員長都知道了，更够氣魄！這一來，卻給梅貽琦（月涵，天津，教育部長）帶來造化，做了清大十幾年校長。趙氏亦於是年赴美，繼梅貽琦之後，擔任駐美清華學生監督處監督。

關於趙博士懼內的另一故事，有一次朋友請客。趙氏不欲楊步偉同去，說：我簽個到即返。步偉卻堅持非去不可。適丁文江來訪，並邀趙氏同車偕往。丁氏知道趙意，席有傅孟眞在座，怕弄得場面尷尬（傅娶中山妻，爲太太們不滿）；步偉又不肯讓步。乃向步偉開玩笑的說：你識得三從四德的三從否？步偉說：正因爲識得，我才要從去。我早年父母雙亡，無父可從；祇有四個女兒，又無子可從；唯有丈夫可從，我如何可不去！雖是強詞奪理，卻弄得大家啼笑皆非，祇好讓她同去。所幸沒有什麼風波發生。趙氏亦未終席，偕步偉離去。

永不會錯錯在簡字

趙元任博士一生治學，功力之深，不待吾人多述。單就素不重視學術文化的中共表態，亦可見之。趙氏於七十年六月，由美重訪中國大陸，中共領袖們曾在臨湖軒開會歡迎他。當年香港報紙傳來消息：場面相當熱鬧。報上並摘要發表了北大教授王了一，向與會人士介紹他的老師——趙元任說：

> 趙老是國際著名的語言學家。美國語言學界，有一句評語：「趙先生永遠不會錯！」他又博學多才，做過數學家、物理學家。精通英、法、德、日多種文字語言。對哲學也有很深的造詣，又是音樂家。他的爲學，先是「博」，然後是「約」。

立詞，言簡意賅，已將趙氏之爲學過程與其成就，全盤托出。不待另加揄揚，已自清香四溢了。

美國語言學界，已認：「趙先生永遠不會錯！」這是誰都相信的。而今日中國大陸語言、文字、聲韻之錯，學者們的指出：「其錯全出在簡體字。」蓋自民國四十四年以來，中共把漢字力求簡化，而這些簡體字，混亂了古音聲母系統，使中國文字、語言、方言的聲韻系統，淆混紊亂，直把趙博士數十年研究舉世矚目的成果，都兌銷化解了。而所產生的文化斷層現象，更將遺害於無窮！夸者死權，遑論遠計；眾庶憑生，那問耕耘。趙博士以耄耋之年，猶不辭跋涉之勞，兩度訪問大陸，究爲何事？相信亦決非無爲而至。因此謹向中共的學者們，建議：猛醒回頭，知錯改錯，仍不失爲智者。

改用簡體字的後果

這篇文章，寫到上段，算是已經打止了。現在祇將中共改革文字（簡體）情形及其後果，略而言之，藉供讀者參考。

中共文字改革，把中國數千年傳統而來的文字，弄得支離破碎，使青年人不認識古老文字，如何能認識和研究中國古老的文化？自然就會使中國文化，從現代始，發生斷層現象。中老人不認識簡體字，中國文化就不能接續，更不說是發揚光大！有人說：中共文字的改革，也未離其馬列主義之宗，處處暴露了階級鬥爭和清算面貌。他們把中國文字，劃分爲「富、中、貧」三個階級，而要求所謂「文字普羅化！」我不記得曾在那家報上，看一段記述，茲照錄如下：

它認爲文字筆劃較多的，帶有資產階級思想，就來個硬性的鬭爭，剝它的皮，剮它的肉，如「術」字，硬把它的皮給剝了，只剩下個「朮」。又如「藝」字，認爲它是富戶有錢，吃的太肥，硬把它的肉給剜了，只剩下個「艺」。中共認爲「兒」子都不要孝，活生生把兒子的頭給割了，現在都變成「几」了。中國人評論一個人，向以「五官相承」、「相貌相配」爲最好長相，中共改革後的文字，都像是「殘障兒童」，五官不正、四肢不全，有的無左腿，有的又無右臂，如「廣」字，寫成「广」字，只有左手，而無右腿。及如「嚴」字和「廳」字，寫成「严」和「厅」，獨木難支大廈，乍看起來，像是將一幢大廈，抽去樑柱，搖搖愰愰，卽將傾倒，望之令人心驚。中國人對事，講求「平衡」，對人講求「中和」，我們就中共的文字改革一事看來，其政治形態，已失去重心，充分表露出其領導已失卻民心了。

故無論從那一角度來看，中共把中國文字，改爲簡體。都是祇知其一，不知其二的淺見。等於中國女人，過去「纏足」的陋見，「由大包小」，將來也必然會「由小放大」。及早覺悟，那又何必等待將來？現實環境也不坐待將來，現在：㈠香港人完全不含政治權力的排斥了中共的簡體字。且將中共簡體字的報紙，重改爲繁體字。簡體字書刊，香港無銷路。㈡中共本身向海外發行的書刊，也用繁體字，而不用簡體字。㈢臺灣反對簡體字，卻與共產主義（現在國際破滅）一樣，都是政治力量排拒。4.新加坡雖有新創中國字（外國用），卻以政治力量，力排中共的簡體字。中共實不應再故步自封，而應急起直追，再翻一次身「由簡歸繁」！

裘帶雍容的譚延闓

其生也榮其死也榮

譚延闓先生，在辛亥革命、民國肇造之初，以湖南咨議局議長，被推爲湖南省都督。與當年胡漢民（展堂）先生，以書生被推爲廣東省都督時有並世無三之譽。譚公出身簪纓門第，先後三次督湘，也做過湘軍統帥，文治武功、口碑至今猶傳三湘七澤。

先生裘帶雍容、器度豁達、服官清愼，處事公正，馭下嚴明，尤能自安於心！生當國運嬗替之交，身處國運振興之會；但求有利於國家社會，從不計較個人名位。用舍行藏，無不泰然自若。做總司令（湘軍）可，做軍長（國民革命軍）亦可；做主席（國民政府）可，做院長（行政院）亦可。他是一個純然儒者，儒者的心懷，道德觀念極重，明大義、識大體，早有范文正先憂後樂之志向。無論執政、治軍、庶眾無不悅服，樂爲之用。領軍十萬，轉戰十餘載，無一叛離。

軍政完成，訓政開始，由國民政府主席而行政院長。執政三年，促進統一、消弭內亂、推行訓政，厥功尤鉅。不幸的，積勞致疾，民國十九年九月二十二日，在南京以腦溢血病逝於行政院長任內，享年五十二歲。

譚氏道德文章，爲當代冠。政府眷懷功業，國葬於京郊紫金山靈谷寺，與國父孫陵相鄰。其墓雖不及孫陵之雄偉，但具有林園風景之勝。墓側有紀念堂，中供譚氏瓷像，旁有于右任先生書聯：「抱武侯兩句話，爲民國一完人。」雖祇十二字，然渾厚自然，含蓄了譚公一生和其事蹟。後之遊中山陵園者，無不前往一瞻譚墓，更不免要叫一聲：「譚畏公。」譚氏可說是「其生也榮，其死也榮。」死有國葬之禮，褒揚之令，史册之傳，自足千古矣！不過天下事，也常有出人意料之外者：政府播遷來臺之初，羅家倫（志希）先生，主持黨史委員會。曾由其親撰出版過一本中國國民黨史（時黨史卽國史），書名「六十年來之中國國民黨與中國」（四十三年，中央第四組出版）。我在這本書中，竟找不出「譚延闓」的名字。無論是有意或無意漏掉的，似乎都是不應該有的事。如是有意的，那羅先生也未免太欠厚道。

家世通顯地位崇高

譚延闓先生，號組菴、一作組盦（俗作組安），別署旡畏，亦作慈畏。湘人多稱畏公，以其行三，常以譚三先生稱之。因爲脾氣好，不動肝火，經常笑臉迎人，亦有譚三婆婆的渾號。湖南茶陵縣人，民前二十三年（一八七九，光緒五年），生於陝西天水前隴秦階道尹公署內。抗戰之前，余曾過其地，尙留有其父文卿公手植之桑樹及所書碑文在，應屬於名勝古蹟。

其父譚鍾麟，字文卿，又號雲覲。以翰林初爲太守，廉介正直，有聲於時。仕路騰達，歷任陝甘及兩廣總督，亦以書法名世。爲清末名臣，卒謚「文勤」。其弟澤闓（瓶齋），行五，人稱譚五先生，係海內名書家之一，在上海以鬻書維生，曾不以兄之顯達，有所干祿，亦高風亮節之士耳。畏公出身通顯世家，自不待言。他幼時隨父入京，翁同龢（松禪）見之，許爲國器。翁相國與文卿公爲同年，翁日記中，所記譚公父子的言行頗多。王湘綺（壬秋）的日記，亦有「訪文卿，見其第三子，秀發。年十三，所作制藝，奇横可喜，殆非常之才也」的記述。

譚畏公以名公子遂意於科場，由秀才而舉人，會試中會元，成進士，授翰林院編修。時年才三十六歲。深感滿清政府昏庸無能，腐敗誤國，乃秘密參加革命，從事政治改革運動。辛亥武昌起義，湘人擁爲湖南省都督。五年和九年，又兩次督湘。十一年，隨國父孫先生入粵，任大本營秘書長，及建國湘軍總司令。遙領各地湘軍，追隨國父革命。歷經戰亂，累建功勛。國父逝世後。十五年七月，北伐整軍，任國民革命軍第二軍軍長。北伐成功，十六年，國民政府奠都南京。十七年二月七日，被推爲國民政府主席。地位愈崇，負責愈重。十月，訓政開始，行五院制，蔣公任國府主席，公任行政院院長。十八年，中原戰爭發生，蔣公介石督師北上，公負安定後方之責。一方積極推行訓政；一方對前方供應，毫無短缺。以致積勞致病，終於不起。

生活安詳德量益進

我國世家子弟，以生活環境的關係，身強力壯者，原不多見。譚公中等身材，雖不算強健，卻比較肥碩。從首次督湘時開始，除每晨習字之外，騎馬亦爲其常課。蓋欲藉此鍛鍊身體，以補其肥碩的缺點。因此乃養成他擅騎、愛馬與善相馬的本領。廐中多名駒，悉依其形狀、性能，各命以名：純白者、有大小白龍；鐵青者，爲風雲飛；色黑而脊左右各有兩玉點者，爲四顆珠。皆肉滿膘肥，毛光色潤，配以錦轡、被以綉韉。他據鞍揚鞭、蹄聲得得，攬轡澄清的氣概，斯時卽已見之了。

先生愛馬，常刻有圖章二方，用作紀念：一爲「生爲南人，不能乘船食稻，而喜餐麥跨鞍」；一爲「馬癖」。前者已常使用；後者則罕出。據傳：段祺瑞（芝泉）爲北洋政府臨時政府執政時，長沙易培基（寅村）得李石曾先生推薦，得任教育總長，洋洋得意，以能攝政爲榮，隨鐫一圖章：「白宮居攝」。擬北洋政府爲白宮，自屬不倫不類。有國會議員某，出册頁紙，乞易作書，印以「白宮居攝」圖章。某議員又南下赴粵，復以册頁乞書於譚畏公。公則用「馬癖」章印於後，與「白宮居攝」，頗前後輝映成趣。畏公雖出於無心，亦其幽默風趣之無心流露。

譚公以書生掌兵，雖在顛沛流離、困苦無告之際，生活安詳，始終不易。如其奉孫大元帥之命，以湘軍總司令率「討賊軍」入湘，駐節衡陽，與朱亭（地名）所謂「護憲軍」（二次直奉戰爭後，吳到武漢，組護憲政府）隔江對立。沈鴻英復由全州出擊。討賊軍以寡擊眾，又腹背受敵，彈乏糧缺，援無消息，勢已危在旦夕！各軍將領，紛紛謁公求計。時公正習其晨課——寫字，書畢，才雍容爾雅，擱筆應客，談笑生風。雖軍書旁午，而成竹在胸，好整以暇的風度，實亦謝太傅（安）棋酒自適之流耳。由晨及酉，始告諸將領曰：諸君可以回去了。大元帥已有電令：「罷湘援粵」。前線準備移師，諸君明晨當卽開拔。其氣度之從容鎭定，實非等閒統帥可能企及。

他晚年功名日盛、地位愈隆，而其德量亦與之益進。對人親切和煦，客無論貴賤，皆一視同仁，終日無倦容。有請乞者，必酌情相助，決不使之完全失望。部屬中有過失者，誨而宥之，俟悔改後，仍待之如初。公平時善爲諧語，常能片言解紛。令人卽之也溫，如在嚴寒氣候中，受着太陽的照射一樣。北軍吳佩孚（子玉），坐鎭衡陽，原在監視譚公，而公竟以和煦，與吳獲得默契，而自動退兵北返。十八九年，胡漢民先生與譚公之能結爲文字密友，亦緣於此。「師期唱和」，不絕如縷，交誼之深，更如膠似漆。不幸的譚畏公於是年九月逝世，「師期唱和」，雖成絕響；但譚公死後（胡後死五年），胡氏仍多「憶組菴」之作，祇惜沒有和者。而胡氏懷念之深，亦可說是譚公的德量有以致之。

謙讓為懷推誠相與

譚畏公「謙讓爲懷、推誠相與」之德，人多說他這種涵養功夫，已經到了爐火純靑的境界。今舉數事以證之，卽可見其大概：國父孫先生與組菴先生的交誼，至誠至篤，似皆出乎天性。畏公任大元帥秘書長之初，正孫先生初奠廣州革命基地，創業艱難的時代，自非日理萬機不可。時畏公猶兼領建國湘軍總司令，百務倥傯，亦日不暇給；但每日仍必至大元帥府辦公。他對國父，一向奉命唯謹，夙夜匪懈。當時如未見到國父，雖坐待終日，亦不敢離去。國父亦始終以上賓之禮相待，言必稱譚先生，事必商之譚先生，數年來如一日。

國民政府由廣州動員北伐之初，原有革命部隊，一律改編爲國民革命軍。蔣公介石任第一軍軍長、譚先生任第二軍軍長；下由第三至第八軍軍長，皆各省高級將領。北伐出師之前，國府會議推蔣公爲總司令。蔣公以譚公爲一代碩彥，則力舉畏公，總領師干。當時互相推讓頗久，畏公終於說：「將軍建軍黃埔，統一兩廣，早著英名。趁海內外殷切仰望之秋，正宜一鼓作氣，帥師北上，蕩平軍閥，此乃千載一時的機會。公如遇事謙讓，良機一失，反而誤國誤民了。」披肝瀝膽，足見忠誠。及北伐軍克復武漢，汪精衛與唐生智勾結，大張反蔣旗幟。譚公則竭誠擁蔣，且曰：「當今之世，捨蔣其誰？」並告其部屬和國人說：「若存二心，則統一中國，挽救國家，將失望矣！」故譚公對蔣介公之服膺與謙讓，不但久存於心，此時則更見之於言表。

唐生智（孟瀟），原係譚公的舊部。當北伐軍接近武漢之初，其反蔣陰謀，已略見端倪。譚公見微知著，即遣密使諷戒唐曰：「你愛打牌。既已上桌，則必須遵守牌規。如果別人做莊，你卻要搶著來做。其人不服，那牌就打不成了。要打牌，就得顧全大局。」可是愚而好自用的唐生智，不聽畏公忠誠之言，背叛黨國，雖鬧得一時天翻地覆，終歸是一敗塗地了。

孫先生奠立廣州革命基地之初，所有稅收，幾全被滇、桂軍所壟斷。湘軍最苦，飢不得食、寒不得衣、病不得藥、死不得葬。湘軍中，有縱隊司令張正青者，駐防城外某地，亦爬上滇、桂軍的壞路，徵收當地諸稅。事聞於湘軍總司令。譚公乃親書手令，着張正青「即日停止不法稅收。」令出後，公猶汗流浹背。且曰：「張正青眞不是東西，幾誤我、誤國、亂政矣。」叫軍法處，馬上去查辦！

事親至孝伉儷情深

譚組菴先生，生於陝西天水舊道尹衙門。係文卿公側室李太夫人所出。中國在封建時代的家庭制度，妻妾界限綦嚴。元配妻爲家庭主婦，主管並處理戶內一切大小事務。側室（妾）地位與婢僕同等，不能與主人主婦平等、平起平坐，更不同席共餐，還得侍立左右、盛飯進菜、聽候使喚。李太夫人，河北宛平人，亦儒家的賢良女子。自歸公父文卿公後，亦如此處於不平等的地位。畏公受了生母生活如此刺激，椎心痛泣，苦無可告！自小卽養成了事親至孝的性格。承歡膝下，凡有所命，不敢稍違。一生守身嚴謹，絲毫不敢因循苟且，雖顯貴到了國府主席的地位，也終未移其心、變其志。

相傳：譚畏公於會試中會元之後，回家省親。自認爲母揚眉吐氣，時已到了。很久積壓在心的苦悶，爲母親抬高身價地位，此時不發，尙待何時？及拜見其父文卿公，當卽長跪於地，大哭不起。文卿公解其意，乃曰：「母以子貴，今後爾母可以同席共飯矣！」從此其生母地位，乃得提高，禮教陋習，乖背人情物理，卽此固可見之；但根深柢固，一時仍難滌除盡淨。不數年後，李太夫人以病故世，家族仍依舊禮治喪，側室靈櫬，不能由大門出。畏公當卽痛心疾首，大哭不已！知族人一時難以理喩。急智隨生，乃以自身伏臥於靈櫬上，叱輿人啟靈出，且曰：「此門我當可行。」櫬遂得出。

民國七年，譚公正在湖南郴州軍次。忽聞夫人方氏，病卒於上海，掩面哭之慟！誓言不續娶。隨作「悼亡詩」多章，哀婉悱惻，傳誦軍中故舊！譚公中年喪偶，誓不續絃，或謂仍是懍於生母生活上的教訓，人多美之。但他有宿疾——高血壓，每病作必召醫針治。民國十三年在廣州，畏公時任建國湘軍總司令，駐市區高第街許家大屋。曾聘一美國小姐，教授英語。久之，女憐其鰥夫又病，欲以身侍，終被譚公所拒。女自覺慚，遂辭返美。又在廣州時，經常有一綽約多姿的女護士，替譚公打針。針為肌肉注射，必裸其下體至臀部。有唐支厦（從事戲劇運動的唐槐秋之父）者，原為某軍司令，性極粗魯，時佐譚幕。本一非女伴，不能安枕之人。一日，見護士來為譚氏注針，事後閒談，笑問公曰：「總司令，當女醫生打針時，那把戲動不動？」譚即答曰：「嘿！那還要得嗎？」凡人「不見可欲、不為所欲。」畏公即見所欲、亦不為所欲。他自喪偶後，守身如玉，從此二事，卽可為證。所以他不但是一個孝子，也是一個生不二色，伉儷情深的人。

修齊有道家訓藹然

中國儒家思想，對人生修身、齊家、治國、平天下，向有一貫修為的層次與方法。古代賢君良相，能全遵而行之者，無不欣欣有盛世之治。譚畏公行之，雖尙未能達到這一地步。但於修身、齊家兩層次，卻已表現了深切功夫。他的身教，卽可垂作人們的榜樣！先生有子女五人，不僅皆受過中西高等教育，學有專長，為國服務，蜚聲中外。次女譚祥，係前副總統陳誠（辭修）氏的夫人，不但內助稱賢，亦辭公主政時，最得力的幫手。現任國防部長的陳履安先生，卽畏公的外孫。一家雍穆，並世罕見，非其修齊之道到了家者，亦莫克臻此。譚畏公修齊之道，自無閒言，而其平日藹然可親的家訓，更值得世之為人父母者，習而為之：

「余生平在家庭所享受者，多矣。父母鍾愛，兄弟和翕，及娶方夫人，二十五年中，無一語牴牾，所有計議，不約而同。自謂一生無所缺憾！故雖接人處事，艱困煩惱，然一歸家，則欣然如別一世界。」

譚畏公得克享「別一世界」之樂，其子其女，亦得克享「別一世界」之樂；但此「別一世界」，乃我國傳統文化教育，涵養而成的結果。若有人焉，今日在外工作，亦是艱困煩惱，一入家門，煩惱更多。則此「別一世界」，惟在天國中，容或有之，人間恐不可復得矣。吾人敬慕畏公，亦健羡其家人！苟人人如此，家家如此，那天下不是太平了嗎！

詩以言志聯能感人

譚組菴先生的道德、文章、勛業，固已彪炳於世。他於詩詞文學，雖不算是大名家；但詩以言志，讀其撫事、感時之詩，更顯露着其人的胸襟與識斷。他的詩集很多。曾與胡展堂（漢民）先生的「師期唱和詩集」，更為時人推重。民國十九年十二月十四日，為譚氏五十二歲生日，胡氏有詩致祝：「組菴先生以臘月生日，適協之得其所書詩册囑題，因以為壽：文采風流是我師，翁錢應悔未能詩。似從長慶參坡老，竟以平原傚米癡；虎臥龍驤非易事，春松秋菊可同時；蒼生不病君無病，為祝南山無盡期！」譚公得展老詩，異常興奮！隨有「次韻展堂見贈：平生風義友兼師，喜入新年第一詩。不道杜陵矜瘦硬，相應王約誚肥癡；奴書自悔非崇古，老學深慚已後時；筆健輸君緣壽骨，行能多恐誤相期。」譚、胡二公「師期唱和詩」，似從此開始，以後源源不斷，多達數十往還。茲僅舉一例而已。吳佩孚駐節湖南衡陽時。其秘書長張其煌（子武），與譚氏原爲甲辰會試，有同年之誼，交情至篤。吳氏擁大軍駐衡陽，對駐節永州的譚氏，原有監視之意。雙方隔江對陣。而吳氏始終未加兵以脅譚氏者，實爲張其煌從中溝通勸說之功。及譚氏聞張氏被亂軍殺害，曾挽以詩四律云：

「一別眞投筆，三年只枕戈，有書長不達，無命欲如何！生死交情見，孤寒涕淚多。裹屍餘馬革，悽惻向江沱。」

「辛苦依人計，艱難烈士風。前知悲郭璞，從事異臧洪、未必謀生拙，獨憐殉友忠。縱橫湖海氣，今日竟途窮。」

「少年曾並轡。中道各揚鑣。鷹隼飛常屬，驊騮意苦驕。多才成負負，同好已寥寥。白首誰相慰，羈魂不可招。」

「夙昔誰知己，平生誤感恩。室惟瓶粟在，篋有謗書存。意志兼儒俠，恩情託夢魂，寃情同一盡，痛哭更何言！」

其煌於民國元年，曾佐譚畏公幕，投分最深。邇後致力國事，南北殊途，故詩中有「中道各揚鑣」、「生平誤感恩」之語。實深惜之！一死一生，更見交情。有人說：譚畏公的詩，早歲取逕晚唐，風華婉美；及中晚年，一變體勢，清微妙逸。湘人袁思亮先生，則謂畏公詩「奄有衆長，不名一家，豪宕中時出名理，自成標格。」陳散原（三立，江西人）稱畏公詩：「蘊義深微，抒情綿邈。」信是的評。

詩詞在中國文學中，向佔極重要的地位。而「聯」則未正式列入文學中，一向被視爲小道。其實聯雖小道，亦有可觀者焉。凡名山勝景，寺廟菴堂、亭臺樓閣……等，大都有之。最易引起墨客騷人的雅興，藉以表志、遣懷、抒情、述事尤富有教育作用。譚組菴先生，卽曾藉聯發揮了教育作用，平服衆怒的故事。清季末葉（宣統三年），正革命運動蓬勃發展之際。畏公正任湖南省優級師範學堂（後併入湖南大學）監督（卽校長）。某日學生因伙食不好（時師範學生皆公費，供食宿），鬧風潮罷食罷課。一般教職員，皆已束手無策。惟監督譚公，鎭定不慌，從容籌思，撰一聯曰：

君試看世界何如乎？橫流滄海，突起大風波。山河帶礪屬誰家？願諸君嘗膽臥薪，每飯不忘天下事！

大多爲環境所累耳，咬定菜根，方是奇男子。公侯將相原無種，思古人斷齏畫粥，立身端在秀才時。

自己隨卽寫好，令人張粘於飯廳門上兩側。諸生見之，自覺汗顏，皆自動前往進食、上課。一場風波，消滅於無形，無不是此聯數語感化之功。

當辛亥革命倡義之時，有黃忠浩者，原受淸廷之命，統領湖南巡防營。湖南舉行反正，黃被亂軍所殺。譚公時有聯挽之曰：「見危授命，是公本懷，惻惻感前言，所悲未竟平生志。忘年下交，視余猶弟，冥冥負知己，悽切難爲後死人。」不但能想見前輩情意眞摯之篤於交情，並不以政治背景之異同而有少殺。尤能從一聯中，很自然的達到敍事、遣懷、抒情的目的。故文學能者，無所不能，畏公有之。

書溶各家自成一家

譚組菴先生的書法，與其並時在滬之李瑞淸（梅菴）、曾熙（農髯）、曾廣鈞（伋菴）諸老，皆聲蜚於海內外的書家。譚公的書法，根柢相當深厚。他初學趙松雪，得其秀潤，少時卽善寫十三行，簪花妙格，已自不凡。繼學錢南園，復參顏魯公。他瘁力於書，以臨顏魯公麻姑壇爲主，參以南園與翁松禪筆意，將其雄渾、遒勁、蒼老、神韻之長，溶化會合，自成一家。筆緻之美，望之自有一種雍穆氣質，成名之後，自謂：已習麻姑壇二百五十通。民國十年時曾自記有云：「辛酉十一月既望，時寓上海塘山路東頭。小雨乍晴，曉寒猶重，臨麻姑壇一百二十五通。」習字，乃其每日的晨課，而臨池之神態，據其自道：「因顏魯公作字時，常正其衣冠。余效之，每一臨池，亦振衣冠，奮其精神，不敢稍懈。」又言：「顏魯公祭侄文稿，忠義之氣，躍然紙上。習其字，思其人，會其神，則人格立而字亦進步矣。」

岳宏羣（森）先生與羅叔弘（毅）討論近代書家，有云：南園書，方圓嚴整，自成一家；但其書，在當時，不如其畫馬之爲當世重。蓋清雍、乾之季，書多宗趙、董。梁舟山與王文治側媚之風尤甚。惟翁常熟篤好南園。翁與張蔭桓書，猶稱道不已。常熟而後，惟吾湘茶陵譚組菴（延闓）與澤闓（瓶齋）兄弟，書歸南園，幾成一時風氣。組菴晚歲，臨池尤勤。其書雖不主一體，然尤致力於平原麻姑壇記。呂蘧蓀（苾籌）曾以印本見贈，筆意嚴謹，無懈可擊。考其早歲之作，於褚河南、趙吳興，亦實有深功。而其論書，最不喜南北碑帖之說。

譚畏公評論並時人物之書，但多隱詞，今余（岳自稱）不爲之諱。有人以于右任先生之書詢公，公謂：作書非如此其易也。作書如習武，學來容易，練功則靠工夫，不練永難有成。實爲其遠見。謂汪精衛之書，婀娜而不能剛健，若不稱其人。蓋其筆意從華亭出，而未得華亭之所入也。率意而爲，往往稚弱不足觀。興到之時，如簪花美女，又風神絕世。曾仲鳴效其書，幾乎具體而微，人多不能辨。惟陳樹人自謂：能辨之。胡展堂寢饋曹全，凡應酬筆墨，無不集碑字爲之。上下縱橫，皆具匠心。小行書，尤圓潤而流暢可愛如熟馭馬，舉筆隨人意不失規律。人謂汪書得於天有餘，而功力不足以赴之，故歷久不復能持。展堂書則功力堅定，光景常新。一高明、一沈滑，兩人之書，其造詣自難列入書家錄，亦未可與庸碌者並論。

組菴先生晚年在京，踵門求書者，幾於應接不暇。其親作慈衛室詩、非菴詩、粵行詩、訒庵詩等集。小眞書，有秀逸精絕者。孫哲生（科）曾得高麗佳紙巨幅乞書，畏公爲作小行書，偏臨各家，費十日之力始盡之，殆爲生平之力作。余（岳自稱）見畏公之書多矣，斷以此爲第一。曾爲吳子玉（佩孚）書屛四幅，臨宋老，筆意亦逼肖。固知名手無所不能也。

講究衞生食不厭精

過去仕宦顯貴與文學人士之家，很多是講究飮食之道的。這並非說：食非山珍海錯，炊金饌玉不可；而是重在烹調、佐料與方法，取其精緻細膩、新鮮可口而已。論語有「食不厭精、膾不厭細」的垂訓，就是孔門講究食道的衞生。魯論亦有「不時不食」的要求。譚組菴先生之於食事，求精而不尙豐，常能別出心裁，因時採鮮，製作佳餚，自不宜與世俗所謂奢侈、浪費，同日而語。祇惜他沒有袁子才（枚）的「隨園食譜」一樣，而有「組菴食譜」，留在人間。他的食事中，祇有「組菴豆腐」一菜，曾膾炙人口。這也祇在他的身後，才享有盛名。畏公在時，並不出色。這原是曹厨子和其門徒，在長沙開「健樂園」菜館，藉「組菴」招牌，所興起來的花樣。

組菴先生，以字名於時，亦以食名於時。他身材中等，卻大腹便便。相傳他少壯之年，食有兼人之量，一餐可盡一鷄一豚蹄，當其與方夫人結婚時，其岳父方公正任江西藩司。一日方公宴客四席，在未開宴前，先生自外歸，飢甚。走進厨房，將四桌備用的點心，一掃而光。厨司以姑老爺取食，亦不敢阻，祇得另備以補充之。及入席，他食猶如常。以上兩事，有無訛傳，則不得而知。先生晚年喪偶，至親好友，常藉口爲畏公解除孤寂，每日晚膳，多前來與之共餐，一桌常多至十餘人。公自顧而樂之，但筷短匙小，多感未便。公乃命廚特製長筷大匙多套，以備待客。湘人愛用長筷大調羹，卽創始於先生。自後長沙菜館與住戶，亦多採之，乃成風氣。

譚畏公在上海時，與其弟譚五先生（澤闓，上海名書家，以鬻書維生，從不做官），結合上海名流：如李梅菴（瑞清）、曾農髯（熙）、陳散原（三立）、汪閑止（詒書）、曾伋菴（廣鈞）諸大老，爲文酒之會，每周餐敍，輪流作東。風流儒雅，實大有前賢蘇、黃「西園雅集」之流風遺韻。不過經時未久，有些不識趣的庸俗權貴，不知自量，企圖入會，一沾風雅。會乃因之無形消散，亦一掃興之事耳。南京石板橋譚公館請客，乃常有之事。不意也出過一次殺風景的事。十八年，馮玉祥奉命來京，出長軍政部。畏公爲盡地主之誼，在其私邸爲馮氏設宴洗塵。餚饌陸續陳前，且極豐潔。馮氏忽離座起立而言曰：「今國難至此，將士多飢疲，百姓無以敷口。我又何心領此盛饌！食亦不能下咽。」一語畢，揮淚絕裾而去。座客皆驚愕失常，畏公獨神色不變，未予挽留，且送之出門。返座，仍舉杯敬客。隨曰：此公一向固爲詭異，矯情作態慣了，不足怪異！越數日，故事重演。軍政部設宴歡迎新部長就任，馮氏亦卽席大發牢騷，攻擊國軍待遇不公。他說：「同爲國民革命軍，有的按月發全餉、有的幾成、有的終年不發。革命是打不平的，自己同志之間卽不平，還談什麼革命？今承諸公體諒玉祥平日節約，特承以兩菜一湯招待。我第二集團軍的同志，從來就沒有吃過這樣的好菜，我祇好和淚吞下。」如此乖情奪理之舉，他就不知表演過多少次？

有關曹厨子的故事

為譚畏公專營食事的曹厨子，人多不知或忘其名，通常卽以曹厨子呼之。善烹調，從畏公已多年。畏公晚年，每飯似非出於曹厨不歡。故京滬友朋宴客，如有畏公在座，饌必借用曹厨治之。某日介石蔣公宴客，首席卽譚先生。每進一菜，蔣公必說：「此菜極佳。」譚則說：「不好、不好。」舉座皆奇其言。及席散，始知掌厨者，卽譚公館的曹厨子。京滬宴會，因借重曹厨者日多，其名益噪。曹亦自居奇貨，代治一席，輒為一百袁大頭，已成慣例。曹私蓄亦至數萬。或謂：畏公亦有意藉此來調劑老從人，余卻不信。畏公去世後，曹厨離京返湘，設酒樓於長沙，名「健樂園」，以「組菴席」、「組菴豆腐」作號召，每席一百大頭以上。其實曹厨此時，已團團富翁矣。筵席皆其徒弟或倩人所治。

曹厨子在上海時，余見過一二次。民國十七年冬，余由海外歸，適值譚畏公五十壽，客有從湖南專程而來者，藉名祝壽，實則有干於諸侯。余與羅叔弘兄自京偕來，算是學生代表。客僅五席，曹厨亦至席前致祝並謝客（照例）！曹實不學無術之人。畏公在粵任湘軍總司令時，曹以上尉副官，專司厨務。譚公任行政院長時，曹則充行政院事務員，月薪一百四十。譚公館食客座常滿。每日伙食費用，在粵時規定毫洋百元。南京改為大洋，數亦如之。曹因積資已厚，家有一妻一妾、福等齊人。有人以當今易牙稱之者，渠則瞠目以對，蓋不知易牙為何許人也。畏公去世，曹厨亦有聯挽之：「侍奉承歡憶當年，公子趨庭，我亦同嘗甘苦味。治國烹調非易事，先生去矣，誰識調和鼎鼐心。」傳誦一時。聞出周鰲山之手。聯如可傳，則千百年後，論者亦必謂曹乃一多藝亦多才之人。後之視今，亦猶今之視昔。史之以訛傳訛，不知其可信者，究有幾許。

王纘緒與四川省主席

大義為國由亂而治

四川地處中國西陲，自成一區域，與外面隔絕，文化未開，山重水複、交通不便。前人向有「蜀道之難、難於上青天」的說法。因而四川自古以來的英雄豪傑，割據一方、招兵買馬，稱霸稱王，爭戰不休，已成歷史的事實。以故前人又有「天下未亂蜀先亂，天下已治蜀未治」的說法。往古的事且不說。民國成立以來，由於北洋政府失軌，四川軍閥的內鬨依然未息。自袁世凱去世，黎元洪繼任總統之後。北洋軍閥割據地盤、各自爲政，實爲我國近代軍閥禍國時代的開始。對四川則利用劉存厚（積之、四川簡陽人，曾任四川督軍）師長，搞本土化。提出「川人治川」的口號，驅逐滇黔護國軍出境，自稱督軍。進又贊同溥儀復辟，圍攻成都，殺害川督戴戡（貴州人，屬進步黨）。爲這本土化的結果，便造成以後四川連年的內戰。內戰則爲爭奪地盤，保持勢力。既橫徵暴歛，加重了人民的負擔；復驅使大批百姓，作了內戰的犧牲品。戰亂未休，禍猶未已！

至民國十年，劉湘（甫澄，四川大邑，川軍第二師師長）被推爲四川各軍總司令兼省長。此後第一（劉文輝師長）、第二兩師，繼起互爭，至國民革命北伐之前，四川在軍人操縱混戰之下，一直未得安定。十五年，北伐整軍、川軍皆願參加革命，改編爲國民革命軍。劉湘任二十一軍軍長、劉文輝任二十四軍軍長、鄧錫侯任二十八軍軍長。十九年、馮（玉祥）、閻（錫山）、汪（精衛）等，在北平召開擴大會議，反抗中央，造成中原戰爭。劉文輝與鄧錫侯，舉兵響應。幸劉湘坐鎭重慶，擁護中央，四川政局，終賴以安。二十年，中央以劉湘爲四川善後督辦，四川各軍，皆歸其指揮調遣。二十三年，劉湘被任爲四川省主席，設省政府於重慶，控制了四川政局，以迄對日抗戰發生。

川軍無名的內戰，在抗戰以前，是馳名於世的。大小軍人，各爲其私，大拼厮殺，從無寧日。百姓之苦尤不堪言，錢糧有預徵至二三十年者，眞是民不堪命。及抗戰發生，由於各軍將領激於民族意識，大義爲國；也由於中央軍政勢力，跨進四川對各方極力安撫、協調，才顯現出四川近代史上的新興氣象！即自民國成立二十餘年來，未能統一安定的四川，從此展開了「天下已亂、蜀未亂；天下未治、蜀已治」的局面。二十多年來，國人對川軍將領之觀感「軍閥」，從此亦一掃而清。歷史評價：此固川軍將領大義凜然之所致，而劉湘將軍堅持團結合作之功，亦未可沒。在這「由亂而治」的過程中，王纘緒將軍所居川省主席的職位，雖曾一度發生過角逐風波，而未稍動邦本者，也就是因川局之安定，此時已臻磐石之固的地步。

四川所處時代環境

在四川「由亂而治」之初，中央任命王纘緒爲四川省政府主席，這是二十多年來所未曾有的時代環境。抗戰是破壞，四川卻要建設；抗戰是動亂，四川卻要安定；這時代環境，原是很難應付的。這原因：是我國對日抗戰，對四川確有劃時代的意義與作用。上面所說的：「天下未亂蜀先亂，天下已治蜀未治」，確是歷史事實的反映。抗戰發生的前後，四川在時代上的表現，又是一嶄新的氣象。全國一切人、財、物力，乃至心力，皆集中於四川這個天府之國。天下熙熙，皆爲利來；天下攘攘，皆爲利往；面前一個大目標，就是「抗戰建國」。由是乃使四川的政治、經濟、文化、教育、社會各方面的建設，突飛猛進，一日千里。尤其文化水準提高了，社會風氣開通了。全國幾被敵騎踏遍了，惟有四川人民，都過著安居樂業的生活。如果沒有抗戰這個時代，四川人民，可能還在古老的時代中過活。同時，由於抗戰，也才有中央的軍政力量，跨進四川，迫使四川軍人，循法守紀，不敢輕舉妄動了。這是使四川「由亂而治」的基本力量，這可說是「抗戰幫助了四川」。

同樣的意義與作用，也可說是「四川幫助了抗戰」。歷史著稱：四川爲天府之國，沃野千里，確非虛語。我初到四川，尙不覺得，及到過成都，目所親接，才眞有這樣的感覺：氣候溫和適宜，無嚴寒酷暑；風調雨順、河川灌溉便利；皆極合農業生產的條件。加以四川得天獨厚，土地肥沃，凡穀、米、竹、木、絲、糖、藥材、烟草、鹽、茶、五金礦產等等原料及民生物資，無不應有盡有。抗戰軍興以來，四川士、農、工、商、軍、民，發揚民族、國家意識，堅持團結、統一、合作，擁護中央，推行國策！這種偉大的無形的精神力量，雖百萬雄師，亦莫能比擬。關於物質方面：四川爲我國四大糧倉之一。抗戰後期，已陷江西安徽二倉；湖南已經半陷；僅餘四川一省，單獨出兵出糧，供應軍需民食，不斷補充兵員。民國三十年後，成都新津縣，建 B-29遠程重轟炸機空軍基地，出動民工五十萬人，自備工具，自帶食糧，全無待遇津貼，從數十百里外來集合、流汗出力，三個月內，修築完成。友邦稱爲奇蹟，也佩服我國人的精神毅力。後來出炸日本的飛機，即由此機場起飛。除此而外，各界人士，刻苦勤勞，積極生產。糧源及其他民生物質，使後方人民、前方戰士、皆不虞匱乏；兵源不斷，隨時可以充實作戰力重；稅收充盈、財源不絕，更是社會安定繁榮的保障。凡此物質與精神的力量，皆是支持長期抗戰的最大資本，亦唯有當日之四川，可以擔當得起來。我故說：「四川幫助了抗戰」！

如此一個局面，對四川一省來說：是歷史千載難逢的盛世。對一個四川省主席來說：又是可爲而不可爲。俗語有言：「一個婆婆好當家，妯娌爭長家難當。」王纘緒主席所處的環境正是如此：「可爲而不可爲，又不能不爲。」結果祇好「不求有功，但求無過；不求表現、但求安定。」近代爲官的哲學，是：「無過」——多做多過，少做少過，不做無過。「安定」——大事化小、小事化無，天下太平，這不僅王纘緒主席爲然，後來繼任的主席，亦無不盡然。

真誠性躁崖岸自高

王纘緒，字治易，四川人。早年肄業於四川順應府中學，與楊森（子惠、廣安，曾任貴州主席）同學。光緒末年、四川陸軍速成學堂畢業，與劉湘、楊森、潘文華、賀國光、唐式遵等，皆屬同學。久歷戎行，以次薦升。民國二十四年，劉湘所部，擴編爲三個軍，王纘緒任第四十四軍軍長。對日抗戰軍興，二十七年八月、繼張羣爲四川省主席。二十九年九月、離主席職，調赴湖北前線，回二十九集團軍總司令原任。對日作戰，多立戰功。

王纘緒爲人，固無特殊優異之處。還算眞誠坦率，對人有時且不計利害，眞能肝膽相見，什麼話都能說得出來。因之，養成他心直口快、急躁、難忍的習性。常指川人普遍的缺點，爲「遲鈍」據他解釋：遲鈍，實包括了笨拙、阻滯、落伍配合不上環境，追趕不上時代，貽誤了四川，救不了國家。所以他才「急躁」。對一般川人來說，他這種認識，是相當中肯的。同時，他也有一種壞性格，過於崖岸自高，目中無人。對於川軍將領，尤其是他同學之輩，批評指責，常不留情。此固是他心直口快的坦白，因此亦常得罪人很多。所以他的人緣關係，比較的差。他雖是一個軍人老粗，也略具風雅之氣。能做幾句詩，作一點畫，祇能畫蝴蝶。愛賞玩圖章。藝雖不太精，在川軍將領中，則不可多見。

四川省政府在抗戰時期，已實行了「合署辦公」。署址在成都西門外郊區茶店子。我曾去過一次。所見破舊房舍一大堆，沒有一棟高大像「官衙門」樣的房子。加以地方卑濕、光線黑暗、馬路爛、交通差。益以四川省府的編制，特別龐大，地狹人稠，更加侷促不堪。所謂辦公，情形也難描繪。茲僅舉當時省府職員們，所流傳的四句四字箴言，以明之：「懶者不到，到者看報，主席駕臨，室空人杳。」王纘緒任主席之初、銳氣方興，頗思有所表現，加以整頓革新，無奈積重難返，窒礙太多，祇好因陋就簡，敷衍了事，「做一日和尚撞一日鐘。」他在施政方面，格於環境，不得已才「不求有功，但求無過；不求表現，祇求安定。」當日在行文發令辦公方面，亦流落到此地步。即無怪後來的反對者，更有所藉口了。

既已領軍還想掌政

自民國成立以來，由於軍人的無名混戰，四川的政治，便成了軍事的附庸。川軍將領，在全省各地，各有割據的防區，即所謂地盤。於是政治，在軍人的心目中，軍事地盤，就是政治地盤。這政治地盤，即其聚歛財物，搜刮剝削人民的地區面積。稍有分配不公，或是撈過了界，爭端又起。有時強梁者，故意越界挑釁，反架罪於彼，而驅逐弱小，擴佔地盤。如是連環報復，又成了混戰的根源。一城一縣的政治爭奪，亦復如此。

至於一省的行政，省主席不但不能指揮軍事將領，軍事將領反要指揮省主席。省主席不但不能指揮廳、處長(包括省府委員)；廳、處長，亦不能指揮屬下機關及屬員。相反的，下級機關或屬員，還要指揮上級機關或長官。輕重倒置，畸形百出。何以會弄到如此奇形怪狀？實由於政府大小官吏及屬員，人人有來頭，個個有背景，誰也管不了誰。省主席對於人事上的調派、安排、處理，一籌莫展，就是一件最傷腦筋的事。弄得不好，又是一宗政治性的軍事內閧。王纘緒擔任四川省主席後，由於有中央的支持作靠山，情形雖說比較好一點；可是省令出不了省府大門，防區視省令如廢紙，還是無辦法。所以他就常常發牢騷的說：「當他媽的啥子主席！」

他雖滿肚皮的不痛快，然一個省主席，究竟得來不易，祇好儘量容忍！對軍方任何人物，不想破臉，仍不能不加以安撫、溝通、協調。各方推薦來的賢能才俊，既不能向廳、處或地方推薦派遣，祇得把省政府的編制，無限的擴大，巧立名目，什麼高參、參議、諮議、顧問、辦事員……或聘或委，便不知加了多少？故四川省政府組織之龐大與用人員之多，實爲全國各省所罕見。

過去川軍將領，雖明知省主席不好當，且不易有所作爲，縱然鷄肋無味，而夸者死權，不過一次癮，總是心不甘，意不遂似的。做了一任不够，還想長期或世襲的搞下去。於是爲了政權，更不能放棄軍權。川亂不已，便非偶然。四川爲了省主席的角逐，已成了二十餘年來川亂的導火線，直到王纘緒主席的時代，猶有人願冒抗戰時代的大不韙，致有二十八年秋，化暗爲明的「倒王運動」發生。

主席皇冠時勢造成

四川的地理環境，由於與外界隔絕，中央與川省軍政界人物，始終是隔閡的。北伐時代，四川軍隊，名雖改隸於國民革命軍；但川軍將領，始終疑懼半參，而不敢與中央接近，結成深厚關係。而中央對於四川將領，成見未除，亦未深入求其瞭解。以致雙方態度，幾有河水不犯井水，互不相涉的態勢。及二十年「九一八」日本進侵事變發生，全國上下，皆氣憤塡膺，共同警覺：中日關係，終非一戰，無以保民族之生存。中央爲積極準備抗戰，在攘外必先安內政策之下，一方積極剿匪；一方對川軍將領，曉以大義，多方予以安撫。對於後者，確是煞費了苦心。因爲前方既要與敵拚命廝殺：後方必求絕對安定，沒有動亂；才能集中一切力量，以禦外侮。可是當日川軍將領，還夢寐着「川人治川」的意識，不肯與中央同心協力。若劉湘、劉文輝、鄧錫侯、潘文華、王纘緒等川軍將領，猶各顧其私，展開四川省主席的角逐。當時中央考慮全局，固有進退兩難之勢。經過再三權衡：「兩利相權，取其重；兩害相權，取其輕；」不得已祇好選用與中央比較近的人物。一方合了川人治川的要求，可稍稍和緩各將領之爭逐；一方王纘緒比較傾向中央而可靠，中央也比較能心安理得。及抗戰發生，二十七年八月，王纘緒終於戴上四川主席的皇冠。

王纘緒之得任四川省主席，雖說是在四川「由亂而治」環境中之時勢所造成；然這個老粗大主席王纘緒，在劉湘、劉文輝、鄧錫侯、潘文華諸將領中，以最弱之勢，戰勝列強，爬上枝頭作鳳凰，也不是一件偶然的、簡單的事。原來王纘緒，在中央心理上，已早有了先入爲主的印象。而造成此一態勢者，實得於其至戚袁育凡（早期留俄學生，後任王纘緒駐京辦事處主任）先生，代向中央積極溝通、拉攏，向中央輸誠効命之所致。抗戰以前，川軍將領大都鼠目寸光、成見尙深、疑懼莫釋，不敢接近中央，密求合作。時袁育凡氏，任職中央已久，瞭解中央政策極深；其見解之開明，更是川中不可多得的人物。王纘緒受了袁氏的影響，乃委袁氏以溝通中央的全責，向中央表明忠誠効命的態度。袁氏亦積極通關過節，達成了使命。如是王纘緒自較其他川軍將領之「各行其是，不聽指揮，甚至反中央」者，自然最受重視了，苟有新命，王纘緒自是被優先考慮的人。余與袁氏同學，關係亦較深。由武漢撤退至桂林時，同寄寓於桂林招待所。挑燈話故，無所不及，此皆袁氏所舉以告余者。我對川軍其他將領的傳聞認識，亦以得自袁氏者爲多。

倒王運動終於爆發

川軍將領，對川省主席之爭逐，二十餘年來，直未稍歇。劉湘於逐去劉文輝後，二十四年二月，在重慶成立四川省政府（原在成都），自任主席。二十六年，劉湘奉命整軍，張羣接替省主席。二十七年八月，王纘緒繼張羣爲四川省主席（王原係二十九集團軍總司令）。其他川軍將領，更爲眼紅、氣憤。但懾於中央的決定，又敢怒而不敢言。明爭雖已暫息，暗鬥依然存在。各將領始終以不合作的態度對王，且秘密聯結策劃，形成爲一倒王運動。以致謠言蠭起，若有行動。成都居民，時在風聲鶴唳、一夕數驚之中度日。這種情況，都幸賴中央多方維護，才免於決裂。後來不過川軍將領之倒王運動，已勢成騎虎；但因私心未泯，最初還各有所圖，沒有結成一氣。後來目的趨於一致，則比較的麻煩。因最初覬覦四川主席者，猶曖昧不明，人人都有此希冀！漸漸化暗爲明，卻以西康省主席（二十八年一月發表）兼二十四軍軍長劉文輝的追求爲最力。中央爲着後方的安定，深懷隱憂！蔣委員長雖在抗戰緊張之秋，仍於二十八年十月間，從重慶飛抵成都。消息祇說「處理政務」。這所謂政務，實卽四川省主席爭逐的風波。因此風波，在二十八年春，卽已出現了高潮：某日，劉文輝具柬邀賓，集宴川軍將領於其劉家花園住宅，也請了王纘緒主席與宴。雖不算是「鴻門宴」，也是一種致達「哀的美敦書」的方式。席間各將領，借酒助興，輪流發言，公開的圍攻王纘緒。明白指責王氏種種施政之不當，促其卽日辭職，交出政權，以謝川人。王纘緒亦有所恃而無恐，毫不退讓，舌戰羣雄，抗辯不已。實爲川省一次圓桌會議之最大風暴。

這次圓桌會議的政治風暴，由於王纘緒之始終倔強任性，以致不歡而散。而劉文輝等的野心，並未從此稍遏。反因丟人現眼，面子下不了臺，而更走上了極端。此宴劉文輝還約了唯一外省人，也是局外人參加。此人素被川軍各將領視爲良師益友，無私心、無偏袒、眾所共許的學者易某。見到這種情形，非常尷尬。明知問題無法和解，最後也得說幾句不關痛癢、半戲謔的話（不必敘述），作爲仲裁，結束此宴。問題不但仍然存在，反而更加棘手。到了是年秋，終於爆發了川軍七個師長，通電倒王的嚴重事件。七師長爲：劉部——劉元塘、劉元琮，鄧部——謝德康、楊晒軒，潘部——彭煥章、周虎臣、劉樹成。當時川軍之留川者，共計九個師。除曾憲棟、呂康兩師長，沒有簽名參加討王外，其他七師，既各有所屬，卽其背景之所在。及二十九年四月，蔣委員長爲息事、安人、定川計，再度由渝飛蓉，處理政務。九月，調王纘緒回湖北前線二十九集團軍總司令原任。蔣公自兼四川省主席。劉文輝、鄧錫侯、潘文華三將領，見事已無可奈何，也就偃旗息鼓了。

蔣公統攝對日抗戰全局，日理萬機，自然無法分勞川政。便任賀國光（元靖，湖北人，與川軍將領多屬同學，交誼很好）爲省府秘書長，代拆代行。主要任務，卽爲協調安撫川軍各將領。

賀氏溫厚仁慈，周旋於四川軍政之間，措置裕餘，四川也就天下太平了。未久，蔣公辭職，中央便以張羣主川。

還算強人而非弱者

王纘緒由於時勢造成他任四川省府主席；又由於環境關係，不能繼居其位。於交卸川省主席後，隨赴湖北抗戰前線，復任二十九集團軍總司令，負起對敵作戰的任務。老將聲威猶昔，初在張家集一戰，卽已大獲勝利！消息傳到成都，成都各界，包括川軍各將領在內，無不欣欣色喜，傳爲盛事，並舉行羣眾大會，共申慶祝！於是又有人說：何前之不能相容？今日又來錦上添花！實在的意思，並非如此。過去川軍將領，由於私心用事太過，與偏狹、氣憤、淺見、顏面等等關係，都爲「主席」而眼紅。祇要王纘緒不當主席，誰都會來捧場（主席缺空，都有希望）；一當上主席，誰都要反對（主席有人，誰都失望）。可見川軍將領二十餘年來，無名的混戰不休，拚得你死我活，爲的什麼？「主席」。並非眞要對王纘緒趕盡殺絕。故王纘緒卸了主席，再建功於沙場，猶不失其英雄本色。

中共統治中國大陸之後，凡當年不與王纘緒合作或反對的川軍將領，如鄧錫侯、劉文輝、潘文華之輩，無不先後迎降、投靠中共。唯崖岸不羣的王纘緒，未隨若輩合流，隱居待時。及大陸淪陷若干年以後，他爲爭自由，才企圖逃亡到香港。不幸的是：他方走到中英邊界的深圳，終被中共發覺，派人追了回去。從此消息不通，生死未卜！如此看來，王纘緒還算是個強人，而非弱者。

現代武俠小說先驅向愷然（不肖生）

相當怪異的名作家

我寫「神乎其技的周仲平」一文中，曾提到民國以來，湖南平江縣，出了兩個有怪異名氣的人物：除周仲平之外，另一個就是寫武俠小說的名作家，平江不肖生向愷然。我國現代寫武俠小說的作家很多，而名成利就者，亦復不少。考其開創之原始，實由不肖生向愷然開其先河。其人其事，起於滿清末年，盛傳於民國十餘年間。

不肖生原是一個早期留日學生，到日本後，不務正業——好好唸書，而以憤世嫉俗的心情，寫「留東外史」，一炮而響；繼以新奇怪異的幻想寫「江湖奇俠傳」，轟動了國內外；更以武俠小說改編爲「火燒紅蓮寺」，跨進電影世界，幾乎燒紅了上海半邊天。這就是不肖生前半生活動的三部曲，也是他的黃金時代。從此以後，由於時代的磨折、人生觀也變了，才改絃更張，又回到他青少年時代的興趣——武術。他確是一個思想言行相當怪異的作家。現在中少年一輩的人士，或不盡明其底細。因就個人見聞所知者，作一簡單的敍述。

出身經歷並不顯赫

向愷然，原名逵，筆名不肖生，著作多署「平江不肖生」。「向愷然」之名、知者反不多。湖南平江人。有人說：他生於清光緒十五年（一八八九）。也有人說：他光緒六年（一八八〇），生於湘潭。兩說，生地既不同，出生亦相差了九年。誰爲正確？吾從前說。其妻李立明（據說他另有一妻成儀，余不明其詳）說：他光緒三十三年（一九〇七）年十九留學日本，入東京弘文書院。兩年畢業後，離日返國。民國二年（一九一三），二十五歲，再次東渡，入東京中央大學。他自己也說：「不肖生自明治四十年（卽一九〇七年）卽來此地。……自民國元年起（指初次回國），至不肖生離東京之日止（指由東京中央大學出來回國，當在民國五年之前）」。「留東外史」小說，就是在這段時期撰述的。

「留東外史」，是民國五年五月在上海出版。他年不過二十八歲。書出曾轟動一時。向愷然的知名度，也跟著提高了。從此在上海專靠寫作維生。民國十餘年間，又以武俠小說「江湖奇俠傳」問世。復隨著情節的發展，愈衍愈長、書名亦不斷變更、出版多至數十種。無論其爲眞爲僞？作者都是署名不肖生。隨將武俠小說改編成電影劇本，跨進電影世界後，不肖生之名，幾乎婦孺皆知了。可惜的是：「夕陽無限好，祇是近黃昏」。不過十餘年光景，不肖生在上海的黃金時代瞬息過去。不得已，才改絃更張，回去家鄉，另圖發展。

民國二十一年，向愷然回到長沙，照算他已四十四歲了。時何鍵（芸樵）正主湘政，提倡國術，以向愷然嫻於武術，一見投緣，便聘向爲省政府秘書，專主有關國術事宜。及對日抗戰發生，始離職於役軍旅，隨廖磊（燕農）赴安徽，任省府顧問兼安徽大學文科教授。李品仙接替廖氏任主席時，仍聘向爲參議。直至政局大變、江山改色。三十九年，他才離皖回湘，算是落葉歸根了。回湘後，還出版過「革命野史」等幾本書，但聲勢便大不如上海時代之盛了。同時，中共湖南省政協會，或因其沒有黨派政治色彩，聘爲政協委員，以終其生。綜其一生經歷，雖無赫赫之功，能於平凡之中表現不平凡，總算是個可人。

生性怪誕不同凡響

向愷然本是一個農家子，先世以經營農、商起家，爭得中產地位。他雖不是紈袴子弟，卻是一個鄉土潤少，所以才能以自費赴日本留學。到了日本，本性不改，手中有了錢，以故也未好好讀書，力求上進！仍然長日放蕩不羈。正如他自己所述：「……既非亡命，又不經商，用著祖宗的遺物，說不讀書，也曾進過學堂，畢過業；說是實心求學，一月倒有二十五天，在花天酒地中。」他少年時期，除在日本外，在國內從未受過新式教育，一直是在鄉下或縣城私塾與半新式學堂打滾。但因其資質高，異於常童，有過目不忘的記憶力，故其中文基礎，尙有可觀。祇惜平時對於課業，毫不關心，終日與一般怠惰頑皮學童，遊玩山林田野之間。父兄以溺愛、放縱關係，常不加以管教，先生（時對塾師之稱）偶加督責，加以夏楚，循規蹈矩數日之後，常又故態復萌，先生亦莫可奈何！及長，轉學到長沙省會，仍是在學日少、閒蕩時多。先生詢其所學，又能對答如流。先生亦祇好以「聰明莫被聰明誤」，予以勗勉！他在城市，見聞日多、知識日廣，漸覺所受的教育，不能滿足其心理要求。年十九，商於父兄，得巨資，乃與友人偕赴日本。這就是他一生轉變的重要關鍵。

向愷然生性聰明，能言善道，富有想像力，好作新奇怪誕的言行。少時，對中國舊文學，頗有基礎；但對一般文人學子所愛的詩、詞、歌、賦與琴、棋、書、畫，都視爲曠時廢事，卻漠不關心。對於遊樂、嗜好、閱讀以及所接近的人物，亦多不同凡響。閱讀則多屬封神榜、搜神記、水滸傳、三國演義等類舊小說，常至廢寢忘食而不覺。遊樂則愛看舊日湘劇，特別是武打場面。鄉間如迎神賽會演戲、草臺戲、皮影戲，雖遠在十數里外，亦必趕去觀賞。平時最愛接近的人物，則多屬江湖人士、如江湖賣技、賣唱、江湖郎中（醫生）、術士，遊荒客（難民）、乞丐頭、幫會人物與和尚道士。認爲此輩，都是江湖消息、武藝技能的傳播者。此外就是特愛武術。

在民國以前，民間爲著自衛或械鬭計，對於武術與武器，都是必需操練與設備的。家戶既多有刀、槍、耙、棍、弓箭、干戈等武器的設置；武術如太極拳、少林拳、各家各派的拳術技能，亦常聘請師傅，來家教導。向愷然對此興趣雖濃，不過都學而未精。這或許是因爲他旁務太雜，未專心壹志的緣故。惟其自造的彈弓（當時以牛筋、代用橡皮筋）與發射技術，自認爲特別精巧，常備作隨身武器。後來他之熱衷於國術、武藝，與其青少時代的愛好，實不無關係。

環境養成豪俠好武

向愷然之擅長於武俠小說寫作，與其對國術武藝之追求，不但與其少年時之閱讀遊樂、嗜好及所接近的人物有關，亦實由其所生長的時代環境，有以養成之。湖南平江、瀏陽等縣，距長沙省會，皆不過數十或百里；但其地方風氣，比較閉塞、開放稍遲；思想風習，比較固執保守；民性比較粗獷強項；動輒講蠻講打、棍棒相見。族與族或異姓之間，常爲某種利害關係，如爭地、爭水、爭公道，甚至些微小故，引起衝突。造致雙方集結大批親族，進行「械鬭」。械鬭結果，自有勝負。勝者益驕、負者不餒：各逞其私，罔顧公理；又復磨拳擦掌，以待來日！新仇夙怨，不能化解，械鬭連年，便成爲風氣。而地方紳耆或守土官吏，則多存因循畏事心理，採取徘徊觀望態度；深恐引火上身，好裝聾作啞，不敢出面調解干涉。於是這種械鬭之事，便永無罷休之期。直到民國以後，北來軍閥部隊，連戰不休、橫行鄉里、奸淫擄掠、焚燒屠殺、無所不為，以致生靈塗炭。由於外來災患的刺激壓迫，地方人士，才漸漸覺悟了：外患慘痛，甚於內爭，乃自動化除私怨，握手言歡，團結起來，保護鄉土。於是械鬪之風，才漸次消弭下來。向愷然就是生長在這時代和環境裏，不但耳濡目染，還是一個通風報訊，最上勁的小卒。

向愷然既受了械鬪環境的陶冶，其思想頑固保守的家長親族們，為求獲得械鬪的勝利，或報仇雪恥，對後輩子弟，自然亦多方加以鼓勵，再接再厲，爭取光榮！在這種情況之下，後輩子弟，多對前輩盲從信仰，能不奮發起來嗎？加以向愷然，自小就愛聽閭里市井荒誕不經的傳說與神奇怪異、江湖俠義的故事，閱讀這類小說書籍，早有不教而已嚮往的先知。何況他對「祝由科」、「辰州符」，尤其是「排教水師」的法術與武功高手，心馳神往最深，自然情更不能自己！而這些親族家長們，究竟知識淺薄者多，開明者少。對凡能發揚械鬪精神之思想作為的子弟，不但不加阻禁，反要延聘師傅，傳教授技。向愷然的武藝，雖不精深，總覺責任在身，義不可避。以故後來他所寫的「江湖奇俠傳」，故事取材，卽多來自鄉土的「械鬪」。他如霍元甲、大刀王五的豪俠武藝，若隱若現的出現於其著作。書中也常提到排教水師，影射神仙周仲平、拳師柳森嚴等的法術和武功。他到日本留學，日本武士道的精神與行為，對他更不無沾染。這在他的武俠小說中，也多自然的流露。

由於上述種種環境與素養，便把向愷然塑造成一個半文半武的人物，造成他的思想、言行、撰文，無一而不奇特怪異！常常異想天開，構造靈幻的神怪的人物，出現於烏脫邦故事之中。視無而爲有，對千奇百怪的追求，總是鍥而不捨。故其江湖奇俠傳等小說，就是全憑想像力構成的傑作，使他成了現代武俠小說的先驅。如果現代寫武小俠說的人士，要像舊日百行百業一樣，立一個祖師爺的話，那就捨平江不肖生莫屬了。

留東外史一炮而響

向愷然初到日本，爲一九〇七年。民國二年（一九一三）再度赴日，入東京中央大學。所作「留東外史」，就是這段時期中完成的。據說：「留東外史」在東京脫稿後，當欲以少數代價，脫售給出版商人。可是一般書商，竟有目無珠，無有問津者。直至他由日返國後，民國五年五月，才在上海出版發行，馬上受到讀者歡迎！平江不肖生的大名，便由此一炮而響。

本書的內容，亦未脫我國章回小說的模型格式。體裁類似儒林外史，而行文則不若儒林外史的輕淡。流利辛辣的走筆，所敍人物活動，大都刻薄寡情。嬉笑、怒罵、譏諷之處，有聲有色，頗多駭人聽聞。而憤世嫉俗之情，發之毫端，亦無所忌諱。有人謂：他之嫉惡如仇、頗具俠義氣概；有謂：專揭他人瘡疤，實有傷君子風度。論者紛歧，不肖生之名益彰。全書重點，不肖生亦不自隱，極坦白的說：「從民國元年起，到不肖生離開東京之日止。古人重隱惡而揚善，此書則絀善而揚惡。」故其所敍故事人物，以敗行者諸多，守正者寡。無論爲敗行或守正人物，皆以易名影射出之，總還算留有忠厚餘地。書中人物故事題材的來源，據其自道：「得自親歷者十之四，耳聞者十之三，餘者爲向壁虛構。」書中所述之「黃宗漢」，乃作者之夫子自道。當然一個人能够克己，不自誇其善者，容或有之；而自暴其短、自毁形象者，大千世界，誠不可見。向愷然縱屬愚笨，也不會愚到這一地步。我們且姑不說他。

由於「留東外史」出版後之大行其道。天下熙熙，皆爲利來。故未久之後，又書出多門。有「留東外史續集」、「留東外史補」、「留東新史」、「留東艷史」等，相繼問世；但亦品斯濫矣。是否盡出於向愷然手筆？固不得而知，然書出一源，則未可否認。但由於向愷然生性之嫉惡如仇太甚，留東外史，譏彈當世穢惡，毫不容情。雖獲得讀者很多的同情與喝采，實在也得罪了權貴敗類不少。因而毁之者，亦不乏人，甚至有欲加害之以洩恨者；據我所知，勞山牛皮就是其中之一人。人情之常，「好話不出門、壞話傳千里」。故向愷然自回國出版留東外史以後，在上海就一直坎坷潦倒、鬱不得志。民十以後，爲維生計，接受了友朋勸告，改寫武俠小說，才展開了他又一新的局面！

勞山牛皮與論所鄙

「留東外史」中所敍人物，並非無的放矢，大半實有其人，不過皆以易名影射出之。所指爲誰何？余至今仍未盡悉其詳。在記憶中所常浮現於腦海者，除黃宗漢之外，僅有兩人：其一、爲「勞山牛皮陳連生」；另一爲「楊長子」。兩人皆湘籍同鄉，亦余所熟知者。勞山牛皮，係指其人，好「大言不慚、信口開河」的糊吹。書中所述勞山牛皮最動人的故事，大意說：「他留學日本，居東京旅舍時，窮極無聊，亟思有以解其困。一日，身穿孝服、遍走同學友朋之門，伏地泣叩，僞稱：昨接家來凶耗，其父病歿於家鄉。同學友朋們，便赴其寓所悼唁，並集資送之代賻。勞山牛皮，獲得不少賻金後，隨往神戶妓院，消魂數日始返。」

此所謂勞山牛皮陳連生者，據知其內情者說：卽民國十八、九年時代，略有名氣之湘人周鰲山是也。此公平日之爲人處事，多不近乎人情，輿論對他亦乏好評。他在南京、上海向各方鑽營時，仍然自高自大，兩眼看天，口不擇言、到處吹牛。經常奔走於畏公譚延闓、陳護黃(嘉祐)、程頌雲（潛）諸公之門。識者當面則以「鰲爹」（湘人對長輩尊稱）稱之；背後，則無不鄙之惡之。湘人對當時在長沙活躍的人物，向有「麟、鳳、蟒、鰲」四靈的說法。這是指周震麟、譚人鳳、唐蟒、仇鰲四人來說的。四人皆革命的先知先覺，而負時望者。周鰲山每聞人道及「四靈」，輒不自量的急切的說：「我區區周鰲山，實在慚愧！」（別開仇鰲，而代以鰲山）「不瞞老兄說：湖南四公（公慣稱前輩人）——畏公（譚延闓）、頌公（程潛）、炎公（趙恒惕）、鰲公（其實是「詠公」姜濟寰）。我周鰲山敬陪末座，眞是「無妄之福」。一日，羅毅（字叔弘、郴縣人、譚延闓長行政院時任秘書）笑謂周鰲山曰：「祇有㚖公。那有鰲公，大名應否改正一字？」周知羅為嘲己，又不敢得罪他，祇笑語答之曰：「叔弘！目無尊長，我會做你喲！」蔘山牛皮之吹，類多如此。亦足證向愷然之言爲不誣，堪爲輿論之代表。至於僞報「父死詐財」，這是蔘山牛皮的人格問題，自然又當別論。

方正不苟人多同感

「留東外史」所敍人物，類多行爲不檢、貪鄙淫穢中人。向愷然雖自認爲「紕善而崇惡」。其心目中亦自有其「揚善」與「善人」的一面。書中的「楊長子」，即是影射長沙樸園楊宣誠先生。「長子」語意雙關，指其有「鄒忌修八尺」之姿；亦有「鶴立鷄羣」之概。包括說明了楊先生身高玉立、儀表健美；爲人則品行高潔，方正不苟。他在日本留學弘文書院，與海軍士官學校，繼又留美。趙炎午（恆惕）任湖南省長時，民國十一年，他任省政府交涉司司長。留日及海軍中，均稱之爲聖人。留日同學無不敬而畏之。留東外史，亦獨於楊長子，沒有閒言。所敍有關他的故事，大都眞實而非虛構。故楊氏回國後，有讀過留東外史，而知其人者，即多以「楊長子」或「楊長公」稱之而不名。及其晚年，政壇儒林人士，則以「樸老」尊之！且與陳辭公（誠）至契，辭公亦常口不脫「樸老」。

樸老原與先叔祖父茹農公爲湖南優級師範同學，兩家已屬通家之好，過從甚密。他經常笑面迎人，談笑生春。家人前輩皆以「老好人」稱之，無不樂與親近。每來余家作客，總要住留數日。晨起，必將臥室、書房、客廳整理好，才出門漫步山林田野間。返時才盥漱進食。他的作客生活，全是依主意安排的，規律井然，也沒有侷促感！余家每有生忌祭祖之舉，他亦必恭必敬、叩頭行禮。這是素所罕見的。他還有一套大道理說：你家祭祖，我是拜神。還不能不信他的。隨後余到長沙入學，還隨先父見過樸老一次。猶蒙殷殷垂詢起居學業狀況。今猶彷彿記得，樸老當時正在湖南外交使任上。民國九年，余因避「非其罪」之難，離湘赴滬，奉先父之命往謁樸老，適樸老因事赴川，未值。余乃轉赴廣州革命基地，從此亦與樸老隔絕消息。及余隨政府播遷來臺，無意中獲悉此老尚康強健在，三十七年來臺，正任臺灣農林公司董事長（據說是陳辭公安排的），幸得再會，蓋距長沙見面，又三十餘年了。他雖未減我心目中「老好人」的風度，國事人事兩滄桑，又皆有不勝今昔之感！向愷然與樸老爲日本弘文書院同學，「留東外史」所謂「善人」、「方正不苟」，今日回想起來尤覺恰如其人。好人是永不會寂寞的。今日政壇儒林人士，談到樸老，仍有同感！可惜，他竟於五十一年三月，以腦溢血病逝於臺北。

江湖奇俠名傳東亞

向愷然以留東外史譏彈當世穢惡，得罪了當道和某些人士後，在上海所欲難遂，鬱悶寡歡之際，得與鄭逸梅先生相識。鄭亦深賞其留東外史，有警世作用與吸引讀者的能力。便建議向愷然：如能改路線，寫神奇怪異、江湖遊俠這類小說，前途必然大有可觀。向表同意，鄭乃向上海世界書局沈知方先生推薦，爲撰江湖俠義、偵探、怪異性質的小說。復自求發展，在報紙、雜誌上，專寫長篇連載小說，再集之成書，不下數十百種，以江湖奇俠傳，最能引起讀者入勝，留東外史，尚能言之有人物、有實境。而這類江湖武俠小說，多以市井荒誕無稽之談作資料，加以附會誇張，頻添驚奇怪異，力投世俗之所好！故其思至幻、其言至誕，類似封神榜、搜神記、水滸傳、西遊記、三國演義、老殘遊記等之綜合作品。以新奇取勝，以怪異感人，令人讀之，入神忘倦。因之流傳極廣，雖販夫走卒，亦多爲其忠實讀者。其書不但國內各大都市可見，且遠銷及於日本與東南亞一帶。

江湖奇俠傳風行於世，作者亦利其荒誕不經，筆下就愈衍愈長，愈推愈廣，了無結局。於是江湖大俠、江湖小俠、江湖怪異、江湖異人、俠義英雄、煙火女俠、江湖女俠，紛紛爆出。正如今日之歷史小說、武俠小說，重疊故事，改頭換面，發展而爲數十百冊，仍無休止者一樣。因之，不肖生之名，亦不脛而走，十里洋場的每一角落，都可聽到。不肖生不是機器生產，一枝筆，能像行雲流水一樣出稿嗎?實在是上海的書賈，在有計畫、有組織的經營。翻版盜印者有之；冒名頂替者有之；粗製濫造者有之；狗尾續貂者無不有之。好在都是柏拉圖式的空中樓閣，山爾隨心所欲的去造。

總之，利之所在，總有一些不講道義、行險犯難的人出來，分羹割肥。而不肖生亦頗有江湖豪氣，與犯而不較的風度，都淡然處之，毫不阻攔。絕不像今日，動輒引起法律問題，請律師、打官司，甚至一方昧着良心，祇講利益、不講道義；一方則懷恨報復、血濺廳堂、慘劇終場。不肖生祇是一個小說作家，能具如此的作風態度，或許是覺悟了「留東外史」，「得罪人太多」的教訓；或許是在江湖，闖蕩久了、磨鍊深了，自然養成了一種輕財尚義的風範，與救世濟眾的心腸。從他以後，許多待人處世的行徑看來，亦類多如此。

電影世界再顯風光

不肖生的「江湖奇俠傳」等武俠小說，市場氣勢，漸趨末路，善動腦筋的影劇界人士，覺得武俠小說，既能吸引讀者，倘以書本上死的故事，拍攝成電影、活動於銀幕，顯出眞實的情景，豈不更能引人入勝？男婦老小，無不咸宜，豈不更要瘋狂嗎？他們想好武俠小說跨進電影的通道，便開始籌劃起來！

民國十七年春，上海「明星電影公司」，首先把握了這一利源，將不肖生的「江湖奇俠傳」，改編爲「火燒紅蓮寺」劇本，拍成電影。當時拍攝電影的技術與條件，自然都不如今日之優厚進步；但是年五月，在上海初上銀幕的「火燒紅蓮寺」，又是「江湖奇俠傳」的再度轟動，打破有史以來的票房紀錄。於是「江湖奇俠傳」的拍攝，由第一集而第二集三集，繼續下去，不一年之功夫，到十八年，已拍到第九集。及二十年，已拍成十八集。其他電影公司，以有利可圖，亦緊迫跟進，其製片之粗濫，又可想而知了。

此時上海的電影世界，也幾成了「火燒紅蓮寺」的世界。其實當時的電影製片，都是由於急就速成，它的藝術價值，自然也不會高。武俠神奇片既已投合了觀眾的口味，好在這類故事，都是不見正式經傳的。於是因襲「火燒紅蓮寺」之名，而有「火燒青龍寺」、「火燒白蓮菴」、「火燒九龍山」、「火燒劍峯寨」等「火燒」影片，跟踪層出不窮。燒紅了上海半邊天。其始作俑者，又不能不歸之於不肖生的「江湖奇俠傳」，也可說是「江湖奇俠傳」在上海再顯一次風光。

勇敢機智因禍得福

辛亥革命以後，湖南曾數度經過北方軍閥的統治。其最著者，一爲民國二年的都督湯薌銘（心柱，湖北人）；一爲民國七年的督軍張敬堯（勳臣，安徽人）。兩人皆禍湘最慘，民不聊生，殺人不眨眼，有「屠夫」的雅號。相傳：向愷然在張敬堯時代，就遇上過一次「因禍得福」的驚險故事。

向愷然留學日本回國，民國五年出版「留東外史」後，曾在上海逗留一段時期。湖南因軍閥爲禍，地方不靖。他慨然有救鄉之志，並展其武藝懷抱。乃師曾文正公（國藩）的故事，選擇長沙東鄉接近平江地區，創辦團練，以保鄉土。無奈初當權勢，不免心大氣宏，目空一切，開罪了地方士紳。被人以「辦事不力、聲名狼藉」之罪，控之於湘督張敬堯大帥麾下。張未加查察，本其軍閥作風，卽下令逮捕向愷然歸案究辦。這所謂「究辦」，不是砍頭，輕亦杖責，乃張大帥的慣例。向之親朋，多謂「絕非好事」，力勸離湘逃赴滬漢。向則處之泰然！謂以誣而避，反足以速其禍。乃邀長沙巨紳某（或云爲左益齋），同赴督署，親謁大帥。張大帥並不認識向愷然其人，也早忘了下令逮捕究辦之事。大帥與某紳周旋既久，忽詢向有何事？向乃以「自請處分，特來投案」告。大帥聆悉之餘，目注久之，反奇其人「勇敢有機智」。與之談，所言出身、經歷，與團練事，又皆詞理簡明、切中竅要。便益賞其器識非凡，許爲義勇豪俠中人。某紳以向與張大帥談得極爲投機，便藉故請先告辭。

張大帥素有芙蓉之癖，見某紳離去，亦登煙坑。向愷然原是酒色場中打滾的過來人，放蕩不羈慣了。默念大帥在辦公室，未便召來姬妾陪燈燒煙，乃自動靠上煙坑，代行侍妾之職。兩人且抽且談，竟忘其所爲何事。結果，大帥不但未加罪於向，一個小小人物，反與大帥結成金蘭之契，禮之若上賓。夜談至東方之既白，始遣輿送之還寓。更約以再見之期，設宴款待。且許以「

如有所需，當爲設法（暗許提拔之意）。」向愷然報以微笑之後，從此亦未再見了。向愷然這次之能逃過驚險，因禍得福，並非偶然！亦實由其素具勇敢與機智之實，有以致之。

惓惓不忘國術武藝

向愷然自小富有想像力，愛聽與閱讀新奇怪誕、江湖俠義的故事和書籍。這固然是由於他好奇心重，亦實由於他對國術武藝夙有特嗜之故。家中刀、槍、耙、棍、弓、箭、戈矛等中國傳統武器的設備既多；而於拳術武藝之學習操練，更是鍥而不捨。他的武藝，雖未達到精深的地步，始終是惓惓未忘的。每有心得或別有所見，亦必詳予記載，用志之專，亦可想見。他赴日留學，初次回國，在長沙國技會之時，即將其筆錄所存之心得、經驗，編寫成「拳術」一書，並附載有「拳術見聞錄」。初連載於長沙日報，嗣由中華書局正式出版發行。這是他用「向逵」本名的處女作，較其「留東外史」之出版，早了四年。後來更爲中國著名武俠寫過：「霍元甲傳」、「大刀王五傳」，亦皆可見其用心之所在。

他在文字寫作方面，固已出版了好幾種書，但他也有自知之明。認爲：「留東外史」，祇是嬉笑譏諷、遊戲人間之作。對於世道人心，並無裨益，正面作用小、反面作用大。武俠小說與其發展到銀幕，都不過是爲了改善自己生活環境與商賈的利誘，對於國計民生，都乏積極意義。自已經過十多年來的閱歷與折磨，始覺皆不切實際。尤其那種虛玄怪異，徒然驚世駭俗，最易導人誤入迷途，不務正業。及二十一年，離滬返湘之後，在一般人看來：認他仍不可能專其志、守其業。其實若輩，都沒有眞正瞭解到向愷然興趣之所趨，他心志所嚮往的，始終是其先人所傳授下來的國術武藝。

所以向愷然中年以後，便已有了落葉歸根的想法，回到武風頗盛的故鄉，重理舊業，爲「健身強國」，盡點責任！機會湊巧，就與湖南省主席何鍵，結了國術武藝之緣。在其去世之前夕，猶計畫撰寫一册「中國武術史話」。祇惜尙未落筆，便賫志以歿。其夫人成儀（他的婚姻關係，我弄不淸楚，他至少有過兩位夫人），乃湖南國術訓練所女子師範班的學生。既擅武術、復精內功，有俠女之風，這段姻緣，如何締成？我亦不詳悉。向愷然在國術館當過秘書，如果是由這一淵源機會所玉成，那就非如他所說的：「不切實際」，而正是他惓惓於國術武藝的寶貴收穫！

名不虛傳功過難論

二十一年，向愷然離滬返湘。正何芸樵主席極力標榜古文化、舊道德，提倡「國術」、「讀經」、「中醫」之時。曾特聘北派拳師河北石燕子顧汝章，爲湖南國術館館長。何亦素知不肖生其人，因羅而致之，聘爲省政府秘書兼國術館俱樂部與國術訓練所秘書，主持發展國術武藝事宜。初建議何主席，延聘太極拳三代世傳的名拳術家吳公藻爲國術訓練所教師，教授吳家太極拳。極具號召力，從而習之者頗眾。復建議爲鼓勵與宣傳計，擺設「擂臺」，公開較量武功。以顧汝章、柳森嚴爲主角。東海大俠孫祿堂（霍元甲的弟子）因病未到。三湘名拳師李麗久、萬籟聲，都參加了。一時如歐陽越菴、周仲平等五嶽三山的英雄好漢，皆集中於長沙國術館。比賽之日，萬人空巷。何主席本人，也登臺打了一套太極拳，耍了幾手刀劍，以示提倡！向愷然既然負了籌備「擂臺」的責任，自不免時常周旋於這些武術高手之間。自己既獲得不少切磋的教益，對於國術提倡推動的影響，爲功當亦不小。這也可說是他對湖南國術武藝的發展，最後一次的貢獻！擂臺固爲何翳子生色。其實亦湘中拳術人士，用意則有失厚道。因有人認爲「湖南國術」領導，不應操在北派人手中，欲藉此排走顧汝章。而向愷然則無此意，他衹想爲其江湖奇俠傳，多物色一些腳色，以充實其小說資料。故奇俠傳中，主角柳遲的兒子，全是以柳森嚴爲藍本。其中常德慶，卽是影射顧汝章。李麗久則爲小俠常繼志。凡能深悉奇俠傳之內容者，自然都能領會到。

抗戰軍興，軍政方面人事上的變遷也很大。二十八年，向愷然初由軍中服務，過渡到安徽省政府，先後任顧問、參議等職。也在安徽大學擔任過文科教授，將近十年。他在四十歲以前，自甘布衣，從未做過作官發財的夢。四十以後，無論在湘、在皖或軍中，他的人生觀也有很大的改變。處處安分守己，沉默拘謹，爲人老實多了，尤講究含蓄、若愚之道。其時，國內政局，已在急劇轉化。三十九年，他才離皖返湘，仍從事於撰述工作。湖南省政當局，或以其素無黨派政治色彩、思想又多同情於平民階級，不但未加任何迫害，且聘之爲「政協會」的委員。至四十六年，病歿於長沙，享年六十九歲。綜觀其出身經歷，雖沒有赫赫之名，亦無什麼劣跡。但不肖生之名與其小說影響之大，卻非虛傳。有人說：「子不語怪力亂神」，他卻妄倡神奇怪異之說。爲功、爲過？各人觀點不同，自然難有定論。

八方風雨會中州的吳佩孚

堪稱為民國一完人

提到吳佩孚將軍，他在北洋眾多軍閥當中，算是一個出類拔萃的軍人。自一個讀書人觀點來看，他固可比美歷史上的名將；但其個性與風度，卻太自大、自信又倔強，不僅有損其盛名，又何嘗不是其功業之累！以下的事實，似都可以爲之作證。不過他由一個黌門秀才，投身軍旅而開展其事業，正如譚組菴先生（延闓、前國府主席）說的：「立身端在秀才時」，由書生而將帥，實恰當其言。當民國十一、二、三之數年間，尤其是坐鎮洛陽時代，聲勢煊赫，全國屬望！他五十歲生日時，一時保、洛道上，冠蓋絡繹、賀者盈門。全國鼎鼎大名的康南海（有爲），亦登堂祝壽，並贈以聯曰：「牧野鷹揚，百世功名纔一半；洛陽虎視，八方風雨會中州。」更爲壽堂生色，一時傳頌遐邇。這雖是捧喝之詞，吳氏則視同拱璧！康在洛陽，備受禮遇，離去時，吳氏猶餽以厚贐。

當其雄據中州時，全國視聽，幾全屬望於吳玉帥，聲譽之隆，實無逾其右者。他不願立身於朝廷，視中樞宰相爲尸位；拒絕封疆方面之寄，鄙軍閥割據而不屑；一心憂樂關天下，祇望總督一方，造福於國家社會！志固不小，言之尤能實踐。斯固一世之雄也，不意挫折接踵而至。二次直奉戰爭發生，馮玉祥倒戈，北京發生政變，吳亦慘敗於天津附近之楊村。從此栖栖皇皇，欲振乏力。當其退處川中時，爲表其志，曾自撰一聯，懸於臥室。聯云：「得意時，淸白乃心，不納妾，不積金錢，飲酒賦詩，猶是書生本色；失敗後，倔強到底，不出洋，不走租界，灌園抱甕，眞個解甲歸田。」此皆玉帥當年的實況，所言並無半句虛詞。視之爲東山養望可；卻未可與一般所謂「英雄末路」同看。

晚年，玉帥息養北平，其忠貞亮節，尤可風世，使頑廉而懦立。日本侵華，發動「九一八」事變後，推行「以華制華」的陰謀策略：利用漢奸，組織僞政權。初則積極拉攏唐少川（紹儀）。唐紹儀被刺，則改向吳佩孚進攻。日人施盡威脅利誘，欲挾吳出岫。吳則表示：除非日本天皇誠意，而且有合理條件，請我斡旋中日和平，否則，以死相持，絕不屈從。日人以其意志堅定，匹夫之志不可奪，祇好出以下流手段，陰謀施毒以殺之。海內外人士，莫不憫其暮境，壯其晚節！蓋棺定論：富貴不淫，貧賤不移，威武不屈，誠不媿如孟子所說的大丈夫。至少亦可稱之爲「民國一完人」。

秀才出身由軍騰達

吳佩孚，字子玉，山東蓬萊人。生於民前三十八年（一八七八，清同治十三年三月）。青年輟學，投身軍旅，藉以維持生活仍發憤讀書。年二十三，乃中秀才。繼入保定陸軍速成學堂。畢業後，正式任職軍官。辛亥革命後，一路扶搖直上，民國二年，已升任團長。隨晉陞中將，任陸軍第三師師長。率軍入湘，先後駐節岳州、衡陽。九年始撤防北返。大敗皖系後，以直、魯、豫巡閱副使（正使曹錕），駐節洛陽練兵，加陸軍上將銜。十年任兩湖巡閱使，開始過問國家大事。十一年一月，顏惠慶組閣，任吳氏爲陸軍總長，辭之未受。十一月總統曹錕任爲直、魯、豫巡閱使（吳氏曾未擔任過省督之職），以承其乏。

十一年一月，第一次直奉戰爭爆發。吳氏得馮玉祥之助，大敗奉軍後，表示不爭權位，仍率所部大軍，移駐洛陽。聲威大振，煊赫一時，人多以「洛陽王」稱之，爲華北舉足輕重的人物。八方風雨會中州，正其功業上坡之始。及十三年九月，第二次直奉戰爭發生。馮玉祥則躡吳氏之後，倒戈相向，發動北京政變，卒使吳氏大敗於天津楊村。吳氏不得已，乃率殘部南下，輾轉而至武漢。企圖重整旗鼓，組護憲聯軍。終因變故叢生，不果實現。吳氏功業之走向下坡，從此似已註定。吳氏之興，得力於馮玉祥之協助；而吳氏之衰，亦由於馮玉祥之倒戈扯腿；「成也蕭何，敗也蕭何」，因之，卽恨馮入骨，終於他放棄「討奉」改爲「和奉」的主意，與張作霖合作而倒馮。逼得馮玉祥無路可走，祇得出國赴俄求援。實則等於兩敗俱傷，吳僅出了「仇馮」的一口氣而已。

十五年，南方革命北伐軍興、北洋軍閥連連敗陣。玉帥跟着北逃，從此卽一蹶不振。十六年西走入川，先後依附於楊森與劉存厚，皆鬱鬱不得意。二十年「九一八」事變後，潛回北平，擇居於什錦花園，以詩畫自娛，安渡其晚年生活。二十六年對日抗戰發生。日人則用盡威脅利誘方法，迫吳出組漢奸僞政府。被吳以死拒絕。二十八年日人又提出湘、鄂、贛、皖、豫、冀、魯七省僞組織以誘吳，吳仍極力拒之。也就在是年十二月四日，吳氏以牙疾，被日寇與漢奸齊燮元合謀毒殺逝世，享年六十六歲，厝葬於北平西郊玉泉山。民國一完人，便於不明不白中消逝了。

倔強性格到底未改

吳佩孚於「九一八」事變後，由四川經西安、蘭州，回到北平，祇冀安享餘年！上文我已經說過。就常情來講，算是好主意；但「七七事變」發生，北平更非安樂土了。眼看平津快難守衛時，冀察政務委員會委員長宋哲元（明軒），善意勸請吳氏早作準備，遷居大後方，以策安全；

但被吳氏拒絕，說：「我毫不在乎。我這把年紀，就算死了，也不算夭折。我願烈死，絕不苟活。倭寇若殺了我，正是為我成名哩！」結果，他居在什錦花園，始終未動。後來他真一語成讖，也正是其倔強性格有以成之。

論者謂：在北洋時代，自袁世凱、段祺瑞以次，吳佩孚實為當代標準的軍人。他為人之優點：就是公正、廉潔，不佔地盤、不積私財。壞處則在性格方面有點自大、自信、又倔強。換言之，即是剛愎自用、氣量狹小。十五年，吳氏在漢口組織護憲聯軍時，曾禮聘文學大師章太炎入幕為總參議。章氏固甚期其大業早成！本友直友諒之義，又極盼在性格方面，為適應人事環境，有所改善！因藉其壽誕良辰，親書一聯，寓規勸於慶祝的說：「聞過則喜，見善則拜，若諸葛之公明，能集思庶廣益哉；好問則裕，自用則小，以周公之才美，若驕吝不足道矣。」吳氏當笑謝而納之！終又默默無言。大約如俗語說的：「江山易改，本性難移」，吳氏似也沒有例外。

其時，「護憲軍總司令」幕府中，參謀長、秘書長、總參議及外交、交通兩處長，盡是文人學者，皆一時之碩彥。無奈聯軍中的實力派，多貌合神離，合作不易。吳氏復「倔強到底」（吳氏自語），不變其志，不改其謀。有建議：「有關樞密院一切問題，由處定奪後，再呈大帥批准，以節大帥之勞者。」吳氏當叱之曰：「這麼說，你來幹，用不着我來當傀儡。」他的態度，並不因處境艱困，而有所改變。以後他在北平，正受北平軍委分會濟助時。也毫不考慮利害關係，對馮玉祥舊屬，如宋哲元、孫良誠等，常不假以詞色，予人以難堪！好在人多尊為長者，並已瞭解其個性，雖不與之計較，實則暗中已吃虧不少。枉費了章太炎一番苦心孤詣，玉帥卻猶依然故我。

四不主義尚能信守

吳佩孚一生，素奉「四不主義」以自律。其意亦在矯正當時北洋軍閥之惡習。所謂「四不」，爲不出洋、不住租界、不佔地盤、不要錢。他在四川寄託於楊森軍中時，曾用「四不老人」印章，所撰之聯，則與此處「四不」，略有出入。聯中去掉「不佔地盤」改爲「不納妾」一語。就其「四不」內容與事實來說：

所說不住租界、不出洋「兩不」，他確是做到了。第二次奉直戰爭失敗後，他南下至豫鄂交界的鷄公山，曾棲息一時。隨之，豫督胡景翼，將用武力逐客。鄂督蕭耀南，原是玉帥一手提拔的人；但由於段祺瑞之排吳，蕭亦不敢違段袒吳。便派人勸吳下山，移居漢口租界。吳在兩方壓迫之下，知勢不可留，惟堅持不住租界。蕭無奈，乃撥兩艘軍艦給吳，暫時棲留。及吳下山，坐火車到漢口，大智門下車，要到江邊碼頭，必須經過法、日租界，吳又不肯經由此途。雖再三解說，吳猶堅持不可。最後，蕭督祇好下令，將艦開泊劉家廟江心。吳繞道出租界，至劉家廟登艦。至於出洋，在吳氏一生，確未曾有過。當曹錕賄選成功後，吳氏升任「直魯豫巡閱使」時。

吳二奶奶曾瞞著玉帥，在漢口法租界，買了一棟洋房。雖打破了吳氏不住租界的念頭，但實際上，吳氏亦未一日住過漢口法租界。

前面已經說過：吳氏拒絕封疆方面之寄，鄙軍閥割據而不屑。即是他「不佔地盤」的事實證明。吳氏統兵駐節湖南衡陽，民國九年發出撤軍通電後，內閣總理段祺瑞（總統曹錕），深恐廣東勢力擴張，乃派吳光新至衡，餌以湘督，挽留吳不撤兵，仍然留湘。吳不接受。直皖戰爭，安福系失敗後，靳雲鵬任總理，欲以魯督畀吳，吳亦拒不受命。卽此二例，亦足證明其「不佔地盤」的用心。終其一生，始終是以「直、魯、豫三省巡閱使」一類有空名無實地的官職，而終其身。

不聚金錢，更是可信的。當其威鎭洛陽，八方風雨會中州時，所需無不可致。縱不富可敵國，亦絕不致有如晚年在北平，要靠北平軍委分會濟助的地步。其時，吳氏北平的家中，仍有所謂「八大處」。其工作人員，每月僅發少許零用費而已。倘平日有所聚蓄，又何至窮困如此！

有人說：吳氏「四不主義」中的「不納妾」對他來說，並不十分的當。因吳氏原有元配夫人李氏。張佩蘭夫人，乃其二房。直至吳氏在洛陽，任「直、魯、豫三省巡閱使」時，民國十二年，元配李夫人去世後，張夫人方始扶正。所謂「二房」者，在家族中的地位，究竟如何？既非塡房、續絃、承祧，便祇有「妾位」了。否則，如何云「二」？吳氏沒有解說過，旁人亦不好瞎猜。或許彼一時也、此一時也，由於思想環境的改變，而有不同的說法。那就不必究詰了。

廉潔自持拒絕賄賂

上述吳氏之不聚金錢，與其晚年窮得要靠北平軍委分會的救助，正足以說明吳氏一生廉潔自持的操守。另一在北洋軍閥中，更爲突出的事實，亦有大書特書的價值：

民國十一年，直奉第一次戰爭發生。奉敗而直勝後，王克敏（叔魯，杭州人，生於廣東，對日抗戰時的漢奸）一日命從人携現鈔二十萬元，並親來獻呈吳佩孚。吳氏駭然莫知所措曰：「閣下携來鉅款，備我以供軍餉之需乎？吾當具立收據，請示還期！抑以贈我私人乎？吾一窮秀才出身，無需此鉅款。若以犒賞直軍，則直軍向不敢受格外之賞。閣下此款，若於戰前接濟直軍，我當拜領，且感此爲有力之接助也。惜於此時，無論以何種名義，均不敢取。謹領盛意，請將原款携回。」王克敏窘甚，唯唯而退。

民國六年，段祺瑞內閣總理，掛冠而去。王士珍（聘卿、河北人）代國務總理時，內閣改組，王士珍以王克敏有財神之稱，便物色之擔任財政總長。時僅一年。民九直皖戰爭後，王克敏爲十大禍首之一被政府下令通緝。以後數年，在政壇上，便鬱鬱不得志。今日王克敏此舉，原圖於新閣成立時，取得財政總長一職，以恢復舊時風光，欲賄吳氏有以成全之。而吳氏一生廉潔自持，自然更不會取此不義之賄賂也。

禮重文士情誼至篤

吳佩孚以黌門秀才，出握兵符，或爲惺惺相惜之故，在其幕府中，亦特別對文人學者，皆禮遇有加。康南海（有爲）雖非其幕賓，更奉之爲上賓。離洛時，還特致重贐。他如張子武（其煌，晚號無競居士，又號嵩叟，廣西人。清光緒三十年，會試進士）任吳幕秘書長，當在洛陽時，吳氏以「醉後」四絕詩（見後），示張子武索和，久未得覆。一日吳過秘書處，適張外出。吳翻閱案上文件，見張於其原詩後，批上「一部鼓吹」四字，蓋譏其詩，有如「蛙鳴」之不佳也。吳仍一笑置之，不以爲忤，蓋吳有自知之明耳。吳氏與張爲金蘭交，平時直呼「子武」，函則稱「子武老弟」，間以「省長」（張曾任廣西省長）戲呼之。張稱吳則爲「二哥」或「玉帥」。楊雲史（圻、江蘇常熟人）有江南第一才子之稱，佐吳氏爲秘書。曾親書奉呈吳氏一聯云：「杜老歌詩出忠愛，呂端大事不糊塗」。對吳氏尊崇仰慕之意，已全見之。他一生與吳氏最相知，吳亦倚畀極深。張、楊皆有文名，吳皆待之以禮。吳氏楡關失敗後，楊雲史因妻徐夫人病故於軍次，才離吳回江南。吳氏念念難忘，其「赤壁春夜懷雲史」詩，有云：「戎馬書生付水流，卻將恩義反爲仇，與君釣雪黃州岸，不管人間且自由。」可見吳氏與雲史交情之篤。

張子武佐吳氏甚久，民國十六年，在行軍途中，遭紅槍會（土匪）殺害。吳氏於戎馬倉皇，道路流離之中，猶親筆作書焚寄之，以代懷念！書云：

「嵩叟先生冥鑒：先生以忠實之資，勇幹之才，雖一效績於前清，然終不見大用於民國。不幸屈身於一敗塗地之鈍秀才，連遭倒戈，窮盛奔逃。吳某本當死於槍林彈雨之中，乃幸脫兇鋒，而禍及於我至忠至信之嵩叟。昔人有云，移腹心之疾，置之股肱，今不幸而至是。哀哉嵩叟，痛哉嵩叟！我悔不聽嵩叟前年之忠告，今大事已去，一敗不能收拾，而又累我叟罹此至慘至酷之奇禍。我負叟！我負叟！我欲爲叟復仇而能力已全失。我早晚自戕，親至泉下，負荆於嵩叟之前，以謝不聽叟言之罪。我本當爲文以祭嵩叟，並伐石立碑，以表叟墓。顧方寸極亂，烏能成文？旣伐石立墓之事，亦非目前能爲，匆促葬叟，已屬千危萬險，尚冀叟之有以諒我也。傷哉、傷哉！傾十觴酒，高談天下事，回首猶昨日，而今已矣，尚復何言。佩孚頓首。」

其言也慟，其情也慘！洛陽之虎，竟落平陽，一籌莫展，吾人自宜爲玉帥惜！而其痛自悔艾，眞情流露，不但可讀性高，吳、張一生一死，更見交情。張子武原與吾湘譚組菴（延闓）先生，爲會試同年，兩人私交亦篤。九年，譚氏率力量極薄、饑疲已甚之軍，駐節永州。吳氏擁強大兵力，駐節衡陽，隔江對陣。而吳未加兵以逼譚氏者，固吳氏對譚氏有傾慕之懷，亦張嵩叟有從中溝通勸說之功。譚氏不但心感不已，且常以此事告諸知交及幕僚。

民國十五年，吳氏在漢口，經營東山再起，就任「護憲聯軍總司令」，設司令部於查家墩。

時參謀長爲名軍事家蔣方震（百里），秘書長爲名政治家張其煌，曾任北洋政府總長的高洪恩與張志潭，則分任外交與交通處長；國學大師章太炎亦欣然受聘爲總參議，極一時人才之盛！軍中氣象一新，志業前途大放光明！而斯五人者，皆爲專家學者，自然都是有所爲而來，竭誠輔佐！吳氏之隆重禮遇，言聽計從，也自不待言。祇以軍中的實力派，貌合神離，未能精誠團結，才致一事無成。

吟詩填詞格調平平

吳佩孚自命爲「戎馬書生」，間亦喜愛吟詩、塡詞，他亦自知格調都不甚高。他所作「醉後」四絕，張其煌直謂爲「一部鼓吹」。究竟如何？余亦未遑細論，謹錄其原詩於下，藉供讀者欣賞。詩云：一、時來到處人親近，運去逢場亦不歡，軍界人才帳下狗，民國法典鏡中天。二、無端臨城遭事變，官府屈服匪人前，瘡痍滿目無人問，國破家亡有誰憐。三、薰穴人多元首願，下車無策向誰言，堂堂疆吏開玩笑，官場當作戲場看。四、青山石上磨刀劍，枕戈待旦五更寒，胯下受辱非不願，吹簫吃食心不甘。吳氏這醉後四絕，張子武謂爲「一部鼓吹」。余則謂爲「滿腹牢騷」，豈是四絕能發洩得了嗎？

吳氏晚年，接待客人，常以孔孟之道、老莊學說閒談，意在避開時事，以和緩發牢騷的情緒。因之，訪客多無法接近其來訪的目的。平居寂寞，則作詩詞以抒積悃。當中日關係惡化時，所塡「滿江紅」一詞，尤自視爲傑作。訪客得其致贈者頗多。其詞曰：「北望滿洲，渤海中風浪大作。想當年，吉、黑、遼、瀋，人民安樂。長白山前設藩籬，黑龍江畔列城廓。到而今外寇任縱橫、風塵惡。　甲午役、土地割。甲辰役、主權奪。嘆江山如舊、異族錯落。何時奉命握銳旅，一戰恢復舊山河。卻歸來、重作蓬萊遊、唸彌陀。」吳氏晚節可風，詞中亦已早露。據傳此詞且已譜成軍歌，駐防冀察的二十九軍將士，多能朗朗高唱。吳氏著作頗多，有：正一道詮、循分新書、春秋正義、易經新解、明德講義、蓬萊吳公講話錄等。關於詩詞，則有「蓬萊詩草」，今僅錄其各一則。

幽默風趣出之自然

吳佩孚以書生而至將帥，極愛風雅，吟詩塡詞，固爲其風雅的一面，平時亦常倩北平某名鐵筆家，鈐刻印章很多。常用者：有「戎馬書生」、「失敗英雄」、「四不老人」、「酸秀才」、「故都閒人」、「醉臥沙場客」、「老兵」、「老醉」、「學圃散人」等等。這又是他風雅的另一面。

吳氏性格：自大、自信、倔強。形象上，卽常不免道貌岸然，不苟言笑，循規蹈矩。有時也是一個非常幽默風趣的人。在批閱公文時，間亦有幽默語句流露。當其駐節洛陽時，有鄉親王君，前來求職。吳氏知王君無才能，當委以副官，留在左右服務，俾資磨練。王君以副官閒差，無可作爲。再求於河南境內安置一縣缺，未許。時豫督爲張福來，原係吳氏舊部。王某又輾轉託人函介，直求於張督。張督以王君爲玉帥鄉親，不能不向玉帥請示！玉帥隨於原函末批：「豫民何辜」四字擲還。又玉帥有同學舊屬某，向玉帥請纓，願率五千之眾，平定某地匪亂。成不邀功居官，但願得附廓之地數畝，種樹自娛。吳面答之曰：「種了樹再說。」無獨有偶，其幽默風趣，類多如此。

吳氏於二次直奉戰爭失敗後。被拒於豫、鄂。鄂督蕭耀南，且爲其一手提拔的人，竟不買老長官的帳。湖南省長趙炎午（恒惕、倡聯省自治、省議會選爲省長），原與吳氏無深切關係，反邀居停於湘之岳陽。時逢吳氏生辰，趙氏又親赴岳陽祝壽，並贈以「生平憂樂關天下，此日神仙醉岳陽。」簡單十四個字，略可與康有爲聯比美。吳氏喜極，高張於壽堂。酒酣，吳對趙曰：「炎午老弟，終究你們湖南人夠交情」；凡悉吳氏與蕭耀南之內幕關係者，卽無不知吳爲指桑罵槐也。

我國對日抗戰時，日寇爲僞政權組織問題，初屬意於吳佩孚。吳氏以死拒之，才轉向拉攏汪精衛。汪到了北平，日人安排他與吳氏會面（日還不願捨吳取汪）。擬以山下奉文（日軍參謀長）官舍——鐵獅子胡同、原顧維鈞公館——相見。吳氏幽默的告訴日人說：「汪先生來到華北，如果枉駕來訪，當然倒屣歡迎！也照禮去回看。如果汪先生事忙，不作客套，我也不去打擾他。山下奉文，我不認識，不便冒昧到他家裏去。我在北平，對日本人來訪，並不拒絕；但不去看日本人。我和汪先生見面，如要在一個日本軍部參謀長家裏舉行，在我實在難以從命。汪先生是個忙人，我們兩免罷！」汪精衛聞之，很覺難堪；但汪左右扈從之輩，卻異常高興！咸認「吳氏完了，汪可得志了！」吳氏之幽默風趣，雖在日寇安排嚴肅氣氛之下，亦能光明磊落，自然出之。

仇馮惡蕭不滿曹錕

馮玉祥原是北洋直系四大金剛之一，幾反幾倒，以善變稱著。所部將領，承其衣缽，亦先後倒戈，盡離他而去。所以吳佩孚最恨馮玉祥沒有氣節，罵他爲「三姓家奴」（實不僅三姓），卽指馮既背陳宧（二菴、川督）於先；又刼黎元洪於後；再出賣曹錕。後來直奉再度結合，吳氏對馮，則必欲去之而心始安。馮無奈，便將所部交與鹿鍾麟與張之江。本人則赴蘇俄遊歷，陰謀與蘇勾結，獲取支援。藉以暫平吳氏的氣憤。不久，馮氏再起，實則隱患猶存。當此之時，國內局勢實已混亂不堪。除西南有國父奠立革命基地；東北操於張作霖掌握外。餘則爲段祺瑞、吳佩孚、孫傳芳、馮玉祥四大勢力，互相犄角，各爲私利，不計道義，明爭暗鬪，愈演愈烈。當時他們的戰略：若段氏則爲懷孫、撫蕭（耀南）、排吳、保馮；若孫氏則爲尊段、聯馮、討奉、容吳；若馮氏則爲擁段、排奉、聯孫、倒吳；若吳氏則爲去段、討奉、仇馮、用孫。後以局勢變化莫測，吳佩孚審時度勢，便不得不犧牲「討奉」，而改爲「和奉」，以求達到「仇馮」的目的。吳氏爲此目的，用心亦良苦矣！所幸中原大戰後，馮玉祥終於一敗不振。後來雖有所謂新西北軍，已與馮玉祥無關。

蕭耀南，字珩珊，湖北黃岡人。民國元年，任陸軍第三師參謀長，漸次上升，民十升任湖北督軍。一路順風，可說全是吳佩孚培植提拔起來的。從此便暗與段祺瑞勾通、狼狽爲奸、互相利用。當段祺瑞角逐於四大勢力中時，所施「排吳」「撫蕭」策略，卽可明其端倪。吳氏雖明知之，亦固昧之，猶希蕭不致徹底「反臉無情」。二次直奉戰爭，吳氏因馮玉祥倒戈而失敗，曾棲息於豫鄂邊界的鷄公山。豫督胡景翼將用兵逐客，鄂督蕭耀南由於段祺瑞「排吳」的壓迫，亦不敢公然護吳。當吳氏蟄居鷄公山時，適值他的壽辰，親朋好友，仍多前往祝壽！蕭耀南亦自難例外，並致贈一壽屏。屏上有一句話：「蓬萊此去無多日」。不知蕭是無心之失，或故意隱以諷吳？吳見之笑笑，接上一句說：「從此蕭郎是路人」。這針鋒相對，也是隨口而出的。蕭返鄂後，隨派代表勸吳下山。吳下山至漢口，勢仍難留。湖南省長趙恆惕，乃迎之居於岳陽。及趙吳相見，吳向趙曰：「炎午老弟，終究你們湖南人够交情」，意卽暗射湖北人「蕭耀南爲不够交情」，其「惡蕭」的心情，便全流露出來了。

吳佩孚與曹錕，不是泛泛之交。曹錕任陸軍第三師師長時，吳任第六旅旅長。及曹升遷，舍第五旅，而保第六旅吳升任第三師師長。故吳對曹，矢忠不二，曹亦信吳至專。當曹進行賄選總統時，吳雖心不謂然，但不肯公開反對。曹弟銳與吳不睦，弟常於兄前毀吳。曹則曰：「子玉是咱的本錢，也是咱的老命，誰毀他，就是毀我。」奉直戰爭時，曹親電告吳：「子玉老弟，你就是咱，咱就是你；親家雖親，不如咱哥兒倆親，加勁打吧！」（張作霖女與曹銳之子結婚。故有親家之稱）。曹錕固重吳氏，吳卻以曹賄選，而不聽其勸止，吳心始終是不滿的。吳氏「醉後」四絕。其第三首卽指當時黎元洪被馮玉祥逼宮逃往天津，直系政客擬擁曹錕爲總統。曹不聽他勸，吳氏不滿之牢騷，便洩之於詩。

晚年生活捉襟見肘

吳佩孚自民國九年，由衡陽班師北返，直皖戰爭，倒垮北洋老帥段祺瑞，一直就是抬捧親家曹錕。這是他外在生活的一面。他的家庭生活，自其元配李夫人去世後，其二房張佩蘭，因得扶正爲吳二奶奶。吳二奶奶是一個相當厲害的角色，不但爲吳氏最得力的內助，亦與吳玉帥同享了盛名二十年。十六年吳氏中原失敗後，到四川先後依附劉存厚與楊森。「九一八」事變後，始由張學良迎之回北平，居於什錦花園。這住宅原是前北京警察總監薛松年的產業。吳玉帥如何住進去的？皆吳二奶奶一手所安排，吳氏照例是不過問這類家中瑣事的。及宅主薛松年死後，薛家後人要討回房價，幾至興訟。後經朋友調解，始寢其事。祇是吳氏風光一生，到了晚年，連住宅都沒有備置一棟。其國爾忘家的精神，亦實當世所罕見。

吳氏一生孤芳自賞，最愛排場。軍營中既講究威儀架勢，退居北平，仍然自作威福，不稍疏忽。北京什錦花園住宅，人多稱爲「玉帥府」。其排場格局，全係吳二奶奶策劃指揮、決定的。玉帥的服裝，經常長袍馬褂或坎肩、戴瓜皮小帽。家務的處理，不改舊時大帥規模，一如王公府第，分爲八大處。除在滿足其久經創傷冷落之自大、自信心之外，徒然耗財費力而已。因爲官架十足，平時即不輕易見客。即有見者，必先有約。貴賓蒞臨玉帥府時，先由「啟承處」長（八大處之一）迎至「後花廳」小坐。庭院內，警衛森嚴，四處巡視。客人亦不能自由行動。經啟承處長入稟後，乃請貴賓至「小客廳」待茶。片刻，玉帥始出而應客。此時，所謂八大處處長，環立於側，如眾星之拱月。淸靜嚴肅，實無殊遜淸皇室親貴衰落後之縈懷舊夢。平時亦少見一般客人，能獲見者，事先必遵門人指示，接受三項規矩：一、進府後，須守進退應對之禮，玉帥前不容放肆。二、任何問題提出，必先徵得玉帥同意，以玉帥之意爲意。三、不得藉故與玉帥建立交往關係。如此一套規矩，似在養成玉帥「唯我獨尊，承旨奉諭」的作風；養成玉帥的「神格」，玉帥晚年，則更孤獨寂寞了。

玉帥府八大處處長，有相隨多年的老弱官兵。北平當局，張學良照例按月有孝敬。張離平後，則交由軍委分會辦理。直到王克敏臨時政府時，每月仍有三千元的伕馬費。八大處處長爲無給制，僅逢年過節，送紅包五元或十元。不過此輩多另有活動收入，不愁生活。衛隊、侍從、用僕，皆原第三師的官兵，回平後，僅供飯食零用。某日，吳舊部大將劉玉春，由天津至平，向玉帥拜年，拿出三千元，將自願還鄉者，遣散不少。

吳二奶奶張佩蘭夫人，凡悉其人者，都公認她是一個多才多能的太太，有主見、辦法、魄力、承擔的人。他在如此沒落的家庭，要把舊場面撐持起來，的是一件不容易的事。以故吳氏晚年生活，常不免捉襟見肘。有人說：吳二奶奶在貴賓來客中間不免玩些圓滑手段；凡在玉帥前說不通的事情，她可一肩承擔。每逢山窮水盡疑無路時，卻又柳暗花明又一村。因此，也有人如劉玉堂之流者說：吳二爺盛德之累，就是那「臭娘兒們」。余亦不爲之諱，縱屬捕風捉影之事，仍有聞必錄。

大義凜然死事成謎

中日戰爭發生，日寇在我國進行的傀儡組織。原來搞的是「南唐（紹儀）北吳（佩孚）」。及唐在滬被刺，便積極進攻吳佩孚。無奈吳氏大義凜然，拒不受遣。於是才轉方換向，傾力向汪精衛做工作。汪在最初，還畏縮遲疑不敢進。日寇仍一方挾吳以脅汪，迫汪馴服；一方繼續迫吳，吳則倔強到底，不肯就範。於是日寇認爲如不臨之以威，則吳、汪兩人，將一無所獲。日寇爲殺鷄儆猴計，則玉帥危矣。

當日寇包圍吳氏，向吳氏進行引誘說詞時，吳卽嚴正聲明：我始終不忘裕仁天皇。日本是吳泰伯之後，論輩分，裕仁是他子侄之輩。吳氏曾告土肥原說：「你們如眞意要求和平，你們天皇正式表示委託，我一定出面做調人。可是我祇能做李文忠（鴻章，在中日甲午戰爭，馬關議和之初，李文忠公先向日本提出三點：『停戰、議和、撤兵』。日本初不同意，李則毅然堅持。他經過春帆樓前，一度被刺受傷，日人受了正義的攻擊，也不得不就範），不能做主體。主體是蔣委員長。」二十八年十月，吳氏以牙疾，求治於日人伊登醫生。醫治已數日，尚未動手術，牙疾忽轉爲敗血症。至二十八年十二月四日，吳氏便一命嗚乎。

中國民間向傳：「牙痛不是病」，而吳玉帥竟以牙痛喪其生，國人駭然！自不免引起懷疑！在吳氏死前約二月左右，有某女士名Y．C者，原是某局長的下堂妾，曾寄拜吳二奶奶爲義母。一日，義女由天津到了北平，特來拜見義母，並致贈很多貴重禮品，自道其別後生活，謂其夫在港，事業相當順利。吳二奶奶歡迎之餘，便接她來家居住。她便大展手腕，博得義父義母皆大歡喜，視同親女。經常爲義父燉燕窩、煨參湯，親切得無微不至。約月餘後，在吳氏毒性將發之前數日，忽謂其夫因疾急召，要求回港一行。在勢不可留情形之下，乃與義父母揮淚而別。大約當她尚在滬港輪上時，吳氏卽已撒手人間。後消息傳來：Y．C女士，雖功成身退，但經時未久，亦以身罹怪疾，醫藥罔效，追隨玉帥而去了。其爲殺人滅口，已很顯然！欲人無疑，實不可能。所以吳氏之死，至今還是一個謎。

民國一代完人——吳佩孚將軍，不死於疆場，不死於眞病實疾，竟死於賊子奸人陰謀家之手。自然存歿皆不甘心！日寇陰謀既遂，對吳氏葬禮，則不妨略事鋪張！許多日本要人，「貓哭耗子（老鼠）」式的，皆列名治喪委員，實已欲蓋彌彰。所有用費，則由華北政務委員會與日軍共同負擔。重慶國民政府，以吳氏大義凜然，克保晚節，除下令褒揚，追贈陸軍一級上將，並舉行追悼會外；當北平各界舉行公祭典禮時，中央特賻贈治喪費二十萬元，並由行轅主任李宗仁主祭。孔祥熙、何應欽、王寵惠等，皆有代表前往悼唁！其生也榮、死也哀！尤其吳氏生前好友楊雲史（見前），時正臥病香港，聞吳氏病逝北平，猶扶病作五言律詩四十首（太長、不錄）哭之，藉此秀才人情，以報吳氏知遇之隆！其情詞之慘慟，令人不忍卒讀。

中國哲學兼史學家馮友蘭

紀念五四懷念哲人

民國七十八年（一九八九）五月，中國大陸北平市各校學生與民眾，爲紀念民國八年的「五四運動」，擴展而爲爭取「民主自由運動」，造成歷史空前天安門的流血慘劇。這幕慘劇，將如何收拾？我作此文時（六月十四日），似乎中共還不肯放棄整肅作風。我且不管它。

祇是提到「五四運動」，大家都不會忘掉：影響中國深遠的兩位西洋哲學家羅素與杜威。後者的影響力，尤深且鉅！因爲他在中國有兩位得意門生，一爲胡適之、一爲馮友蘭，替他在中國散播其學術思想的種子。如果沒有他，在「五四」年代，中國或許還不會有「民主、科學、打倒孔家店」這類思想與要求的萌芽；更不會有今日「民主、自由」的積極要求與鬪爭。今日紀念「五四」之時，回想起當年領導奮鬪的人物，如蔡元培、羅家倫、胡適、傅斯年、梁實秋諸先生、皆已先後凋謝有年矣。「大江東去、浪淘盡、千古風流人物」——即非當時的風流人物，也隨大江東去了不少。在中國大陸，細數儒林傑士，祇有兩年以前，尚留在北平市，中國哲學兼史學家的馮友蘭，或眞是五四時代僅存的碩果了。

政府播遷東來以後，余對馮友蘭先生，已四十餘年不明其消息。直到一九八六年五月，始由香港報紙傳來一點情況，他尚在北平市，過着寫作，比較安閒的生活。當時他已高齡九十一。現在又過了三年，如果仍在人間的話，自然是九十四歲，已是無大作爲的人了。我現在也不問其政治思想與立場如何？他在學術上的名氣，已經攀上與世界學術名流，共事宇宙。他的成績，也有著作擺在我們的面前。所以不必要的批評、獎譽與誇張，我在本文中，一概略去。僅就個人過去所知者，述其大概。

羅素杜威思想影響

中國自五四運動與繼起的新文學運動以後，民國九、十年之間，世界兩大思想家：英國的羅素、美國的杜威，同時來華講學。對於我國思想界，皆有重大的影響，而以杜威爲尤最。十九世紀的西方哲學思想，威廉詹姆士，乃實在論和實用主義之間的開山祖。德國實證論的思想，與英、法各派實證論的思想雖異，但對傳統思想的反抗，卻沒有分別。實證論的特別標幟，就是「

事實的法則」之尊重。其影響力之大，卽因經驗論、重事實；實證論、便重事實的法則。羅素，是英國的「國寶」；羅素爲文，莊嚴簡勁，間雜詼諧，他卻是新實在論的泰斗。處處反對獨裁主義，對倡導民主，實功在千秋。故他實爲邏輯實證派的大師，否定了神學、形上學，提倡邏輯推理與科學方法以求知，便是對「事實的法則」之尊重。

實用主義，乃繼實證主義而起的。實證主義之所重，在感覺；實用主義，則兼重情意。但影響力最大的，以詹姆士的規模爲最闊大。凡屬實用主義，有一共同的主張：卽以情意爲學說的中心；以人生爲眞理的鵠的。皮耳士所揭櫫的，是實驗主義；詹姆士所揭櫫的，是根本的經驗論，或實用主義；杜威所揭櫫的，卻是工具主義或試驗主義，或直接的經驗論。所以杜威直可稱爲實驗主義、實用主義的權威。他著重實踐嘗試，主張以使用或實行之效果，檢驗眞理。故實用主義，是一種新淑世主義。自實用主義出世，而新人生、新生命、新生活的創造，皆爲一種無可掩飾的事實。所以實用主義、實開現代人生哲學的新曙光。

我國正當國家、社會、文化、人生思想，紛歧龐雜，找不着出路之際，杜威這種實用主義的思想，漂洋過海來到東方正在痛苦呻吟中的中國，自然一拍卽合。許多學者專家，如胡適、馮友蘭諸人，還鍥而不捨的去追求！羅素當年到南京，僅係過境，轉赴長沙，然後到北京去講學。杜威其時正是美國紐約哥倫比亞大學著名的教授、哲學大師、名重西方的大教育家。胡適與馮友蘭，在哥大爲前後同學（相隔約三年），故同爲杜威的學生。杜威的實用主義哲學，在胡適、馮友蘭諸人宣揚推介之下，在中國五四前後時代，曾已紅極一時。杜威曾於民國八年來華，在南京高等師範講學半年，極受歡迎！許多外埠如滬、杭一帶的學者，都紛集於寧。時南高師校長郭秉文（鴻聲、江蘇。後任東南大學——卽中央大學前身——校長）和幾位教授，皆出自杜威氏之門。他們對杜威爲表示崇仰，後來並將本校教室大樓，命名爲「杜威院」，永留紀念！

身世經歷個性修養

馮友蘭，字芝生，河南人，約於光緒二十三年（一八九七），生於河南一小地主之家。小於胡適約三、四歲。幼入私塾受學。生性沉默寡言，好讀書，而不喜雜務。稍長，更苦學不懈，博覽羣書，有小才子之譽。講解文史，多立新義。對經、史、子、集之學，無所不窺。後來所著「中國哲學史」、及其他有關文、哲、史的著作，實多奠基於此。民國四年九月，考入北京大學。時蔡元培先生任校長。七年六月畢業。與傅斯年（孟眞，山東。來臺後，任臺大校長）同年級，不同系，傅畢業中文系，馮爲哲學系。馮氏畢業後，回家鄉河南開封中學任教。同年，與其夫人任戴坤女士結婚。八年五月，「五四運動」發生，傅斯年實際從事學生運動，成爲時代的知名人物。馮於教課之餘，則仍默守理論的研究。不過兩人又同時考得官費留學。原相約同赴英國，後馮友蘭以母命難違，改赴美國。於是年十二月至紐約，入哥倫比亞大學。傅斯年則仍赴英。馮氏就讀哥大，正式成了杜威的門生（胡適已於先年離校）。十二年，暑假，馮氏論文答辯通過，經加拿大返國，任河南大學文科主任。任清華大學教授，則爲民國十六年。他的文學博士學位，是美國普林斯頓大學，一九四七年所贈的。

馮友蘭，身材中等，面貌方型。中年以後，已經留鬚，人多以馮大鬍子稱之。抗戰勝利後，三十五年赴美。三十七年由美返國，美髯如昔，旣豐且黑，更顯得道貌岸然。平時衣着不甚考究，穿華服時爲多，穿西裝時較少。三十七年，初由美返國，卻穿一套藏青大襟新西裝，相當出色，當成了學生們交頭接耳的資料。他是一個安分守己的人，從不愛多管閒事。神態安詳而悠閒。待人接物，態度輕鬆，彬彬有禮。見了同事或學生，非常高興，總是笑嘻嘻的，人人都要握手。最突出的現象，就是說話有點「口吃」，卽廣東人所形容的「漏口」，說話結結巴巴的。所幸他的話，是「中州」口音，是老輩人所許的標準口音，雖有漏口，並不難懂。同時，他賦性鯁直，不喜驕飾、虛僞，同事或學生，亦多樂與之接近。他是個經常書不離手的人，有人指他是「書呆子」。其實他到八、九十高年，仍無一點呆氣。

演講授課非其所長

馮友蘭與胡適之，先後同爲哥倫比亞大學杜威的高足，同修哲學。他們兩人，其實還有同嗜好——喜歡演講。胡適在美國，二十七歲時，即已成了有名的演說家。數十年之後，美國前輩華僑，猶常樂道其事。馮友蘭的演說，比較保守本份，多半限於本行——哲學，很少泛論其他。這與他的「口吃」，自然很有關係。同時，對於語言的表達天才，也相當差勁。故他除登臺講課之外，很少作普通演講。心雖有所好，其無奈口舌不爭氣何！中日戰爭剛告結束，馮氏於三十五年赴美。翌年，適值美國普林斯頓大學建校二百周年紀念。該校曾函請清華大學派代表參加。馮氏原係清大教授，此時正在費城賓大任客座教授。清大便委託馮氏就近便往參加。此時，馮氏至少也得說幾句話。說英語或無礙於其口吃，講得如何？且不說它。但馮氏卻在無意之中，獲得普大的榮譽文學博士的學位。此固爲其始料所未及。當他三十七年回國時，國家政局，雖已走上崎嶇的道路，但他個人卻更光彩的回到了清華。

其實，他縱捨短取長，專門來教課，也很難算是「吃得開」的教授。舉例來說：對日抗戰時期，馮友蘭在西南聯大，開一新的課程：「古代聖哲的人生修養方法」。是科不計分，學生自由選習。講堂設在大禮堂，每週一次演講，每次二小時連堂。大家初認爲是一新課程，不想失掉機會，故第一次來聽講者，多至四、五百人，熱熱鬧鬧；第二週，則減至約百人，開始冷場了，第三週，僅二、三十人，已冷冷清清；第四週，則僅小猫三只四只了。這是事實，並不是故意尅扣他的聽衆。這毛病就出在他的口才，不能引人入勝。因爲他的講題資料絕佳，確非等閒之輩，所能企及的。因爲這所謂「古代聖哲的人生修養方法」新課程，正是開在千載難逢的時期裏——對日抗戰的大時代。內容是分析：中華民族自淝水之戰以後，第二次外族侵略大患降臨之際。用意至爲深遠，在使中國青年，對古聖先賢人生的修養方法，明其淵源流變，抉擇利害得失。以古爲鑒，善自警惕耳。題材、內容、時機都把握得很好，如果口才能配合得上的話，相信一定能滿堂紅與欲罷不能了！

著書立說遂行其道

馮友蘭演講授課，其道皆不甚高明。由於口才的關係，以致說詞零亂瑣碎，蕪雜無章，令人頗難卒聽。以故他演講之由四、五百聽眾，一落而爲小猫三隻四隻，決非偶然。但與其作文著書，則恰成一反比例。馮氏的學術思想，發爲文章，動輒萬言，或數十百萬言，邏輯分明，章句清晰，又是儒林人士所共許的。故馮友蘭或可比如史記所說：是「韓非爲人口吃，不能道說，而善著書」一流的人物耳。

不僅北大等校爲然，凡學校行政與教授們之中，多少有些派系的分別。馮友蘭在表面上雖沒有，實仍不免。被稱爲「馮派領袖」，尤其「中國哲學史」出版以後。馮氏鉅著「中國哲學史」，出版發行，大約是在「九一八」事變之前。英文本卻是三十五年才發行的。本書上下幾千年，縱橫經、史諸子百家之中，取材嚴謹，持論精確。商務出版，曾列爲大學叢書；清大亦列爲清華叢書；洛陽紙貴，風行一時。現在臺灣舊書攤店裏，偶有翻印本可售；但作者、出版機關和版權頁，都被删去，則不明其何故？余至今猶有疑未解。馮氏自本書行世後，聲價倍增。讀其書而信其人者益眾，或即其「馮派領袖」的由來。他以後的著作，在對日抗戰時期，出版有「新世論」與「新世訓」等書，其名益著於時。馮氏這兩本著作，可說是將中國自先秦儒家至有宋理學思想之整理與闡發。論者有謂其學識思想，實超過其同門學長胡適博士，唯其名氣地位，則始終遜胡氏一籌。余無偏見。

據美聯社一個訪問馮友蘭於一九八六年五月的報導說：馮友蘭困居北京大學校園，正在寫他第五本著作，還計畫著第六本，探索中國古典哲學的「毛澤東思想」。中共領袖們，不願讓毛澤東獨擅其美，卻說是一九四九年革命過程中，黨領導的集體智慧結晶。這在一個言論無準則，動輒得咎的社會裏，馮氏此書，將來縱是一本名山著作，相信也很難討好於左派諸賢。

一個近代儒生，善爲厚生經濟之學者，馮友蘭可算是一個成績最優等的人。他早年版稅所得，曾在北平購置產業，買了一棟相當有規模的住宅。這是一個純由舌耕筆耘起家的小資產階級地主，並不是剝削勞動階級而來的；但左派人士，也沒有輕易放過他。當革命軍北伐，統一全國之後，「王侯宅第皆新主、文武衣冠異昔時」之際，有人問馮友蘭：胡適、傅斯年、葉公超諸先生，都已由教書轉入仕途，而且弄得很得法，你爲什麼不嚐試嚐試？對你厚生經濟，當更有幫助！他說：「我說話太慢，不能當政客。」這固是夫子有自知之明的說法，如謂一個學者而流爲政客，亦未免諷人太甚。

期期艾艾見笑大方

「口吃」，廣東人稱爲「漏口」，世俗稱「結巴子」，指人言語蹇難的意思，每每說一個字，要連發多次音。文學上則常以「期期艾艾」四個字來形容它。這四個字，歷史上也是有典故的。如「韓非爲人口吃」，我在前節已經說過。漢書上說：「周昌爲人口吃，又盛怒，曰：臣口不能言，然臣期期知其不可。陛下雖欲廢太子，臣期期不可奉召。」劉攽的解釋說：期讀如荀子欲綦色之綦。楚人謂極爲綦。師古曰：以口吃故，每重言期。又世說謂：「鄧艾口吃，語稱艾艾。」魏將鄧艾口吃，晉文帝戲艾曰，卿每艾艾，不知有幾艾？艾答曰：假如孔子曰：鳳兮鳳兮，亦祇一鳳。這就是「期期艾艾」的出處，都是指人口吃來說的。

口吃，按生理學所說，原是先天的生理因素，其病由橫隔膜及聲帶運動不調，或過受驚恐，或與同病者相處，遂成一種習慣。這並不算是人生理上之病；但在人際關係上，卻確是一種病。醫學上雖沒有治療的方法；但在生活、心理、習慣上，卻能加以矯正！矯正的方法：必發語時，務令凝神壹志、心安氣定，避免情緒激動。習之既久，自有意想不到的效果。

馮友蘭口吃，生平是否施行過自我矯正的方法？卻不得而知；但其見笑於人的事，則時有所傳。曾任外交部長的葉公超（崇智，廣東人），十八年，曾任清大及北大教授有年，後因與陳福田鬧意見，始棄教轉入仕途。與馮友蘭素有深交，常不拘於形跡。葉氏對馮氏口吃，最愛開玩笑。每見面，常捉古證今問馮家的門牌號碼：「芝生：你家門牌多少號？我老是忘了。」馮氏絕不疑其戲己，老實的答道：「二二二二……二號」，一連好幾個二，蓋其所居，爲「二二號」也。於是葉氏左右之人，皆大笑不已。從此亦可見到馮氏的本性——老實忠厚！更有令人見笑者：馮氏每說到意大利法西士的領袖「莫索里尼」時，用河南口音說：「莫索、莫索、莫索……里尼兒」，莫索了很久，才能出口。如說到「顧頡剛」（誠吾，號銘堅，江蘇人，中國名史學家）其名時，也得「咕唧、咕唧、咕唧……剛」。尤其當他心煩意躁時，還要莫索……或咕唧……到一分鐘之久，則更不免見笑大方了。

目空一切獨加青睞

我國有一位著名的古典文學大師，莊子專家劉文典（叔雅，曾任大學校長），曾受業於徵儀劉師培（又名光漢，字申叔）之門，得申叔正傳。劉之後，稱海內第一人。惟其人恃才傲物有狂狷之稱，目空一切，向不佩服任何人。對當時國家領袖蔣委員長中正先生，亦能猖狂無禮。當他任教清華大學文科時，某次，清大開教授會議，朱自清（佩絃、江蘇、留英，二十一年返清大，任中國文學系主任）提某人應晉級教授，劉文典當卽提出反對，謂朱自清曰：「如果某人當教授，你請我去那裏？置陳寅恪（江西修水，祖陳寶箴湖南巡撫，父陳三立皆著名的國學家，與梁啟超、王國維等齊名）老於何地？必先請當局給我們兩個設法，謀一條出路，然後可以語此。」朱自清與某人皆大窘。時馮友蘭亦參加此次會議，當出面調解。劉文典竟給了馮友蘭一次大面子，始息其爭。蓋朱自清任清大文學系主任，既不重詞章，又不重考據，其虛弱無能，自不待言。而劉文典對他，實早已不重視。

劉文典常舉以對人說：「他校吾不得知，吾清華文科，實在祇有兩個半教授。」人有問之者曰：「那兩個半？」劉笑曰：「寅恪一個，友蘭一個，我半個也。」有人謂：「劉文典這次眞够謙虛，自己祇算半個，對馮芝生反青睞有加。」有人則說：「此亦勢利眼光作祟耳。」因馮原做過清華文學院長，故以另眼相看。其實，馮氏在文學上，是站得住的。後來，北大文學院長，再改爲臨大，三改爲聯大，都是胡適。胡適都未實到，始終是由清大文學院長馮友蘭代。他包羅中國三個著名大學的文學院長於一身，這也當算中國大學教育的異數。

答記者訪問的觀感

正在懷念大陸某些學人時，七十五年五月二十九日，報載：北京美聯社有記者訪問中國哲學兼史學家馮友蘭的談話。馮氏除對當前稍作批評之外，大都是一些預測之詞，對毛澤東、鄧小平與中國前途，都有異乎純共產八股的論調。茲分別摘述之於次：

關於毛澤東部分：雖然毛澤東犯了錯誤，他仍然認爲毛澤東是本世紀中國最偉大的領袖。毛澤東的功過，是七比三，功大於過。他領導中國人民建立人民共和國，把中國從封建與資本主義壓迫中解救出來。

關於鄧小平部分：鄧小平的成就排第二。鄧小平是一位實用主義者，他糾正了毛澤東的極左政策，向西方開放中國的門戶。鄧小平在十年文革動亂後，把破產的中國救出來。記者問：資本主義式的改革，是否會與共產主義理想發生矛盾？馮答說：具有中國特色的馬克思主義，將長久保持爲居主要地位的正統思想，土地和主要工業，繼續爲國家擁有。

關於中國前途部分：中國至下世紀，仍將繼續保持爲一黨制國家，不過人民最終將能投票、選舉領袖。中國老百姓，將能在二十一世紀時，選舉他們的領袖。中國的前途，不依賴在誰是鄧小平的繼承人，而是共產黨派系間，如何解決他們的分歧？在未來至少二十年中，共產黨將是中國唯一政治勢力。因爲經濟條件，不能支持一個多黨國家；但是共產黨內會有派系。目前黨說沒有派系存在；但大家都知道，這不確實，如元老經濟學家陳雲，批評鄧小平的一些政策，太過自由化。所有國家，都有政治紛歧，問題是如何加以解決？民主國家，是通過投票解決；在封建時期，是以戰鬪解決。中國目前表面上是一個共和國；但事實上，它是封建的。過去我們的政治紛歧，不能以投票解決，因此它們就通過內戰解決。這種事，到目前還未結束。我們將使它結束，內戰和戰鬪，就不會再發生。

這是馮友蘭在北平接受美聯社記者訪問時的談話。因爲他既被記者抓住了，就不能不有所表示；但鸚鵡前頭不敢言，至少不敢放膽言；同時，自己還要顧到一個學者的立場，不能賣光當盡。以致說話有如骨梗在喉，不能暢所欲言。令人頗有「抹煞客觀、外交詞令、隔靴搔癢、連諷帶騙」之感！尤其祇看到獨裁專制，沒有看到民主自由；祇看到中國大陸，沒有看到世界。這自然不能全怪馮友蘭，我們也當給他以相當原諒！因爲在中國大陸，早沒有說話的自由。假如使他能易地而處，給他以「放言高論」與「說良心話」的機會。相信他也不會如此寂寞、羞澀、恐懼和裝腔作態了。

投靠左派況味何如

馮友蘭自留美回國，除在河南大學任文科主任一個時期之外，以後都是在北京清大與北大任教。中共所謂革命，包圍北平時，馮友蘭仍在清大任教授，也最先作了錢牧齋（謙益，常熟人，明禮部尙書，迎降於淸），一如北平市內率「士大夫」接駕之北大法學院長周炳琳一樣。搖身一變，作了紅色教授。但他在中共解放未久，又與周炳琳、賀麟等一樣，都「下放」到農村土改，或學習用小風爐去土法煉鋼。據說：劉文典也未能倖免。消息不明。十餘年之中，毛澤東的錯誤政策，把中國實在害慘了！無論任何階層份子，都未逃過其摧殘與壓迫。

及一九六六年，中共開始所謂文化大革命，極左派江青等四人幫，胡作妄爲，又整整鬧了十年。馮友蘭則被江青等所利用，抨擊儒家思想，間接打擊中共的溫和派領袖周恩來和鄧小平。毛澤東逝世以後，左派四人幫被推翻。馮友蘭在北大，又遭到無情的排斥，幾難以自存。直到一九七八年，鄧小平上臺，才下令赦免在文化大革命期間（自一九六六至一九七六），被迫下放或改造的人。馮友蘭才吐了一口苦痛的氣，稍稍免去迫害的災難。

從此以後，馮友蘭的消息，又被隔絕了將近十年。至民國七十五年五月，才有記者訪問的報導傳來。這時他已是九一高齡，仍在北大任哲學教授，住在北大校園一棟普通住宅中。目前每天還要寫作三小時。且希望能在他有生之年，完成他第六部著作「毛澤東思想」。這也許是一般文人的慣性，正如他自己所說：「這樣塗塗寫寫，也可以塡補沒事做的時間。」故馮友蘭投靠左派以後的代價，除苦難、恐懼、寂寞、悲哀之外，實別無一得。

鄧錫侯愛附庸風雅

作風改變以退為進

我國對日抗戰甫入中期，四川「由亂而治」之初。民國二十七年八月，中央發表王纘緒繼張羣爲四川省政府主席。從表面上來看，似乎塵埃落定，川人應無異議。實則暗潮猶在盪漾。這問題的發表，我在「王纘緒與四川省主席」一文中，已經說得很多。不過當劉文輝、鄧錫侯、潘文華、王纘緒等，逐鹿省主席皇冠時，鄧錫侯確是比較消極的一個，祇能以配角目之。他既參與其事了，何以會消極？大約因爲他當時已是「川康綏靖主任」，名義上是代表中央管轄川康兩省的軍政，地位之崇高，實超過省主席與劉、潘、王三將軍之上。如不自知滿足，再作非分之想，反會顯得名利私心太重。其次，他也有自知之明：自己所轄軍隊不多，近不如成都跋扈將軍潘文華；遠不如西康王劉文輝。從來四川軍政糾紛，都是講究實力的。鄧錫侯的實力範圍，尚不能遍及成都市。雄心雖有，妄想便是徒勞。故其態度之消極，格於形勢，亦是無可奈何之事！

鄧錫侯這種態度，其實也非偶然。他在成都，多時已很不得志。常藉口閉門讀書，養志消遣。但他在羣書之中，獨鍾情於「戰國策」（是集合先秦諸子所記戰國時事之書），選爲專攻的目標。積之既久，受了戰國時代縱橫捭闔、招賢納士的感染與暗示，自覺已找到了一條新的出路！爲前程計，便漸漸改變其人生態度與處世做人的作風。與當時其他川軍將領的作法，便截然不同了。這亦是社會人士所公認的。抗戰以來，改變更大，過去那種馳騁雄圖，似已不復存在。反而重名、好名，禮賢下士，傾向文化活動，結納文人學者。有人當面恭維：他有王莽「謙恭下士」的風度與風雅氣質。他雖客氣的說：「不敢」，亦樂得自我陶醉一番！更幻想「以退爲進」，藉此作爲未來的政治資本。所以大家對於鄧錫侯將軍的觀感，這時確是改變了不少。四川名詩人趙堯生（熙）先生說：「孰是孰非，很難判斷。」本文因之對他過去的功罪，亦姑置之不論，祇看他附庸風雅的一面。

經歷多方靈活機巧

鄧錫侯，字晉康，四川營山人。清光緒十五年（一八八九）生。幼年入學私塾，略識故學。清末，投入四川陸軍小學，畢業後，又升陸軍中學，算已具有較高的軍事學識。辛亥革命後，加入川軍劉存厚（積之，四川簡陽人，後任四川督軍，三十五年與田頌堯、鄧錫侯等組織「二二護國聯誼會」）部隊服務。民國四年十二月，護國軍興。劉存厚時任川軍第二師師長，於五年一月，率部宣佈獨立，起兵響應護國軍。劉自任川軍總司令，以鄧錫侯爲川軍第一路第二支隊隊長。鄧氏在川軍的地位，即從此步步升遷。民國九年，劉存厚任靖川軍總司令，升鄧錫侯爲第六師師長。十年，轉任四川陸軍第三師師長。十三年兼任四川省長。十五年，廣州革命勢力北展，鄧錫侯加入國民革命軍，任二十八軍軍長。二十四年，改任四十五軍軍長。二十六年，蘆溝橋「七七」抗日戰爭爆發，整編川軍作戰部隊，鄧被任爲第四軍團長，繼任第二十二集團軍總司令。抗戰將進中期，二十七年三月，改任川康綏靖主任，兼重慶行轅副主任。他坐鎮成都，歷時較久，而其人生態度與處世待人方式之改變，即始於此。抗戰勝利後，全國復員之際，各政治黨派紛紛興起。四川軍人田頌堯、劉積之等，於三十五年十月，在成都組織成立「二二護國聯誼會」，從事政治活動。劉積之任會長，田頌堯與鄧錫侯爲副會長，不過尙未展開活動，便已消散。三十六年，中央以鄧錫侯老成持重，特任之爲四川省政府主席，兼重慶行轅副主任。三十七年，更寄以川、陝、甘邊綏靖主任等重任。中央對他倚畀之深，已可想見。不幸未及一年，三十八年十二月，竟投共作了紅朝的新貴。

鄧錫侯投靠中共以後，好官我自爲之，仍然活躍了十餘年。民國五十三年，始病逝於成都，享年七十八歲。後據由四川逃至香港的文化界朋友說：鄧錫侯投共以後，在四川特殊環境之下，自然還有其剩餘價值可供利用，故沒有經過清算鬪爭的階段，能照常做官；但都祇是一些副職閒差。在個人生活方面，亦大事收歛，一切奉命唯謹。他之所以能做到此一地步，實由於其生性，即因爲人「靈活機巧，面面俱到」的緣故。如在川軍將領糾紛之中，混迴了數十年，始終不倒，即因其有圓通狡猾的手腕，對任何一方，都不開罪，傷了和氣。他身高體壯，肌肉結實，掌巨肉厚，絕似北方人。嗜酒善飲，對客人亦善勸酒，常乘機故作雄豪，客人亦多以燕、趙豪俠之士擬之。他雖是軍人出身的老粗，晚年卻收歛了暴戾之氣，裝出溫和風雅像。這比之劉文輝、潘文華等之輕視文人、怕接近文士和新聞記者，則恰恰相反。他雖獲得虛名「重文人、愛風雅」，而眞正的文人學者，落入其門下者，又百無一二焉。

成都之行訪古探勝

對日抗戰，當武漢緊急疏散時，二十七年冬，余偕眷循湘桂鐵路輾轉至戰時陪都——四川重慶。初實沒有料到：一住竟是八年之久。在重慶時，常聽當地朋友說：成都要比霧都重慶好得多，頗有北平的情調和風味。我記在心裏，總想有機會，一作成都之行，訪古探勝。同鄉好友王錫鈞（克廉），時正任中央軍校校長，聞余有遊蓉城興趣，便函邀余赴蓉講學。老友特別安排，余不但不敢拂其意，且對此行極感高興！惟戰時交通，處處困難。重慶到成都，公路僅三百多公里，行程汽車要三天。路既不好，坐的老爺汽車，其情形之慘，有當時流行的四句數字詩爲證：「一去二三里，下車四五回，抛錨六七次，八九十人推」，眞是貼切得很。「蜀道難」，我也算嚐到了滋味。車到成都，克廉兄已爲余安置住招待所。余以不太自由，辭之，改住成都東勝街友人劉半渠兄家。不料一住竟一月有半。

到成都的第一印象，就是溫暖和煦的氣候、樸實安靜的街巷、黑漆的大門，路旁的樹木，都是重慶所沒有的。身歷其境，到處都感到心曠神怡！尤其當車行接近成都附近，廣濶的平原，闖進眼簾。那素有天府之國，沃野千里之稱的四川，到此時，心理才眞有此感覺！余這次來成都，與其說是講學，無寧說是仰慕古哲先賢之古蹟名勝，爲旅遊觀光而來之爲眞切。以前我在西安城住過幾年，西安古蹟名勝之多，文物風俗之厚，更數倍於成都。看到成都城，自不免聯想到西安城，西安城比成都城，更爲古樸雄偉。成都城與西安城，都具有幾千年深遠歷史的淵源，古蹟名勝，皆有不勝敍述之多。祇惜西安由於地理環境與人爲之過失，損毀破壞者多，甚有名存實亡或淹沒不可考者。而成都則因得天獨厚的關係，雖有殘傷，而原形或實質保留者，則比較的多。如杜工部草堂，雖僅留舊址；曾爲杜老當年生命寄託之所。千餘年來的遺蹟，縱因世事滄桑，已有很多改變；但庭園景物，依稀仍舊。如茅亭疏落、淸水漣漪、梅竹叢生、苔蘚遍結。更有一松挺秀，令人尤有無限景仰之情！其他許多名勝古蹟之類此者，亦復很多。

我來成都，前後有過三次。合計停留時間，亦不少於三月。雖跑過不少古蹟名勝（有機會，擬另作遊記），但仍不及聆悉川軍將領故事之來得多。我所寫有關川軍將領的文章，其資料來源，也多半以那時所聽說的爲主。隨興走筆，不免稍有離題。好了，就此打住。繼續前節，往下續述：成都的浣花溪與百花潭。

百花潭就是浣花溪

談到鄧錫侯之愛好風雅，先不能不一談成都的百花潭。要有百花潭，才釀出他愛風雅之名。成都西郊的百花潭，爲自古以來的風景名勝地，向屬墨客騷人吟詠遣興，遊玩消閒之所。杜甫詩中有「萬里橋西側，百花潭北莊」之句，卽是指此。出成都南門，卽萬里橋，與草堂寺毗連的杜工部草堂舊地，卽在萬里橋西側。草堂原係杜工部當年生命寄託之處，乃詩人遊踪必至和最景仰的地方。草堂前一泓溪水，名浣花溪。百花潭卽浣花溪比較寬濶之處。杜甫當年，走出草堂，平時祇在浣花溪邊閒步。抗戰之前，早已成了鄧錫侯將軍的別墅——康莊——所在地。

上面說過：百花潭之所謂「潭」，卽溪水之寬濶處；「溪」原名浣紗溪，溪水澄清碧綠，兩岸風景如畫。浣紗溪改稱浣花溪之後，景因名而益勝。相傳冀國夫人，與這溪名有一段故事，頗爲人所津津樂道：冀國夫人年輕的時候，曾浣衣於浣紗溪畔。一日，忽一和尚持破衣求爲浣洗。衆浣女無有應之者。惟冀國夫人，憫彼出家人，許而爲之。不料衣剛落水，隨手飄出五色百花滿潭。不禁驚奇不已！遂一回顧，和尚已杳然不知去向。後人因名之曰百花潭，更此溪為浣花溪。

冀國夫人為誰？據云：夫人姓任氏，為唐時崔寧之妾。崔寧卽當時成都節度使崔旰。有賊乘崔旰晉京，進犯成都，旰妾任氏，出家財募兵，自帥擊賊。賊走，朝廷加旰尚書，賜名寧。封任氏為冀國夫人。至今草堂寺後，另有一小廟，供奉石刻浣花夫人神像，卽冀國夫人任氏。每年三月三日，為夫人生辰。居民循俗，傾城出遊，設宴供奉後，痛飲而返。其所以能受後人如此之崇敬者，乃由來有自。不幸的是，盜賊橫行之世，成都也如花蕊夫人說的：「更無一個是男兒」嗎？自古以來，四川向為中國文風最盛之邦。如漢有司馬相如、揚雄，唐初有陳子昂，宋有三蘇——蘇洵、蘇軾、蘇轍父子。文豪輩出，代有其人。不料後來，也不知自何時始，槍桿子壓制了筆桿子，文運式微，造成「天下未亂，蜀先亂；天下已治，蜀未治」的現象。抗戰中期，當我與友二三輩，遊百花潭至草堂寺後，冀國夫人神像前。更不幸的，抬頭則有「簉室英雄」的巨匾在。對這位義勇可風的巾幗英雄，未免不恭。難道這「簉室英雄」，也是槍桿壓倒筆桿的絕妙好詞嗎？差勁得很！

百花潭中，備有小艇，平時供兩岸過渡。客人往返康莊別墅。或遊覽百花潭與浣花溪上下，皆可隨興而之。春夏水漲，秋冬水淺，潭中遊來遊去，亦一賞心樂事。余來時，與友輩共乘一艇，盪漾溪中，既沒有碰到和尚，也未見到浣紗女，更沒有賞到五色百花。某友說：「我們與神仙無緣」，皆一笑置之。某友並說：浣花溪水釀豆腐，素為成都名食，亦康莊宴客必備之佳肴。

其實市場所製豆腐，亦多取此溪之水。豆腐本質無殊，康莊祇是作法調料不同而已。

康莊擁有梅竹之勝

「康莊」，爲鄧錫侯將軍的別墅，以鄧字晉康命名。「人間勝境豪居半；天下名山僧佔多。」康莊即佔了成都風景地帶浣花溪，居百花潭之濱。抗戰時期，余由重慶來成都，時值冬令，正康莊梅花怒放之時。余遊康莊，並非早有蓄意。而是躬逢康莊主人，爲新來蓉城作客的外省文人學者洗塵。此亦康莊主人愛風雅，常有之舉。余與友劉半渠兄應邀，特提早趕去，藉機領略久已聞名的康莊景物。

出成都西郊，至浣花溪百花潭，便到了康莊。見彼岸一片青幽幽的竹林中，夾植映成紅、綠、白似錦的梅花樹。乘小艇過潭，至一小涼亭前登岸，即爲步入康莊的起點。每值宴集，屆時主人則常立於小亭之前迎賓。亭之內外，備置大小不一的靠椅，供來往客人待艇或休憩之用。平時常備茶水。宴集之日，更備有茶點乾果。潭水清澈見底，近岸之亭臺、花木、人影，都倒影於百花潭中，幽雅有趣，首收眼底，亦成了康莊勝景之一。

康莊面積不廣，樓臺亭閣的佈置，疏落有緻。沒有大門，亦無圍牆。潭畔涼亭，即入口的起步點。亭中懸有一竹製對聯，聯云：「諸葛大名垂宇宙；元戎小隊出郊坰。」語集杜工部句。不知出自何人之手？語很自然，也够拍馬之能事。進入不遠，竹林深處有人家，卽別墅的中心，為一座小洋樓。其實並不小。祇因林深園濶，顯得小巧玲瓏而已。此卽康莊主人的住宅，亦名鄧家別墅，主人卽鄧晉康錫侯將軍是也。樓上懸主人戎裝巨像，魁梧其偉，整容正視，相當威武。樓下懸對聯很多。過多反覺失其雅。過洋樓，為一花圃，與梅竹林園相混。梅亦各色相間，幽香一片，姿態盡妍，尤能引人入勝。通過曲折幽徑，為一小山林，林中仍間植梅樹。出竹籬門，又修竹成林，仍不減其清幽。繞竹林而行，約數百步，回到潭邊小涼亭。風景之勝，在乎山環水抱。康莊有水無山，固為美中不足；但梅竹成林，蔚為奇觀，亦足補其缺。余故說：康莊攬有梅竹之勝。別墅面積雖不廣，偎依梅竹懷抱，樓臺、亭閣、假山、流水，俱未添香生色。惟梅竹交配，相映成趣，春夏可看竹，冬春可賞梅，終年不失其雅。故詩人墨客，儘有題材可取，亦多流連終不忍捨去。

主人機智，巧思也深。每有較大宴集，發柬邀賓，必舉觴於康莊。輒以「梅花宴」或「竹林集」為號召。參加者有詩人、學者、有大學教授、有新聞記者和社會名流。余與半渠兄參加之日，席開十數桌。散佈於梅竹林中，固不失其風雅；客既眾，侍役亦不少，雜錯於穿花拂葉之中，失去幽靜氣氛，卻又輸了風雅。反不若其南打金街「星五集」，輕談細語，優遊清靜之可取也。康莊梅竹，盛傳成都，主人開明，平時固不禁人遊賞；但一般居民，總多裹足不前。懾於主去之威嚴，或另有其他緣故？則不得而知。

招賢納士星五集會

談到鄧錫侯之「謙虛下士」，不必問其內心；外表形式，總是有的；也是劉文輝、潘文華所莫及的。鄧氏在成都南打金街，有一座公館，房舍整潔，相當雅緻；但其本人，已久不居此。宅內陳設佈置，很像一高貴的俱樂部。成都人士，多稱之爲鄧氏「招賢館」。經常設執事二三人，以留法學生某君爲總幹事。專爲招待文化教育界的高級人士，宴集、閒談、娛樂，悉聽客便。平日，主人不在。客人亦來去自由，毫無拘束，喝茶、飲酒，隨取隨有。遠道嘉賓，停車駐馬，亦表歡迎！

主人規定：每星期五日，有一次文酒之會，名「星五集」。參加者多爲詩人、學者、大學教授。每集一席，至多兩席（大集則在康莊），鄧氏爲主人，每集必到，到則高談濶論，無所顧忌。蓋來參與「星五集」者，多被視爲知己朋友；主人亦實欲藉此招納而羅致之夾袋中，備作異日之助。開懷暢飲，終宵始散。

鄧錫侯一生強飯善飲，且擅於向客勸酒。客有遇之者，多難逃出一醉。家藏旨酒甚多。那時尚未考究西洋佳釀，什麼白蘭地、威士忌以及什麼香檳。用的卻是著稱全國，由江南運來的紹興「陳年花雕」。五十或百斤一罎。每開一罎，必須飲盡。飲者視酒如瓊漿甘露，亦絕不願輕易放棄。鄧錫侯素以機智靈活見稱，常藉酒興，故作濶達雄豪，以博「風雅慷慨，謙虛下士」之名。正因爲他虛僞做作過甚，眞正的文人學者，感於其一生狡猾善變的行徑，便已先自警覺，而不敢輕墮其彀中。

學貫中西的潘光旦

實受不了迫害而死

去年（五十七年）春暖花開時節的某天，舍親劉皖南先生，自香港來臺參加某一學術機構召開的會議，與余有機會盤桓了數日。煑茶話故，道及潘光旦博士，已於去年（五十六），因在北平「實在受不了」中共的迫害去世了！余當時固有許多感想，亦實爲之惋惜不已！

當憶及民國三十五年七月間，國共兩黨正在和談時，中國民主同盟雲南省支部委員聞一多、李公樸兩教授，在昆明先後發生被刺殞命事件。各方揣測，議論紛紛，鬧得滿城風雨。中國民主同盟，以其高幹折損，爲瞭解實情起見，曾派梁漱溟偕同周新民，前往昆明作實地調查。調查固無什麼結果，以不了了之；但隨後傳出：當時在左派的黑名單中，除聞、李兩教授之外，還有潘光旦先生，也在左派計劃謀殺之列。如非美國領事館搶救得快，那潘光旦先生，也早與聞、李兩教授同歸於盡了。

潘光旦先生，雖倖免於難，但他仍未自覺！大陸陷共後，他還是自投羅網，沐猴而冠，頗為得意！遭遇十多年的鬥爭折磨，終於中共文化大革命運動之次年（五十六），以實在受不了中共的迫害，而葬送其天年！他幸未死於二十年前的昆明，還必經歷許多磨難之後，才死於今日人民之都，亦豈命中註定歟？蓋棺論定，如不計較政治上的是非，余卻很同意，署名今聖嘆，在其「儒林清話」中的評介：潘光旦先生「在學問上，眞能學貫中西，又不計較門戶之見的。在近代學者之中，除潘光旦博士外，吾不知有第二位焉。」還算相當公平落實。現僅就個人所瞭解者，略而述之，俾供讀者參考。

書香世家造就不凡

潘光旦先生，原來名號很多，後皆棄之不用，而以光旦行。他是江蘇寶山縣人，生於一九〇一年（光緒二十七年，民前十一年）。父鴻鼎，清光緒戊戌科進士。繼入京師大學堂。宣統二年，任資政院議員。隨奉派赴日本考察，對於日本國情，知道頗多；宣統三年去世。光旦出身書香世宦之家，幼承庭訓與私塾教育，於中國固有學術文化，頗具基礎。民國二年，十三歲，小學畢業後，入北京清華學堂（時稱留美預備班）肄業。據其自述：當時清華學堂，以「留美」號召，有金字招牌之譽，很不容易進去。北洋時代，本校且由外交部主管。外交官員子弟入學，不但常佔優先。而且因其獨開留美風氣之先，將來出路，必然很好。更現實、更令人熱衷的：是學、膳、宿一切，全都免費（庚款補助）。學生入學爭逐，常常非走旁門曲徑，不易入門。民國十四年，本校才正式改名「清華大學」。十八年，才有第一班學生畢業。從此凡過去在清華學堂出身的學生，都自稱爲清華大學的學生，以自炫耀！外人亦多弄不清楚。

潘光旦先生在清華學堂，因病停學一年，至十一年夏季，才由留美預備班畢業，時年已二十二歲。秋季，赴美留學，入達特茅斯大學，二年畢業，獲學士學位。繼入哥倫比亞大學深造，自本科而研究院。專攻生物學、社會學、優生學。所修課門較多。在美國通才教育風氣之下，所學皆著成績，而以優生學爲最著，獲碩士學位。及得研究院博士學位後，始離美返國。他以優生學家著名於世，嘗謂：「人文之進步，繫乎人才，而人才之產生，繫乎遺傳、繫乎選擇。」他的學術思想，卽由此擴大展開，融會貫通於其生物學與社會學，使之更加發煌起來！儒林人士便共許其生物學，爲天之驕子；社會學，居國際第一流的社會學家。

他回國後，爲適應其體能要求，以服務教育和研究工作時間爲最多。歷任政治大學、東吳大學、光華大學、暨南大學、清華大學等校教授、院長、教務長、系主任之職。在學術文化團體方面，如中國優生學會、上海時事新報、太平洋國際學會、上海基督教青年會、上海新月書店及新月月刊等，或爲創辦、或協助、或主持。抗戰發生後，平津緊急，乃離平南下，在長沙臨時大學與西南聯合大學，皆以教授、主任、教務長等職，負起責任，歷時七八年之久。以迄抗戰勝利，清大在平開學，猶未卸其教育仔肩。

他無論在求學時代，從事文教或搞政治活動時代，也沒有放棄過著述工作。即在抗戰緊張、教務紛忙之際，二十八年猶抽暇譯註「性心理學」（英人藹理士 Havelock Ellis 原著），三十八年在重慶出版。其他如優生學、優生概論、人文史觀等和其譯註之作，將近二十種，皆其精心傑作，頗為世所重。其一生在學術上之造就，實在不同凡響。

意志堅強殘而不息

據潘光旦先生說：當年的清華學堂，不但教授、學生，凡與清華搭得上關係的人士，都引以為榮，似乎都高人一等。教授的待遇高、地位也高。北洋政府時代，常常鬧窮困。所有機關學校（除自有收入學校外），常常幾個月不發薪水，唯有清華，因有庚款關係，月月不少一文，人人笑逐顏開。教授多係英文原本教學，也比一般史、地、國的中文教授吃香。因之清華教授的待遇和地位，大約分為三等：洋人教授第一；國人以英文教學的第二；不懂英文以中文教學的第三。以故祇能用中文教學的大儒學者，都不願跨上清華的講壇，以避遭到洋人和無知之徒的輕視。清華的教育，由於着重自由教育，通才教育的風氣盛行，學生卽多特重英文。潘光旦的英文好，「國父遺囑」的英譯文，據說就是他的手筆。相反的，學生對國學的修養，比較都差得多。潘光旦以舊文學的根柢原來就好，故於英文之外，仍不忘對中國文化的鑽研。

清華另一種風氣，學習洋人，重視體育。體育列爲必修科目，規定體育考試不及格者，不准出國留學。學生第恐斷絕了出洋路線，大家便趨之若鶩。所可惜的，當時沒有好的體育老師來指導。學生都自是其是，各行其道。潘光旦就是爲追踪體育風氣，而又行之不得其法。民國五年，他剛入清華還不久，年方十五歲，就選擇「跳高」，作爲經常鍛練的方式，不到一年，就出了毛病（有人說：是踢球傷膝，不對），白白的送了一條左腿，成爲終身的恨事！傷膝本是小傷患，原無鋸腿之必要，乃因誤於庸醫，患處以細菌侵入，肌肉腐爛，無可救治，最後祇好鋸去左腿。裝上義腿，又以行動不便，率性棄之不用，仍用兩根拐杖，夾在兩脅之下，藉助舉步。習慣成自然，終其身亦未變易。有人問他：「行動上，究竟有何大障礙？」他說：「什麼都過得去，祇是在時間上，不能趕急，比常人要浪費得多。」不願浪費時光，一生孜孜求進之心，即此亦可見之。

這位面貌豐圓，儀容整潔，戴眼鏡、咬煙斗的青年，從此兩根拐杖伴一身；唯一的出路，也祇好落在學術方面。過去的儀態丰姿，自然大改其觀了，這是毋容爲學者諱的。但由於他的生性，意志堅強，卽絕未因殘而怠於學。及病痊返校，則就誤了整整的一年，由「辛酉班」改入「壬戌班」，繼續所志，迎頭追趕。更不以腿殘而自卑，照樣我行我素，一切處之泰然！在清華留美預備時期，以特優成績畢業，始償了放洋留美之願。對於學術研究，益加奮勵！在哥倫比亞，自本科而研究院，終於獲得博士學位而歸。

潘光旦於鋸腿之後，曾向各方探詢：能否仍可出國？時清華校長嚴鶴齡，以其儀態關係，曾阻其行。另一位美國女教師Stor以潘光旦成績第一，則謂：「潘光旦不能出洋，誰還能出洋？」潘光旦乃得貟償其出國之志。當其欣然就道之際，猶舉拐杖以示送行者說：「此自然所薄於我者，我又何怨！」不怨不尤，正為中國儒家樂天知命的哲學觀。也正是潘光旦做人處世的態度。更非一個貫通中西學術思想者，亦莫克臻此。

學貫中西不拘門見

潘光旦先生的學術思想，正如「儒林清話」作者今聖嘆所說：「學貫中西，又不計門戶之見。」我認為此說尚屬公平。潘光旦的父親鴻鼎先生，是清季翰林，翰林在清季學術上的地位，是相當崇高的。光旦對於國學上的造詣，就是承接了家庭「中國傳統文化」的影響，對於儒家學說，已有優厚的基礎。其對西學之深造，他原是清華洋化教育與美國通才教育所培植出來的。他對研究生物學、社會學、優生學等，所獲得之心得與成就，都是以科學的精神、科學的態度、科學的頭腦、科學的方法，作依據得來的。

中國傳統的儒家學說，原有「漢學」與「宋學」門戶之分。大體言之：漢學講實用，詳名物、類似科學；宋學講心性、主義理、類似哲學；實則各有淵源體用，皆屬根本實學。兩者相依相生、相輔而成，乃儒家學說的眞精神。兩者不相對立，正與今日「心物合一，不相分離」的思想，不謀而合。潘光旦的思想，不蔽於世俗之淺見，不將孔孟之學、英美之學，固作分歧。卽習西學，又不蔽於中學；能取西學之長，亦能善用儒學之長；乃能挾儒家的正統學說，以生物科學的倫理學作利器，以治人文科學，自然就化解了中學與西學門戶之見。

因之，他站在正統的儒學立場，不否定西方的科學；站在西方科學的立場，則主張積極發揚中國的儒學。儒學本乎人性之自然；科學本乎物理之自然；二者皆屬宇宙的本然，性出一源，理無二致。又何勞學者多事，把他截然劃開，各設樊籬，自拘門見！故凡講漢學、宋學對立，或謂中學、西學殊途者；固不異作繭自縛，所主「中學爲體、西學爲用」者，亦祇是自欺欺人之謀耳。潘光旦則直認正統的儒家學說，實無背西方的科學精神，扼要言之，如說：「愼終追遠，民德歸厚，」「親親仁民，仁民而愛物。」其他如說：有教無類，繩其祖武，祖先崇拜，敬事婚喪，忠孝之道，主誠敬、重禮樂、務農、民本，以及所言修、齊、治、平之道的先天遺傳，後天選擇與教育等等思想行爲之處理、解決，無不貫通於人文生物科學的倫理學、人文生物科學的社會學、人文生物科學的優生學中。順乎自然，達乎人情天理，西學與儒學思想，無不一致。不僅本無門戶的色彩，簡直是相互發煌的不二法門。清華的教授和學生，有以「清華學派」自炫者，我個人既不敢承擔，也很不贊成有此說法。清華與國內各大學一樣，除經費來源上、地位上佔了留學先聲之外，在學術研究發展上，並無爲國人所共許的特殊成就。

政治理想及其活動

有人說：潘光旦是一個純粹的儒家學者。後來事實證明，他對於政治的熱衷，亦不亞於張君勱、沈鈞儒、羅隆基、梁漱溟諸人。他不祇有政治理想，且有政治的活動，開端甚早，而非一朝一夕的衝動。他在美國留學時，受了歐美兩黨政治制度的影響，倡導改良主義。爲實現這理想，在美國曾與聞一多、羅隆基等，初搞政治性的組織，成立「大江學會」。與中國青年黨「醒獅派」對立。回國後，聽說孫中山先生主張兩黨制，當卽表示贊成！對孫先生的政治理想，主張「大同世界」，他認爲這就是中國儒家禮運大同篇之崇高理想，並非烏脫邦的空想。與其人文生物科學的倫理學、社會學、優生學，正不謀而合。並不難於體現的合理的社會主義之理想。不過他不同意國民黨「以黨治國」——變相的「一黨專政」；也不贊成共產黨的「階級專政」；兩者皆易流於君主專制、軍閥割據，都是違背了自然法則與人類本性。英美的民主自由政治，自非十全十美；但總比較順乎自然，協乎人性。因之，他的政治理想——民主自由，便成了他終身追求的目的！他之參加政治活動，卽挾此目的以來。他之加入國家社會黨（後改名社會民主黨），加入中國民主同盟，甚至附庸於中國共產黨，最初亦無不是爲了實現此一目的而來。

潘光旦初屬於張君勱先生的「國家社會黨」，任常任委員，主持雲南省支部。此時他正任西南聯大教授兼教務長，因其思想比較愛自由，不願受國社黨的拘束，便無形的與該黨脫離關係，漸漸形成爲西南大學教授系的中心人物。三十三年，中國民主同盟（簡稱民盟）成立，他以個人資格入盟，與聞一多、李公樸同任雲南省支部委員，便成了政治上的重要角色，爲民盟吸收了西南聯大與雲南大學等校的教授及學生很多。他向來是痛惡大學中搞黨團活動的人，現在似已改變了他的初衷。民盟在昆明，原極活躍有聲，自聞一多、李公樸先後被刺事件發生後，才受了打擊，潘光旦本人也幾乎送了命。民盟在昆明，便漸漸走向下坡。勝利復員，十月，清大在平復校開學，潘光旦赴平，仍任教授兼圖書館長。民盟雲南省支部則交由胡毅民負責。潘光旦似已脫身於政治苦海，專心致力於教育工作。其實亦未盡然，柳暗花明又一村。

大陸陷共後，潘光旦仍未忘情於政治，或係情勢之所迫。三十八年以後，他有關學術的著作，也非常的少，最初幾全投身於紅朝「政務院」，任文化教育委員。四十三年，代表民盟任二屆「政協」全國委員會委員。四十八年，三屆政協時，被加上右派的罪名，民盟便除去其名。五十三年，復任第四屆政協委員。及五十五年，中共文化大革命激潮發生。毛澤東素來輕視知識份子，包括教授教師在內，早目之爲「臭老九」。四人幫便鼓勵紅衛兵積極鬪爭，於是所有知識份子，尤其是上層的，又大刼難逃了。潘光旦之側身紅朝，原期中共能改絃更張，能實現其民主自由的政治理想，自此亦全落了空。

左派陰謀倖免於難

本節所述的事實，我在上文中，已經提及過幾次，現在不過略言其經過情形而已。抗戰勝利後，中共藉和談作掩護，展開積極的鬪爭。策略時新，花招百出。左派人士，爲目的更不擇手段，常藉陰謀刺殺，嫁禍於曹。時昆明西南聯大兩教授，聞一多（原青島大學文學院長）與李公樸（國民參政員），同爲中國民主同盟雲南省支部委員。三十五年七月，聞、李兩教授，先後被刺殺於昆明。此案發生後，昆明及重慶各地民盟與左派份子，皆乘機大事宣傳鼓噪，鬧得滿城風雨，企圖形成政潮，迫使政府讓步，以遂其更大的陰謀目的。時民盟中央，已受左派人士所挾持，不明事實眞相，乃派該同盟秘書長梁漱溟，偕同副主任秘書周新民，前往昆明調查。經過一星期，回到重慶。當然已明其全部眞相及兇手主使者爲誰？卻因投鼠忌器，自然不敢明白宣揚出來。最後僅作一萬言報告書，照例對國民黨和政府攻擊一番了事。政府亦因內戰擾攘多事之秋，對此案明知爲左派陰謀，嫁禍於曹的苦肉計，亦無暇深入追究。蓋以當時情勢而言，究亦徒勞，於事無補。

聞一多和李公樸兩位教授，素具學者風度。當時雖掛名於民盟，平日都是不愛過問政治、搞政治活動的人。偶爾放言高論一番，容或不免。可是政治和黨派，既已打入了學校，搞黨團活動

（這是潘光旦最不贊成的），西南聯大的左派份子，便有機會與計劃，來進行統戰和煽動、挑撥離間的活動。聞、李兩教授，病在都是天眞的書生，弄不清楚政治黨派的企圖目的；更弄不清楚所謂鬪爭的策略、戰術與生死利害關係；尤其不明政治是無情無義的把戲。自古以來，愛搞政治和黨派的人，都是以「犧牲別人，壯大自己」爲手段的。爲目的，便不管「你死我活」了。因之，遭殃的、送命的，向上帝去喊寃，也不會有人來憐惜你、援救你！聞、李兩教授，實又何辜？白死了也是活該！

聞、李兩教授，白白寃枉犧牲以後，據傳：還有潘光旦教授，亦被列在左派黑名單中的第三名。其時如非美國領事館得到秘密消息，搶救得快，使他僥倖脫難，那潘光旦也早與聞、李兩人，同歸於盡了。又何待二十年後的今朝！

逃不脫文革的迫害

民國三十八年，大陸全陷於中共。政府播遷來臺，繼續反共抗俄的大業！所有附庸中共的黨派和左傾的高級知識份子，則陷入中共鐵幕，成爲中共迫害的對象，潘光旦即其中之一。中共的迫害，一步步的愈迫愈緊，愈擴愈大，更愈久愈酷！最後僅存的八個黨派，皆名存實亡，作了中共虛僞民主的號召工具。潘光旦依附中共以後，原來或祇想偷生苟活過關，中共則絕不容許。至四十二年，中共整肅民主同盟時，潘光旦與羅隆基、章伯鈞等很多人，便都被撤銷了民盟職務。四十五年，中共展開反右派鬪爭，潘光旦等人，又都被打入右派窠裡，接受清算的迫害。及五十五年八月，中共發動文化大革命，正式成立文化小組，所有高級知識份子，都被毛澤東指責：智識份子，都是「牆頭蘆葦，頭重、腳輕、根柢淺；山間竹筍，嘴尖、皮厚、腹中空。」鼓勵大鬪特鬪。五十六年，小紅衛兵橫行全國，執行迫害智識份子，雷厲風行，幾乎無孔不入，無惡不作。特別對高級知識份子——教授、學者，一鬪再鬪，三迫四害，無一不鬪得五癆七傷。羅隆基、梁漱溟、章伯鈞、黃炎培、胡厥文、馬寅初輩，都被壓低了頭、屈了膝，接受了種種條件限制，才算勉強過了關。

潘光旦在被迫害之時，曾說：「他們（指中共）指定我：大大研究馬列主義，天天讀新民主主義，還要做長達萬言的報告，實在受不了。」他由於在「實在受不了」的迫害情形之下，終於在文化大革命之次年（五十六），把生命斷送於其政治夢想——民主自由——中，時年六十七歲。他究竟是怎樣死的？兩年後，到我寫作本文時，仍是一個謎。他三十五年雖倖免於昆明之難，還是逃不出五十六年「實在受不了」迫害這一關！聞一多、李公樸兩教授，當年如不在昆明死於非命，文化大革命時，仍活在人民之都的話，亦絕難逃脫「暴辱」。算來，還是早死的幸運！早死了，逃脫了文革的迫害，倒免得斯文掃地，儒冠蓋馬桶。

雛鳳聲清話洪深

子能跨竈難掩父惡

近代戲劇作家洪深，爲民國二年三月，刺殺革命先烈宋教仁（漁父）洪述祖之子。這一對父子，正是李義山詩中「雛鳳清於老鳳聲」的人物。可是，洪深也並非眞正聲清於老鳳之雛。今日要來研說洪深，也頗有談不易談之感！又祇好從洪述祖一生的德行說起，才能顯出其子，雖有跨竈之勝，卻亦難掩其父洪述祖之惡。

善於鑽營不務正業

洪述祖，字蔭之，江蘇常州（武進）人。爲清代名學者，世稱北江先生洪亮吉的裔孫。其出身經歷，皆不足道；但在清末民初，算是一個小有文才的幕僚人物。詭計多端，善於鑽營，先後充任陳寶琛（伯潛、溥儀的師傅）。左宗棠（季高、官至總督）、劉銘傳的幕僚。劉銘傳爲臺灣首任巡撫，洪述祖亦爲文案師爺。得劉銘傳的賞識，捐道銜，在臺灣候補。祇因恃寵而驕、貪瀆枉法，被拘入獄，治之以罪。三年後，始獲釋出。僅有的點滴名聲，亦不復存了。繼獲盛宣懷委爲前敵行營電報局長。又因衛汝貴之案，復蒙惡名。以其長袖善舞，清末以一縣令，官至候補道。不務正業，勾結了北洋系軍政要人，被直隸總督陳夔龍（筱石、貴州人、江蘇巡撫）奏參革職。回到上海，生活更趨潦倒。無以爲計，一方趨附官僚、政官、軍閥；一方結納江湖幫會人士；積極作起復的計畫。值辛亥革命爆發，在上海舉行南北議和。洪述祖爲北方代表唐紹儀司筆札。唐因得洪之助力，爲酬其勞，民國元年，乃薦之於國務總理兼內政部長趙秉鈞（智菴，直隸人，袁世凱親信，任內閣總理）。趙總理深賞洪述祖之陰謀詭計，認有利用價値，因置之左右，任爲內政部秘書。他與趙秉鈞之發生不尋常的關係，卽始於此。由此不尋常的關係，後來便闖下了刺殺宋教仁的大禍，也賣掉了自己寶貴的生命。

當時大總統袁世凱（項城），早具有野心，而其唯一的政敵，就是國民黨的宋教仁。宋氏欲遏制袁之陰謀野心；袁則嫉宋愈深，亟思除宋而後快。於是袁乃商之於趙秉鈞；趙則命秘書洪述祖南下至滬，僱紅幫首領應夔臣（又名應桂馨）；應則賂上海流氓武士英（卽吳銘福）；於二年三月二十日，刺殺宋氏於上海北車站。事發，輿論譁然，全歸罪於袁世凱；袁項城復推嫌於趙秉鈞；趙則降罪於秘書洪述祖。洪述祖聞訊，認今世小人，多是有利則趨，有害則避。爲自保之計，乃逃匿於青島，變成「琐兮尾兮，流離之子」了。時經六年，他以爲事過境遷，無人管閒事了。乃化名爲張皎安，潛返上海，經營不法的勾當，又被逮捕下獄。案了釋出未久，被宋氏之子宋振呂及劉白（前農林部秘書）發覺於途，扭之送往上海公共租界會審公廨請求法辦。隨奉令解京歸案。民國八年，被絞死北京獄中。語云：天網恢恢，疏而不漏。祇是作了袁項城與趙智菴的替死鬼。

漁父被刺震驚全國

由以上這段記述來看，小人多才，適足以長其惡，實爲不虛。洪述祖卽以其小有文才，善於鑽營，乃能以筆札之長，歷事多主，而且都是名主。以其工於陰謀詭計，不務正業，才會犯案累累，入獄多次。這都是他老實厚道的兒子——洪深，所望塵莫及的。且待以下再說。

宋教仁，字遯初，別號漁父，湖南桃源人。他是中國革命的元勛，也是民主政治的天才，能說能寫，時賢多莫能及。民元主張政黨政治、責任內閣制，企圖阻止袁世凱陰謀野心的發展。四處演說，尤對時政得失，批評不遺餘力，因之，更遭袁氏之忌。民國二年三月，乃施其下策，刺殺宋氏於上海北站。消息迅傳，舉國震驚，輿論譁然，萬方鳴鼓，集眾矢於袁項城一身。當時一個大文學家，號稱龍陽才子的易實甫先生，有詠時事詞云：「頓足搥胸哭遯初（宋氏字），裝腔作勢罵施愚（鶴雛，四川人，約法會議副議長），可憐忙煞阮忠樞（秘書長，極力為袁氏掩飾），包辦殺人洪述祖，閉門立憲李家駒，而今總統是區區。」道盡宋漁父被難的情形，繪影繪聲，傳誦京華。時黃克強（名興，湖南人，民國開國元勛，武昌起義民軍總司令）先生，更直言無諱，悲憤尤深，為之聯曰：「前年殺吳祿貞，去年殺方振武，今年又殺宋教仁；你說是應桂馨，他說是洪述祖，我說確是袁世凱。」如此攻擊袁氏者，幾乎全國報章皆然。遂令袁氏寢食難安，無所措手足。故意揚言，必破此案，得洪述祖斬之，以謝國人，而慰宋氏！

區區一個洪述祖的知名度，固因宋氏被刺而大出風頭；區區一個洪述祖，也搞得袁大總統搖搖欲墜；罪有應得，死又何傷？洪述祖於民國八年在滬被捕時，已覺必難逃過法網。及北京電令解京歸案，洪之妄念，猶存有一線生機！而北洋政府，則恐機密洩漏，將大不利於北洋系；再則感於輿論之可畏。代人受過，揹黑鍋，更為不智。故無論在滬在京，總以速死為宜。所以洪述祖解京後，北洋政府乃採取了「速戰速決」手段，絞殺之於北京獄中。事隔六年，人死萬事休；國人五分鐘的熱度，也早過去了。

學習戲劇從事戲劇

洪述祖之子，名深，字淺哉。生於民國前十八年（一八九四），祖籍江蘇武進。他在國內外混了多年，仍然鄉音未改，一口常州土腔土調，對於戲劇登臺演唱，多少是有影響的。民國五年，他二十五歲，畢業於清華大學。這時正是其父洪述祖，逃匿青島避禍時期。畢業後，則赴美留學，專習工程。蓋洪深自宋案發生後，無論在國內或國外，對於自己的身世與家庭，始終是諱莫如深的。民國八年，當其父述祖因宋案在北京伏法時，他雖在異國，其內心之沉痛，必所不免；但猶深慚物議（其實知者不少），避之仍恐不及。故不但沒有回國奔喪，也沒有任何哀傷表示！此時反由俄亥俄州大學，轉學到哈佛大學，並棄工程而習文學藝術。傷心人，是否別有懷抱？則不得而知。其實「子爲父隱」，直在其中。既不可非，更應寄以同情，才合情理。同時，我們也知道：國人留美學戲劇者，據說：洪深還是第一人。從此，他似即以戲劇活動維生，在美國學行數年之後，十一年春，才由美返國。其時，國內戲劇運動，並不吃香，所業找不到出路，爲了生活，又改行經商。雖在闤闠之中，仍未稍忘情於戲劇或組織戲社，或編寫劇本，或粉墨登場，或充導演，兢兢業業，多方努力，自有代價，才在文藝界，漸漸顯露頭角。

考其最初的發跡，是在上海商務印書館「東方雜誌」刊物上，發表所譯王爾德所著「少奶奶的扇子」一劇，引起了讀者的注意，其名始漸傳於時。以後他的著譯很多，如「趙閻王」、「夜長夢多」、「刼後桃花」、「如此京華」等不下數十種。突出之作，能爲世所共許者，雖不太多；但在戲劇尚未受到重視的時代，總算是難得的。他以「少奶奶的扇子」作資本，展開活動。民國十七年後，及「復旦劇社」與田漢的「南國劇社」對唱公演時，洪深與田漢、應雲衛三人，已被稱爲戲劇界的三巨頭。十九年，加入「左翼作家聯盟」後，從此與夏衍、田漢、唐槐秋、沈起予等，都站在左派觀點上，積極於文藝、戲劇的活動，直至二十六年「七七」抗戰發生。

抗戰，在「一二八」事變之前，他在上海，擔任「上海救亡演劇隊」第二隊隊長，率隊一路作宣傳演出，到武漢時，武漢正新組第六部。爲集中抗戰的精神力量起見，所有文化界團體或個人，都被邀請參加，共襄其事，洪深即其中之一。二十七年，第六部改組爲軍事委員會總政治部，陳誠兼任部長。時國共兩黨，已取得再度合作，共赴抗戰建國。總政治部亦擴大編制，下設三廳兩委員會。洪深得任第三廳（廳長郭沫若）第六處（處長田漢）第一科科長，專管戲劇宣傳業務。故洪深以學習戲劇始，二十年來，都以戲劇作生涯。這時他曾組織十九個「抗敵演劇隊」，分別深入各戰區演劇宣傳。態度積極，工作努力，他確盡了相當的責任。

總政治部第三廳，職掌宣傳。其參加分子，多與過去「創造社」有關。創造社成立於民國十一年。其中四大巨頭：爲郭沫若、張資平、郁達夫、成仿吾，以郭爲首。崇拜浪漫主義，主張爲藝術而藝術，或稱之爲藝術至上派。田漢加入較後，已頗有名氣。現在郭沫若既爲第三廳之長，風頭自然更足。及二十七年三月，「中華全國文藝界抗敵協會」在武漢成立，創造社的人馬，陸續加入，活躍愈烈。不過僅曇花一現而已。因武漢告急時，政府準備西遷。「文藝抗敵會」亦決定：「能赴敵後，能隨軍行，能赴海外者，皆各隨己便，自由投奔。」這是由於當時會中各人「

對抗戰觀念與信心不同」所作的決定。而洪深則選擇了隨部西遷之路。不過政治部這時也改組了，人事上也略有變化。

思想左傾投入政治

政府西遷重慶，改組後的總政治部，張治中接替陳誠爲部長。人事上，將第三廳廳長郭沫若剔出，另成立「文化工作委員會」（簡稱文工會），由郭沫若擔任主任委員，洪深亦委員之一。這時，重慶因爲避敵機轟炸關係，政治部由兩路口遷至巴縣鄉下三聖宮；文工會則遷至賴家橋。部與會，雖相距不遠，而部與會之形成兩個世界，此時更爲顯明。政治部的工作與人員，今不異昔；文工會屬左派大本營，亦依然如故。文工會男女雜沓，終日跳跳唱唱，言無忌憚，行無規則。原來都是唱歌、跳舞、演劇的文藝界男女進行演練文宣工作。與本部工作人員的工作性質，乃至生活習慣等等，都大不相同，且有不相往來的態勢。

政治部原有的電影製片廠，此時在工作性質上，亦由文工會管轄運用。郭沫若握有了這工具，便更恣意可爲了。洪深原係第三廳第一科科長。現在則以文工會委員之資格，同時負責電影製片廠一部分編導工作，與趣既特別濃厚，而受文工會左派思想的同化，亦愈陷愈深。對本部工作同人，亦貌合神離，有如陌路的趨勢。部與會，本屬一體之二面，組織上、精神上，部亦會之領導者，分工而不忘合作。故部之於會，平時都不存有任何芥蒂。例如政治部辦了一個「軍中文化班」，爲求與文工會協調配合計，本班的戲劇系主任，即由洪深擔任，並實際領導其工作；但橘逾淮而爲枳。本部所辦的「軍中文化班」，原冀將來必須下部隊、赴前線從事實際工作的，而文工會所領導的戲劇系，則完全違背了本部所要求的原則、課程、技藝。本班各系，都是規規矩矩的默默工作。獨戲劇系的花樣，和「文工會」一樣特別多，而表現的成績則特別少。部長不說話，誰也不敢說了。

部長怕了郭主任委員，洪深則依恃郭主委之勢，爲所欲爲。於是系裏的課程與工作，既都戲劇化起來；系裏的教授與女生，也都戲劇化起來了。且時向近在咫尺的文工會工作的男女，頻送秋波，企圖沆瀣一氣，大事戲劇化起來。洪深的秉性，原很相當老實忠厚，思想本色，也不慣於搞政治活動。其所以捲入政治漩渦，與其父述祖案件之刺激，固不無關係；顯然也是受了郭聾子的影響。這也怪不得他，自民國十七年以後，他就落入左派的染缸，漸積之勢，才使他的思想由萌芽而純化，而歸根於左派政治活動。

自殺未遂隱情難言

對日抗戰以前，洪深在上海搞戲劇活動的時候，以收入不够支出，曾先後兼任過復旦、山東、中山、北京師大等幾所大學的教授。教的是其本行戲劇課程。政府西遷以後，復旦大學由滬遷來重慶北碚復課。洪深因得續在本校任教。據說這時他因家庭生活困難，不知是眞是假，曾鬧過一次自殺未遂的事件，一時傳播於文藝戲劇界。有關他過去生活上的許多故事，甚至把他原來諱莫如深，二十年前，父親洪述祖刺殺宋先烈的事件，在這期間，也和盤托出。因此有人就戲劇化的說：洪深是受了乃父的遺傳。所不同的，其父是「殺人」；洪深比較克己，是「自殺」。殺人者死，自殺未遂者該活，理固宜然。

抗戰時代，大家生活困苦，都是一樣，誰也沒有怨言。大家吃的，是政府配給的平價米。煮熟成飯，叫八寶飯。飯中含有八種維他命——稗子、沙子、石子、穀子、草根、樹葉、煙灰、老鼠屎。慢慢細嚼，選精吐滓，果然津津有味。饑者易爲食，古人眞不我欺。主食之外，其他副食、衣着，一切起居所需，亦無一不是短絀、缺乏、艱難的。大家都在艱苦中生活，因有絕大希望——抗戰必勝存在，也就甘之如飴，不以爲苦了。若因生活困苦而自殺者，當時的確是罕見奇聞的事。洪深竟有之，眞算是新新聞、特殊例外了。因此，謠言滿天飛，洪深之自殺，非關生活，而是另有隱情。尤其一般文人或記者的筆下，常好虛構故事，無不如有，有不如奇，奇不如綿綿不絕。這所謂隱情：有謂他是受了郭沫若太太黎明健的閒氣；有謂他是受了演劇隊某女生的要挾；其他稀奇古怪之說，無不有之。自己有口難言，他人都不敢去追問查究。禍既起於家庭生活，他的家庭狀況，原來外人也多不悉其詳。正在這時，左派人士也有消息傳說：「洪深是最聽太太的話的」。他現任的太太，卻不像是雌老虎。洪深原有一個太太（不知是幾號），這位太太臨死之前，曾叫洪深把那個陪她嫁過來的丫頭扶正。因爲這丫頭，原來已被洪深偷嚐了禁果，此時當然謹遵閫令，照辦如儀。他結婚後，還把這位新妻子，送到抗戰演劇隊，也戲劇化了一番。居然也成了當時的「名演員」。這不但正合了「婢學夫人」那句古話，也符合了他戲劇化「肥水不落外人田」諺語要求！

老實本分取財有道

洪深雖沒有子繼父業，但有一事，頗能克紹箕裘，那就是「愛官、愛財」。這也是他自殺未遂後傳說出來的。他不若其父之善於鑽營，不斷做官，且官至候補道、電報局長、總理的秘書。他在抗戰時期，祇做過職屬「科長」、銜屬「上校」的官，似已相當滿足。財在抗戰時期，他祇能望洋生歎；即在戰前，他也有願難償。不過利之所在，趨之營之，也不怕譏笑開罵。他之從事文藝戲劇，都不外當作財源的手段。在重慶的時候，一般從事文化工作的人士，生活都是清苦的。政府爲體念文化人士之辛勤清苦，曾特設置「文藝獎助金管理委員會」，指撥專款，對於文藝工作者，實施貸款辦法。洪深聽到消息，便多方打聽，預備一切應辦手續，並找好保證人。及貸款辦法公佈實施之日，捷足先登，掛頭牌申請貸款者，就是戲劇作家洪深。且對他人表示，此種貸款，既不計息，亦未定歸還日期，明明是賑濟性的。縱令要還，戰時幣値必貶，也等於是贈送；我又焉能不取？故他對於取財，也是別具慧心慧眼的。

不僅此也，抗戰之前，他在上海搞戲劇之時，「上海銀行」曾有小額信用貸款辦法，最高額爲大洋五百元。洪深也曾是搶得第一號貸款戶的角色。可是到期，無法償付。保證人原是他的好朋友，祇好代他墊還。不過後來洪深不但不領他的情，反指保證人爲多管閒事。他的借債本領，已經是兩次第一；而賴債的本領，不算是第二。朋友之知其事者，便戲以「借債專家」謔之，洪深亦不過一笑而已。俗說：「君子愛財，取之有道」。今日銀行呆帳之多，毛病就是出在「授、受」、「予、取」之間的循私枉法。而洪深之貸款，卻還沒有走進這一科門，所以還可說是老實本分的君子。比起他父親洪述祖，行不由徑，貪賄殺人、流於盜寇者，更當稱之爲「取財有道」。

安然死去算是造化

蔡文姬「胡笳十八拍」第一拍云：「天不仁兮，降離亂；地不仁兮，使我逢此時。」中共未控有大陸之前，大陸居民，爲避鋒刃，紛紛由北而南，逃到香港。洪深亦其中之一。及時局粗定，洪深又由南而北歸，隨著郭沫若之流，捧著「我們的太陽，我們的鋼」的大纛，當然要受到一些優待，既沒有受過初期的清算鬪爭，也沒有落進大鳴大放的陷阱。他在文學戲劇方面，掛名如委員、局長、副主席、副會長這類的官，還混了六年，一直到他的死。他是一九五五年八月二十九日死於北平，享年六十二歲。逃脫了以後一九六六年文化大革命的浩刼——鬪爭、折磨，而沒有像其父親洪逑祖之死於非命——絞殺在北平獄中，造化還不算小。

張皇失措的張治中

風雲人物批判對象

我國對日抗戰初期，政府遷到武漢，作了一次戰略上的新佈署。民國二十六年冬季，調張治中出任湖南省政府主席。未及一年，張治中誤信日軍逼近長沙的謠言，在「張皇失措」之中，於二十七年十一月十二日深夜，下令軍警首長縱火，實行其所謂「焦土抗戰」政策。天不仁兮降離亂，更何不幸，把張治中的「雄心、壯志」、「兩大方案」和「長沙建設」，通通付之一炬，盡成焦土。比之劉、項相爭，楚人一炬，還要淒慘無情！

於是張治中的知名度，無論在全國全世界，也陡然升高了，成了對日抗戰與國共鬪爭中的新聞傳播，最熱門的風雲人物；也是最被世人譏笑怒罵、議論批判的頭號對象。因之，關於他的學識能力，及其為人行事，當時報章、雜誌、典籍和其個人傳記之中，已有不少的記載傳世。現在我都不予贅述，祇就個人見聞所及，外面又無多傳播者，約略述之，以補其他傳聞或文獻之不足。

出身學徒軍政大史

張治中，字文白，或作文伯。安徽巢縣人，為馮玉祥（煥章）小同鄉的前輩。文白對馮氏亦素懷畏敬心理，自謂：「怕挨馮先生的罵。」於是開口馮先生，閉口馮先生，一點不敢隨便。不過馮氏對他，也相當客氣。文白生於清光緒十七年（一八九一），一個貧苦的農家。小時經過生活上的磨折不少。稍長，從其母舅洪五太爺（忘其名）讀書。鄉間習俗，愛親上加親，母舅曾以其女許配給他。岳望婿成龍之心過切，督責亦不免過嚴。文白因之常被責罰。後來額上尚留有成績——疤痕。他讀了幾年書，家庭環境不允許繼學，乃至巢縣鄉間小鎮，一家南貨店當學徒。工作之繁多，「除不洗尿壺之外，什麼都要做。」（張自己說的）這原是過去各行業中做學徒，所應做之事，不足為怪。所謂「學徒」，即「傭童」之別名，沒有工資，祇供膳宿。他由於工作用心，不辭勞苦，後來由學徒升為管事，每月才有一兩銀子的工錢。一日，偶從報上發現，南京陸軍小學招考學生，瞞著母親，跑去應考。不幸名落孫山，又無臉回家，乃投奔一遠房親戚，被介紹到揚州當警察。復常遭老警察的歧視、欺負，值班常輪到深夜。多天，在寒風中渡過，凍得發抖。回來還祇能睡在廚房內的草堆中。至今回想起來，還覺得不寒而慄！這都是張文白後來親口對人說的。

辛亥革命前夕，宣統三年，上海組織學生軍。文白前去投考，雖被取錄；但未久，學生軍又被解散。再被轉送到武昌陸軍預備學校。兩年畢業，運氣也來了，獲保送至保定陸軍學校第三期，與白崇禧（健生）、黃紹雄（季寬）等，都是同學。民國五年（一九一六）畢業，文白年已二十六了，也正是做事的時候。由排、連、營長，一帆風順，節節高升。六年春，入粵，與革命軍隊發生關係，發奮前進！曾任黃埔軍校教官主任，北伐後，軍校遷南京。十八年，得任中央陸軍官校教育長。繼入侍從室第一室主任，前後達十年之久。二十六年抗戰發生，調職領軍作戰或保安。是年冬，繼何鍵任湖南省政府主席，不幸闖下火燒長沙的大禍。二十八年免職後，較長期間供職於軍事委員會。前後多次受任方面大將、封疆大吏。國共鬬爭時，三十八年四月，任國共和談政府首席代表北上，和談無結果，集體投共，成了一去不復返的黃鶴。是年五月，國府乃免除張治中一切本兼各職。新朝「王侯宅第皆新主，文武衣冠異舊時。」從此張治中也揷上了一腳。

自命前進兩大政策

抗戰以前，張治中雖已官運亨通，大都是侍從領袖蔣公左右。二十六年，抗戰發生後，擔任京滬警備總司令兼第九集團軍總司令，才進官陸軍上將。是年冬，日寇擴張侵略，武漢緊急。政府重作戰略佈署，對地方政府，亦作適當安排，十一月，繼何鍵之後，發表張治中爲湖南省政府主席兼保安司令。當時曾力挽周佛海回湘協助，民、教兩廳，任擇其一。周佛海陪張同車到長沙，走馬上任；但周佛海卻未擔任任何職務。此時周佛海或已另有陰謀計畫；或是怯於張主席的驕氣凌人，便不顧一切，遠走重慶，就任中央宣傳部副部長之職。

張治中初來主湘政，聲勢相當赫赫，自命是「前進的」、「革命的」。他有一套大刀濶斧的魄力，被人視爲新奇獨特的政治作風。有人卽譏其「新官上任三把火」，後來眞不幸而言中。他理想中的「新政」，是要把全省民眾，適合抗戰的要求，積極組織訓練起來！因而製造出「兩大方案」——自治與自衛——他指之爲實施社會革命建設的方案。這雖是不可厚非的事，也曾一度引起湘人的冷嘲熱諷。祇因他忽視了社會實際環境，實施不得其方，不得其人，不得其時，更招致了輿論的非議不少。一時謠諑繁興，人心惶惶，新政實施，頗感棘手。張治中爲貫徹其主張作風計，便借了「抗戰」的大帽子，決定採取威壓手段。

但又無可藉口，祇得借題發揮。適有一個老江湖人物，具有一套如辰州符（祝由科一類）排教水師一樣法術的周仲平（湖南平江人），平時常施一些小法術（如魔術），引人嘩笑取樂，或爲人治療疾病，亦多見奇效。湘之凡俗與迷信者流，咸以「周神仙」目之。他在長沙，已有半紳耆半術士的地位，亦向與湖南省銀行有金錢上的來往，因而虧空了部份公款，被仇家控於張主席之前。張即利用此一機會，以迅雷不及掩耳的手段，拘捕周神仙繫獄，羅以「妖言惑眾」之罪，借了周神仙的頭。臨刑之日，萬人空巷，來看神仙昇天。張治中借題發揮，一以顯示主席的權威魄力與革命前進的精神；一爲推行其「新政」，藉以箝制輿論，驅策百姓。一個神仙，他都敢殺，何況一般凡夫俗子！本來虧欠公款，律無死罪。周仲平固然死得冤枉，而張治中之蠻不講理，罔顧民命，這便是他主湘半年來的首一稗政。

他殺周神仙的故事，大體與民國十二年，湖南警察廳長張輝贊（石侯）殺劉麻子的故事相彷彿。有劉麻子者，出身微賤，早孀，以營淫穢事業積巨資，設吊臺（似今之應召站）於長沙。餌術極精，聲通巨室。張廳長以其傷風敗俗，久欲除之。一日。以某種劣跡案，聞於張氏。張氏即派警捕劉，鞫之得實，推斬於市。一時市民圍觀者，途爲之塞，無不稱慶！其熱鬧情景，亦與張治中殺周神仙一樣，都轟動了長沙城。所不同的：張輝贊要殺劉麻子，是爲「端正風俗，爲社會除害」；張治中要殺周神仙，是爲「鎭壓百姓，替自己揚威」；自不可同日而語。

張皇失措火燒長沙

張治中殺了周神仙，是他第一次在長沙顯威風，妄殺百姓。另一次大顯威風，摧殘生靈，就是火燒長沙。楚人一炬，可憐焦土！張文白主湘政，不過一年，兩次威風，已經够了，亦無以復加。原來七七抗戰發動之初，即已提出「焦土抗戰」的口號，大家以爲這不過是策略性的宣傳：宣示「抗戰到底」的決策，意在鼓勵民心士氣！不意張治中竟大開玩笑，一把無名大火（二十七年十一月十二日深夜），燒掉長沙。也使大家的觀念錯亂了。現在事雖隔了半個世紀，大家在觀念上，對這個問題，還是沒有徹底瞭解，已經成爲千古之謎案或奇案了。

不論其爲「謎」或「奇」。這把無名大火，不但把張文白的「雄心」、「新政」以及「長沙廬舍」，燒得乾乾淨淨，還把長沙警備司令酆悌、警備第二團團長徐崑、警察局長文重孚三個代罪羔羊，作了長沙大火的祭品。這責任該由誰負？自然該由張文白負。因爲他究竟是一省的最高長官，操全省最高發號施令的大權。其部下三位軍警首長，沒有奉到上級最後決定性的命令，他們決不會，也不敢去執行放火。故無論當時情報、時間、地點有任何差錯，事先事後，他都是責無旁貸的。有人說：「張治中當夜，正住在長沙數十里外的一座別墅裏，等見到滿天紅光後，急下令制止時，電話已經不通了。」這顯然是替張治中脫卸責任的飾詞，實則欲蓋彌彰。張治中小傳則謂：「湘人訛傳，日軍迫近長沙，張治中張皇失措，遽命縱火。」此說應是可信無疑的。更値得注意的，是當時湘人輿論的反映。長沙很快的傳出一付對聯說：「治績何存，兩大方案一把火；中心安忍，三個人頭萬古寃！」横額則爲「張皇失措」。傳誦一時，實足反映時代的心影。當武漢緊張之時，長沙有某新聞記者，曾訪張治中，面詢其「對湖南的防敵情形。」張治中猶英勇誇張的答說：「我不怕敵人來。祇怕敵人不來。」張治中平日好大言不慚，其實是膽小如鼠之輩。當時一聞敵人逼近長沙，便心慌意亂，六神無主，所以才作出放火的決定。這裏指出他「張皇失措」四個字，實最恰當的形容詞，亦確鑿不移的公論。因爲張文白當時並非眞心要燒掉長沙，實出於「張皇失措」所造成的悲劇。不過作一方面統帥，不能「臨危不亂，好謀而成」，如此草率應變，戕賊生靈，也是軍法所不能容的。

張治中闖下這滔天大禍，爲什麼能够完全脫身事外，不負一點刑責？他不但未受應得之罪，反而接替了陳誠總政治部的重寄。那酆悌等三位軍警首長，成了他的替死鬼，能說不是「萬古奇寃」！而這萬古奇寃，究竟如何造成的？所以至今還是謎案，是奇案！誰都無話好說了。不過後來又有人活見鬼的說：酆悌等三位軍警首長，當時都沒死。來臺後，在基隆還見到過其中的某人，不過姓名改掉了。這又是謎中謎、奇中奇了。信不信？由你。

死裡逃生作風不改

張文白主湘政，未逾一年，一把無名大火，燒掉長沙，燒掉三個人頭，更燒掉了自己的主席、雄心、新政。不自殞滅，贖其罪愆，尙厚顏無恥，潛赴陪都。名爲待罪，實則奔走權貴大老之門，跪拜泣求！旅渝湘籍人士，惡之恨之，猶羣起而攻之。不意中央當局，竟蔽於權貴、顯要說客之言，赦其不死，限之改過自新。死不足以贖其辜，尙有何過可改！繼則命長總政治部兼三民主義青年團書記長。以一個罪該萬死之人，更得榮膺重寄，固爲歷史罕見之事，亦爲湘籍人士所不滿；尤爲黨政界任何人所未想到的事。

張文白這次死裏逃生，更膺重寄，不但陋習作風未改，反恃寵而驕，狂妄自大，目空一切，獨斷專行。敢於不顧民命，火燒長沙，旣是此種陋習作風所養成；周佛海之堅拒與他合作，鄙視湖南廳長而不爲，甘赴中央宣傳部，就一副職，也是嫌他諂上驕下、盛氣凌人的作風。他在湖南省主席任內，把全省最高民意機關——參議會，不僅視爲顧問機構，有時還直接妄予以指示。好在他不講什麼民主，絕大多數的參議員，是他指派或保薦的，都祇敢怒而不敢言。參議會開會，熱鬧得很！省主席洋洋大篇演說，親自招待，特別殷勤，一頓大喝大嚼之後，萬事皆休。

抗戰初期，政府臨時遷到武漢，成立軍事委員會第六部。準備西遷時，再改組爲總政治部。入川後，張治中繼陳誠爲部長。機關設在重慶兩路口時，張治中在部裏接見賓客時之自高自大，實在很夠官僚氣派。事後據來賓所指：他先端坐在會客室上方正中，一張特製御座一樣的太歲椅子上。被約的訪客（無約不見），魚貫而入，鞠躬行禮（不講究握手），依序就坐於兩旁長木條櫈上。負責招待的職員，呈上一張訪客名單。部長卽按名單次序，一一垂詢數語。他對每客，照例祇答說一句「好」！都是沒有結論的。詢問畢，算是完了。客人又魚貫而出，大家相顧一笑，皆有莫名其妙之感，祇說：也增長了一次見識。不過，也有例外。在接見左派人士時，則一反常態，特別客氣。張治中以擺官架子出名的，可是碰上了四川軍人潘文華的架子比他更大。張文白任總政治部長時，一次代表蔣委員長赴成都，主持中央軍校開學典禮。因便去訪潘文華。潘未回拜，卽其官架。那日當文伯座車抵潘宅門前，卽被門衛阻擋，限令下車步行。還得先行投刺通報，經許可才行。及張出門時，猶見門衛踢打門前老百姓。這當然是狗仗人勢，亦有其主，才有其僕。連其僕人，對老百姓也官架子十足。

總政治部改組、內部組織，亦加調整。其中設一「文化工作委員會」（簡稱文工會），主委爲郭沫若，工作人員，皆前第三廳的原班人馬。重慶因敵機轟炸關係，總政部遷至巴縣鄉下三聖宮，文工會則遷到賴家橋；相距雖不遠，但已形成「一部兩制」。三聖宮本部工作，規規矩矩，與行政院各部會一樣，無改常態。而賴家橋文工會的工作男女，盡是左派人物。男女雜沓，終日跳跳唱唱，言無忌憚、行無準則，原來都是一些演戲、跳舞、唱歌的文工人員，不但思想、言行，與本部形成兩個世界，兩邊且有老死不相往來的情形。張治中明知固昧，亦不聞不問。尤其雙方公文，亦不相屬，「部長手令」送過去，凡不利於文工會者，亦拒不接受。如本部所編寫的一個歷史劇本「祖逖」，其中心意識，在鼓勵抗戰，反攻復國。全政治部自部長以下，各主管部門首長，幾無不稱道，大力倡導。唯文工會話劇隊，公然杯葛，拒絕排演。張治中以部長之尊，下了兩次手諭，促其提前排演，也相應不理。張治中固有的官僚作風，唯一例外，就是對左派人物發不出、硬不起來。必要時，還得與郭聾子（沫若）低聲下氣說好話，還不見得一定買帳。因之本部常有人說：「部長唯與左派投緣」。後來事實證明：國共鬥爭與和談時，張文白最爲突出；抗戰勝利後，毛澤東來渝，張文白在桂園家中，掃榻以迎；周恩來等左派要人，都以桂園作聚會消閒之處；毛澤東「沁園春詞」，也就是在桂園唱出來的。所以張文白後來之投靠中共，冰凍三尺，實非一日之寒。

私心野心難白天下

當年的張治中，心目中所存者，唯蔣介公與蔣夫人而已。還自認：「在諸多黨國顯要之中，唯有我文白是能而且敢向領袖進言的人。」他在蔣公及夫人之前，絕不說不順耳的話，他早已揣摸到蔣公及夫人心意，順意提出己見，大體能叫蔣公及夫人樂於接納。有人說，他說話最靈活婉轉，最懂得「做官三昧——諂上、壓下、排平。」他之能得到蔣公兩老之信賴、依重，小有才固其一端。主要的，還在紀念週上，必立於臺前，領導大家高呼「蔣夫人萬歲！」並以雪白手巾，爲蔣夫人裹痰。「僞裝忠誠，卑躬屈膝。」對於前輩元老，如吳稚暉、戴季陶先生，乃至馮玉祥，都相當謙恭有禮；惟對後輩或部屬，則官派十足；對其平輩，則視而不見，乃其通常態度。常說：保定軍校的同期同學：「白健生（崇禧）在校中很平凡；我和黃季寬（紹雄）幾個，比較淘氣。」他這「淘氣」二字，意義上，就是代表「不平凡」。他所謂平凡如白健生者，後來卻官居大將大吏。雖與中央意見，有時不免紛歧，但能全始全終、爲黨爲國，歲寒才知松柏之後凋。不平凡如塡絕妙好詞「北國正花開，已是江南花落」的桂系主幹黃季寬者，雖歷任了國民政府的封疆大吏，至三十九年，舊軍政官僚七十三人，在香港發表「起義宣言」，投共靠攏，其帶頭領銜者，就是黃紹雄。張治中則更不必說了，這個不平凡人物，在黨、政、軍三方面，都是領導班子中的人；萬千黨、政、軍幹部的師表，竟爾奴顏婢膝於毛澤東。所謂「不平凡」者，豈如是耶。

同門相輕，同行相妬，自古已然，何況世道衰微的今日！張文白排斥同儕之居心，似乎尤甚。文白受知於蔣介公，三十年來，寵信未衰。輿論所傳：他在領袖之前，幾有與陳誠抗禮之勢。亦常有「辭修與文白，爲領袖左右手」之譽。兩人的關係，卽此亦可見其端倪。更未可以平常心理來衡量。而陳、張之間，意見暗潮，亦司空見慣之事。張文白經常向人標榜的，是「無私心、無野心。」陳辭修則被人稱爲「能實幹、能苦幹。」有好事者，因綴成一聯曰：「無私心、無野心，文白可爲天下白；能實幹、能苦幹，辭修應是幾生修。」此聯對陳、張兩人，固皆無所損益；但兩人的結果，則迥然有別。陳辭修可算是「鞠躬盡瘁、死而後已」，俯仰此躬，算是修到了。張文白則「忘恩負義、喪志變節」，朝三暮四，捫心自問，豈能爲天下白耶？

一套哲學太太至上

張治中平日，常愛裝勢做作，有神聖不可侵犯的姿態；但在交際應酬或儕輩嬉戲場合，也有放蕩輕鬆的一面。他有一套主張「太太至上」的哲學，久已傳爲時賢談話的資料。他的夫人洪氏，是同鄉洪五太爺的千金。在重慶時代，固已徐娘半老，姿容上亦祇能說平凡。但在時人的口碑上，卻是一個賢德婦人。抗戰時，家住重慶上清寺桂園；三聖宮附近，有一小別墅，名爲部長辦公室；復興關的留園，原是某富人的別墅，此時則作了中央訓練團的官邸。文白與其洪氏夫人，經常在這三處輪流居住。三處皆花木扶蘇、庭院幽雅、屋宇整潔，經常有人看護管理。洪氏夫人，素有習勞之性，每至一處，雖屬客中作家，亦必處處視察，督工收拾得井井有條、乾乾淨淨。洪夫人固爲半新半舊婦人，與文白相處，一貫都很和諧歡洽。唯文白對外交際應酬時，則不偕往參加。這顯然是嫌其太太，貌不出眾，行不時髦，不好帶她去亮相。文白常常標榜他的哲學：「太太至上！」這是「認不得眞」的。文白有一張與太太合照的相片，太太坐着，文白立其側。友人某見之，問曰：「令堂今年高壽多少？」張則微笑不言。某友自知失言，急欲亂以他語，倉猝又不可得。後竟傳爲一種笑談。

熊式輝（天翼）在重慶時，最愛和張文白開玩笑：「文白，你這樣漂亮，爲什麼不娶一個漂亮太太？」文白答曰：「我的太太不漂亮，就沒有危險！你們都有漂亮太太，我卻替你們擔心呢！」這或許就是他「太太至上」哲學的底盤，說的也是良心話。也有人說：張文白對名利的追求，緊跟不捨；但對女人的興趣，則不太熱衷。世人少傳有關他的風流韻事，倒是的確的。

文白與馮玉祥有同鄉、前輩兩種關係，交往亦較密切。總政治部在重慶，由兩路口遷到三聖宮，距離馮玉祥陳家橋的住宅不遠。文白鄉居多暇，無聊時，便走訪馮氏閒談。時馮氏正與韓小姐鬧桃色新聞：「韓小姐，爲韓復榘（馮舊部）侄女，日寇佔領上海租界時，由滬逃到重慶，向其父執馮玉祥投靠。馮氏安排她住在上清寺辦公室（馮在渝市住宅），並延之教授英文。其時馮夫人李德荃，則居市郊歌樂山別墅，一爲忙於社會工作，一爲避空襲，常不回渝市。上清寺的公館，則常成了孤男寡女的局面。『日久生情，難保不生曖昧。』事聞於馮妻李德荃，導發醋勁，向馮大興問罪之師。且訴之於委員長，委座因有未便，祇有向李德荃進勸而已。最後，由薛篤弼、秦德純兩人出面，用釜底抽薪之法，送韓小姐到西安工作，才勉強平息了此一風波。」桃色事件，雖算解決；但在馮氏心中，總是極不愉快的。這事雖不見於報紙；但已風傳軍政各方，早不成爲什麼秘密。張文白則舉以告人曰：「馮先生，這麼大的年紀了，何必！而且李德荃的風韻尙不惡，又能在各方面幫助他，更不應該！」（李德荃，河北人，基督教徒，與馮同道。燕京大學畢業，英語流利，思想前進。馮氏一生，受其影響很深。自馮氏官職降低，見外於中央後，李德荃的思想，左傾益甚，馮死後，更無顧忌。）張文白這種推己及人的說法，也正是從他「太太至上」哲學推演發揚出來的！

幽默風趣嘩笑取樂

張文白平日慣以端肅莊重、不苟言笑臨人。每在心理輕鬆的時候，他的幽默風趣，並不讓於任何人。他曾告訴爲他講中國歷史的楊某，一個有關他自己的故事：他在汕頭當連長時，一次奉上級命令，送大批「鷄蛋」到前線，必須迅速安全達到任務。因爲前線已糧盡「蛋」絕。否則，會撐持不住。他幸未辱命，已被上級特加賞識，隨卽調升他爲營長。後來有人稱他叫「鷄蛋營長」，就是這樣來的。從此以後，他運氣很好，節節高升起來。楊某最初還不知其所云，及整個故事聽完，才聽「懂」了：他所稱的「鷄蛋」，實際是「子彈」。因爲他家鄉土話，素唸「子」爲「鷄」。「子彈」卽被唸爲「鷄蛋」了。張文白又說：家鄉土音，各地皆有，並不可笑。你說：「懂，懂過屁！」我現在寫一句話，你照我的土話唸得出來，才算眞懂。紙上寫的是：「老子、老子曰：子巴、子巴。」楊某照著唸：「老鷄、老鷄曰：鷄……」，唸到「鷄」，再唸不下去了。張文白說：「我就說你不懂！」相與大笑一場。這固算是幽默風趣，祇是近乎下流。

傳說：張治中有次在飯店請客。客有某將軍夫婦在座。這對夫婦，始終若卽若離，悶聲不響。眾皆不明其究竟，惟張文白則早知其數日前，曾鬧家務事，發枕頭風，猶未和好，有意替他倆和解，礙在眾賓之前，又未便置言。酒半酣，主人爲嘩笑取樂，講了一個故事：「有一對中年夫婦，結婚多年，琴調瑟應，有兒有女，算是一個美滿家庭。偶因小故口角。晚上各睡一頭，彼此不睬。丈夫很想打開這種僵局，苦思不得其方。忽然想到：太太們，都是最怕搬家的。搬家是最麻煩討厭的事，尤其在戰時，又時常有警報。他覺得這是好主意。半夜，忽然從床上跳起來，連說：『搬家！搬家！』太太隨被驚醒，奇怪的問他：『怎麼三更半夜的搬家，搬到那裏去？』丈夫馬上抱著枕頭，答說：「搬到你那頭去！」太太恍然，不覺掩口一笑。同時，也被丈夫擠來共枕睡下去了。」說畢，舉座盡歡，大笑不已。主人隨舉杯向眾賓敬酒！某將軍夫婦，明知爲諷己，自然也默契了，亦舉杯道謝！來時好似一對陌生客，去時便如一樹連理枝。張文白的幽默風趣，也算做了一宗事不干己的事。越數日，某將軍與文白又碰了面，舊事重提：「搬家，是不是文白之夫子自道？」文白說：「搬家總是麻煩事」，最後還是歸結到他的哲學「太太至上！」

新主難事舊恩難忘

張治中別無謂風雅事。惟於民國以來，政海顯要，每逢事不遂意或遭到某種政治的打擊時，動輒藉口養病——通稱爲政治病，避居外國租界或名勝風景區域，逍遙快樂一段時期，回來再作已經活動好了的營運。張文白的小同鄉馮煥章，不是在中原大戰之後，有過一次泰山養病讀書的風雅嗎？文白不知是受了馮煥章的感染，或是傷心人別有懷抱？也有過幾次類似的舉動。抗戰時，他每在重慶受了晦氣或什麼委屈，常藉口養病，飛往成都，住在中央軍校的官邸。成都原是一塊好地方，名勝古跡之多，足供多時的留連。而官邸房舍、花草樹木，整潔幽靜，富有山水園林的雅趣，更是最宜於養病讀書的地方。

文白每次駕臨成都官邸，原無所事事，每日午睡，原是他已養成的習慣。起床後，照例約請幾位學者，輪流來爲他講解中國歷史。前述之楊某，卽其中之一人。同時，照例備有下午茶點，談談喝喝，以消此偸得浮生半日閒。洪氏夫人，雖不在側，也能自得其樂。如果精神好，興趣來潮的話，便與學者三數人，駕車偕遊風景名勝一番。學者們，多擅於詩詞，卽景生情，本大可推敲一番。祇因礙於門外漢之前，不敢唐突掃興，自不免有陪太子讀書的苦感！

張治中在國民政府之下，歷任多次方面大將，與中央軍校（黃埔與成都）教育長，前後亦十有餘年。三十二年，中央訓練團成立，張治中又擔任了副團長（團長爲蔣公）。集全國黨、政、軍之高級幹部，分期實施抗建訓練。前後學員不下數千，合併軍校計算，張治中也算是數以萬計，高級精英幹部的師表。何等崇高、何等光榮！竟不顧氣節，投共靠攏，不但是黨國的叛徒，亦實名教中的罪人。從此一去音容渺，二十年來，僅由香港方面傳來八個字：「新主難事，舊恩難忘。」其情似乎很可哀！張文白早知有今日，又何必當初！同時，巧飾僞裝的無病呻吟，時代心影的反映，也祇有兩個字——無恥。

空官無印混了二十年

三十八年四月，張治中以「國共和談」政府代表團首席代表，率團飛赴北平。和談毫無結果，便與代表團集體變節，投降中共，一去不返。國府行政院乃於同年五月，免除張治中西北軍政長官本兼各職。他與國民政府，也完全脫離了關係，任其自由生滅。

後有自北平逃出經港來臺的某官員說：張文白在北平，現在似仍若有其事，各處不停的活動；但其神態比前已憔悴多了。他本來很瘦，現在更瘦得不成人形。初來北平時，以和談首席代表的身份，被招待住在六國飯店。和談絕望後，便被迫遷居於總布胡同一棟破舊的平房住宅。以前隨代表團來北平的秘書、副官等，均已遣送南返，僅留一侍從參謀在。這位參謀，即係斷送張治中一生前程的共謀。張治中初到北平後，原已電其夫人，迅由南京飛返蘭州（那時西北軍政長官，尚未免職）。這電報，就是這位參謀交給周恩來，周即改爲「要張夫人北上」的。於是張治中一家大小，都被陷入牢籠中了。

張文白在中共人民政府，整整混了二十年。雖也做過一些空銜無印的官，終於五十八年去世於北平，時年七十九歲，也祇留下北平八寶山上，被人歧視的一杯黃土而已。

救國七君子中的沈鈞儒

中共外圍統戰工具

「救國會派」，亦稱「救國派」，係中國對日抗戰初期，「中國民主同盟」組合的三黨三派之一。救國會，原是抗戰前夕，在上海成立之「全國各界救國聯合會」的簡稱。這是中國共產黨藉口抗日，利用國人救國心理，號召統一戰線，所策動組織之團體。作爲共黨外圍機構，成其統戰工具。易言之，卽中共假抗日救國之名，集結各種勢力，以壯大自己的策略運用。

民國二十年「九一八」，日軍進攻我東北瀋陽的事變發生，國人反日情緒，極度高漲，政府決心抗戰，亦在積極準備。惟中國共產黨，則陰謀利用外患，充實自己，擴大叛亂。當時他們爲利用國人反日情緒，對於蘇俄一九三二年所號召的「統一戰線」，做得最爲有聲有色。所謂「統一戰線」，又謂「聯合戰線」，簡稱「統戰」。乃共產黨重要術語之一。亦共產黨階級鬭爭重要策略之一。其意義，卽蘇俄列寧所說的：「聯合次要敵人，打擊主要敵人」。然後次第消滅敵人的戰略戰術。共產黨在進行階級鬭爭時，原有三大法寶：黨的領導、武裝鬭爭、統戰策略。故統一戰線，卽其鬭爭過程中的主要策略或手段。

蘇俄統一戰線的號召：當一九三四（民國二十三）年，法國共產黨摩里斯託斯，提出「人民陣線」的口號時，共產集團的統一戰線，似已逐漸達到完成階段。一九三五年七至八月，共產國際第七次大會，曾決議：「放棄階級鬭爭，採用人民陣線，以對抗法西斯的國民陣線。各國共產黨於其本國內，拉攏一切反法西斯勢力，以建立人民陣線，作爲政治鬭爭的運動。」以「人民陣線」代替「統一戰線」，實質與策略，並無不同。自此而後，所謂人民陣線運動，卽在法國與西班牙等國，轟動一時。我國不少自命爲前進的知識分子，不明究竟，不察內容，亦多聞風嚮往之。此時適中共在江西遭到國軍第五次圍剿，無法立足。經過所謂「二萬五千里長征」的流竄，達到西北，企圖進擾山西，復被國軍擱擊。乃返陝北延安，實已日暮途窮，幾瀕消滅。因利用國難當頭，假藉抗日爲名，號召統戰，多方詐騙，中共才漸漸得以復活起來！

中共利用「九一八」事變國人之反日情緒，號召統一戰線，僞裝抗日。二十三年四月，曾發表所謂告民衆書，要求：「一切願意反對帝國主義的中國人，必須在反對帝國主義統一戰線下，與日本及其他帝國主義作戰。」此卽中共「統一戰線」口號的最早提出。中共企圖進犯山西期間，二十五年四月，又發表所謂「創立全國各黨派的抗日人民陣線宣言」。要求各黨派「爲抗日救國而大家聯合起來！」從此，所謂統一戰線，亦成了中共利用各黨各派的法寶。

野心家的政治風雲

未久，西班牙人民陣線失敗了；法國人民陣線則造成反叛作亂。世人卽已深知：人民陣線的組織及其各種活動，無一不爲共產國際之陰謀。國人以人民陣線與中共既有密切的關係，亦無不懷疑恐懼！中共鑒於國內外環境變遷。已知人民陣線，不能繼續利用作爲號召。乃將人民陣線，更名爲「抗日聯合陣線」或「民族統一戰線」。實際還是「統戰」。作用和目的，亦仍舊換湯不換藥。

中共統戰活動擴大展開之日，正是日本軍閥積極侵華之時。中共乘虛蹈隙，除作統戰的宣傳外，並積極展開其實際行動，支援各種各色的統戰組織。一般失意的官僚、政客、軍閥，各黨各派以及左傾人士，受到中共統戰活動的影響和鼓動，自然見獵心喜，隨聲附和，逐浪追波，咸欲藉此機會，以滿足其政治野心！中共此一統戰活動，發動於北平、天津；大盛於上海，波及於各省市。未及一年，歪風吹遍了全國，無處沒有統戰組織；自然以上海爲尤甚。

「九一八」事變以後，上海反日的書報雜誌，原已盛極一時。自中共展開統戰活動以後，若干刊物則多傾向於中共，接受中共的領導。如「大眾生活」、「救國時報」、「抗日先鋒」等等皆是，且全作了中共統戰的宣傳工具。其尤堪重視者，卽二十四年以後，各種救國團體之組織，風起雲湧。不僅上海，也瀰漫於全國。中共對於這些團體的組織計畫與步驟：第一步，組織各個團體救國會；第二步，組織各類團體救國聯合會；第三步、組織各地方救國聯合會；第四步，則爲全國各界救國聯合國。全國性統一戰線的組織，於是告成。橫的連繫與直的系統，都極確實分明。表面爲各界人士所主持，實際則爲中共統戰分子所策劃操縱，無一不是中共統戰的工具。當年上海的「全國各界救國聯合會」，就是如此組成的。

救國會成立的經過

「全國各界救國聯合會」，於二十五年五月三十一日至六月一日，在上海開成立大會。據說參加者有：上海各界救國聯合會、南京救國協進會等六十餘個救國團體，以及北平、天津、漢口等十八大都市的代表六十餘人。是否眞實？自然存疑。開會時，首推主席團九人。儀式進行中，有「向爲民族解放鬬爭而犧牲之戰士致敬」一項。卽明白顯示，此會係中共所安排。隨卽由主席團之一，時年已六十四歲的沈鈞儒，上臺致開會詞。繼由上海及各地代表，相繼發言。直至夜間十一時許，通過宣言後才散會。宣言中最重要的，是對各黨各派提出五項建議：一、各黨派間，停止軍事衝突。二、各黨派釋放政治犯。三、各黨派遣正式代表，由人民救國陣線爲介紹人，進行談判。制定共同抗敵綱領，並建立抗敵統一政權。四、此項共同綱領，人民陣線願以全力促各黨派忠實履行。五、對違背共同綱領之黨派，人民陣線願以全力制裁。這所謂建議，實際則無一不是錐刺國民黨爲共產黨張目。

大會第二日（六月一日），自上午八時至下午十一時，進行歷十五小時。通過「抗日救國初步政治綱領」及章程十四條，還討論很多議案。大會並提出緊急動議，通電反對外交部長張羣之對日「妥協」演說，要求南京政府予以撤換。其所通過之「抗日救國初步綱領」，大體是根據中共所謂「民主政府」之十項主張所擬定的，涉及到政治、外交、教育、商業、士兵、勞工、農民、婦女、華僑、失業與救濟各方面。關於政治者，主張各黨派合作之民主政治，保障集會、結社、言論、出版之自由。指政府原來的憲法草案，及國民大會選舉法，爲聯合戰線的障礙物。要求召集經過普選的「國民救亡會議」，建立「統一政權」；一味反對政府，破壞團結，對於抗日救國的大計方針與準備進行，反而毫未議及。如此之所謂「抗日、救國」，實不啻是自毀長城，自損國力。

救國會初期的活動

全國各界救國聯合會之首要人物，有馬湘伯（名良，江蘇人，時年九十七歲）、宋慶齡（國父夫人）、何香凝（廖仲愷先烈夫人）、沈鈞儒、章乃器、王造時、鄒韜奮、沙千里、史良、彭文應、顧執中等。馬、宋、何三人，對本會事實上很少過問。以沈鈞儒最積極，儼爲本會的領導人物。該會成立之後，其活動方式，首先採取請願步驟，要求政府立卽「對日作戰，停止內戰」，發動各地學生罷課、遊行、煽動學潮，組織各種各色的救國團體，展開活動；出版大大小小的書報雜誌，鼓吹抗日。適其時，國民黨第二屆五中全會，召開於南京。救國會卽推沈鈞儒、章乃器、沙千里、彭文應及史良等五人，組織代表團，前往南京請願。七月十三日上午十時，代表團抵達中央黨部，由馬超俊先生接待。所提四項要求，未獲具體結果。同日下午，代表團復舉行招待記者會。到各報記者三十人左右。由章乃器、史良分別報告後，並要求新聞界多予援助！次日，各報亦祇見到簡略的消息，而無其他反應。也可說是沒有結果。

旋沈鈞儒等四人，於七月十五日，復發表所謂「團結禦侮的幾個基本條件與最低要求」，文長八千四百餘言，要求「槍頭一致對外」，批評「安內而後攘外政策」，尤其對政府作無的放矢的批評與攻擊；對中共種種，則盲目的極口的誇揚，深爲有識人士所輕鄙。「全國各界救國聯合會」，既爲中共所導演，其行動自然就能獲得中共的贊助。毛澤東於八月十日，曾給沈鈞儒等四人一封詳函，除大發其抗日聯合戰線的謬論外，並對沈鈞儒等，滿口予以鼓勵贊許！這對於抱有政治野心而不得意於國民政府之官僚政客如沈鈞儒輩者，實具有莫大的引誘力量。沈鈞儒等危害國家言論之行動，亦從此更爲積極了。

罷工鬧事與七君子

自民國二十四年末至二十五年末，這一年期間之中，日本軍閥除對華北軍事侵略和外交壓迫之外。其在華中、華南各地之日軍及浪人，則到處滋生事端，大小糾紛，層出不窮。國人之反日心理，更為激昂；中共的統戰工作，也更有聲有色。於是沈鈞儒等之政治投機，亦愈積極，時時籌思在事實上有所表現，以取寵於中共，而提高其本身之政治地位。加以若輩七月間入京請願之事，未得絲毫結果，自覺顯有被人輕侮之感！老羞成怒，乃鼓動上海日本紗廠的工人罷工，一以擾亂治安；一以增加中日戰爭危機的嚴重性。藉以對政府亮出其顏色，作為報復或要挾的資本。沈鈞儒就曾如此坦白的向人表示過，並不隱諱。

二十五年十一月八日，上海日本紗廠的工人，受了沈鈞儒等的挑撥鼓動，果然舉行了大罷工。十二日，沈鈞儒、章乃器、王造時等，及各「救國」團體的羣眾約七百餘人，藉口紀念國父孫中山先生誕辰為由，假上海靜安寺路基督教青年會的廣場集會，宣傳抗日。罷工的工人代表，亦多參加，並登臺演講，要求上海各界人士，對罷工積極予以支援；同時，在上海黃興路，亦有紗廠工人二千餘人的大集會。由罷工工人代表報告罷工的要求，及向上海市政府請願的經過。沈鈞儒及史良等，亦趕往參加演講大放讕言，恣意攻擊政府，顯有鼓動羣眾，擾亂治安，擴大事件的企圖。

政府以沈鈞儒輩，不循合法途徑，徒假抗日救國之名，憑藉外人租界掩護不斷滋事。如不及早收拾，深恐禍患蔓延，爲害愈烈。乃根據「危害民國緊急治罪法」，列舉沈鈞儒等「非法組織團體，勾結赤匪，煽動罷工、罷課、罷市，陰謀擾亂治安，企圖顚覆政府」之罪名，於十一月二十三日清晨，乃將沈鈞儒、章乃器、鄒韜奮、王造時，李公樸、沙千里、史良等七人，逮捕下獄（史良爲女性，旋被釋出）。時人稱快，左傾分子則譽之爲救國「七君子」事件。

「全國各界救國聯合會」的活動，由於沈鈞儒等七人之被捕，始趨沉寂。擾攘幾近一年的上海「統戰」活動，亦死氣沉沉欲振乏力了。然未及兩旬，陝西西安叛軍刼持領袖 蔣公之事變發生。事變後四日（十二月十六日），張學良在西安羣眾大會上猶說：「蔣委員長在上海逮捕了七名救國領袖，我爲了這件事，曾單身一個人都沒有帶，乘軍用機至洛陽，請他釋放那幾位無辜的同胞。……蔣委員長決不採納我的請求。」時傳西安事變，暗與沈鈞儒等有關。觀乎張學良之言，亦可信而有徵。救國會的猖獗邪行，倘非已經制止於前，那在西安事變中，上海更不知會鬧得什麼樣子了？

恢復活動依恃民盟

所謂救國「七君子」，以危害民國罪行被捕。無論其主觀是否眞爲抗日救國？而其言論行動，在客觀意義上說，總是破壞了抗日團結，違背了政府抗戰國策方針。二十六年「七七」事變發生，政府實行全面抗戰。所謂「七君子」抗日救國的主張，始無背乎政府既定的國策方針。於是七月三十一日，政府對沈鈞儒等，亦全予釋放，恢復其自由，俾爲抗戰効命。此七人者，就是抗戰建國時期，所謂「救國會派」的基本幹部，亦爲其首腦人物。不過此輩，多係無聊的文化人士，向以左傾自鳴，與中國共產黨日常接近。因之，其行動卽多受中共所指導。至於其他若干青年幹部，則早在該會沉寂時期，在中共呼喚引誘之下，多投奔陝北延安，參加了中共的青年組織，如「抗日民族先鋒隊」、「民族解放先鋒隊」，實際則皆成了中共新的基幹分子。

民國二十七年，國軍撤退至武漢。政府爲集結抗戰力量，遴選各派人士及社會賢達，組織「國民參政會」於武漢。所謂救國「七君子」之中，除章乃器那時已任安徽財政廳長之外，其餘沈鈞儒、鄒韜奮、李公樸、王造時、沙千里、史良等六人，則均被選爲參政員，政府謀國之忠誠，於此亦可概見。沈鈞儒等初至武漢時，爲擴大該會的政治影響，曾一度組織「全國抗敵後援會」，各省市亦多有此種組織。同時，猶舊調重彈，主張召開「國民救亡會議」，建立「統一救國政權」，這正是中共所要求而尙未實現者。沈鈞儒等投其所好，因更得了中共的歡心。從此中共亦竭力支持該會，爲該會之主張而鼓吹。

在武漢時期，各黨各派所組織之「抗戰建國同志會」、「統一建國同志會」、「中國民主政團同盟」，以迄後來中共新統戰工具「中國民主同盟」之成立，固皆爲中共所策劃推動；而沈鈞儒及章伯鈞等，從中拉攏各黨派，促成之功亦最大。能使民盟與中共更密切的勾結，訂立「長期合作協定」；能使民盟活動經費，終無虞匱乏者（中共每月補助二十萬）；無一不是沈鈞儒等鑽營之力。因之救國會首要分子十餘人，皆得列籍民盟中委；常委佔了四人。沈鈞儒且以常委而兼青年運動委員會主委。在各委員會所佔副主委或其他要職者，亦較其他黨派爲多。救國會派不但在民盟中佔有極重要的地位，亦因依恃民盟，才得展開其活動，使「盟」與「派」有難解難分的關係。沈鈞儒等與中共的歷史淵源，原較民盟中任何黨派爲深切！祇因本身沒有嚴密固定組織，復乏下層基礎，以致虛而不實。那時既得中共之積極支持，自然欲藉民盟之勢而騰達！於是對民盟的各種活動，亦較盟中任何黨派爲賣力。一方利以發展自己，一方藉以邀寵中共。

救國會諸首要畫像

救國會派中，各上層份子之間，以無權利矛盾的因子，表面還比較合作。其中雖有南北兩派之分，但以各有所志，地緣不屬，利害無大衝突，即無顯著的裂痕。大體上以沈鈞儒爲首領，似尚爲各方所默許。沈鈞儒（一八七三年——一九六三）字秉甫，號衡山，晚號民主老人，齋名「與石居」。生於浙江嘉興（有謂蘇州），遜清光緒甲辰年進士。繼東渡日本，畢業於東京法政大學。清末戊戌變法運動、辛亥革命，以及護法、北伐諸役，皆曾參與其事。以後則在上海專任大學教職及執律師業務，任上海律師工會主席。抗戰時，在重慶仍執律師業務。畫家徐悲鴻與其妻蔣碧薇，三十四年在渝辦理離婚手續，沈卽他們的證明律師。其人性情和順，不好計較，在民盟之中，人緣最好，向有老好人之稱。惟其貌不甚揚，身材矮小，蓄長鬚髮多斑白，頗有道貌岸然之態。雖年近七十，而做官熱衷，卻始終未衰。中共竊據中國大陸後，以其附從叛亂有功，得任僞政府最高法院院長；中共僞人大常委會副委員長等職；但下場則很悲哀！該會另一最活動的人物，則爲鄒韜奮。鄒爲黃炎培的乾兒子。民國十五年，在上海創辦「生活周刊」，小有名聲。「九一八」事變後，利用該刊發動，藉口支援東北義勇軍，募得各界捐款十餘萬元，盡飽私囊。懼事洩漏，乃挾款外遊暫隱。海外飄流數年，二十三年回滬，改辦「新生週刊」。不久被禁。二十四年復辦「大眾生活」，主張抗日；但因反政府之故，亦被查封。旋走香港，創辦「生活日報」，仍未得志。回滬復辦「生活週刊」，再度遭禁。惟所經營之「生活書店」，出版「婦女生活」、「讀書生活」等左傾刊物，頗風行一時。生活書店，後來亦成了左傾人物的大本營。中共在上海不能立足時，既賴鄒韜奮暗中支持；黃炎培落拓於上海時，亦爲鄒所牽引而出。此人對於中共「統戰運動」的貢獻，實不亞於沈鈞儒。沈爲組織效力，鄒則爲宣傳宣勞。祇是其人壽命不長，死於抗戰時期，未能與沈鈞儒等，同享紅朝的「黃粱富貴」。章乃器，一八九七年生於浙江青田。學歷不高，僅在浙江省立商業職校畢業。一向在銀行界服務，曾任浙江實業銀行副經理。

以在銀行界所得經驗學識，間亦兼任大學教授。在「七君子」中有「資本家」之稱。二十五年，與沈鈞儒等除組織「全國各界救國聯合會」外，尚有「中國文藝家協會」、「文藝工作者協會」、「上海著作人協會」、「上海各界緝私大同盟」、「上海學生救亡同學會」等。這雖不屬「救國會」，亦多被中共所利用。章乃器也可算是中共統戰運動中的一員大將。抗戰初期，任安徽財政廳長。在中共僞朝中，則任僞糧食部長，仍歸屬於其財經本行。中共實行大鳴大放後，章以資本家餘孽被圍攻，卒打入右派，加以整肅。李公樸，江蘇揚州人，留美學生。在上海曾任量材（紀念記者史量材）圖書館長，亦所謂救國「七君子」之一。三十五年七月，在昆明被刺。中共與民盟皆誣指爲國民黨所害。經民盟派梁漱溟赴昆明查證，知係中共的苦肉計，民盟亦不敢宣佈。他如沙千里，爲領導上海職業界救國聯合會的首腦。史良（女性、江蘇無錫人、上海法政大學畢業、業律師）則爲領導上海婦女界救國會的首領。她與上海律師王造時，皆以業務上的關係，才與沈鈞儒結識而合作的。故所謂救國「七君子」者，初皆名不見經傳之人。直可說是中共的統戰工具，以左傾搗亂而起家發跡的人。

各自為謀找新出路

救國會派，原無一定與確實的組織，僅以空招牌作爲中共統戰策略臨時的工具。其首要分子，因左傾而成名，坐牢出獄以後更囂張。他們爲保持自認爲光榮的歷史與地位，仍不得不左傾到底。對日抗戰時期，該派由於中共的提攜，而日益壯大。抗戰勝利以後，中共叛國暴行愈甚，該派首要分子，不但附和中共種種狂妄主張，且爲之歌頌鼓吹不已。政府召開政治協商會議，沈鈞儒、張申府等，均以民主同盟代表的資格參加。沈鈞儒且擔任了民盟與中共間之聯絡工作。政治協商會議以後，國共兩黨的問題，在「雙十會談紀要」中，並沒有得到確切解決。因而才有政府與中共的談判。談談打打，打打談談，又復多時。終以中共毫無解決問題的誠意，遂使和談停頓。中共乃在全國各地，進行全面武裝的破壞。沈鈞儒則始終沉迷於中共的叛亂武力，必可獲勝，公開的向人表示說：「中共到處挑起戰爭，使全國不能安寧，人民無法生活，國民黨就非垮臺不可。卽使有美國幫助，頂多延長一年兩年。」如此幸災樂禍的心理，眞是助紂爲虐、禍國殃民、出賣民族。顯然與國民黨完全是處於敵對地位。

可是經時未久，正有一相反的事實出現。卽由於時局環境的變化，引起民盟內部意見紛歧，大有卽將瓦解之勢。民盟內部各派，深恐民盟一旦崩潰，其勢必難自存。因之各自爲謀，紛紛另找新的出路。沈鈞儒一向是對國民黨幸災樂禍的人，此時則一切危機，都轉到自己頭上來了。因爲該派實在太空無所有，新的出路難求。死裏偷生的辦法，將救國會改組爲「人民建國會」，採取單獨活動，亦不以團體名義加入民盟。同時，先後由陶行知、李公樸等，在重慶開辦所謂「星期學院」及「社會大學」。沈鈞儒、沙千里等，則在上海組織各種團體，如「中華婦女聯誼會」、

「救國進修社」、「職工勞動福利互助社」，並創辦「正行女中」、「清華學院」等積極吸收職業青年及勞工羣眾。且師章伯鈞的故智，暗中「以黨制盟，以盟養黨」爲人建會發展的方針。沈鈞儒更圖利用其「民盟青年運動委員會主委」之優越權勢，加強掌握青年及文化運動之領導地位，爲其所謂「人民建國會」建立基礎。終因資本短絀，運用不靈，仍不過小店經營耳。

兩不討好人物星散

救國會派，在民盟之中，原來雖佔相當重要的地位，並受中共的垂青愛顧；但其首要分子，對中共之偏激態度與反覆無常，卻很不滿意。加以對民盟的指望，已感空虛，前途渺茫。而自己所理想的新出路，發展又極不順利（遭羅隆基等攻擊）。沈鈞儒曾氣憤的對人說：「我等奔走迄今，僅被共產黨利用，國民黨卑視，所獲安在？」這自然是「良心話」。卽可見其內心之苦悶，才不覺溢於言表。曾有組織「自由社會黨」之說，也不過是書生空論罷了！沈鈞儒意志之消極，自不限於中共問題、民盟問題。使他最頭痛的，還是救國會派本身凋零的問題。

救國會派，原爲沈鈞儒等領導之「上海各界救國聯合會」，及張申府等所領導之「華北人民救國會」聯合而成。故有南派北派之分。抗戰勝利後，正是國共鬪爭緊張之時，張申府則率其羣眾，不告而別，到華北去打天下去了。章乃器原是財政金融界的人物，此時則積極追求財富與做官，已走向所謂資本主義式的民主道路。史良則已加入了共產黨，非復救國派人物。李公樸不明不白被刺於昆明；鄒韜奮與陶行知，則已先後病逝；王造時其時則擬遠走南洋辦報。所謂救國會派者，原來就是有名無實，僅靠幾個上層分子撐住場面。這些上層分子，又都零落星散，怎不教沈鈞儒頭痛消極；如果祇有孤家寡人一個，還成什麼派？還有什麼好玩？

沈鈞儒心猶不甘，亦因騎虎之勢，認爲不能就此喪失其政治地位，拋棄其政治集團。否則，將無立身之地。故政府頒佈總動員令，實行戡亂剿共之後。沈鈞儒猶力圖掙扎爲加強該派的力量與活動起見，特在上海召集其幹部會議。首先安慰其幹部說：「兩個月之後，共軍即可全面獲勝，打敗各地國軍，主持政局。」強調「共產黨獲勝，救國派仍有光明的前途」！沈鈞儒對其幹部們，打了這一嗎啡針之後，幹部會議亦仍決定擁沈鈞儒爲該派負責人；王造時暫仍擔任民運及組織工作；沙千里擔任宣傳及調查工作；史良則主持西南各省地方會務，仍藉民盟爲掩護從事發展。並派沈滋九、李滋達等，主持港、粵及海外會務；于毅夫主持華北東北會務。且擬拉攏南洋華僑鉅子陳嘉庚，聘爲該派副總負責人或高級顧問。同時，派于毅夫代表該會，參加中共在東北所組織之所謂「東北行政政治委員會」。這就是該派在寥落時期所作的新發展，實際則仍不過敷衍門面而已，黃昏夕陽，欲振無力。

交心洗腦打入右派

救國會派，自武漢時期恢復活動以來，既無羣眾基礎，又無固定實在的組織，更乏自主的政策主張，徒然仰人鼻息，俯仰隨人。所謂救國「七君子」時代，雖曾大出風頭，但好景不常，瞬成過去。惟其首要分子，均以「左傾起家」，便不得不託庇於中共，寄生於民盟，受中共的奴役，供民盟的利用。組織早已有名無實，其實連「名」也是多餘的。迨民盟被迫自動解散後，在情理上，該會便無活動餘地了。其時，民盟中的各黨派，全都大起恐慌，紛紛尋找退路或個人安身立命之處；有的仍追隨中共，在政府區轉入地下工作；有的則上梁山、入共區，或宣佈解散；有的則轉移陣地，遷至港、澳或南洋，靜觀其變。至民盟各首要分子個人態度，亦多曖昧難明。如張東蓀，則潛赴華北，暗作其他活動；張伯鈞表示：暫時避居香港；黃炎培表示：將息影上海，埋頭著書；羅隆基表示：將赴杭州休養身體；梁漱溟表示：仍居重慶北碚，不作任何活動；救國會北派首領張申府表示：專心教書；南派首領沈鈞儒依老賣老表示：「絕不離滬，今後將仍在上海執行律師業務。」事實上，民盟已到了分崩離析狀態，所謂救國會派者，皮之不存，毛將焉附？中共竊據中國大陸以後，便將抗戰時期百餘黨派，不論其是否附庸？大加整飭剔除。最後僅僅保留八個，作其統戰策略運用的工具。附庸中共歷史最久與最忠實的救國會派，亦被中共宰掉併入民盟之中。原屬有名無實的所謂救國會派，至此則名實俱亡了。

至該派首要分子，此時所存者，不過寥寥二、三人而已。中共僞政權成立之初，也都做了大官，成爲紅朝的新貴。如沈鈞儒就是僞最高人民法院院長，僞人大常委會副委員長；章乃器、史良等，亦皆列身於僞政府部長階級。這並不是中共對彼輩有所偏愛、或對「功狗」的酬庸，實由於中共統戰策略的需要，仍不能不暫時利用。迨經過中共實施三反、五反、鎭反、思想改造、欺騙、奴役、大鳴大放之後，進行「反右派」鬪爭時，就免不了兔死狗烹了。原來救國會派的角色，過不了關的，都被打入右派，加上「反共」罪名，撤銷本兼各職，予以整肅。各派所有首領人物，如沈鈞儒者，還要貫徹「交心運動」，身懸「交心牌」，遊街示眾；寫「交心書」，如立賣身契約。最後還要關進所謂「社會主義大學」，徹底洗腦。

腦子不够中共所要求的清澈，將可監禁在校終身。八十多高齡的沈鈞儒，受盡如此折磨與精神虐待。正如其自己所云：「所獲安在？」終於五十二年六月，病逝於北平，享年八十九歲。

繼鄧演達搞黨的章伯鈞

正名反被小名所掩

今日提起「第三黨」，四十歲以下的讀者，或許還很生疏。何以生疏？實由於第三黨並不是正式黨派單位，祇是習慣相沿，對該黨的稱呼。易言之，不是其黨的正式名稱，祇算是其黨的小名或渾號。經時既久，正名反爲小名所掩。何以正名不彰，小名反而大行其道？大概也有幾種原因：第一、第三黨原來是有正式名稱的，祇因其態度不够光明，作風不够正派，不被社會人士所尊視。相傳「第三黨」之稱，是始於黨國先進吳稚暉先生一句戲言，大家沿之，黨名雖歷經改換，國人始終以「第三黨」稱之，鮮知其正式黨名。故國人對於「第三黨」之稱，捨其正，取其小，究其意義，頗有譏刺輕鄙的味道。第二、自鄧演達組黨開始，黨名不斷變更。前名不永，後名無壽，由一世以至最後第五世，章伯鈞改爲「中國農工民主黨」，傳統亦以「第三黨」自居自稱；但祇傳於口頭或私人筆墨，而不見於正式的公文書。此或因其黨如「中國國民黨臨時行動委員會」等之命名，過於冗長，不免嚕嗦。删繁就簡，棄正取偏。果如此，則又不免自暴自棄，自取其辱。第三、第三黨爲組合「中國民主同盟」三黨三派之一，原是以「中華民族解放行動委員會」名義入盟的。後來民盟羅隆基與章伯鈞吵架鬪嘴時，羅隆基動輒就說：「你們第三黨如何……如何的」。亦足見其同路人之中，對於第三黨的本名，也有輕視與否定的態度。第四、第三黨數度改名，最後爲「中國農工民主黨」，僅爲一項擬議的名稱，還沒有正式開會成立，便不能據以爲實。舊名放棄了，新名還未成立，無以名之，祇好仍以第三黨名之。

綜此種種原因，第三黨的正名，列於經傳，不爲人注意；小名不見於經傳，反爲人所樂道；即無怪以偏壓正，正名反被小名所掩。第三黨雖是虛有其名，卻仍有其實際的一面。這實際面的歷史淵源與其組織內容，也相當的複雜。簡略述之於後。

廬山面目五度變換

我在「民主同盟」一文中，已經討論過：第三黨爲「民主同盟」三黨三派組合之一。我們認識了民主同盟，想到物以類聚，對於第三黨之性質、內容與其政見主張，就可思過半矣。民主同盟的名稱，經過幾次改頭換面。同樣的，第三黨的廬山面目，也有過五度的變換。對日抗戰時期，所有黨派中，第三黨乃是變換黨名次數最多的，自其開始組黨，至最後更名的一代，前後五世，整整有二十年的歷史。時當民國十六年，國民革命軍北伐到了武漢，鄧演達與共產黨勾結，爲與南京中央政府對抗，正式組織了「中華革命黨」。自己標榜介乎國民黨與共產黨之間，爲國共兩黨以外之第三個政黨。國人亦習以第三黨稱之。是爲第三黨一世。嗣以其黨名與 國父孫中山先生於民國三年所組織之「中華革命黨」，名稱相同。乃於十九年，藉整理黨務的機會，改稱爲「中國國民黨臨時行動委員會」，是爲第三黨二世。二十年，鄧演達以危害民國罪處死後，樹倒猢猻散，該黨卽分裂爲三：一、黃琪翔（廣東人，十六年代理第二方面軍總指揮）在華南組織「社會民主黨」；二、徐謙（字季龍，安徽人，曾任北京政府司法總長）在華北組織「農工黨」；雖各仍以第三黨自居，卻未拿死屍鄧演達作號召。三、章伯鈞在武漢組織「中華農工黨」，自詡繼承鄧演達的政策，以第三黨正統自居，是爲第三黨三世。二十四年，章伯鈞復將該黨改名「中華民族解放行動委員會」，是爲第三黨四世。三十六年，再改名爲「中國農工民主黨」，則爲第三黨五世。這就是第三黨，在二十年歷史中，五度變換面目的過程。

中國農工民主黨，在其黨章第三條中，明白規定：「本黨以鄧演達先生政治主張爲基本政治綱領。繼承中華民族解放行動委員會（第三黨）之歷史系統」。這在繼承與主張上，固然都很明白。不過「中國農工民主黨」，僅爲三十六年一月，中華民族解放行動委員會第四次幹部會議所擬改稱的。但必須經過「三十六年十一月二十九日，召開第一次全國黨員代表大會」（亦四次幹部會議決定）的法理手續，方算正式成立。嗣因政府宣佈民主同盟爲非法團體，該盟於三十六年十一月六日，自動宣佈解散。凡與民盟組合有關係的各黨派，亦自動取消或轉入地下，不敢公開活動。故中國農工民主黨，尙未到召集大會正式成立之前，卽已胎死腹中了。糊糊塗塗仍以第三黨目之尙可；如謂爲第三黨之「正名」，似又不可。

第三黨初創的經過

國民革命軍北伐。十六年底定長江上下游。政府由廣州遷到武漢，隨卽奠都南京。共產黨把持武漢政府，與南京中央對抗，形成寧、漢分裂對峙的局面。鄧演達時任國民革命軍總司令部政治部（簡稱總政治部）主任，在武漢政府中，左右逢源，爲紅極一時的人物。以跨黨關係，一方接受共產黨的秘密指示，出作國共的調人；一方利用動盪環境，發展個人的野心。乃向國共兩黨建議：「共產黨立卽解散，與第三國際斷絕關係；國民黨改組，與共產黨合併。」這分明是共產國際與鄧演達的絕大陰謀。國民黨以「聯俄容共政策」吃了大虧的經驗教訓，不但拒絕了此項荒謬建議，且積極進行全國的淸黨運動。鄧演達以陰謀未逞，乃憤而退黨，以第三者的姿態，從事組黨活動。適譚平山（中國共產黨發起人之一。十三年，任國民黨農民部部長）因反對共產黨殺人焚燒過火的暴動政策，而被共產黨開除了黨籍。兩人臭味相投，野心一致。乃聯絡早被共產黨開除黨籍之章伯鈞、彭澤民、韓符麟、葉挺等。於民國十六年，在上海秘密成立了「中華革命黨」。由譚平山在國內主持黨務；鄧演達與陳友仁（廣東人，曾任北京政府外交總長）則在國外支援。該黨成立後，鄧演達則潛赴莫斯科，與第三國際進行秘密勾結。時第三國際以其所領導之「中國革命」失敗，正感束手。即對凡反國民黨的左傾組織，亦無不予以秘密援助。該黨恃有國際靠山，十八年，乃以「中華革命黨中央臨時政治局」名義，發表宣言，主張：「中國革命，需要科學的三民主義，走向非資本主義的道路，達到社會主義的建設。」即企圖以曲解的三民主義作號召，以淆惑國人視聽。但三民主義就是三民主義，那有「科學的」與「不科學的」分別？國父的見解：社會主義包含在民生主義之中。民生主義，正是走向非資本主義，邁向世界大同的道路。第三黨的主張，實屬無的放矢。理論上的曲解，不能自圓其說，自然也就不能夠發生影響效果。

民十九年大肆發展

第三黨的主張，由於理論上不能自圓其說，發生效果，信仰中心，便不可能建立起來。益以行動上的矛盾，疑慮難釋。以致該黨內部，意見紛歧，漸而至於不易調和的地步。鄧演達見形勢嚴重，乃由莫斯科返國，親自主持，重加整頓。十九年九月一日，在上海召開全國幹部會議，通過政治綱領，發表正式組黨宣言。並因其黨名與　國父手創的「中華革命黨」之名稱相同，乘機改名為「中國國民黨臨時行動委員會」。當奉孫夫人為該黨領袖。孫夫人並未實際參加該黨組織。其時正値國家多事之秋。各路好漢豪傑，以時勢造英雄，卽多躍躍欲試。該黨各方奔走誘騙拉攏的結果，收穫頗不算少。在改組三數月之內，據說已增建了十一個省區及三個市區的組織，黨員已達四千餘人。在武漢勢力最大，曾一度竊奪了國民黨在武漢的黨權。在江西亦有相當基礎。在上海發行了行動日報、週報，及國際文化、燈塔、思潮等刊物，作其理論宣傳。並打入社會各種組織，滲透滬杭甬鐵路工會、海員工會及各紗廠。在香港策動華南軍隊叛亂。誘惑李濟琛協助其組織，並發行行動半月刊。在東北方面，則勾結野心軍閥楊宇霆、郭松齡等，且獲得鉅款資助與其他的支援，並在瀋陽成立一大據點。鄧演達且親赴北平，推進黨務、吸收黨員。在軍事方面，因鄧曾與黃埔軍官學校有關係，在上海成立「革命黃埔同學會」，誘惑失業與意志不堅的黃埔學生，參加其叛亂活動。如北方石友三、劉桂堂等的先後作亂，無一不是該黨煽動的結果。一時氣燄之盛，轟動各方，可說正是該黨的黃金時代。祇是好景不常，如泡影一般，瞬卽消逝。不過數月，至二十年八月，鄧演達被捕後，這組織也就瓦解了。

鄧演達其人與其事

第三黨由鄧演達發起，組織、領導，他自是該黨的唯一領袖。他之爲人，在未搞第三黨以前，聽說循規蹈距，還不很壞。能吃苦耐勞，小有才能，而未聞君子之大道。北伐時，任總政治部主任、長袖善舞，名動江漢，頗爲左傾青年所仰望。因此，第三黨的下層份子，多係因鄧個人關係而加入者，並非有什麼中心信仰。他一生的發跡，則完全是由於先總統蔣公的提携培植。

鄧演達，字擇生，廣東惠陽人，民前十五年生，保定軍官學校第六期學生。民國八年，投入陳炯明部，初任排長。九年，隨陳炯明回廣州，升任憲兵連連長。十年升爲工兵營營長。都是做的反革命工作。十二年， 國父討伐陳炯明。鄧始棄暗投明，起義反陳。因入粵軍（許崇智總司令）任第一師第三團團長。十三年，黃埔軍官學校成立，鄧代表李濟琛參加籌備工作，得任軍校教練部副主任。未久，復繼何應欽先生爲軍事總教官。時 蔣公任軍校校長，見鄧演達律己、治軍頗嚴，任事亦頗負責，爲黨遴材，即有意予以培育，故鄧入校未久，即奉派赴德國考察軍事教育。翌年返國，繼王柏齡先生爲軍校教育長，再改調潮州分校主任。十五年，國民革命軍北伐，鄧被破格擢升，特任總政治部主任。鄧演達由革命叛徒陳炯明部下一個小小排長，官階不過少尉，在七八年之間，步步高陞，即一躍而爲特任總政治部主任（中、上將）。其官運之亨通，當時似無出其右者。

北伐軍事進展神速，總司令蔣公，以前方軍事倥偬，乃將後方責任，委給總政治部。鄧演達有權在握，竟恃寵而驕，逗留武漢，倒行逆施。一方與共產黨暗中勾結，實則全被共黨控制；一方秘密組織自己的私黨——第三黨；展開蓄謀已久的活動。僭竊總司令的職權，發號施令，陰謀奪取武漢政權作佈署。其事皆爲總司令蔣公所悉；但蔣公初爲顧全大局，愛人以德，極力容忍未發。而鄧則得意忘形，更爲放恣。十六年三月，擅派何遂爲軍長，擅在上海、南京設立總政治部辦事處，以共產份子林祖涵、郭沫若分任主任，卽等於共黨駐滬寧之機關，遙與武漢呼應。蔣公爲杜塞亂源，一方封閉其辦事處；一方以「鄧演達援引私人，把持總政治部，淆惑軍心，背叛主義，違反軍紀，分散革命勢力，破壞國民戰線」通令各方（等於通緝）。另聘吳稚暉爲主任，委陳銘樞代行。七月，武漢分共，鄧因離武漢出走。總政治部部分人員，亦相率偕去，參加第三黨的叛國行動。九月，國民黨開除鄧演達、彭澤民等黨籍。作者曾與鄧演達在莫斯科有一面之緣，時則十七年春季。十九年八月鄧由俄回國，整理其黨務，展開活動。二十年八月，上海公共租界破獲第三黨的秘密機關，鄧演達與其黨徒十五人被捕。十二月，軍政部會審，鄧演達以叛國罪處死刑。一代陰謀家，就此長埋了。蓋棺論定，鄧演達以反革命始，亦以反革命終，也可謂爲有始有終。

參加閩變利用抗戰

民國二十年，鄧演達以危害民國罪被捕處死後。第三黨以個人為中心的組織，遂趨分裂。黃琪翔等組織「民主社會黨」，活動於華南；徐謙等組織「農工黨」，又名「中華農民勞動黨」，活動於華北；章伯鈞則組織「中華農工黨」於武漢；仍各以第三黨為號召。其他大部附從份子，深恐沾染政治麻煩，則全作鳥獸散。極少數份子，原與汪精衛有淵源者，則加入了國民黨的改組派。至二十二年，黃琪翔宣佈解散第三黨，一致參加人民革命。與陳銘樞等合組「生產黨」。發動十九路軍在閩叛變，組織所謂「人民政府」，圖與盤踞江西的共產黨，互相呼應，顛覆中央政府。不過曇花一現，未久即告弭平。徐謙與譚平山，雖也以第三黨號召一時，但於閩變解決後，亦皆宣佈脫黨。至章伯鈞所率三五殘餘份子組織之「中華農工黨」，則完全是買空賣空。至此，所謂第三黨者，則已瀕臨名實俱亡的邊緣了。

第三黨由日趨沒落，到了名實俱亡的地步。而鄧演達的陰魂不散，其黨的殘餘份子，仍不甘於寂寞，因有章伯鈞、彭澤民等的「復黨」運動發生。其時所謂「人民陣線」運動，正在法國、西班牙等國，鬧得轟動一時。二十四年，我國上海也有不少自命為前進份子與左傾文人，在共產黨煽動指使之下，發動了這一運動，與中共所謂「抗日聯合戰線」、「民族統一戰線」等口號相呼應。章伯鈞以為機會到了，與彭澤民等聚集於香港，共商復黨工作。是年十一月一日，在香港召開所謂第二次臨全大會。到會者僅十九人，均自選為中央委員。並決定將黨名「中華農工黨」改稱為「中華民族解放行動委員會」，仍稱第三黨。照例發表「行動綱領」及「對時局宣言」。

其實仍屬買空賣空的作法，並不為國人所重視。二十六年，中日問題，日益嚴重。蔣委員長在廬山召集談話會時，章伯鈞與彭澤民兩人，曾上書委座，提出八項主張。二十七年七月，政府為團結抗戰國力，遴選各黨各派人士及社會賢達，在武漢成立國民參政會。該黨章伯鈞，得被遴選為第一屆參政員。章伯鈞初步目的實現，以青雲有路，即於是年，在武漢召開該黨第三次臨全大會，通過所謂抗戰時期政治主張。並選舉章伯鈞、彭澤民等二十五人為中央委員。從此積極展開活動，漸為時人所注意，該黨也因之得到起死回生的機會。

參加民盟鼓動波瀾

對日抗戰，我軍轉進到了武漢。政府為國人之意志集中，力量集中。二十七年，遴選各黨各派人士與社會賢達，在武漢成立國民參政會。而各黨派的人士，因之亦獲得互相聯繫，交換意見的機會。章伯鈞與彭澤民等，原是毫無名望之輩，酬酢於各黨派之間，展開政治掮客的活動，亦開始被人所注目！進而與沈鈞儒、羅隆基等，藉口貫徹實行國民黨臨時全國代表大會所通過的「抗戰建國綱領」，發動組織「抗戰建國同志會」，從事在野黨派的團結合作活動。準備以集體力量，作為與政府交涉的後援。武漢棄守後，中國共產黨亦積極進行其陰謀活動。因而與國民黨的磨擦，亦由陰暗而日益明朗。章伯鈞等，有了新的題材，乃以「統一建國」為藉口。企圖以和事佬的姿態，折衝於國共兩黨之間。因而改「抗戰建國同志會」爲「統一建國同志會」。藉口國共兩黨之「統一」要求政府「實行憲政，結束黨治」。這與原本「抗戰建國同志會」的本質，顯然不同了。由對政府「似乎友善」的態度，開始對政府與國民黨有了不利的批評和苛刻的責難了。這一強烈的轉變，章伯鈞是比較最賣力的人。

第二屆國民參政會，章伯鈞的代表資格，竟然落選了。章伯鈞老羞成怒，不去自我檢討，反對政府與國民黨的攻擊，變本加厲。章伯鈞與中國共產黨，原有歷史上的勾搭關係。不過因鄧演達之死，而中斷了一時。至此卽欲挾寇自重，重依中共；中共亦欲利用章「狗急跳牆」的心理，施以控制。會其時（三十年春），新四軍叛變事件發生，政府對該軍加以制裁。中共亦欲利用各黨派爲之撐腰，聲援叛逆。乃唆使章伯鈞串通沈鈞儒，聯合其他黨派，組織「民主政團同盟」。使各黨各派，名與中共平等合作，實則依附中共，作爲中共的藩籬。三十年十二月，太平洋戰事發生，「民主政團同盟」因國際局勢的變化，亦不幸走上窮途末路，瓦解於香港。旋中共以其尚有剩餘價值可供利用，復策動章伯鈞等，作復活該盟的活動，將該盟改爲「中國民主同盟」，予以精神和物質的援助。中國民主同盟於三十二年九月成立。論功行賞，第三黨章伯鈞以貢獻最多，乃得任民盟中央常委兼組織委員會主任委員。該黨擔任該盟中委者，尙有張雲川等多人。後來民盟與中共作更進一步的勾結，簽訂長期合作，獲得經費保障，使民盟基礎漸趨鞏固者，亦以章伯鈞出力最多。第三黨在民盟之中，此時不僅已在本部佔有相當地位。民盟南方總支部及港澳黨務，既均掌握在該黨李章達等的手中；而北方總支部，亦爲該黨張雲川等所包辦。第三黨在民盟之中，既佔有如此優勢，固使該黨得以逐漸騰達，亦盟內不斷鬪爭的重要原因。此外，章伯鈞之所以始終支持民盟者，尙有三種重要原因：一、民盟係中共所支持，且係章伯鈞牽線所組成。他爲追隨中共，不能不支持民盟。二、第三黨下層份子甚少，本身力量極弱，非憑藉民盟不能生存。三、章伯鈞素有政治掮客之稱，他爲抬高身價，必須藉民盟的集體力量以自重。故章伯鈞能始終立於民盟而不墜者，因爲託庇於中共的支持，亦上述三種因素，有以成全之。

托庇中共終成尾巴

第三黨利用民盟作護符，始得由沉寂而復活而騰達起來！這並不是章伯鈞有其他雄厚的資本，實由於他又作了中共的工具，受了中共的長期的豢養與庇護。章伯鈞最初與各黨派結合，組織「抗戰建國同志會」時。對政府的態度，尙謙恭有禮，相當友善，沒有什麼高調口號，因得被選爲第一屆國民參政會的參政員。及改組爲「統一建國同志會」後，小人得志，便忘其形。對政府極力予以攻擊；對各黨派則妄自尊大。政府對此破壞抗戰團結之徒，從此便不予重視，各黨派對此目空一切的伙伴，亦覺無結納之必要。因之，章伯鈞卽被擯於第二（三十年三月）第三（三十一年十月）兩屆國民參政會大門之外。直至第四屆參政會時（三十四年七月），章伯鈞爲民盟的組織，出力居多，復佔有盟中的重要地位，托庇於中共的協助，始得再度選任參政員。

投之以桃，報之以李。從此章伯鈞卽主張：「民盟與中共合作到底」。抗戰勝利後，政府召開政治協商會議。章伯鈞復得以民盟代表之資格參加，自仍爲中共所安排。因爲民盟，這時已全被中共所控制。政治協商會議舉行時及會後各種協議，第三黨與民盟，無不與中共取一致的態度。章伯鈞且通令其所屬十二省區的常委會，爲其和平建國綱領，努力奮鬪，並要求政府承認「東北民主聯軍」；成立東北地方的「民主聯合政府」！反對「五五憲草」；反對「舊國大代表」。凡中共所提出之主張，不論黑白是非，該黨無不追隨附和。復與中共在香港合作宣傳，組織「黑白叢書出版社」、「海濤通訊社」。在廣東東江合辦「東江縱隊幹部學校」，培植下級幹部。並由季方出任中共僞蘇皖邊區政府副主席。出版「中華論壇」與「青年學習」週刊，作爲宣傳機關。中共組織「華南民主聯軍」，陰謀發動叛亂。章伯鈞則指派第三黨之李章達、彭澤民等，積極參加協助。中共轉入地下工作，第三黨則極力爲其工作同志作掩護，並佈置交通路線。凡此種種，均足證明，第三黨與中共之狼狽爲奸，一切服從中共而莫敢違。左舜生先生喻之爲「中共的尾巴」，實屬不寃。

章伯鈞一頁掮客史

第三黨的領袖，過去自然是已死的鄧演達。自民國二十四年改稱爲「中華民族解放行動委員會」以後，一切活動，則以章伯鈞爲中心。在「中國農工民主黨」的黨章中，且表明「奉鄧演達的政治主張爲基本政治綱領。」即自認爲第三黨的第二代的領袖。章伯鈞安徽桐城人，生於民前十七年，湖北武昌高師與德國柏林大學畢業。留學德國時爲與鄧演達發生關係之始。原爲中共跨黨的國民黨員。國民革命軍北伐期間，鄧演達任總政治部主任時，薦章任政治部科長。鄧演達組織「中華革命黨」時，章爲其最得力的助手，並主編該黨機關刊物「燈塔」、「思潮」等，爲該黨的次級人物。二十年八月，鄧演達和其黨徒十五人被捕，章幸爲漏網之魚。鄧演達死後，黃琪翔、徐謙、譚平山等，相繼脫黨，另立門戶。山中無老虎，猴子稱大王，章嘯聚殘餘，復活第三黨之後，遂成爲該黨的首要。

章伯鈞爲人，好大喜功，不務實際，性情急躁，做事草率。野心大，領袖慾亦強。原係共產黨徒，因自行脫黨（這是國民黨清共時期普遍現象）而被共黨開除。其人不但生活貪污腐化，待人尤爲虛僞狡猾。談話應事，常不着邊際。一切愛講排場架勢，在朋輩之中，早有「典型官僚」之名。組織所謂第三黨，僅有少數上層份子，毫無基層羣眾。一意企圖拉攏各黨各派人士，以爲己用，利作抬高身價的工具。他在民盟之中，卽素被人目爲買空賣空的「政治掮客」。投靠中共以後，一切活動，則完全聽命於中共。該黨創立之初，原欲在國共兩黨鬪爭中，投機取巧，採取騎牆主義，一方面保持唯物史觀、階級鬪爭的理論，以應付中共；一方面主張所謂「科學的三民主義」（卽曲解的三民主義），以欺蒙國民黨與國人。可是中共絕對是不容許走中間路線的，章伯鈞卒因陳家康之壓迫與介紹，秘密的恢復了共產黨籍，從此死心塌地，爲中共効力。

政府實行動員戡亂後，第三黨爲表示投共之徹底，屢發宣言，表示反對戡亂。並積極配合中共所謂「地下鬪爭綱領路線」，協助中共在後方各地展開活動。章伯鈞且對其黨徒表示：「目前國共雙方勢力無大優劣，惟國際上，共黨已佔優勢，將來共黨必可勝利。」及政府宣佈民盟爲非法團體而自動解散後。章伯鈞見大勢不妙，爲避禍求福，亦將該黨轉入地下活動。總部遷設於香港，章與彭澤民等，皆秘密潛往。以香港爲活動中心，並創辦「達德學院」，訓練幹部，企圖東山再起！及中國大陸陷入中共鐵幕後，這位「政治掮客」的下場則慘了。

大圈圈中搞小圈圈

民主同盟之中，先有反共派與親共派的鬪爭。自反共派退盟以後，支持民盟者，只有一黨三派了。第三黨章伯鈞，卽親共派首領之一。及章拉攏民盟與中共簽立合作協定後。部分盟員，認爲太過偏向中共，已多分歧意見。迨章伯鈞發表：「與中共合作到底」、「願爲實現民盟一切主張而奮鬪」的主張以後，盟內權力矛盾，無法調和，分裂情形，卽愈趨嚴重。第三黨對民盟的工作，雖始終積極，毫未放鬆。然當目覩盟內黨派紛爭之際，深恐民盟一旦崩潰，自己則完全失去憑藉。第三黨本身既無勢力，如再失去民盟的憑藉，中共亦不可能續予支持。顧念前途，勢非自留退步，早作獨立活動之打算不可。自己有了基礎，將來卽不虞秋扇之見捐。章伯鈞爲鞏固其個人政治前途計，乃決計擴張第三黨的基礎，創設私黨。首卽游說孫夫人及柳亞子，予以贊助；並邀前第三黨要人譚平山，出面號召；更派彭澤民赴港粤方面，籌募鉅款；準備新的開始。章伯鈞在滬與其重要幹部多次會商之後，始決定將第三黨改名爲「中國農工民主黨」。

章伯鈞創設私黨中國農工民主黨之名稱既定。乃於三十六年一月十六日，在上海愚園路聯安坊十一號章伯鈞私宅，召開「中華民族解放行動委員會」第四次全國臨時幹部會議。參加者計有章伯鈞、張雲川等二十餘人。其重要決議案內容如后：

1. 改第三黨爲「中國農工民主黨」。
2. 選舉中央執行委員三十三人；中央監察委員十五人。
3. 選舉章伯鈞爲中央常務委員會主席。
4. 訂定政綱，積極對外宣傳，爭取公開合法地位。
5. 儘量設法登記舊黨員，並吸收新同志。

6.不以農工民主黨團體，參加民主同盟，僅以個人資格參加。

7.與民主同盟採取同一步驟，分別在江蘇、浙江、安徽、福建、廣東、廣西、雲南等七省，設立省黨部。

8.定三十六年十一月二十九日，召開第一次全國黨員代表大會。

根據上述第八項決定，依法理程序來說，該黨似應等到三十六年十一月二十九日，開過大會之後，才算正式成立。事實上，民盟於是年十一月六日，自動解散。即該黨大會，尚未舉行，便已隨民盟而散伙。雖有秘密活動，名義上，不能算是尚未成立的農工民主黨的活動，仍應由過去的第三黨負責。所以章伯鈞另組私黨的企圖，依然是空勞畫餅。好在共產式的作風，不像資本主義式的，定要講究「名正言順」。他們祇爲目的，不擇手段。故農工民主黨，縱未合法成立，也還是照樣到處招搖撞騙。

以黨制盟以盟養黨

民盟內部諸首要，本屬同床異夢。各黨各派，皆早有強化私人門戶的企圖。第三黨，表面支持民盟，暗中則全爲自己打算。祇以羽毛未豐，一時鬼胎難逞。自清除反共派與脅制其他親共份子之後，第三黨（農工民主黨）在民盟之中，即大有「唯我獨尊」的模樣。因此，章伯鈞即欲以該黨控制整個民盟。利用其掌握民盟組織之大權（章爲民盟中央常委兼組織委員會主委），控制民盟的上海總支部、華南總支部、華北總支部以及南京辦事處等重要據點。將民盟各地負責人，逐漸更換該黨黨員充任。將該黨工作與民盟工作，合而爲一。明爲民盟工作，實爲農工民主黨工作。

民盟首要之一的羅隆基，發覺章伯鈞「以農工民主黨控制整個民盟」之陰謀後，猜忌愈深。對章伯鈞更大爲不滿。從此便暗命其親信，對盟內農工民主黨的份子，採取嚴密的監視。章伯鈞在民盟南京辦事處接見賓客，或與其黨徒談話時，均有人窺探竊聽。對主持南京辦事處的負責人韓卓儒（章伯鈞的私人），處處予以掣肘。羅隆基與章伯鈞談話時，輒譏諷百出，甚至互相對罵。民盟代理秘書主任黃炎培，始終有名無實，不能行使其職權，亦由於章之把持所致，對章亦極表不滿。總之，在民盟之中，各巨頭之勾心鬬角，嚼舌漫罵，已成了家常便飯。當中共周恩來在場時，尚可一言息爭。如周不在時，多半都是沈鈞儒做和事佬、打圓場。

民主同盟內部的情形，根據章伯鈞的分析，以及他要求其幹部「以黨控盟，以盟養黨」之訓話中。其陰謀野心，便已和盤托出。如謂：

「在民盟開始組織時，爲擴大號召，經多方拉攏。故份子極爲複雜，意見自難一致。張瀾年事已高，其能在國內外獲得名望，全賴出任民盟主席所致。故不顧民盟解體，竭力支持。惟羅隆基等，因過去言論態度過於激烈，在現時惡劣環境下，不便開口。而過去之穩健份子，對羅隆基等，則有冷眼相看之意。黃炎培在民盟中，素較穩健，現在更形沉默。過去周恩來在京時，民盟每有內部糾紛，周必從中多方調解拉攏，此爲民盟尙能團結的原因。但目前意見紛歧，已無人從中和解。吾人在此情形之下，正宜利用機會。極力發展成爲民盟之主幹，而予以控制，又民盟另一弱點，即過去太重上層組織，對於下層力量不能發揮。農工民主黨，可爲其努力補充，將民盟基層組織，完全掌握，以便民盟在，則掌握民盟；民盟不在，則農工黨仍可單獨活動。」

由此可知章伯鈞之急於自作打算。羅隆基、黃炎培等對章不滿，章伯鈞亦已深知，惟仍未便與之公然破裂。故特制定「農工民主黨與民盟關係調整聯繫辦法」，秘密發交各地幹部執行。此辦法內容爲：「一、現在盟內對本黨黨務進行，頗多閒言。以後關於黨之活動，任何同志，不得在盟中洩露。二、在盟內黨員，應極力避免形式上之聯繫。使其他盟員，不知有本黨的行動之感覺。三、盟黨之間，極力避免矛盾。四、過去介紹份子時，隨其志願入黨或入盟。今後黨員介紹之份子，必須入黨，入盟必在入黨之後。五、盟黨雙層資格之黨員，與黨之聯繫，須特別加強。六、切實推進以黨制盟，以盟養黨的原則。」同時，並通告該黨各級幹部，應提高警覺性！黨內份子，在盟中活動者，應特注意：避免刺激性言行，以免使人懷疑該黨有把持民盟之事。暗中則仍加緊聯繫，互相提携，以求該黨能眞正作爲該盟中心，切實推行「以盟養黨，以黨制盟」的決策。對民盟中之反對派，則特別注意監視其言行。如發現其有不合理之處，應即提出公開指責，予以打擊。尤其對羅隆基，應製造對其不利的空氣，使羅在盟中，喪失號召與領導的能力，知難而退。

意志動搖回頭已晚

國民大會召開的前夕，所謂第三方面的人士，全集合在南京，有意對政府與中共的和談，作最後的調解。結果，調解失敗，國大如期（三十五年十一月）舉行，並正式制頒了憲法。所謂第三方面與民盟，固已受了很大的打擊，而章伯鈞則仍迷信中共的武力可以致勝，與和談可以重開。曾說：「雙方均無消滅對方的力量，九個月內，難有結果，屆時必回政協之和平路途。如國民黨方面失利，則可能由政府開明份子或民、青兩黨，提出和平；如中共方面失利，則將轉請民盟提出和平。」出乎章伯鈞意外的，中共終於關閉了和平之門，加緊軍事行動。政府以和平業已絕望，期待中共之最後覺悟，亦不可能。遂於三十六年七月，毅然頒佈全國總動員令，實行戡亂剿共。

政府動員令頒佈後，已使政局完全明朗。政府既決心戡亂，自無重開和談之可能，自然也不容有附和中共黨派之活動存在。民盟與所有各黨派之處境，卽很困難。章伯鈞更是大起恐慌！因爲他是親共派的第一號幫兇，身家性命所關尤鉅。他爲愛惜羽毛，意志卽不免動搖起來。多變的章伯鈞，曾向人明白表示：「個人向不主張軍事行動，亦不欲上梁山，今後將長住南京。」所謂「不願上梁山」者，言外之意，卽不準備投向中共；「長住南京」者，卽有意與政府保持關係，求得新的出路。觀其緘默多時，與不公開作攻擊政府的言論，卽可知其投機態度，將起變化。祇因其人「虛僞狡猾」太甚，誰都不願作此穿針引線的紅娘，他終未遂棄暗投明之願。直至民盟被迫宣佈解散後，章伯鈞在民盟各黨派互相監視與中共扼住咽喉之下，不上梁山，也得上梁山。雖欲回頭，時已莫及。祇得追隨民盟，轉入地下，長爲中共効命。

慘遭整肅悲慘下場

章伯鈞身不由己，祇好爲中共長期効命；但中共則毫未予以重視。因爲共產黨是最現實的，祇講物質，講力量。章伯鈞在國共鬭爭中，雖自視很高，實則第三黨既有名無實，章個人亦祇是依附民盟的贅瘤，一無可取。因之，中共「地下鬭爭綱領路線」中所列附庸黨派的「四大基幹」，便不包括農工民主黨在內。中共竊據中國大陸，成立僞政權之初，所承認的八個附庸黨派之中，雖幸把農工民主黨保留下來，活動卻受了很多的限制。章伯鈞則仍屬民盟一份子。這時的民盟，不但完全失去了過去的風光——可以自由活動，隨意發展。也同樣受了中共嚴厲的限制，祇許在文化教育界知識份子的範圍內活動，絕不許逾越雷池一步。此外還有這不准、那不准的「五不准條規」，都是必須嚴格遵守的。章伯鈞並不敢叫一聲，喊半句。

章伯鈞和八個附庸黨派的份子，經過中共三反、五反、鎭反、思想改造、宗教改革之後。在精神上、實體上，已全無自己的政綱、政策、思想、主張及行動了。對中共的思想行動，既不敢討論、批評，也不敢不服從、執行。這還算是中共最客氣的待遇。此乃因爲中共僞政權初立，根基未固，有許多地方，還要利用各附庸黨派，作其緩衝、迷惑、鎭反幫兇、統戰工具的緣故。在最初兩階段中，各黨派附庸份子，經過幾番修理。過不了關的，自然淘汰，加以任何罪名，都可徹底解決；過得關的，則限令「自我改造」。這是因爲中共統戰策略的需要，還不便斬盡殺絕。但未久，各附庸黨派的份子，大都又被引誘落入中共「大鳴大放」的陷阱，暴露了各自的面目。中共在實行「反右派鬪爭」過程中，復加個別份子以「反共」罪狀，大加整肅。如對章伯鈞，則指爲「章羅（隆基）聯盟」，打入右派，把他過去一切政治和私人的醜史，完全揭發出來。經過清算鬪爭，章伯鈞終被撤銷在僞政府中交通部長與光明日報社長等職務和民盟中委。連農工民主黨的關係，也被斬斷了。

中共並不以此爲已足，還限令各黨首腦份子，實行「交心運動」。如章伯鈞身懸「交心牌」，遊街示衆，高叫「把心交給共產黨」等等口號。還要寫「交心書」，等於親具賣身契約。最後還關進了所謂「社會主義大學」，作徹底的洗腦改造。共產黨爲何不乾脆殺掉他們算了？還要如此麻煩費事！自然仍是爲了統戰策略的關係，殺之不能，縱之不可，有不得已之苦衷。在這第三階段中，各附庸黨派份子，經過反右派鬥爭、整肅、交心、洗腦之後，不是完全馴服，便是痲木不仁了。在鐵幕經過十年苦難的章伯鈞，則尤面目全非，體無完膚了。以後如何？則不得而知。

司徒美堂與海外洪門組織

今年（七九）「三二九」青年節，臺北中正堂舉行紀念會時，有臺大學生蔡振中，在表演戲劇中「焚燒國旗」，不聽羣眾勸告，被洪門人士逼令下跪思過！「焚燒」原是本劇過程節目之一，但洪門人士總覺得：「沒聽說國家子民，率先焚旗汙旗！」的事，因而羣眾憤激，才發生了上述事件。這不但表現了洪門人士扶持國家正義的氣概！更是值得我國朝野上下，共同深思反省的！因這事件的發生，使我回想到四十年前，司徒美堂與海外洪門的故事。述之於下，供讀者參考。

反清復明一段歷史

洪門，世人亦稱紅幫，為哥老會的正支。蓋當滿清入關，明社覆亡之後，明季遺老，志士仁人，一部份則著書立說，闡揚民族大義，鼓盪「反清」思潮，如顧炎武、黃梨洲、王船山、李二曲、顏習齋、傅青主諸先賢，皆為思想上的領導人物。一部份人士，不甘受滿清奴役壓迫，則深入社會下層，秘密結社，發為「復明」革命運動。他們有一個共同的目的，就是「反清復明」或「復明滅清」。此類秘密結社極多，如白蓮會、三合會、哥老會等，皆其著者，勢力亦最大。章太炎先生曾說：「哥老、三合，專務掃除胡貉」（指滿清）。由明末以迄清亡，歷史上有許多可歌可泣的故事。

幫會既為明末仁人志士圖謀復國的秘密結社之一，其所造成洪門初期「反清復明」的革命運動，光輝史乘，國人多能道之。而洪門的組織活動，在滿清康熙、乾隆而後，則益見擴展。對於國家民族之貢獻，尤非淺尠。不過洪門的創始者，究係何人？傳說亦不一其詞。有謂為「姓洪名金蘭者」所創立，似較合情合理。因為以後凡入會者，均謂之「洪家兄弟」。其後，國父孫中山先生，領導中國革命。洪門兄弟參加者既多，孫先生為團結革命勢力，且親加入哥老會的組織。哥老會為尊敬孫先生，亦榮封之為「洪棍」（元帥之意）。成了中國革命史上的佳話。滿清進關，入主中華以後，以少數滿人，統治大多數的漢族。所採取的專制政策，雖各朝略有不同，但都離不開「高壓政策」。為維護其既得的政權，乃嚴制法律，禁止一切集會結社。因而所有集會結社，無論有無政治色彩，其組織、活動與領導人物，無一而不秘密。正因為是秘密性的，所以在社會上潛伏的勢力與作用，反而比較深厚。當時雖非政治性的結社，後來反多政治上的表現，成爲近代中國革命的推動力量。洪門，也就是這樣的一種組織。

海外發展贊助革命

洪門，以「復明滅清」爲目標。最初由於滿清實施高壓政策，而未能實現。反之，滿清王朝的政權，則因之而日趨穩固。以致洪門號召的反清起義，亦日益困難。經時既久，洪門人士便多汩沒銳氣，移其本性，漸漸消失了「復明」的思想。一部份人士，反被滿清統治者所利用。如光緒二十六年（庚子）所發生之「扶清滅洋」（滅清變爲扶清）的「義和團運動」，就是滿清統治者，利用部份洪門兄弟所發動的傑作。另一部份人士，後來則被世人指責：走入不正當的途徑——恃賭博刼盜爲業。無論其是否別有懷抱？或爲工作上的掩護；或爲舉義而籌集資金；多少都是洪門過去光榮的損失。

不過最大部份的洪門兄弟，卻始終保持清白，不忘民族大義。則成了近代中國民族革命與民主革命的原動力。其最著者，乾隆五十一年（一七八六），林爽文臺灣之役。嘉慶十四年（一八〇九），胡炳耀江南之役。道光十二年（一八三二），兩廣湖南之役。道光三十年（一八五〇），洪楊之役。光緒二十四年（一八九八年），李主亭、洪振年廣西之役。洪楊革命失敗後，楊輔清率同志遠走美洲。黃德滋率同志遠走澳洲。其他兄弟奔避南洋各地者，爲數尤眾，在海外遍設洪門團體，革命影響與勢力，亦日益廣擴。國父孫中山先生初期革命，奔走海外，在檀香山加入洪門，所得海外洪門精神與物質之援助者，更著功效。如當時美洲及南洋各地，洪門設置籌餉局，資助革命，卽其一端。廣州黃花崗之役，七十二烈士爲國殉難，內中以洪門志士犧牲者爲最多。事變之後，美洲洪門團體，再接再勵，捐助鉅款，接送同志至日本及南洋各地，繼續其革命工作而未中輟者，何莫非洪門兄弟之力。是故清季末年，革命的秘密組織：興中會、華興會、光復會，以及由三會合組之中國同盟會，無一沒有海內外的洪門兄弟參加。辛亥前後，十多次的革命舉義，前仆後繼，洪門兄弟之犧牲貢獻，尤爲壯烈！此皆載諸史册，可以稽考者。

司徒美堂變幫為黨

中國辛亥革命之成功，海外華僑，出錢出力，貢獻自然很大；但在海外之發縱推動者，則多爲洪門兄弟，也是值得讚揚的，洪門在海外的發展，以太平天國運動失敗後，許多洪門志士，避難海外時爲最盛。歷史相沿，洪門在海外的組織，約有四種，一爲致公堂；二爲金蘭公所；三爲達權社；四爲洪順堂。這四大組織，活動最力者，則爲「致公堂」。其他三種組織，卻不太出色。美洲洪門「致公總堂」，有意使「堂」蛻化爲「黨」。曾稱早於民國十二年雙十節日，在美國舊金山，召開「全球洪門代表大會」時，已經決定改組「致公堂」爲「民治黨」。其用意不外：一、認爲幫會之「堂」，不類政黨之「黨」未便揷足於政治；二、則爲其「改堂爲黨」，增加歷史註腳，後來之「洪門民治黨」，則由來有自。「民治黨」當時由美洲僑領陳競存、唐蕢賡分任第一任正副主席。陳、唐逝世後，則改推僑領司徒美堂爲主席，負責領導該黨，推動黨務工作。不過該黨，終因組織未臻健全，不被華僑所重視。加以缺乏可資號召的基本的政綱政策，不能發生影響作用。以致多年以來，有名無實，徒具形式上的組織，而無工作成績的表現。

對日抗戰勝利前後，因緣時會，國內政治黨派叢生。司徒美堂見有機可投，亦政治興趣大發，乃舉起「民治黨」的招牌，回國積極展開活動。原來由「致公堂」蛻化而來的「民治黨」，以幫會而搞政治，許多華僑，皆不發生興趣。以致「民治黨」，雖成立有年，亦因之而默默無聞。至此，司徒美堂始覺「民治黨不如致公堂之有號召力量」。遂於三十四年三月，在美國紐約舉行「全美洲洪門代表大會」時，復宣佈放棄「民治黨」名義，恢復「致公堂」原名。不過將「堂」改「黨」而已。確定成立「中國洪門致公黨」。黨名再改，則變成了亦黨亦幫會的型態。且成了該黨後來內爭焦點之一。

「中國洪門致公黨」成立以後，爲要參加國內政治舞臺的活動，將其總部由舊金山移至上海。仍由司徒美堂任主席，總理黨務。海外各地，則分設總支部及分部。並發表宣言和政綱。其所宣佈的宗旨：「統一海內外洪門組織；團結社會勞動羣眾；促進民主政治；安定世界和平」。其對國是的主張：「以省爲地方自治單位。反對一黨專政、武力統一與地方割據。在民主聯合政府未成立前，美國應停止訓練與裝備國軍。東北各省區地方政府，應改爲聯合政府。並儘速籌備地方普選，建立由下而上的地方自治政府。」該組織由幫會蛻化而爲政黨，目的就在從事政治活動；但又沒有自己獨立的政治主張。在無所適從之際，受了左派份子的唆使鼓動：「要發展，必須打破政治現狀，向國民黨爭取！」因此才提出有此「似是而非」的國是主張。與中共、民盟的陳腔濫調，實無多大距離。

內部複雜堂黨互爭

中國洪門致公黨成立之初，司徒美堂誇稱：在一千二百萬華僑之中，洪門兄弟約佔三分之二以上。易言之，即洪門兄弟在海外者，當在八百萬人以上。國內各階層之中，所遍佈的自然更多。這一雄厚偉大的力量，祇惜缺乏統一的組織，統率全部洪門。以致這集體的巨大力量，未能合理發揮運用。因之，司徒美堂於三十五年夏，又企圖以中國洪門致公黨作基礎。一方面發揮全球洪門代表回國組黨；一方面要求國內人士咸摒私見，全體參加；結合海內外洪門，成立一最大的政黨。本此企圖目的，是年七月二十八日，司徒美堂乃在上海召開一次致公堂全球懇親大會。名爲聯絡洪門感情，發展堂務，其眞正目的，則爲組織一個統攝國內外洪門的政黨，供其個人大展鴻圖於國內的政治舞臺。這次懇親大會，出席代表，計有：美洲代表司徒美堂、趙昱、楊天孚、呂超然，加拿大代表謝志如、朱今石；檀香山代表張鵬一；澳洲代表趙文藻；古巴代表朱家兆；秘魯代表蔡傑則；巴拿馬代表吳克泮；香港代表王志聖、洪少植；印度代表何勁洲；澳洲代表陳文川；菲律賓代表麥璧；國內各地代表張書城、駱介子、楊文道等共五十餘人。

洪門幫派，乃社會各色人物之混合體。原是非常複雜的。職業不同，生活懸殊，知識水準更屬不齊。平時的言論行動，既難一致。現在知道了懇親大會所舉行的目的，在開會之前會場代表，既多議論紛紛，正式開會時，更形成很多爭執。關於「堂」與「黨」問題者，有人主張：「堂」內兄弟，對於政治有興趣者，可以組「黨」；但堂與黨，必須分立，不可混爲一體。有人主張：洪門皆兄弟，兄弟「堂」「黨」一家。黨卽堂、堂卽黨，何必分出彼此。由於對堂、黨名稱問題，爭執不決。於是又引起組黨的目的問題，討論更爲熱烈。有人主張：組黨在維護國家正統，協助中國國民黨，擁護國民政府。有人主張：組黨在與各黨派聯合行動，推翻國民政府，建立聯合政府。前一問題，僅爲「名」的稱謂，於「實」尙無關輕重。後一問題，則屬於根本的立場，關係著國家前途，非僅洪門而已。

這個問題，乃組黨的根本問題。雙方爭執，各走極端。自然一時不易解決，或許不可能解決。但司徒美堂等，不納眾見，仍一貫獨裁作風，堅決主張：無論眾見如何分歧？阻力如何強大？箭在弦上，組黨乃勢在必行。既不容流產，也不容遲緩。且嚴重其詞說：「如不組黨，卽爲自取滅亡。」當時出席人士，一方固由於對問題的意見紛歧；一方則由於不滿司徒美堂的強迫作法；以致會議不宣而散，全無結果。代表星散以後，組織洪門大黨的問題，亦自因之而擱淺了。

三度改組分分合合

司徒美堂等，召集全國洪門代表懇親大會，計劃組織一個洪門全體性的大政黨，因意見紛歧，未能實現。但司徒美堂與其親信伙伴，仍然雄心未泯。企圖失之東隅，收之桑榆。改變進行方針，乃有組織「中國洪門民治黨」的醞釀。與此同時，另有一部份「洪門致公黨」的份子，亦因不滿司徒美堂平日的作風，與洪門致公黨之浮而不實，紛紛離黨，加入由國家社會黨（民社黨前身張君勱主持）與民主憲政黨（美國華僑伍憲子主持）合併改組爲「中國民主社會黨」。頓使洪門致公黨，有形成瓦解之趨勢。司徒美堂等認爲前途可慮！時不可待，乃不顧一切阻撓與障礙，與趙昱、張書城、朱家兆、駱介子等，急起直追，進行組織「中國洪門民治黨」。這可說是有幫會致公堂以來，第三度的改組。

中國洪門民治黨的成立，在所謂特殊（急猝）情況之下，形式異常簡單。該黨於民國三十五年九月一日，在上海招待一次新聞界，報告該黨組織成立經過情形。據司徒美堂說：「本黨於今（三十五）年八月間，在上海舉行第一次代表大會，正式成立。本黨係由有歷史、有組織、有力量之社會團體，聯合組織而成。黨員人數約三百餘萬（實在誇張太甚，反被人誤會爲買空賣空）

正在辦理重新登記中。此次登記，爲求組織更團結、更堅強，故重質不重量。」並謂該黨決採取正常的民主作風，對於政府及朝野各黨派，均抱著友好至誠合作的態度，公正無私，參與國事。

該黨大會，除選舉中央總部負責人員，推動黨務；及發表冠冕堂皇二千餘言的宣言外：並通過政綱六項二十三條。「以內謀人民利益，致國家於富強；外謀全人類幸福，進世界於大同；爲最高目的。」綜觀該黨這次所發表的宣言政綱，比其在「中國洪門致公黨」時代，所發表的「對時局主張」，確已進步許多。似已約略看清楚了中國的政治局面：中共和民盟已見棄於國人。因之，在其宣言和政綱中所表現的，雖都是廣泛的原則性的，比較上卻是正氣得多了，沒有過去那些陳腔濫調。

國內國外兩派不同

洪門民治黨，於三十五年八月成立以後，便積極展開各地的組織活動。爲加強宣傳工作，並在上海設立「洪聲電臺」，出版「民治週刊」，作其傳播機構。同時，因爲國內洪門內部複雜，今海外洪門，竟爾反客爲主，即都反對該黨及認該黨不足以代表全體洪門。換言之，該黨對外即失掉了洪門兄弟的支持。

這些反對者，主要的有：「洪興協會」負責人張子廉、王知本、鄭子良、陳培德等表示：「

對洪門民治黨的成立，事前既不知悉，事後亦未參加。此事關係整個洪門前途，殊未可以海外洪門，即可以代表全體洪門。並謂：擬在西北活動之中國民生共進黨（在西安成立，樊崧甫等），亦係洪門組織；然尚未以政黨姿態公開出現。擬向司徒美堂等提出要求：該黨改爲海外民治黨。否則，不能承認。」又有林有民、劉澄宇、許君甫等，三十五年九月，在上海組織「洪門民治建國會」，聲稱：該會與民治黨，同爲洪門：但民治黨係海外洪門致公黨改組而成。民治建國會爲一社會團體，以從事社會建設，增進建國基礎爲目標，並無意於政治活動，且亦從未考慮組黨問題。陳其尤等，與司徒美堂、趙昱等，意見不合。在香港仍以「中國致公黨」名義，從事活動。並明白表示不願與該黨合作。

在洪門民治黨內部，亦有多人表示：本黨組織，中央係採常務委員制，並無主席之名。司徒美堂、趙昱、張書城、楊天孚等，均爲常委，共同負中央黨務責任，名義平等、職責平等，今竟稱司徒美堂爲「主席」，不知此主席何來？足見該黨之成立，不但對外未洽洪門，對內亦未能融和黨眾。

趙昱自建南洋勢力

洪門民治黨成立伊始，便遭到黨外洪門的反對，與黨內同志的不滿。司徒美堂等深感勢孤力弱，急思覓求外援！乃於三十六年三月間，派趙昱、張書城、楊健夫（卽楊天孚）、朱今石等爲代表，與中國民生共進黨（樊崧甫負責），中國國民自由黨（林東海負責）協商。於三十六年六月二十一日，在上海西藏路大新公司五層樓酒家，聯合組成「中間黨聯盟」（類似「中國民主同盟」組織），資爲該黨增壯聲色！另一方面，司徒美堂以該黨在國內受阻於洪門。便亟謀發展港、澳及南洋一帶之黨務，以擴大基礎。並準備將該黨總部，由上海移設香港，俾能就近指揮。當派該黨生產部部長，原與司徒美堂貌合神離的趙昱赴港準備。

趙昱字壽彭，原爲南洋「致公堂」總理，在南洋各地之洪門中，頗有號召力量（司徒美堂勢力，在美國舊金山等地），原來很想參加國民大會，但未能實現，以故不但對政府甚爲不滿，對司徒美堂亦感失望！同時，他對該黨中央組織部部長楊天孚、秘書長張書城之與政府親近，亦極不同意。因藉赴南洋各地，發展黨務的機會，以營其私，爲自己另樹一幟打基礎。趙昱到達香港時，其黨徒曾往碼頭獻花歡迎，並舉行盛大的歡迎會。趙昱在港，亦極活躍。除拜訪政府駐港各機構，及香港政府各部門外，並與「中國民主促進會」的李濟琛、蔡廷楷、黃精一等晤面，有所商洽。該黨駐港澳總支部籌備會，自趙昱蒞港後，亦積極籌備，隨卽成立。由熊少豪任主委、黃滄海任副主委、劉錦燦任主任秘書、陳偉濤任總務科長、葉碧珊任組織科長、陳植中任社運科長、施倔佐任訓練科長、劉顯東任文教科長、黃長緣任宣傳科長。另於港澳各區，分設支部。總支部設於香港干諾道中一三四號，公開掛牌，儼然一政黨機關，亦趙昱假公營私所奠立的基礎。

香港佈署既定。趙昱曾一度赴澳門活動；但不幸的，卻被澳門政府當局，以擾亂治安罪，驅逐出境。趙昱受辱回港後，曾發動其黨徒，向澳門當局抗議。並擬繼續在澳門活動，卻未聽到下文。趙昱以菲律賓洪門兄弟甚多，決定前往發展黨務，預遣其菲島親信黨徒，前往籌備歡迎，並爲籌募美金八萬元，作爲活動費用。趙昱本人，乃於三十六年六月中旬，乘美琪將軍號郵輪赴菲，寓馬尼剌苑倫那街僑商杜澤生處。其活動的主要目的，則爲籌募大批經費，作其私黨基金。洪門在菲律賓的組織，原有中國洪門青年團、青年尙武國術社、洪光學校、僑商公報、抗日鋤奸義勇軍同志總會，秉公社、竹林協議團、協和社等，聞與趙昱都已採取相當聯絡。趙昱在菲逗留一月，收穫頗有可觀。隨後乃轉赴南洋其他各埠活動。

野心未遂司徒告退

國民大會開會（定三十五年十一月十五日召開）的前夕，司徒美堂曾到南京活動，要求政府分配該黨一百名國大代表；但未獲准。政府僅遴選司徒美堂個人，爲華僑國大代表。司徒美堂原是有所爲而來，既未如願以償，因對政府不滿，亦拒不出席。同時，他代表該黨向政府所要求的，未能實現，也遭到黨內的攻擊。因而表示消極。趙昱在該黨之內，頗有些潛勢力，且能號召南洋一帶的洪門。他與司徒美堂的感情，原不甚洽，覩此情形，卽有取司徒美堂地位而代之的野心。乃極力設法培植其個人勢力。曾代表該黨參加「中間黨聯盟」，與司徒美堂的意見亦相左。加以駱介子、張書城等，又從中挑撥煽動。雙方情感，乃益趨惡化。趙昱藉口發展南洋黨務，建立私人基礎。曾先後到港、澳及菲島等地，大肆活動的情形，已經不是秘密。

司徒美堂深覺黨內日趨複雜，離心太甚，團結無望。自己又年老力衰（三十六年時已八十二歲），徒擁虛名，毫無實力，甚且成了他人擺佈的傀儡。不得已，遂由消極態度而引退，正式宣佈脫離該黨。他於三十六年九月六日，在上海大西洋菜社，公開招待記者，發表脫黨聲明說：「去歲自美返國後，鑒於國內時局動亂，乃有集合海外洪門同志組黨，以發揚洪門傳統精神，而協助政府安定人心之意。惟民治黨成立一年來，徒見多數黨內份子，致力於黨派之紛爭，而未能從事於國家生產建設事業之努力。捨本逐末，實違初衷。個人意見不同於眾，脫黨亦不致影響黨之前途。近復經華北、華南及海外洪門同志李梅林、魏大可、王慕沂、張遜之，陳鐵吾、張輔邦、王志聖等二百餘人，通電贊成，乃毅然宣佈脫黨。今後將竭力教育，以實現不爭之爲爭的建設本志。」

司徒美堂脫黨以後，順水推舟，該黨的領導大權，便自然落入趙昱之手。趙則一方進行黨的改組；一方今後之活動中心，決定移往華南及海外。另一方面，該黨的重要份子，如譚護等五十餘人，則通電挽留司徒美堂，繼續領導。並在香港爲司徒美堂舉行盛大祝壽，故司徒美堂名雖脫黨，實際上則仍未脫離關係。由於其親信的鼓動，且有再起爐灶的醞釀。

趙昱一派再度分裂

趙昱親自設立的該黨港澳總支部，受了中央總部內爭的影響，隨亦發生變化。內部分裂爲兩大派。其分裂的原因：一、趙昱前來香港組「港澳總支部」時，曾委派執監委員六十一人。隨被該黨中央推翻，重新另派委員五十人（內候補十九人）。但新委員之委任狀，係由該黨中央駐會委員高天紱一人所署委，而司徒美堂及趙昱，均未簽署。大部份黨員，認爲不合，因而引起反對。二、港澳總支部內，原來分爲三派：1.朱家兆派，有熊少豪、黃滄海、朱灼雲（朱家兆之子）、陳直中等。2.趙昱派，有施倫佐、黃大樞、趙長慶等二十餘人（此派人數最多）。3.司徒美堂派，有劉錦東、劉錦燦、梁創仲等。司徒派與趙昱派原是相左的。離合靡定，現爲利害關係，兩派又携手合作抵抗朱派。這就是該黨分裂之主因。其次，總支部主委熊少豪（朱派）在洪門中的歷史甚淺，且把持黨務，任用私人，引起多人反對。亦分裂成因之一。

反對派在施倫佐（趙派）領導之下，已組成執監委員整理委員會。在大中華酒店五樓七號，設立辦事處，提出排除「賣黨份子」，必要時另組「新民治黨」。整理委員會已推定劉錦東、施倫佐、梁創仲、樞標、趙禮東、劉錦燦、林飛熊、張海若、陳偉濤等爲常委；黃大樞、楊馥、黃啟林、謝佑基等爲委員；並推施倫佐、趙禮東爲對外發言人。

朱派熊少豪等之執監委員。則圖造成既成事實，便不管簽署是否合法問題，決定先行就職。計有熊少豪（主委）、黃滄海（副主委）、葉碧珊、陳直中、劉寶鈞、黃曉山、朱灼雲、曾玉波、彭天雄、林維德、鍾懋時、陳綺雲、趙善燦等。而屬於反對派之執監委員，則拒不就職。並電請趙昱親來處理。趙據報後，卽起程趕赴香港。於九月四日由小呂宋抵埠，便急速赴滬，會晤司徒美堂，商討對抗朱家兆派之策，但趙赴滬後，就沒有消息了。

幫會搞政治的終局

總之，洪門民治黨以幫會變黨而搞政治，既非其料，亦非其長。因爲洪門本質，乃社會各色人物的混合體；門戶派系甚爲龐雜繁多，且積不相能；統一組織，自不容易。故洪門民治黨，自司徒美堂宣佈脫黨之後，黨勢已成分崩離析狀態；不但內部糾紛未息，反而鬪爭愈烈，其無前途，可以想見。中國共產黨竊據中國大陸後，爲針對海外華僑及歸國僑眷的「統戰」需要，在其八個附庸黨派之中，保留了有名無實的「致公黨」（陳其尤、官文森、嚴布純等所組織），作其「統戰工具」。而較具規模的洪門民治黨與司徒美堂，則反而莫知所終了。

梁鴻志的悲劇

僞官黑爵曇花一現

自汪精衛在南京成立僞國民政府之後，大家都注意到汪精衛，把汪所承接之舊傀儡餘緒僞「維新政府」遺忘了。今日來說，年代已過了半個世紀，也不免開元話舊之感！

日本侵華，蓄謀原非一日。自「七七事變」，中國對日全面抗戰爆發，日寇首先侵佔了我平、津，繼又佔領我上海、南京。據我首都後，本其「以華制華」的陰謀設計，勾結收買一羣舊官僚政客作走狗，於民國二十七年三月二十八日，在金陵製造一個傀儡組織——「華中維新政府」，略稱「維新政府」，爲「爲虎作倀」的工具。與其華北「僞臨時政府」，平等並立而不相妨。這正是日本決策：「分而治之」的統治把戲。這僞維新政府當年的首腦人物，就是世所稱安福餘孽的梁鴻志。

事頗相當巧合：我國對日抗戰初期，南北幾個著名的大漢奸，都與北洋政壇的「安福系」，結有相當關係，如王揖唐、王克敏（我都已撰文介紹過）、梁鴻志皆是。梁鴻志出身八閩書香仕宦之家，本身亦有清季舉人與京師大學堂出身的資格，還去過日本。不但日本語文好，中國詩文也屬上乘。一生名利薰心，祇是官運欠佳。前半生所經歷的官職，不論在滿清末年、北洋時代、或國民政府時期，都是做的無印之官的幕賓僚屬，即中國俗語所說的，沒有抓過「印把子」。直到抗戰之時，變節附敵，落水爲奸之後，才當了日本傀儡，做了「華中維新政府」的行政院長，以及汪僞組織中的「監察院長」，才算抓過四方大印，也是他一生官運，登峯造極的頂點。可惜的祇是「僞官黑爵」，又祇「曇花一現」。雖前後抓過七年的「印把子」，反倒霉到了極點。連自己的生命，也隨其僞監察院長與代立法院長，在國法制裁之下，同歸於盡。

身世清白意志不堅

梁鴻志，字眾異，生於清光緒八年（一八八二），福建長樂人。傳係清季兩江總督梁章鉅的後裔。據其傳記所說：梁鴻志六歲時，曾隨其家人旅居日本兩年。何所事事？卻不得其詳。而一株嫩弱的幼苗，卻不免受了日本文化、風習的浸染。對其後來的思想行動，多少不無影響。回國後，仍循中國傳統的科舉路線求進。弱冠時，獲中舉人。

嗣因清廷變法，廢除科舉制度，他便進了京師大學堂（北大前身）。畢業後，曾做過公務人員、新聞記者及學校教師。後來在汪精衛僞政府任考試院副院長的江亢虎，正是他的東文教師。師生共事南京僞府，學生的官位（行政院長）卻比老師高。

梁鴻志在京師大學畢業後，初任清廷學部小吏。入民國後，在國務院當個小差使。他詩做得好，與黃秋岳同爲陳石遺（衍，福建人，與林琴南、鄭孝胥爲同榜舉人，著作很多，抗戰時去世）的弟子，亦被稱爲詩壇「閩派」的傑士。陳石遺頗賞其詩文，欲介之入徐世昌（東海）幕。未明何故？梁辭不就。其時，他與國會議員曾雲霈（段祺瑞的親信）爲同鄉。對他也相當器重，多方照顧。初介之入段祺瑞幕，司記室（秘書）。民國成立後，任職國務院，外兼新聞工作。民國七年，參加王揖唐、徐樹錚等所組織的安福俱樂部，正式成爲安福系的一員。初不過三四等角色，漸漸的，在冠蓋京華中，才有人知道有梁衆異，從此與段祺瑞接觸的機會亦較多。段氏以其爲人機警多智，文筆雅健，人復圓通活躍，便益信賴之。未久，獲任臨時參議院秘書長。時在段氏門下，便已取得與王揖唐、徐樹錚等的同等份量。當段氏對日本外交事故方殷之時，梁氏多所代籌獻策，段氏對他的信賴，似尤在王、徐諸人之上。

投機取巧高攀政要

此固然是梁鴻志的運氣不錯，亦實由於其人之能長袖善舞。原來徐樹錚與王揖唐擬籌組安福俱樂部，作爲段祺瑞系組織新黨的大本營。其目的：一方企圖在國會中，取國民黨的地位而代之，成爲國會中的第一大黨；一方則用以對抗方興未艾的研究系——梁啟超、湯化龍、林長民等。但徐樹錚初覺人力單薄，恐難如願，亟思物色一得力助手，共襄其事。王揖唐乃極力推介梁秘書眾異，似足勝任。徐樹錚原來還不識其人，及安福俱樂部經由梁鴻志的策劃經營以後，名氣因隨之而大振。每天高朋滿座、打麻將、抽大烟、叫姑娘。談政治條件，則因人而施，送支票、許官爵。許多其他黨派人士，以利之所在，亦多投靠而來。故安福系之能欣欣向榮，雖捨正道而未由，梁鴻志卻不無微勞。

在安福系中，有人常把梁鴻志與王克敏相提並論，其實並不相侔。王克敏身體瘦弱，類似病夫，精神卻十分健旺，是一個有名的獨眼龍；另一隻眼亦視覺不良，經常戴一副墨晶眼鏡，以掩其尊容。梁鴻志則身體魁偉，精力充沛，腦滿腸肥，剃光一個和尚頭，乃其特色，人也比較活躍。以社會地位言：王克敏多金善賈，掌握了財政銀行界的勢力，做過北洋幾屆財政總長。梁鴻志出身小官末吏，北洋時代最高做到府、院的幕僚長。對日抗戰時代，在傀儡組織中，兩人地位，則大體相等。以性格與心術言：王克敏雖作了日本傀儡，但其本性，始終相當忠厚，待人接物不流於浮滑欺壓，患得患失之心亦不太重，這或許是因其經濟基礎鞏固的緣故。梁鴻志的生性，則善於投機取巧，日夜籌思，一心想成爲政壇重要人物，多方交結當道權勢。另方面，則愛擺官架子，講究排場。對於達官貴人的言行舉止，尤愛東施效顰。例如當時風尚，京中要人每周末常藉口要公，專赴天津，遊樂之中作勾結。梁鴻志也常隨帶著兩名俊僕，坐上頭等火車，瀟瀟洒洒，旁若無人，手捧線裝之書，心懸攀登之路。他與王揖唐之相識、結緣、訂文字交、拜安福系，就是這樣在火車上開始的。

故梁鴻志之發達，初有曾雲霈，再有王揖唐，三有徐樹錚，最後才有合肥段祺瑞。梁鴻志與徐樹錚，原來毫無什麼淵源。不過他亦早知徐爲一才高氣盛，目空一切之人，難得高攀附驥，縱幸得其垂青，亦難存什麼奢望。因此他的目標，並不在此，僅着眼於段芝貴，積極夤緣進身。張勳復辟事件發生時，段芝貴正任討逆軍東路軍總司令。梁得入小段之幕，任秘書長，自謂書生投筆從戎，洋洋得意，隨軍出征。書生不能拿槍桿，還是拿起筆桿來，一路吟風弄月，藉景抒懷。大捧老段和小段，譽爲自古以來罕見的軍事家和政治家。段祺瑞對梁鴻志之信賴有加，作了安福系的中堅，即始於此。不過在段祺瑞左右的人，向有一種通病，即「你不服我，我不服你」，大家「各行其是」，不能忠誠團結，互助合作。而段祺瑞本人，作風亦極特殊，「一切自以爲是」。凡所信賴之人，皆可放手去爲；出了問題，又由他來負責。由於前者，則各逞權能，互爭雄長；由於後者，則矛盾叢生，顧此失彼。所以終段氏一生，政治糾紛，始終未息。梁鴻志雖已深得老段的信賴，然默察安福系這種情形亦特殊！因之頗覺鬱鬱難伸，心猿意馬，便不免別有懷抱。

所志不遂坐觀世變

民國九年七月，直皖戰爭發生，段氏失敗，通電辭職。安福俱樂部亦被迫解散。時梁鴻志任段芝貴秘書長之職，亦列名「十大禍首」之一，遭到徐世昌下令通緝。梁與其他九大禍首，幸事前得到吳炳湘暗通消息，經徐樹錚的安排，均分別逃匿於北京日本公使館的兵營，受了日本的政治庇護。日本武官建川中佐與徐樹錚原有交情，當晚猶在營中酒吧設宴歡迎，居然還有營妓侑酒。苦中作樂，大家仍然憂心忡忡，惟梁鴻志頗有賓至如歸之樂，情緒特佳，當時並作了幾首詩，徵求同難步和。大家生活在聲音嘈雜、臭氣薰騰之境，睡在日本士兵通舖榻榻米之上，多不堪其苦！梁鴻志則獨回想起當年留日的生活情形，頗有親切之感。段芝貴則時時警告於眾曰：秘書長不要雅興太高，靳雲鵬與樹錚爭權，積怨甚深，結仇難解，對吾輩必窮追不捨，他花樣甚多，勸眾提高警覺！十大禍首，在日本兵營作客，生活完全自理。飯食由外面餐館包送來營；早餐點心，則託日兵外購燒餅等類。一日梁鴻志先吃燒餅，忽覺口舌發麻，急吐漱口。細查餅中有白色結晶物。經日本軍醫檢驗，確定爲「砒霜」。再遣日兵去找那燒餅店，則已關門大吉了。梁鴻志驚悸之餘，既證段芝貴之警言非虛，猶謂：吾輩大難不死，總有再見天日、報仇雪恨的一天。從此以後，十大禍首的心理，總是惴惴難安！咸認靳雲鵬用心險惡，防不勝防，在此終非久計，不如分道揚鑣，各謀生路。首先是徐樹錚藏在柳條箱內，當作日人小野寺赴天津的行李，離開兵營。梁鴻志隨亦積極設法脫離虎口；他是最先到日本兵營的人，也是最後退出日本兵營的人。從此轉逃至天津，避難數年，直到民國十三年，段氏利用馮玉祥所謂「首都革命」之助，乘機東山再起，居臨時執政，復任梁鴻志爲執政府秘書長。十四年一月，因北京學生與工人大遊行示威，毀梁鴻志、章士釗等人住宅。梁受迫，乃辭秘書長職。他的意志，原來就不堅定，赴天津後，乃一心依附於日人，日人便以所主辦之「東方文化事業總委員會」的中國委員一席給梁。梁與日人的關係，從此便更深入了。十六年，日本對我東北，陰謀日亟，再驅梁打入張作霖集團，從事秘密活動，終以事被張氏發覺，未能如願。十七年，轉赴大連，再移居於上海。自詡爲東山養望，實則他已全被日方收買豢養，坐觀世變，待命行事而已。中國對日抗戰時，梁固得意於傀儡活動；及日本屈服投降，梁亦與日偕亡了。

早懷報楚臨事延暉

梁鴻志在民國九年，直皖戰爭失敗，已先逃匿於北京日本使館的兵營。兩年多以後，遷居到天津日本租界。當其離京臨行前，曾致書向日本公使道謝！函作四六駢體，頗爲日人和其同流之輩傳誦一時。函中有云：

「三年寄廡，一夕還征，不告斯離，於心滋歉。夫開館而容逋客，固國際之通規；亡命而脫嚴扃，亦黨人之恆事。非虎兕之出柙，執事本無過可言；類爰居之避風，鄙人宜見機而作。輕車遝去，誰識張祿之逃秦；微服而行，竊比宣尼之過宋。此日會稽甲帳，沼吳則期以十年；他時晉國櫜鞬，報楚當避之三舍。」

單從文學觀點來說，如不以人廢言，尚可列爲佳作。如就取譬自喻來說，則實狂妄至極，令讀者也要爲之汗顏無地。文中前段，同時以范雎（戰國時衞人，爲秦相，倡遠交近攻之策）與孔聖自擬，實在褻瀆了先聖前賢。末段所謂「沼吳」「報楚」，前者，暗射直皖之戰，吳佩孚擊敗段祺瑞，使他也成了喪家之犬。將來對「吳」此仇，必要報復。後者，隱喻對日懷恩，將來必有以報「楚」。文字中，已明白擺出了作漢奸的面目。

極爲顯明，梁鴻志之變節投日，早在直皖戰爭之後，心理上卽已植其根，作了靠攏的準備。從另一事實觀之，亦可窺其心跡。卽當梁鴻志做了華中維新政府行政院長之初，日人重修金陵「瞻園」，擬新建一亭。落成之日，主其事者，請梁鴻志命名題匾其上。梁似早有成竹，未加考慮，隨題「延暉」二字以應之。梁如易時易地而爲之，「延暉」二字，頗有書卷風雅之氣。獨在此時此地見之，則「延日軍」三字，便赫然在目。無論其爲有心或無心，說者咸謂：梁鴻志「報楚」的心理態度，總是不可寬恕的！

託庇日本賣國求榮

我國於清季末年，對國際上幾次外交失敗之後，曾訂下許多不平等條約。允許外國人在中國境內有一項設置「租界」的特權。這種租界，在我國上海、天津、漢口等通商大埠，英、法、美、日諸國，無不有之。租界實一藏垢納汙的罪惡場所；亦爲我國人作奸犯科者逋逃的淵藪；尤成了失意官僚、政客的避難所。而租界之外，我政府爲保護外僑及監視起見，經常佈署着軍警崗位，資爲戒備。

梁鴻志在北洋政府時代，曾有過幾次被通緝追捕之事；但他每次都是逃匿天津，藉租界作護符，接受日人的庇護。如直皖戰爭後，卽困居於日本租界數年。某年重陽日，他飲茗於茶肆，曾偶吟「九日天津中街茶肆」詩一首，其中有「佳辰有盡意難窮，失笑三年在賊中」之句。「中街」，是天津租界中，一條有名的大街。他對租界外我國監視的軍警，則常目之爲「賊」，詩中故有是語。

時有遜清某遺老見其詩，私語之於段合肥曰：「梁鴻志把本國監視保護租界的軍警當『賊』，豈不把父母之邦的自己國家，視爲『賊巢』嗎？」段氏亦無以應，祇說一句「文人的陋見」。所以梁鴻志後來之不愛惜羽毛，落水爲奸，賣國求榮的意識，此時便已隱伏於衷了。

文采差可器識不夠

梁鴻志出身清末科班舉人。對於中國古舊的詩文，自然有點修養。他與王揖唐晤面之初，以談詩道並互有唱和，氣味相投，因結文緣。梁曾著有「爰居閣詩集」、「入獄集」、「待死集」等。余僅聞其名，卻未見其書。據已見過的人說：詩集與漢奸鄭孝胥頗多同調。不過晚清大儒錢基博（子泉、江蘇無錫人，曾任清華大學教授，著作很多），對他相當贊許：「植骨韓、杜，取逕臨川，頗得介甫深婉不迫之趣。」卻不免譽之過當。然一經大儒游揚之後，梁鴻志確也沾光不少，一般便認爲不好也是好的。同樣的，也有人把梁鴻志的詩，分作三階段論評之說：「早年詩筆，清新近大蘇；中年才華艷發似溫、李；晚年則頹廢不堪。」還相當近乎情理，惟於其早年中年的評語，仍不免言過其實。如他擔任段祺瑞臨時執政府秘書時，偶吟一絕，有云：

「此身憂樂關天下，鞅掌簿書意未休；不及去年風味好，一簾春雨聽吳謳。」

猝讀此詩，或疑作者眞有范文正匡時濟世之志。從末二句觀之，則意不銜接，不知所云，豈祇頹廢，又何曾替大蘇、溫、李洗過腳！

至其晚年，他在南京維新政府時代，或因志得意滿；或爲利令智昏。多數作品，既驕狂橫溢，更惡俗難耐。指之爲「頹廢不堪」，而詩亦正如其人。據傳：抗戰時期的陪都——重慶，有人關心戰局安危，常藉神壇扶乩，探詢休咎之事。其法卽由司事人員，默請神仙或古人降壇，指示機宜！某日光降乩壇者，爲唐代大詩人李商隱（義山）。時有某信徒，曾以「當代詩人，誰爲第一？」請求批示！亂筆隨於沙盤中，寫上「梁眾異」三字。梁卽南京維新政府的首要漢奸梁鴻志。當時圍觀的信徒們，多爲驚駭鼓噪不已！有謂：「豈我陪都無人，必選淪陷區一漢奸耶？」迷信惑人，乩壇詐僞，本不可信，更怪不得李義山多管人間閒事。而此乩壇司事之輩，或難免沒有漢奸嫌疑。夫子之言曰：「士先器識而后文藝」。梁鴻志的詩文，平心來說，固略有可取；但絕不能算是當代第一人。主要的理由，就是他的「器識不够」。

維新政府沐猴而冠

民國十七年五月，國民革命軍北伐成功。七月入北京，以「劣跡昭彰」之罪，政府下令通緝北洋餘孽多人，梁鴻志亦其中之一。梁鴻志初逃匿於天津轉大連，再移居於上海，接受日方的徹底豢養，坐觀中、日兩國的鬪法。及「七七」事變與「一二八」事變之後，日騎踏入金陵，梁鴻志以時機成熟，乃公開獻身效死於日寇「以華制華」政策之下，勾結舊日失意的官僚、政客、軍閥，除陳羣（人鶴，行八，本上海流氓大亨之一）、溫宗堯（欽甫，廣東人留美，早年參加革命，與岑春暄、唐紹儀，皆有交誼）外，尙有周鳳岐（恭先，浙江人，曾任國民革命軍第二十六軍軍長，後任維新政府綏靖部長，在上海被愛國志士擊殺），陳以祿（任先，山東人，維新政府時代任外交部長，二十八年在上海被刺殺），陳錦濤（廣東南海人，北洋政府時代，曾任財政總長，維新政府時，任財政部長兼華興銀行總裁，二十八年死於上海虹口）等，在日寇卵翼之下，連袂落水，沐猴而冠。

華中維新政府，於民國二十七年三月二十八日，成立於南京。這是日寇在中國南方所製造的第一代僞政府與華北所謂「僞中華民國臨時政府」，遙遙相對呼應，均屬地方性的政府。所謂華中維新政府，不設主席，採行政、立法、司法三權分立制。華北僞臨時政府，係二十六年十二月十四日，成立於北平。僞組織分爲議政、行政、司法三個委員會，亦與僞維新政府行政、立法、司法三院，實際相等，唯名稱不同。僞臨時政府北轄河北、山東、山西、河南四省，與平、津、青島三特別市。僞維新政府，則轄華中、華南(暫定)，三院之下，分設七部(不詳列)。三院爲：

行政院院長梁鴻志（第二代僞國民政府時代改任監察院長）。

立法院院長陳羣（第二代僞國民政府時代改任內政部長）。

司法院院長溫宗堯（第二代僞國民政府時代改任司法院院長）。

日本侵華，凡敵軍在中國所佔領的地區，每有類似民眾團體的組織，作其政治外圍，爲假藉製造民意，宣揚親日思想的機構。除華北有「新民會」，滿洲有「協和會」外，在上海原有「興亞會」（直隸日本特務機構）的組織。及南京維新政府成立，與亞會改爲「大民會」，由滬遷寧，以梁鴻志兼任會長。二十八年，改爲總裁制。名義上，梁鴻志任總裁，溫宗堯副之，實權則全操在日本特務手中。

不僅此也，梁鴻志做了南京僞維新政府的行政院長，徒斤斤計較於高官厚祿，縱一切都得聽命於太上皇——日本人，毫無實際行政權力，也不在乎。他有兩句名言：「世界上有兩件最齷齪的東西：一是政治，一是女人那話兒。」把政治與女人那話兒齊觀，成爲一時的大笑柄。其實在他心理上，是最愛這兩件最齷齪東西的，祇因他對維新政府的軍、政兩大行政實權，已經旁落。政權操在狼虎成羣的陳羣（原是杜月笙的門下，在滬、寧一帶，最具實力的流氓大亨。同時，行政院又成了立法院的附庸）手裏。軍權則掌握在任援道的手中（握有所謂綏靖軍十幾個師及雜色部隊，共有二十餘萬人）。梁鴻志雖居維新政府的行政院長，完全有名無實，眞不異傀儡表演舞臺上，傀儡背負的傀儡了。這就無怪他要自欺欺人的說：「政治是齷齪的東西」。

汪僞政府屬第二代

日寇在中國華中，繼南京僞維新政府所製造的第二代傀儡組織，就是汪精衛、陳公博等，於民國二十九年三月所成立的僞國民政府（巧立名目爲「還都」）。雖僭稱中央，仍祇算是地方政府——繼承僞維新政府的第二代。因爲日寇對華侵略的決策，是要把中國弄得四分五裂，形同割據而治之。故僞國民政府成立時，二十六年十二月，日寇原在北平所製造的華北僞「中華民國臨時政府」，僅改換名義，並不取消；名雖屬僞國府，實際仍然獨立。一切政治、經濟的行政，都劃界而治，不使統一，亦不相隸屬。舉例明之，如南京僞中央銀行——中央儲備銀行——所發行的中央儲備券（鈔票），祇能流通於南方的日敵佔領區，往北不許跨越徐州，卽爲顯明的事實。因之，汪僞國民政府，實際上，則爲承接前代僞維新政府，性質上，則爲換湯不換藥的組織。雖妄自尊大，僭稱中央，仍祇算地方性的政府之一，中央則在東京。

同時，這汪僞國民政府的成立，雖是由日寇一手導演的，然也煞費了一番苦心。首先除汪精衛系自稱所謂中央班子外，南北兩個僞政府都不上勁，甚至極力在阻撓破壞。幾經威脅、利誘、磋商，一波三折、集會多次，最後於二十九年一月二十四日，才產生了所謂青島「協商會議」，實際是「分臟會議」。參加份子：日方有影佐、須賀、清水、矢野、谷狄、掘場等。汪方有汪精衛、周佛海、褚民誼、梅思平、林柏生、蘭江等（原隨汪精衛赴青島途中，尚有陶希聖、高宗武。此時則脫離汪氏赴香港，宣佈了「日汪秘密條約」，舉世震動，指責日汪）。華北僞政府有王克敏、王揖唐、朱琛、齊燮元等。南京維新政府府則有梁鴻志、溫宗堯、陳羣三巨頭及任援道。任援道算是一個突出人物，因他掌握了重兵，對新的僞組織，頗有舉足輕重之勢，亦爲汪僞必須依恃的人。青島會議協調的結果，南北兩僞政府，形式上與汪系合併起來，仿重慶模式，設立僞中央國民政府和五院；南京原維新政府取銷。原華北臨時政府，僅改名爲「華北政務委員會」，名隸僞中央，實則完全獨立。南北兩僞政府，分庭抗禮，遙遙相對，無殊割據之局，以迄日本屈服投降。協調分贓配置以後，僞國民政府的人事安排，大致如下：

主席——由汪精衛代（因原國府主席林森，尚在重慶。汪精衛既稱「還都」，故稱「代」。）

行政院長——汪精衛兼。

立法院長——陳公博，兼上海市長。

監察院長——梁鴻志，原維新政府行政院長。

司法院長——溫宗堯，原維新政府司法院長。

考試院長——王揖唐，原臨時政府委員。

華北政務委員會委員長——王克敏。

原維新政府三巨頭之一的陳羣，屈任內政部長；雖小於院長一級，但握有特務力量，實權卻大過院長。三十三年，汪精衛去世，陳公博一躍而代僞國府主席兼行政院長，梁鴻志則由監察院長改任立法院長。考試院長王揖唐早已辭職，由副院長江亢虎改任院長。以至日本投降，僞國民政府垮臺。

日本投降餘孽伏法

民國三十四年八月，日本宣佈投降，中國抗戰勝利，卽是漢奸末日的降臨！政府按照國法，大捕漢奸。原南京維新政府的羣魔，雖託庇於僞國民政府，借屍養魂，苟延殘喘數年，亦難逃其噩運。梁鴻志在蘇州被捕，解至上海提籃橋監獄拘禁。三十五年十一月九日（有云爲六月二十一日），經法院審訊，判處死刑，年六十五歲。臨刑猶自欺欺人，以掩其罪惡而哀鳴：「我梁衆異並無負於國家」，或爲故示慷慨赴義之意，實則已經面無人色了。識者則無不譏其無恥。梁鴻志清末肄業於京師大學堂，與其同縣同學的黃濬（秋岳）交善，詩名亦相埒，皆爲京師大學堂的高才生。抗戰時期，黃秋岳任南京行政院簡任秘書。「一二八」滬戰之初，以洩露「封鎖長江日艦秘密計畫」的賣國案，被正法槍斃。吾友張劍峯（齡、曾供職侍從室）兄謂：黃秋岳與敵方勾結的引線人，也就是梁鴻志。梁當時沒有碰上，黃卻先作了替死鬼。情形是否如此，我另無資料可徵，姑存之待考。

南京僞維新政府的三巨頭，除梁鴻志明受國法之誅的悲劇結束一生之外。陳羣（本爲一舊官僚，僞裝名士派，家資充足，收藏古董字畫頗豐），當日本宣佈投降之後，知罪孽深重，無可脫逃，也曾未如周佛海、丁默村之輩作過偷生的企圖。於清理古董、圖畫、家產，遺散若干小老婆，召宴親朋話別之後，卽服毒長眠，頗有從容就道之概，倒也死得乾淨俐落。這當然是他有自知之明，作惡太多，縱能偷生於國法，亦難逃脫私仇的刺殺。溫宗堯於僞國民政府解體後，三十四年十月被捕，初囚於上海軍統局的看守所「楚園」，後解赴南京老虎橋監獄；三十五年，經法院判處無期徒刑；同年，病死獄中，年七十二歲。另外一個特殊漢奸任援道，在日本發動太平洋戰爭以後，卽知日本大勢已去，隨經其弟任西萍（供職於重慶政府），代向中央搭橋安排。日本投降後，以維護京滬治安秩序有功，中央湯恩伯將軍飛京接收時，任援道妥善交出了軍權。隨卽挾其多資，遠走香港，轉赴加拿大，以後便不知所終。南京維新政府的餘孽，至此才算眞正肅清。不過任援道落水爲奸，已成鐵的事實。結果，安然遠行，沒有沾上半點刑責，逍遙法外。事固令人難解？當算是漢奸羣中，最厲害、最幸運的一個。

漢奸羣中一奇人任援道

未列漢奸逃脫國法

一個國家，當外侮入侵，國勢阽危之秋。一方面必有很多捨身取義、挽救危亡、保全國脈正義之士；一方面，也必有些罔顧廉恥、屈節投降、認賊作父的奸徒。前者，為大義眞理之當然，國家正統的歷史，就是這樣創造延續出來的；後者，這些數典忘祖之輩，每當歷史朝代更替之際，此類奸人，亦無代無之。如石敬塘、劉豫之輩，皆其著者。其卑鄙無恥之態，誠如明趙士喆「遼宮詞」所云：「自解衣冠策晉王，石劉兩主號兒皇，山河不改雄圖盡，白髮宮娥淚萬行」。「七七」我國對日抗戰前後，這類「兒皇」，在日本「以華制華」的策略下，便先後出了好幾個：華北偽臨時政府的王克敏，華中偽維新政府的梁鴻志，南京偽國民政府的汪精衛。若輩的穢行醜態，我都已說過，且不重及。現在祇說汪兒皇系統中的海軍部長兼江蘇省主席的任援道。

汪精衛於民國二十九年三月底，成立僞政府，粉墨登場，做起日本「兒皇帝」來。模仿重慶國民政府，設立五院及各部會外，並成立各種軍事機構與軍警部隊。繼日軍佔領三年之後，便出現了僞政府的所謂「和平軍」，擔任其所謂國防任務五年（至日本投降時止）。這擔任「和平軍」軍頭的，就是任援道。

任援道在汪僞組織的漢奸羣中，知名度原不很高；但其所控制的軍隊實力，又足以左右汪皇朝的興滅存亡。他一生經歷，曾出仕過北洋政府、南京政府，官不算大，卻是幾朝元老。及參加汪僞組織，作了漢奸，才垮了下來。但垮了又不被列爲漢奸，逃脫了國法的制裁，跑得乾淨俐落。非其人之才智有特殊過人之處，是做不到的。尤其與他合作、共圖戴罪立功的周佛海，受了國法的制裁。而他實爲漢奸，卻未列漢奸。事奇、情奇，所以我才說他是漢奸羣中的一奇人，就用之作爲本文的標題。

機警圓滑官兼文武

汪精衛在日本扶持之下，藉舉行所謂「還都典禮」與各院部會首長「就職典禮」，成立了僞「國民政府」。各院部會首長人事的配備，早經羣奸角逐爭奪之後，大體都已定位。惟海軍部長一職，因僞府實無海軍，又無適當人選，乃由汪精衛自己兼任。但汪以僞主席，已兼了行政院長，再兼海軍部長，三級一把抓，自己也覺很難爲情！乃將海軍部長一職，讓給了任援道。任原來還不够格，而是周佛海從中說合的。周、任合作之路，從此也就展開了。周非汪氏嫡系，而能控制僞府財經大權者，後來得到任援道實力支持之處實多。此又「官官相護」之另一章。

任援道原是汪僞陸軍第一方面軍有名無實的司令官。兼了海軍部長，實際沒有海軍，日本人也不願僞組織有海軍，又是有名無實的；但是任援道之名，卻已躋身於中央院部長之林。以後運用機智與周佛海的助力，隨又擢任爲江蘇省主席。他並未放下軍權。於是他的實力，漸漸膨脹起來了。僞陸軍第一方面軍，勢力逐漸擴充，後來轄有正規陸軍十個師、兩個獨立旅、兩個獨立團。加上蘇北的雜色部隊，總計有二十餘萬人。駐軍於江南精華地帶，控有京、滬、杭三角洲。不但部隊爲汪僞軍之精英，地利亦佔全國最富饒繁榮之區。這時的任援道縱不作舊軍閥割據一方之想，而立馬吳山、瞻望前景，也難免沒有曹孟德「一世之雄」的氣概！

任援道固一時志得意滿、顧盼自雄了；但其家世與出身，世人明其底細者，恐不太多。這並不是他故作神秘，實因他原來位卑職小，初無藉藉之名，未被各方所重視，而尠其傳的緣故。人僅知其爲江蘇宜興人，對其學經歷，則皆茫然了。但從其浮沉政海、涉歷多方來看，揣想其人，必有過人的聰明才智，對舊文學有相當基礎。是一個相當機警圓滑、擅謀略、會應變的人。所以才能官兼文武，在政治漩渦中，轉來轉去。從北洋時代，一直到抗戰勝利，他才滑倒下來。

日本投降漢奸末路

我國對日抗戰八年，日本終於三十四年八月十四日宣佈投降，戰爭結束。所有漢奸的僞組織，一齊垮臺；所有大小漢奸，都趨末路。樹倒猢猻散，各找出路，尋隙逃生。大奸巨憝，在汪僞組織之下者，如陳公博、周佛海、陳羣、繆斌、陳璧君、溫宗堯、梁鴻志、江亢虎、丁默村、羅君強、林伯生、陳春圃等，自然難逃國法的審判。結果，不是自殺了生，便是槍決服刑，或者病死獄中。皆足說明公理昭彰、法網難逃。惟有周佛海與任援道兩奸，早見日本敗徵畢露，便投機取巧，先通重慶，企圖戴罪立功。周佛海以貪圖名利之心太重，不但希望將功折罪，還想晉爵封侯。結果弄巧反拙，賞未邀得，而先進了囹圄，由死刑改判爲徒刑，拖了幾年，終於病死監中。與周佛海同時弄巧的任援道，可算是漢奸羣中的最幸運者。實爲漢奸，而未負奸之名，且能遠走高飛，逍遙法外，又成了漢奸史上的另一章。

至於漢奸羣中的蝦兵蟹將，尤其是僞軍，或爲環境所逼，或爲生活所困，不得已而出此下策者，罪雖不可恕，情實有可原！當局原情，便一律予以革面自新的機會。小奸不究其既往，僞軍則迅速予以編遣。當時的僞軍，共有五十餘單位，約六十餘萬人散佈江南各地。日本投降，僞組織崩潰後，僞軍在羣龍無首之環境下，政府如不迅速接收整編，必然造成爲患不易收拾的局面，危害地方，影響大局。任援道則正於此青黃不接之時，掌握所部，維護地方治安；幫助政府接收和整編僞軍；大顯其身手，因而獲得湯恩伯將軍的嘉許，而特加以維護。

當日本投降後，中央迅卽發表湯恩伯將軍以第三方面軍司令官，兼攝「京滬衛戍總司令」。並用最快速的方法，將國軍新六軍運到南京；九十四軍第五師進駐蘇州，湯恩伯將軍，也正式就職，負起東南半壁的衛戍責任。任援道的僞軍，初亦改編爲「京滬衛戍軍」。由於湯氏與任援道的合作，使一切接收與整編工作，皆得順利進行。此固得力於湯氏籠絡有方，處置得當。憑良心說，任援道亦不無微勞足錄。

交出軍權悄然離去

日本投降時，江南京、滬、杭三角洲地帶，所駐僞軍部隊，全是僞陸軍第一方面軍任援道所轄的部隊。當日軍已投降，國軍接收尚未進駐之前，這一地區，便成了三不管的眞空狀態。僞軍無所服從，向「左」向「右」，皆可隨心所欲，自由行動，沒有任何阻力。在這種情勢之下，縱不牽動全局，也實有舉足輕重之勢，至少也會糜爛地方。幸周佛海在日軍投降前夕，已向重慶方面的戴笠（雨農、軍統）將軍搭上鈎，願戴罪立功，爲中央効命。同時，任援道亦經其兄任西萍在中央牽了線，握牢所轄部隊，維護地方治安，不讓潛伏匪類與不良份子，乘機出來擾亂破壞，靜候中央處理。因之，日本投降後，江南京滬一帶地方，得保安定，而未遭受糜爛破壞者，周佛海與任援道兩人合作，縱令是投機取巧，也可算是立下了一點小功。

在這過程之中，周佛海所致力之處，且置不說。而任援道致力之處：當其與重慶溝通之初，據說：已受命爲「先遣特派委員」（確否？待查），協助政府接收戰區工作。初與周佛海合作、維護江南治安、交通，使京滬、滬杭甬兩路沿線城市，閭閻不驚，以及全部衛戍責任。及第三方面軍司令官兼京滬衛戍總司令湯恩伯，到京履新後，任援道卽自動「交出所轄部隊的軍權」，算是善盡了他的責任！同時且將其上海私宅——江蘇路一棟花園洋房及其私人汽車，借給公家暫時住用。自己或已另有了打算，湯恩伯還說他能「公爾忘私」。

三十四年十二月二十日，湯恩伯將軍在無錫第三方面軍司令部，召開第一次江南治安會議，並由他親自主持。會議的主要任務，是討論防共的佈署配備等問題。同時，他對任援道個人，還特加以讚許，稱：「任援道個人，勝利以後，能以國家民族爲重，個人出處爲輕。自動把自己所統轄的軍隊，於完成初期維持江南治安後，率先倡導，爲大眾的表率，全部交出來，聽憑國家改編。自己改任本部參議。是值得做其他人模範的。」說畢，首先鼓掌，表示嘉許。宋史有：「太祖杯酒釋兵權」的故事。方之今日，湯將軍則僅花了一杯茶（會議中必備之物），就把二十萬大軍的領導指揮權，輕輕的轉移過來了。此固湯將軍因應處置得宜，亦任援道之能坦誠應事耳。任援道於交出軍權之後，雖掛了第三方面軍司令部參議的名義，自然不是他所企求的。故未久，卽悄然離去了。

用心各異同途殊歸

任援道與周佛海，同時溝通重慶方面，所得的結果，何以竟然不同？他們究竟走的是一條線，還是各一條線？後來說者，卻不一其辭。如果是一條線，何以結果成爲兩樣？如果是兩條線，中央爲何縱任而罪周？其實二說皆非，而是由於周、任兩人的用心，根本各異。周恃功量了頭，企圖挾功而邀賞；任則相當知足，絕無戀功之貪；所以才同途而殊歸。

周佛海與任援道在僞政府時，已有互助的默契。至抗戰勝利前夕，默察日本大勢已去，無可救藥。便向重慶暗送秋波。周佛海走戴雨農（笠）的路線；任援道則經其兄任西萍向中央牽了線，線雖兩路，目的則一。日本投降後，周佛海一方自兼「京滬衛戍總司令」，與任援道合作，維護京滬地方治安；一方保存僞中央儲備銀行的大量儲備金，等待中央接收；一切處理清楚。照常情來說，功勞固算不小。乃不自知身爲漢奸，國人皆曰可殺，人人得而誅之。對漢奸那會有論功行賞之事？歷史亦無此前例。他當時一切交接事宜既畢，未遭立卽拘捕候審，便應懷罪引退，且已具有「退」的條件：一、無官一身輕——交接完畢，沒有責任。二、有充裕時間——八月中交，九月底始飛重慶被監視。三、既無像陳公博一樣有「報汪殉僞」之意，坐待爲何？四、當局或如任援道一樣，有網開一面之意。五、錢可通神，何事不可通——傳周多金，無法計算。如日本決定投降，周先釋放上海提籃橋監獄大批被拘的軍統地工人員與政治犯。其子周幼海，則提了幾皮箱鈔票說：恐大家出去沒錢花，現在每人不妨各取所需。祇要寫張收據就好了。其散財的用意且不管。其儲財之量，便可想而知了。再就是：周佛海入獄與判死刑以後，其妻楊淑慧，一、請了上海最著名的三大律師——章士釗、王善祥、楊家麟，大打官司。二、收集黨國要人的證明：在抗戰期間——工作表現優良的證件。三、曲折奔求各將領，證明抗戰期中，獲有周的援助。凡此種種活動，又不知花了多少金鈔？乃至法官不得不判「死刑」的原因，也是爲了遠離賄賂之嫌。倘周佛海當時誠能懷罪引退、回頭是岸，一走了之，又那會有後來的苦痛遭遇？無奈不自警覺，名利之心不死，猶企圖復演「寧漢合作」之夢！（他在南京高等法院受審時，辯說：爲收拾破碎的半壁河山，以備復演民國十六年的寧漢合作）重慶國府倘得與南京僞府合作，他有功可居，自然能够分得一杯羹。

周佛海的幻想，美則美矣，但其愚亦有不可及之處。他於三十四年九月底，由滬飛渝，被招待於歌樂山白公館（軍統招待所），越二日，其在滬的眷屬，又被送來同住，均暗遭監視，行動不能自由。形勢明明已大變，顯有重大待決的問題在。戴笠縱不遭難，他雖有心維護，就難私情用事了，亦難止悠悠眾口，所以刑責終是不可避免的。戴死，周原已覺悟：「戴笠之死，爲我帶來大不幸！」後來高院「判處死刑」（戴在或能免其一死），再經其妻的多方奔求挽救，才得最高當局，免其死刑，而以無期徒刑定罪。及塵埃落定，周猶希望行憲大總統選出後的大赦，還我自由！終於他的命途多舛，病死獄中。卽此可見周佛海至死猶貪，既貪官，又是貪生怕死的小人。

以上這大段話，與本文關係不太多，不過在顯出周、任兩人，同途而處境不同而已。任援道異於周佛海的地方，卽勝利後，他事前事後，都未存任何妄想！自動交出軍權，算盡了國民最後一點責任，已了無窒礙！再不遠走高飛，又還待何時？所以周佛海因利祿之心未泯，貪求無厭；任援道則名利早忘，祇求餘年得保；兩奸由於用心各異，才有同途而殊歸的結果。

潛伏香江自隱養晦

抗戰勝利，任援道交出僞軍軍權之後，已無所依恃。其能在最短期間內（約三十四年十二月二十日至三十五年之前），秘密潛赴香港，事前必已獲得某方面的默許照顧，才能順利過關。否則，是很難脫出樊籠，來到由英人剛恢復統治的香港的。初猶躲躲藏藏，不願暴露身份，惟恐有失。經過幾年之後，及三十八年共軍渡江，內地局勢更亂，國內人士逃港避難者日衆。各爲新的環境、目標、企圖而熙熙攘攘，自顧之不暇，便把抗戰時的痛苦與人事，漸漸遺忘了。任援道見情勢變遷，乃移居於香港老街馬寶道或電器道一所舊式房子的一層樓，暫時安定下來，與內地人士很少接觸往還。政府播遷來臺，政局粗定。時任臺灣省財政廳長兼臺灣銀行董事長的任顯羣，正當事業如日中天之時，氣燄高張、敢作敢爲，以勢凌人、目無餘子。卽曾企圖掩護、負責擔保其叔父任方旭與任援道，由港入境來臺。嗣被臺灣情治機關查明屬實：任援道卽南京汪僞政府的海軍部長；任方旭則曾任僞府某要職（忘其名）。不但任援道、任方旭未獲批准入臺。而任顯羣且被革職查辦，以庇護漢奸之罪，判刑十年入獄。

任援道來香港之初，原來由內地來的人士，指他擁有由貪汙刮取而來的巨資。後來也有人證明說：他的經濟狀況，其實並不太好，住的是一所不太够水準的房屋。到香港不過十年，四十九年前後，便以出賣藏書古物爲活。是爲故意掩人耳目；或爲遷徙他鄉作準備？則不得而知。不過後來證明，是爲了後者。他當時出賣的藏書中，有些零星的抄本與善版書；但因時局關係與香港人之素不重視，很少人問津。書價也不好。

湖南有某公，也是勝利後來港的。他曾當過軍需與稅局方面的大官。頗有文采，愛附庸風雅，能作幾句舊體詩。據說：他由內地捲來公款不少，有富裕之名。同時，自己也愛炫耀其財。外似慷慨豪爽，實則小氣自私。初在香港市內買了一所大房子，覺得不够氣派。後來又在海濱山上、靠近孫哲生先生住宅，蓋了一棟華厦，——海濱別墅。佈置之講究，自不待言。家中經常有宴會、打牌、賭錢、跳舞作樂，類似一個俱樂部。參加的份子多各界名流。任援道卽其座上的常客。這或許是因他自己與外界隔絕、孤寂太甚，爲解放心情，才與此公結了玩樂之緣。也有人說：他經常在某公家玩樂，也結了詩詞唱和通家之好。不過某公雖擁有多資，後來不知何所經營而失誤。十餘年中，在貧困中死了。

任援道因參加過汪僞漢奸組織，到香港後，言論行動各方面，都極收斂。偶然做些詩詞，用筆名投刊於香港報紙或雜誌，被上述某公發見，即爲兩人結緣之始。他曾以「震澤長」的筆名，寫過一百首「鷓鴣天」詞，記評一百位自民國以來的大人物。先後發表於香港報紙（未出版專集）。所評人物，有北洋的、有南京的。其詞評吳稚暉（敬恒，時在臺灣）先生的，中有一句「雜家自古無王佐」。指吳氏爲「雜家」。意謂其從不做官，並無輕視之心。吳氏讀之，頗賞其詞，並由報社轉函作者，表示謝意！或終未明作者爲何許人。前輩風範，亦實堪景仰！

任援道亦可說是民國史上一個奇特人物。從北洋政府到南京政府，而汪僞政府。即由辛亥革命，而五四運動，而革命、北伐、統一全國，而剿匪、抗戰。他都浮沉於政治漩渦，由中小階級而任汪僞部長。一帆風順，沒有出過差錯。最後作了漢奸，才算眞的垮了。雖垮，卻能逍遙法外。這時，也是他應該從政治上退休的時候了。所以他到了香港後，很能安分守己、不多言、不亂來，不作任何介入，不鑽營財利之途。尤其不談政治，包括中共政治人事在內。他從自隱養晦以後，對外函札亦絕。他不像周佛海一樣，經過許多痛苦折磨，結果還落得一個遺臭的駡名。後來周佛海於三十七年，瘐死南京獄中。有人把消息告訴他，他卻裝作不知，實則給他內心的刺激，是很深重的。後來遠走異域，欲與現社會脫離關係，似在此時，就已下定了決心！

實爲漢奸未列爲奸

由戰前以迄抗戰勝利過程中，附敵爲奸的人，自不在少數。附逆爲奸者，當然要按國法治罪。可是漢奸雖罪不可赦，但被脅從者爲多。如此，辦又不勝辦。株連過廣、擾攘不安，亦非大亂之後，休養生息之道。因之，政府處置的辦法；即網開一面，除大奸巨憝之外，便全予以自新之路。如一概不究既往，亦未免太便宜了此輩，應略施薄懲，以警將來，亦屬必要。但無論治罪或赦免其刑責，而「漢奸臭名」在歷史上，總是洗滌不清的。

任援道由內地來到香港之初，告訴朋友，表示其清白說：「抗戰末期，他奉重慶政府之命，派爲『先遣特派委員』。因立下很多的功，政府不究既往，特免其罪嫌，不被列入漢奸之林。」有此例在先，後來北方有很多大小漢奸，便藉口妄稱自己是先遣特派員，或地下工作人員等名義，企圖逃避拘捕與國法的制裁。如此欺蒙巧飾、形形色色、汙濁一團。良莠難分，後來着實給了辦案人員以很多困擾。任援道雖有如上的辯白；但國法之外的民情輿論，仍多把他看作「大漢奸」。香港人固然不愛管什麼政治；但由大陸來港的內地人士，因吃過漢奸的虧，總免不了要罵幾句漢奸。中共渡江以後，由內地進入香港的人多了，各爲自己稻粱謀，因祇恨新仇中共之毒，卽把舊怨漢奸之仇全忘了。任援道心情雖是輕鬆了一些；但總擺脫不了漢奸的陰影、良心的壓迫，數十年來，使他終未能揚過眉、吐過氣！

任援道自己辯稱「不被列入漢奸之林」，自然是不能令人無疑的。說到「漢奸」一詞，從義理上來說，見仁見智，是很難一致的。從法律上來說，卻很簡單。如法院審判漢奸後的罪狀，常有「謀通敵國，圖謀反抗本國」之句，這就是漢奸的形像。運用到任援道身上，也似無不合。通常說：一個人當外侮入侵之時，通敵禍國，不顧廉恥、落水爲奸之初，而能卽時幡然悔悟，回頭是岸；或者中途悔悟、起義反正，像抗戰時期的高某陶某一樣。還我清白，自當別論，不能課以漢奸之名。如必待臨崖末路、生機盡斷之時，才投機取巧、欺飾僞裝，縱或能戴罪立功，又何能盡逃功前之罪！如此多重人格的人，自然難脫非奸亦奸之嫌。方之任援道其人，也無不當。

所以任援道自說自話「不被列爲漢奸」。除國法之外，民情輿論，是永不會有人相信承認的。但他爲什麼又能安然過關？有人說：是湯恩伯將軍放了水。這自然也是有人將信將疑的。我們知道：湯恩伯原是一個很誠信、重感情、能通權達變的人。當時爲公、爲國家、爲地方、爲順利達成其接收任務；私的方面，爲感情、爲諾言、爲義理、爲大德不拘小德；權衡利害重輕，祇要有利於國家社會，又何惜乎寬恕一個任援道！這從他向蔣委員長檢舉漢奸陳儀，而又多方設法維護他；陳儀正法之後猶撫屍痛哭一場、收骨安葬一事衡之，放走一個區區任援道，也不能謂爲絕無可能。不過這問題，現在已成了歷史疑案，縱係湯氏傑作，但法律不外乎人情物理。湯恩伯對於任援道亦實無太多可以非議之處。

任援道悄然去國，距今已五十餘年了，在香港住了若干時，不知何時移民到了加拿大？他見不到當年那些老面孔，聽不到那些冷嘲熱諷，心理上或許要安然一點！一九八〇年前後，曾由香港傳出他在加拿大逝世的消息。稍遲又說不確。果然的話，此人現在當九十以上，近百歲的高齡了。

美洲致公堂與陳其尤

洪門分裂各幹各的

中國共產黨竊據中國大陸以後，其所容許有名無實存在的八個附庸黨派之中，有一個「中國致公黨」。這個黨，原來毫無羣眾或其他力量基礎，祇有幾個政治上層的掮客。共產黨沒有將它斬掉，把它仍然保留下來。其用意，不外利用它作爲專門對華僑及歸國僑眷的「統戰」工具。

美洲致公總堂，據說早於民國十二年雙十節日，改組爲「民治黨」。由僑領陳競存、唐蕢賡等負責。陳、唐逝世以後，改推僑領司徒美堂爲主席。三十四年三月，司徒美堂復改「民治黨」爲「中國洪門致公黨」，藉以增加號召力。三十五年七月，司徒美堂企圖以該黨統率國內外全體洪門。復用懇親會名義，邀集各地致公堂代表於上海開會，討論組黨問題。當時各方代表，對於「堂」「黨」名稱問題，既多爭執；對於組黨的目的與態度，亦持見各別，未得要領。司徒美堂以黨的組織，勢在必行。卽撇開致公黨，堅決另組「洪門民治黨」。意見紛歧，以致造成洪門分裂。一部份致公黨份子，則脫黨加入「中國民主社會黨」。香港洪門首領之一的陳其尤，以司徒美堂等，既成立了「洪門民治黨」，乃在香港號召一部份洪門份子，仍以「中國致公黨」名義，從事活動。其主要人物爲陳其尤（主席）、官文森（秘書長）、嚴希純（副秘書長）。這便是中國致公黨的來源。

美洲華僑互助組織

「致公黨」是由「致公堂」改頭換面，演變而來。而「致公堂」原是美洲華僑一種安身立命的互助性的組織。亦富有革命意義的團體；但不是政團組織。它已有一百數十年的歷史。祇因過去缺乏文字記載可稽，以致尠爲國內人士所注意。根據美洲僑領司徒美堂（時年八十餘歲）說：整個美洲，無論什麼地方，不管大城小鎭，幾乎都有華僑所在。這是人人皆知的事。有華僑的地方，同時也就有一個老社會——致公堂的設立。

在美國尚未有「中華會館」以前，便已經成立了致公堂。這致公堂在當時，就是行使現今中華會館之職務的。關於救災恤貧、排難解紛，以及互助合作之事，都是由致公堂負責推動辦理的。這並不是根據什麼法律所賦予的職責，而是由於一種事實環境的要求所形成的。這是因爲離鄉背井，初到美國的中國人，多屬太平天國革命失敗後逃亡的將吏。他們統率民族健兒，遠適異國（故老相傳，以太平軍楊輔清所統率赴美之人爲最多），別求安身立命之所。這時美國金山大埠（卽三藩市），尚未繁榮，附近諸埠，亦人煙稀少。大批華僑來到後，似爲一個新的社會形態。除從事開礦、築路與墾荒等事業而外，卽無其他工作機會。依據社會生活條件之需要，凡人類成羣聚居之所在，必有互助合作的要求，必有是非爭執的發生。僅此兩個問題，就已具有組織的條件。

華僑既是以逃亡海外，求安身立命之人爲多，則其平素所抱負的與信仰的，亦必深深蘊蓄在這些人的心坎中，以立命安身於海外爲其目的。自然而然地會在羣眾之中，要求組織起來！既欲組織起來，也自然而然地會把他們的抱負與信仰，傳播出來。於是以民族革命爲中心信仰的洪門「致公堂」，遂應運誕生於美洲新大陸。確定的年代，雖不可考，約可斷言是清同治年間的事。

義氣團結神秘組織

「致公堂」既產於美洲新大陸，以民族革命爲其目的，以忠心俠義作其信條。因之，現在美洲，凡屬於美洲致公堂的報紙，皆刊有信條。其文曰：「洪門信條，以義氣團結，以忠誠救國，以義俠除奸。」把它的立場，完全標示出來。致公堂自創立以迄今茲，每個國家皆有設立，卽如西印度中之一小島千里達及古美加，也有其自設之堂所。其他大國大都市，自更不必論了。影響及於澳洲、南洋一帶，皆有致公堂組織的出現。因此卽可想像得到致公堂在華僑社會之普遍與偉大了。

同時，致公堂也是一個神秘的團體。它在海外與西洋人的「共濟會」同樣神秘。而其「患難相恤與見義勇爲」之特質，乃是由其創始至今之歷史培養而成的。然其內蘊之宗旨，卽是民族革命，所以國父孫先生到美洲之初，談到革命，與之一拍卽合；中華民國之創建，致公堂之功亦最偉。史册所載，當　國父在廣州圖謀革命失敗之後，亡命走檀香山，在當地加入了致公堂。旋由三藩市黃三德盟長，邀其赴美，美移民局竟阻止其入境。黃三德乃延律師爲之辯護，卒達入境的目的。隨更由黃三德予以資助，並導之周遊美洲各埠，鼓吹革命運動。此時，三藩市已有華僑所辦的報紙發行，名曰「大同報」，主筆爲歐矩甲，編輯爲黎耀西。當日　國父因恐遭外人注意，終未提「革命」二字，祇言「反淸復明」。這就是襲致公堂會員沿用的口號；但報名「大同」，也就是國父革命的最高理想。

贊助革命貢獻特大

國父遊遍美國各大埠，宣傳革命思想，每至一地，皆由致公堂會員招待。其所籌集之革命軍餉，大半也是由致公堂的領袖們策劃籌措的。以故庚戌（一九一〇年）、辛亥（一九一一年）在廣州舉義之資財，大部是由美國及加拿大華僑所籌募而來。加拿大致公堂甚至將自置之樓宇華厦或押或賣，以助革命軍費。廣州黃花岡烈士殉國之日（一九一〇年三月二十九日），黃克強先烈脫險走香港。其他革命志士，亦多相繼脫險赴港。是時，淸吏追捕甚急，志士們繼續逃亡，已無財力。適加拿大致公堂匯到募款萬元，因得救急，滯港志士，遂得續逃赴南洋一帶。否則革命健兒或不免遭淸吏的毒手。

一九一一年，武昌革命首義爆發。國父正在加拿大東部，籌集軍餉，及知革命之形勢已成，乃遄赴美國。紐約致公堂更積極籌款，交由國父挈之歸國，國父取道倫敦，經南洋而返至香港。是時，黃克強先生率革命軍，已攻下南京。於是國父乃赴上海，籌商組織臨時政府及選舉臨時大總統事宜。海外致公堂，均拍電回國擁戴聲援。國父遂以最多票數獲選爲臨時大總統。是時，海外均未有國民黨的組織，卽國民黨前身之同盟會，也沒有會址。凡有關黨或會的一切事務，都在致公堂內辦理。其後，黃克強先生遊歷美國，致公堂父老同樣予以熱烈歡迎！袁世凱背叛民國稱帝，致公堂旣通電反對，護國軍興，尤積極籌款濟助。

綜而言之，美洲致公堂對辛亥革命與辛亥前之革命運動，實可稱爲革命軍餉之資源局。因當民國未建立之前，在滿淸政府爪牙，密佈海內外，海外華僑團體中，卽無敢明目張膽以助革命運動與鼓吹革命思想者。惟致公堂有此宗旨，亦有此力量。故其對中國革命之貢獻亦特大。

由堂改黨面目全非

致公堂的光輝歷史，昭垂革命史乘，自然永不磨滅；然自改「堂」爲「黨」以後，在司徒美堂與趙昱等組黨時，性格便已大變。及陳其尤等繼以致公黨名義展開活動後，則面目全非。其精神、性質與目的等，都不可與昔日同語，完全成了叛亂的附庸。

中國致公黨與洪門民治黨，分道揚鑣後。於三十六年五月一日至十日。在香港召開了所謂第三次全國黨員代表大會。到有國內外各地洪門代表四十餘人。修訂黨章政綱，政綱分爲八項六十三條。選舉陳其尤爲中央執行委員會主席。該黨曾一度向香港政府試探辦理立案手續，以便公開活動；但未獲准。故該黨在港、澳及南洋一帶活動，始終是一個「黑黨」。該黨的立場，一言以蔽之爲「不滿政府，附庸中共」。曾發表宣言，提出六項主張如下：

1. 國共雙方，應退回去年（三十五年）子元軍事地位，以解決內戰。
2. 重開政協會議，過去未參加之民主黨派，亦應請其參加協商。
3. 在各黨派協商會議中，應即產生各黨派平等聯合之政府，以代表目前非依政協所產之國（國民黨）、民（民社黨）、青（青年黨）三黨的聯合政府。

4.聯合政府，應卽制定國民大會選擧法，使人民得依此以擧出眞正代表，組織國民大會，制定正式憲法。

5.根據新憲法，選擧眞正民主之新政府，同時取銷以前之聯合政府，將所有事權，全部移交新民主政府。

6.新民主政府成立後，卽召開各地之民意機關，各自選擧其省、縣、區、鄉等政府。

致公黨這所謂六項主張，無一不是中共當時濫調的重唱。企圖以反對政府爲達到參加政府的手段，以附和中共爲威脅挾制政府的策略；用心旣險，亦卑賤到了極點。

附共之後備受折磨

中國致公黨，名義上，是代表海外華僑的一種組織。實際上，祇是極少數洪門政治掮客的結合。在「致公堂」沒有改「黨」的時代，在華僑社會中，其所以具有光榮的史績者，一是由於它有反淸復明「民族思想」的深厚根柢；二是有國父孫中山先生偉大人格的感召；三是有三民主義崇高理想的信仰；所使而然。由「堂」改「黨」揷足政治舞臺之後，以領導非人，不但完全否定了過去「致公堂」的精神、理想與目的；且完全一邊倒向中共爲虎作倀。在華僑社會的信仰，旣已掃地無餘，尤爲華僑人士所深惡痛絕之組織。故中國致公黨的組織，早已有名無實。好在共產黨也並非取其什麼力量，祇在藉其「致公黨」的招牌，作爲向華僑展開「統戰」的工具而已。所以中共竊據中國大陸之初。除將「致公黨」的活動範圍，限定於「海外華僑及歸國僑眷」，不得越雷池一步以外，並給「致公黨」以限制五條：

1. 不准在軍隊、情報、公安機關內及少數民族地區，發展組織。
2. 不准在農村及小城市活動。
3. 中共有權干涉該黨組織、人事、經費、工作。
4. 中共得派相當於百分之二的「黨」「團」人員，打入該黨（實際打入者，已在百分之五十以上，並將該黨派人員，吸收加入中共）。
5. 該黨之訓練、教育，由中共負責。

這五大限制，當然不限於「致公黨」。所有各附庸黨派，都得一體遵照毋違！中共在反右派鬭爭時，各附庸黨派份子，經過千錘百鍊，仍多數不能過關。中共認爲致公黨的成員，大多數在政治上和思想上，都有右派傾向。經過大改造與無情折磨之後，現在也祇存軀殼而全無靈魂了。

報界先進葉楚傖

亦豪情萬丈的飲者

革命報人葉楚傖先生，過去社會各界人士，慣以黨國元老稱之。這祇是一種空泛推崇之譽！不及說他是個報人、詩人、政治家、飲者，來得落實。不過他一生的文學事功，又多爲其「飲者」之名所掩。李太白之詩曰：「古來聖賢皆寂寞，唯有飲者留其名」。這對一個飲者而言，眞可說是豪情萬丈了。葉楚傖氏，當也算是一個豪情萬丈的飲者。葉氏去世，距今已四十餘年了，而其生平風範，今猶長在人間。茲就個人所知者；但不及其文學事功，祇從其平凡的一面、筆之於次。從平凡中，以見其偉大！

出身世家學者氣質

葉楚傖氏，原名宗源，字卓書，早皆棄而未用。祇以楚傖行，別號小鳳，亦其文藝作品常用的筆名。生於錦繡江南精華所在地的蘇州。世居周家園，亦山明水秀的風景區。唯葉氏好友詩人蘇曼殊大師，曾有過蘇訪友詩云：「江南花草盡愁根，惹得吳姬笑語頻，獨有傷心騎驢客，暮煙疎雨過閶門」。似自傷淪落，對蘇州亦乏好感！葉氏以民國前二十五年（光緒十三年、一八八七）生。民國三十五年，病逝於上海，享年六十歲。

葉氏身材魁梧，南人北相，不類江南秀士，頗似幽燕豪俠。其文學作品，筆致清秀綿緲，宛如吳儂軟語。他初期刊於報紙副刊的小說等文藝作品，筆名常用「小鳳」。讀者因多誤會作者爲女性，且是溫柔多情的女子。所以胡樸安（仲民，安徽人，老報人，教授，南社社員，江蘇民政廳長）先生說：「楚傖之名與小鳳其號，正是其貌與其文的代表。以貌求之，確是楚傖；以文觀之，不愧小鳳。」

葉氏出身詩禮世家，舊學根柢相當深厚，少負才華、夙懷大志。論近代史者，有兩句詩云：「罪惟西太后，禍始道光朝」。光宣之際，葉氏肄業蘇州高等學堂時，感於外侮不斷侵凌，滿清政府昏瞶腐敗。因常與革命志士遊，亦早習聞了革命救國的大道，秘密加入了同盟會，從事革命活動。在這時代，他亦以風流瀟洒，見稱於朋輩。輒藉冶遊，以掩護其革命活動。當其挾海內諸逋客，流連花酒之時，愛跨駿馬，短衣縛袴，英姿挺發，顧盼自雄，斯亦少年意氣所難免之事。諸如這種思想與行爲，自不免要引起一般人的側目而視。校方聞之，恐於學校名譽不利，爲自全之計，乃諷葉氏退學。葉氏知不可留，乃棄學離校。時年不過二十許。綜葉氏涉世生命六十年中，離校踏進社會活動，凡四十年，前半清末民初的二十年，從事新聞事業；後半二十年（約民國十五年後），則服務於黨政工作。

葉氏秉性溫和，氣宇雍容，態度謙沖，虛懷若谷，是一個純粹的學者氣質。胡樸安常說：「他具有溫、良、恭、儉、讓五種美德。」他的聰明才智，與接物處事，向有國民黨中佼佼者之譽。後來雖綜理黨務，官拜特任；但始終未脫其報人性格、詩人本色、學者氣質，更是難能可貴。

精神貫注報業南社

葉楚傖氏，被迫放棄學業，踏進社會服務後，卽本其夙志，作一個報人，從事新聞事業，鼓吹中國的民族革命。十數年中，涉歷多報，或負全責，或主筆政。如汕頭中華新報、上海民立報、上海太平洋報、上海生活日報，皆主筆政。民國日報，爲國民黨的機關報，負責最久，貢獻亦最多。至民國二十一年「一二八」事變前夕，因不堪日本人的壓迫，始告停辦。是年五月，葉氏又另創「民報」，聘胡樸安爲社長，管際安主筆政。自己則密設一社論機構，名「正論社」。專作誅伐敵僞的社論。供給反日各報採用，以擴大反日宣傳效用。

當宣統元年時，上海革命諸同志，爲團結革命志士與擴大革命宣傳計，葉氏曾與陳去病、柳亞子、蘇曼殊、鄒容、章太炎、蔡元培、邵力子、胡樸安、管際安、高天梅、王蘊章、余天遂等文學人士，藉研究文學爲名，組織一「南社」。實則藉此爲掩護，集中力量，以鼓動民族革命爲目的。南社成立後，在文學方面、追逐革命潮流。當時上海文壇勢力，大半已爲南社的社員。由於革命同志，愈集愈衆；宣傳影響，愈擴愈廣。便引起了清廷官吏特別注目，租界巡捕嚴加監視，經常藉口妄予干涉，南社同人，也不知擔當過多少驚險！「南社」的命名，曾據葉氏解釋說：「南者，對北而言，寓不傾向滿清，而與北廷抗衡，以文學鼓吹民族革命之意。」當時報界廣羅了革命的文學之士，成立了南社；南社諸子，則作了革命報社的支柱；水火旣濟，乃相得而益彰！不過南社經過十餘年革命戰鬬之後，由於內部政見不合，形成分裂。民國十二年，柳亞子等另成立「新南社」，聲色便不復如「南社」之壯濶了。

葉氏主持民國日報時，社務行政各方面，尙能井井有條。惟經費則異常困難，葉氏艱苦撐持，仍然常常無錢買報紙，發工資。葉氏救窮之方，祇好將其夫人（係原配夫人，不是以後續娶的吳夫人。吳係當時任民國日報經理吳子琴之女）的飾物，送進當舖以濟報社之急。有時他自己的皮袭，也不免要落入長生庫。這種情形，葉氏好友狄君武（膺，江蘇人，歷任國民黨要職，來臺後去世）先生，極爲清楚。他說：「當年民國日報，家無隔宿之糧，全靠他一手支持，文章出自他的胸中；錢要靠他奔走；捕房來找麻煩，還要他去吃官司。」前輩辦事的毅力，與不辭勞瘁的精神，的確是後人所不易及的。

一生精力盡瘁黨國

葉楚傖氏，當年由一個平凡的新聞記者，奮鬪十餘年後，顯赫於黨政工作又二十年，擔當大任，普惠民生。

民國十五年後，國民革命軍由廣州出師北伐，底定江南，奠都金陵。正是國民革命建國三個階段，由軍政時期進入訓政時期的開始。以教育訓練國民行使民權、步上民主憲政大道爲中心任務。可是在這一進程中，不但很不順利，而且險阻環生：一、軍閥與惡勢力，阻撓全國統一；二、訓政進行，受制於軍事；三、匪亂四起，急待清剿；四、日本乘機，企圖侵略；眞是萬方多難匯集一時。葉氏固早已受知於領袖蔣公介石，恰當此危難之秋，受命肩負中央黨政工作。先後擔任中國國民黨中央執行委員、中央宣傳部長、中央秘書長、中央常委、中央政治會議秘書長、江蘇省政府主席、立法院副院長、國民政府委員等職。以在任中央黨部秘書長的時間爲最長，黨部成了他的家，中央及地方大小千數職員，咸以「家長」稱之。上下怡睦，精誠團結，氣象欣欣，非葉氏之志行修潔，與處事之嚴明公正，亦莫克臻此。

葉氏受知於介石蔣公，受命於國難緊急階段，亘二十餘年。輔佐領袖，或秉黨務，或主方面。領袖日理萬機，葉氏則綜百務，參贊運籌，竭其智慮。諸如黨國政綱政策之規劃；國際外交與國計民生之研商策動；既能善盡其責，而於團結羣力，集中意志，對於人事之調度安排，作鼎鼐之調和，尤爲顯著特色。其爲政也，則整風紀、明黜陟、屛阿諛、絕驕吝。衡義理以立中，扶曲直之至當，公私分明，表裏淸澈。臨民尤能深體民隱，獎助民運，力求社會的安定！積極文經建設，以蘇民困，尤多見成效！葉氏向不拘泥成見，語多解頤。每談到政治，必正面的抒發見解，絕不雜以諷嘲與嘻笑怒罵。其政見的表現，雖常具個人本位的濃厚色彩；但也確實秉承了國民黨的決策，與謹愼守護着領袖的原則立場。這就是他所以能稱爲政治家，成爲蔣介公「智慮忠純、鞠躬盡瘁」的幹部的主要原因。其間雖有幾度倦勤，堅請辭職求去，卻都被慰留而未獲准，實卽因此。

無心之失愧咎難安

我國「七七」對日抗戰發生以後，中央播遷，由金陵而武漢而重慶。直到民國二十八年，國民黨「八中全會」以後，蔣總裁以葉氏辭意堅決，挽之莫留，中央秘書長一職，改由吳鐵城（廣東，曾任上海市長、廣東省主席、行政院副院長）先生接替，他才稍卸了仔肩！葉氏爲什麼要堅決辭職？當時各方猜測不一。以後據其子葉南（留俄、留美學生），透出眞實原因，主要的是他對柳亞子，犯了無心之失，內心始終感覺不安！

柳亞子原係「愛國學社」與「南社」社員，革命文壇戰將之一。南京臨時政府成立時，曾做過總統府「三日秘書」。自認功高酬薄，不屑爲之。轉而參加黨務工作，歷任國民黨三屆中央監察委員。這在黨中的地位，除黨魁之外，算是最高階層了。一方面，仍向文壇與新聞界力圖發展。終以自我心太重，恃才傲物，又放蕩不羈，冶遊無度，以致功名事業，兩無成就。終於見異思遷，走上了歧途，造成叛黨的事實。中央爲維護黨紀起見，不得不將之開除黨籍。葉氏與柳亞子，爲多年好友，亦文壇與新聞界的親密伙伴。葉氏在上海辦報，每遇困乏之時，柳亦常予資助支援。拮据之時，則常在柳家作食客。葉氏的文章，甚至還乞柳修改。葉氏在各方的地位，亦常得柳氏游揚之功。兩人關係之深且切，卽此可以見之。後來國內政局紛擾日甚，柳因閒散無聊，亟思在黨政方面有所表現。同時，對當前政治措施，深懷不滿。於致葉氏函中，亦大發其牢騷。某次，葉氏酒後，於無意中、公開洩露了柳函，適爲朱家驊（騮先，曾任大學校長、教育部長）先生所悉，卽據以向中央提議，開除柳之黨籍。柳從此更鬱鬱不得志，決心走向反黨叛國之路。在葉氏方面，則認爲是：「我雖不殺伯仁，伯仁由我而死」。因此無心之失，深覺對不起柳氏，五衷愧咎難釋，漸漸成爲一種病態。乃堅請辭職，似爲求心之所安！

上述原因，葉氏請辭、固其主觀因素，亦早有此決心；但待一杯在手，神安氣定，諸事盡忘，辭職之事，又抛之腦後。據說：還是其子葉南，眼見如此拖延，不是辦法。乃以其父過去不斷飲酒，腦神經已飽受刺激，晚年經常健忘，即緣於此。現値國難當頭，尤恐不勝繁劇，貽誤國家大事爲理由。一方具呈中央代父懇求；一方挽請黨國元老，向總裁力陳其父苦衷；才得獲准退而未休，養望東山！及對日抗戰勝利後，中央爲安撫地方，三十五年初，葉氏與鈕永建（惕生，上海人，考試院副院長代院長）先生，同奉使宣慰東南各省。葉氏抵上海，以舟車勞頓，夙疾復發，醫藥罔效，這一代多才多藝的政治家，便於是年二月與世長辭，他盡瘁黨國，至此才算眞正退休了！

唯酒無量不及於亂

清詩人張潮說：「人不可以無癖，與花不可以無蝶一樣。」李德裕（唐武宗朝宰相）說：「世間那有沒嗜好的人」。他一生不求貨殖，不親聲色，不作長夜飲，平日亦未常大醉。唯嗜茶湯，非常講究，烹茶必用常州惠山泉。葉楚傖氏一生之癖，就是酒。又說：「一個人如果無嗜好，是可疑的。」葉氏一生的嗜好，就是嗜酒，鄭逸梅也說：「楚傖好酒成癖。」少年時代已然，今已盡人皆知了。國民黨的總裁，每遇人道及葉氏飲酒的事，亦莞爾一笑而已。故世傳葉氏不但愛飲、能飲，且是一個「近代已留名的飲者」。有關他的酒故事亦特多。

葉氏去世已四十餘年，其流風遺韻，猶留人間。親朋宴會場合中，有以酒作話題時，亦常離不開葉氏。本來酒在葉氏的生活中，早成了他的特徵。但葉氏之嗜酒，名作家姜穆先生，說他具有「興、膽、量、德」四部曲。與姜先生有同感的人必很多，且不多說；但我尤覺得他能做到「唯酒無量不及亂」的地步，比起劉伶、阮籍輩的酒量驚人，但任誕放蕩，終日酣醉如亡命之徒，實可貴得多。葉氏有驚人之量，同時，有「不亂」之德。能克制自己，神智清明，不但不會誤事，反能藉酒興充實其治事精神。又酒不逾量，能顧到微醉，則別有一種特殊的意境。能够「美酒飲須微醉後，好花看到半開時」，那酒便成爲「逸性陶情」之物了。以故葉氏常說：飲酒有三階段：第一「人飲酒」，清清楚楚人在飲酒。第二「酒飲人」，人有點被動、不自主、而醺醺然、飄飄然了。第三「酒飲酒」，與人毫不相干，人已醉得不省人事了。所以飲酒最好不入第三階段。在第一、二階段之間，非常微妙，絕似詩經的「賦、比、興」，賦是直截了當的，比和興，就有些弄不清楚了。他這種說法，頗有如李白詩云：「我醉君復樂，陶然共忘機」。某年陰曆元旦，中央急事，召開委員會議。中委們多未準時出席。在等待中，葉氏卽席草成諷詩一首云：「八時開會九時齊，曉露侵寒中委稀，應是昨宵年夜飯，闔家暢飲醉如泥。」隨有人問葉氏：「楚老是否也醉了？」葉氏說「我一向手不離杯；但祇是微醺，從不曾『如泥』過。」故葉氏可說是識得酒中逸趣的人，原來一杯在手，祇在取其「逸性陶情」而已。故飲酒可以無量；但絕不可以逾量。逾量，不但會「醉如泥」，知覺爲之痲木不仁，身體受到痛苦折磨。尤其「亂了性」，更會造成無事不可爲、無話不可說之不幸！所以酒之爲物，通常是人類感情溝通或破壞的橋樑。前者歷史事例很多，酒肉朋友，亦是一種，便不足取，後者如家庭或朋友之間，有關感情的事，則常爲「酒能亂性」所誤，造成破裂、演成仇恨。在這種情形之下，葉氏則常慨然的說：「這是最天眞或最不天眞；不能控制自己的感情或過份控制自己的感情。其實這病不在酒，而在自己不能控制自己的酒量。能適當的控制，則說：『酒能亂性』，不如說：『酒能見性』。如諸葛亮觀人七法之一，就是『醉之以酒，以觀其性』。酒是壞東西，也是好東西，全在乎人能善予利用！」

葉氏自謂：「一向杯不離手。」的確，他在辦公室批閱公文，或與人閒聊論事時，也經常以酒代茶。接見貴賓或會議席上，不便公開把盞，侍者知其習慣，非酒無以振奮精神，便暗斟酒於小茶壺以進。明爲掩耳盜鈴，習以爲常，知者亦不爲意。有人傳聞葉氏「以酒當飯」意欲諷之戒酒。曾引「笑話叢談」中故事對他說：「冷酒傷肝，熱酒傷肺，無酒傷心」。語未畢，葉遽止之曰：「我知之矣。我不怕傷肝、不怕傷肺、祇怕傷心」！相與一笑。葉氏初頗贊同王雲五（岫廬，廣東人，行憲後首屆財政部長，來臺去世）先生的飲酒法，他說：「王雲五飲酒成名。讀書寫作之餘，愛端兩杯，但舉酒卽乾。他自謂『我不會喝酒，會喝酒的人總是淺嘗卽止』。我有一次想試效那會喝酒的人，不成，一試而罷。」並說：對日抗戰前，華北漢奸王揖唐，某日，宴日本特務頭子土肥原，座中有潘復（北洋老官僚政客）作陪。土肥原敬酒至潘復時，潘推不善飮。

王揖唐低語告潘復：「日人喝酒，最愛痛快」，及土肥原再度舉杯，遍桌皆讓，惟潘復一飲而盡。後土肥原告人曰：「中國人就是這樣子，敬他的酒，他說不會；遍桌皆讓，他倒乾了杯。這與中國俗話說的：敬酒不喝、喝罰酒」正相似耳。最後葉氏說：「敵人與漢奸的事，我們且不計較。單拿酒量來說：量不逾，我是敬酒不辭，罰亦不辭。」也足見葉氏的豪情仍未減於上海時代。

葉氏在上海時代，主持民國日報，每遇困境，常告貸於滬西某友。某友為南社社員，亦酒中良朋。借助多次，迄未一償，心滋不安！某年冬，田桐（時任國會議員，字梓琴，與宋教仁、黃興等同事革命的人物）由晉來滬，持汾酒兩瓶以贈葉。葉視為珍品。乃乘車攜酒馳赴滬西，轉贈某友。車迎西北風，相當寒冷，乃開酒一瓶，飲以禦寒。酒盡，抵某友家，已是上燈時候，友亦出門未返。葉以微醉，遂寢於客廳沙發。友歸，以葉酣睡，未予驚動。晨醒，友又出門上班去了。葉起身時，復飢寒交迫，又開另一瓶酒盡之，始離去。「昨日送酒來，今朝盡酒去」，自己亦覺好笑！好友沒有領其情，自然也不在乎；但朋輩間，卻傳為一則笑談。葉氏在滬辦報時，儘管窮窘不堪；但「花酒」每天還是要吃。這祇是在辦公室，與顧悼秋、朱劍安等，共「花生米與酒」而已，邊寫邊酌，亦自得其樂！以故後來胡樸安撰「葉楚傖小傳」，亦云：「楚傖喜飲酒，為小說家言，一樽酒、一枝筆，終日不休。人謂：楚傖的小說，都是酒話。楚傖笑曰：酒話固絕妙小說也」。

政務倥傯不忘文事

葉氏出身書香世家，舊學根基，相當深厚，堪稱是個古文學家。柳亞子尤極譽之：「才氣豪放，涉獵宏博；文史經術，競仰士流」。胡適之先生稱林琴南「古文的應用，自司馬遷以來，從沒有這樣大的成就」。葉氏的古文，似亦不在林氏之下。其文章著述，古色油然，聲光並發，非舊學有素養者不易讀。政論筆墨，詞嚴義正，多挾橫掃千軍之勢。文學詩詞，則清新湛秀，纏綿邃邈。小說則情文柔膩，活潑流利，沒有矯揉造作之弊。葉氏固文人本質，服務黨國，縱政務紛忙，仍不忘於文事。他的述作，因向無收藏習慣，加以戰亂流離，散失已十之八九。早期有：「如此京華」、「古城寒窗記」（正、續兩篇）出版。三十三年、正中書局出版：「小鳳雜著」、「簫引樓稗鈔」。隨有：「楚傖文存」、「世徽樓詩集」，在量的方面，並不甚多。他半生爲黨政服務，百務倥傯，亦未忘懷於新聞事業與文教工作。如創辦大型「文藝月刊」、「時代精神月刊」、編印「文藝叢書」、「新生活叢書」及「讀書雜誌」等。「九一八」事變後，在南京創立正中書局，著重出版發揚民族精神的典籍，編印全套「高中公民教科書」。其對文教方面貢獻之大，直可與其對黨國之事功齊觀。

葉氏在文事方面，人但知其擅長政論、詩文、小說，乃不知其遊戲筆墨，別具風趣，亦膾炙人口。上海有天臺山農者，劉姓，忘其名，爲當時名作家之一，常在晶報寫文章。其人業醫，面麻。與葉氏詩酒往還，時相譏嘲。一日，葉見劉氏面經化裝，敷了雪花膏。隨信口賦詩嘲之：「不揚何用飾鉛華，即飾鉛華總莫遮；嫁得胡麻非兩好，比來玳瑁果無差。鬢眉以外留鴻爪，口鼻之間帶玉瑕；豈是簷前貪午睡，風吹額上落梅花。」有吳三痴者，不知爲何許人？與葉極爲友善。其人雙耳重聽，葉氏贈之詩云：「未作家翁疾已成，天公相戲太無情；昂頭屢問心方識，側耳重聽事乃明。會友詠諧須畫字，逢人談笑請揚聲；傳聞古有治聾術，社日宜酣酒一甖。」另有懷友哀矜之作；但不可與遊戲筆墨同看。南社詞人余天遂，歸道山已十年。南社故舊特假上海派克路功德林作紀念會。四壁唁詞，多出南社同人之手，不少佳作。葉氏亦有一聯云：「於金石書畫外，秉擅歧黃，莫療貧病。處風雨蜩螗中，飽經憂患，遂了平生。」平實自然，極切其人其事。

葉氏不但有酒癖，且有戲癖。鄭逸梅（南社社員）說：「楚傖好酒成癖，與酒友結不解緣。」有事可證：葉氏在上海主持報社筆政時，菊壇人士多識之。有老伶工孫菊仙、擅音律，與葉氏不但爲多年好友，也是酒中同道。常各手一杯，滔滔談天下事。孫伶尤悉清咸、同以來的掌故，如數家珍，也是最有談天藝術之人。孫伶口講指畫，葉則揮毫記錄，後成「龜年清話」一書。吳江歌女汪寶寶，略通筆墨，爲葉氏舊識，亦豪於飲。某年別久相值，席間與葉氏約：成詩三十絕，寶寶飲十大杯。葉氏即席成詩。寶寶信守諾言，並將葉詩收藏起來。以上兩則故事，葉氏樂與酒友結緣；寶寶不失江湖豪情；亦算是文壇佳話。

胡樸安說：「人謂楚傖的小說，都是酒話。」（見前）葉氏自明其言有「絃外之音」。因對胡氏說：「我現在唸幾句詩給你聽聽：『一舉累十觴，十觴亦不醉』；『何當載酒來，共醉重陽節』；『俯飲一杯酒，仰聆金玉章』；你看如何？」胡一時腦筋未轉過來，疑係葉之自作，急促答曰：「酒詩、酒詩。」葉說：「本來是酒詩，何如酒話？」胡說：「五十步與百步耳。」葉說：「既屬五十步與百步，那酒話與酒詩，當可同傳千古了。」胡氏覺得不對，始悟詩皆唐人之句。大呼：「上當、上當，落進楚傖的穿套了！」葉氏也報復了胡氏「絃外之音」！

語多解頤心無留滓

葉楚傖氏，本文士而富詩人氣質。居常語多解頤、幽默風趣，有類東方朔之流。略舉數事言之，資爲閒話之助。二十五年六月，時葉氏正任中央委員兼立法院副院長。有某委員私詢於葉氏曰：「爲什麼某顯要常有詩文在報上發表？」葉氏笑答之曰：「大概是此地無銀三百兩吧！」一則似有而實無；一則說無而實有。語妙京華、耐人尋味。益相信葉氏在任中委與立法院副院長時，仍未稍改小鳳時代的風趣。葉氏主江蘇省政府時，拉胡樸安做江蘇民政廳長。相傳胡氏到差之次日，曾以油印詩稿，索職員們步和，詩首兩句有云：「我本上海一腐儒，強我來長民政蘇。」

葉氏偶然見之曰：「妙詩。與『憲法分五權，主義說三民』的黃默齋，無獨有偶了。」（黃默齋不知爲何人？）葉氏又說：以前東南大學某生作論文，開口就說：「當讀中國歷史」。陳去病（江蘇人，南社社員）眉批云：「大有外國人口氣。」今日「強我來長民政蘇」，則「大有外國詩文筆法」。不過「胡詩」這故事，情理乖舛，或係傳聞失實，作者殊不相信。

有程某者，並非職業外交家，卻是聲譽很隆的國際知名之士。二次世界大戰之前，當其留美回國後，曾訪葉楚傖氏於南京，盡道遍遊世界各國，深悉各國民情與生活狀況。葉氏初覺新鮮，亦欲求得瞭解。程某漸漸放肆起來，海濶天空，無所不談。後來他說到：「最理想的生活，是住在倫敦的村舍，雇一個中國廚子，娶一個日本太太，弄一個法國小老婆。倫敦村舍，風光極爲幽美；廚子做中國飯菜；日本太太管家；法國小老婆陪著玩；居、食、玩、樂，盡善盡美！」葉氏則說：「美！美則美矣！萬事俱備，祇欠東風。」程問：「東風爲何？」葉氏舉杯示意，曰：「鄉村野舍，無處沽酒？廚子做菜，不會做酒；日女管家，定然禁酒；法婆陪玩，酒罎變醋。自慚無此能耐，也不合味口，此乃外交官的專利，老土何敢問津！」葉氏解頤之語，心無留滓，也够坦白。

文人無行何傷大雅

不記得近代那位作家說過：「文人無行，是文人攻擊文人的話。這話有雙層意義：無行的，才是文人；有行的，就不是文人。」自不能說這是強詞奪理。能說「坐懷不亂」、「生不二色」者，實際做到的，能有幾人？也一定要已做到的，才算是「文人有行」嗎？管仲女閭三百；謝安挾妓東山；他們都是文人，歷史美之，又何來「無行」？故「文人無行」，單從字面直覺的說，必須有一個界限，界限爲何？如謂：「攀花折柳尋常事，祇管風流莫下流。」風流過界，到了下流，則人品、文品皆下矣，才算「無行」。柳亞子亦說：「捧伶挾妓、遊戲人間，亦文人理固宜然之事。」其詩有云：「花底粧成張麗華，相逢淪落各天涯；婦人醇酒尋常事，誰把天鈞醉趙家。」似乎還有英雄不遇之感！

葉楚傖氏、是文人、是詩人，自不免有些風流韻事；但他遊戲花叢，卻有一嚴格的界限，風流而不下流，那又何傷乎大雅?!王大覺爲葉氏「古戌寒窗記」寫序言，其中有一段說：「今春過吳江，金閶歌妓有問余者曰：聆子方音，當識吳江葉郎者，郎愛御駿馬，短衣縛袴，顧盼偉如也。郎別久，尙無恙乎？楚傖少年負笈遊江湖，常挾海內諸逋客，呼燈市樓，手抱美人談天下事，意氣豪甚！前後方十年，當年捧瑟侑觴之選，已零落流離若此。楚傖橫刀躍馬之概，僅流傳一二於平康間，而當世無稱焉，則楚傖安得不以說部名哉！」可知葉氏在求學與初入社會時期，卽已種下風流韻事，留在吳江。其挾瑟侑觴之人，十餘年後，獨能想像他當年顧盼偉如的氣概！也當算是風塵知己，未可以萍水之交目之也。

葉氏與柳亞子之交，幾乎無事不共商量。關於攀花折柳的冶遊，柳亞子亦常說：「文人無行，理固宜然，捧戲子和吃花酒，本屬尋常事，何隱秘之有！」葉氏、蘇曼殊、柳亞子，便是經常與偕的遊伴。柳常舉以告人或筆之於文曰：「我替馮春航（戲子）捧場，一面和楚傖、曼殊，常在上海大吃其花酒。曼殊常叫的倌人花雪蘭；小鳳常叫楊春蘭；我卻喜歡張娟娟。三姝艷色體態，各有所長。我們亦各愛其所愛，實難品評其高下。」這時，正是柳亞子離開南京的時候，頗鬱鬱不得志。不過爲時未久，葉氏亦未留連忘返，他這段風流孽債，由於柳亞子的還鄉，也就斬絕了。

王大覺爲葉氏「古戌寒窗記」一書作序，大約又十年後，葉氏生活，漸趨順境，才顯達起來。柳亞子所言者，當是葉氏在上海，從事報業的時候。民國十五年以後，葉氏任職中央，肩負重任，百務倥傯，工作常夜以繼日，偶然逢場作戲，容或不免。如要疑其仍別有所務，則似爲事實所不許。多年來，亦從未聽過有關他的任何傳說。

民主同盟的史實和人物

抗戰時期黨派蠭起

中國全面抗日戰爭發生以後，政府爲團結國力，力求民主，開放黨禁。一時各政治黨派，乘機輿起。其情形之混亂複雜，實有甚於民國初年。北洋政府時代，政黨全爲國會議員所獨佔，各黨中均無非議員之黨員。二、三人一黨，四、五人一派，黨派不下百數。迨袁世凱迫令國會停閉，以迄段祺瑞執政，集總統、國會、內閣大權於一身以後，樹倒猢猻散，中國北方的政黨，幾全歸於消滅。抗戰時期的政黨，所不同於北洋時代者，卽政黨沒有國會作憑藉。各依其舊有勢力與特殊關係，起而組織之大小政團，據調查統計，總數亦不下二百。卽當時浮現於社會上政海中的人物，幾乎無人不黨，無人不派，甚至一人而跨數黨者，亦不足爲怪。其無黨無派的所謂社會賢達或民主人士，反而不啻鳳毛麟角。

這時大小黨派林立，大都勢力薄弱，作用無多。除具有悠久歷史與遠大政治理想，領導抗戰建國的中國國民黨外；中國國家社會黨（後改民主社會黨）與中國青年黨，雖各有其民主憲政的理想與政綱政策，然皆實力不足；再就是剛向政府投誠，願意服從政府領導，仍然野心未泯，陰謀方張的中國共產黨（以下簡稱中共）。其他許多黨派，則類多失意的官僚、政客、舊軍人、文人士大夫階級、工商界人士、幫會份子與地方紳耆，利作投身政治、獵取名利權位的工具。言其組織，則若有若無，有亦不堅實。至於政見主張，大多雷同或空泛不切實際。尤其宗旨，毫不固定，朝三暮四，常令人有不可捉摸之感，這些小黨小派產生之原因，自然與時代環境有關：一爲執政黨團結抗戰力量，準備實行民主憲政，大開黨禁。次爲失意的官僚政客與野心投機份子，藉組政黨，乘機登上政治舞臺，以遂其政治目的。三爲中國共產黨，推波助浪，號召國人參加政治活動，並唆使與資助製造黨派，向執政黨進行鬪爭。在如此環境推動之下，於是組黨立派之風，乃盛極一時。

自民國十六年，國民政府奠都南京，舉行淸黨反共，以迄對日抗戰。在這十年之中，一方努力訓政建設；一方積極搗亂破壞；始終是國民黨與共產黨兩黨對立的局面。共產黨掙扎十年，幾瀕消滅。經過西安事變與抗戰機會，中共乃向政府投降，發表輸誠宣言：保證停止武裝暴動；停止沒收土地；取銷紅軍和蘇維埃；服從政府命令。政府爲集中民族力量以抗日，亦寬恕中共既往，放棄剿匪政策，領導中共共赴國難。中共才獲得了偷生復活的機會。中共向政府之投誠，原是虛僞的欺詐的，並未眞正放下屠刀，摒棄叛國作亂的陰謀。其與國民黨的關係，亦始終貌合神離，經常發生磨擦。故經時未久，中共不但違背了信誓旦旦的諾言，更否定了國家民族的利益，以怨報德，進行以「消滅國民黨，奪取政權」爲目的的陰謀。藉抗日之名，乘機割據地盤，擴充軍隊、勾結敵軍、消滅友軍。一方壯大自己，一方則削弱政府與國民黨；又儼然成了中國一個大政黨，與國民黨公然對立稱雄起來了。

在國共兩大黨對立情形之下，其他各黨各派，在國共兩黨夾縫中的態度，大體言之，約有五類：1.反共的。爲增加自己的聲勢，利用中共於一時則可；如受中共的操縱指揮則不願。2.親共的。最初意在挾中共以自重，好向執政黨進行敲詐勒索，終被中共扼住了咽喉，不得不向中共投奔。3.反對國民黨的。本仇視或忌嫉執政黨的心理，人有寧爲玉碎，毋望瓦全，逞快一時的態度。4.傾向國民黨的。既不甘附共；但擁護執政黨，又是有條件的，分配給其黨派以政府或民意機關若干席位。5.灰色的。祇有現實利益，沒有政治是非之輩，勾結稱黨，誰願收養，就跟誰走。簡言之，當時各小黨派的態度，雖有五類，實則絕大多數是反國民黨的；極少部分則爲有條件的同情國民黨。他們有一個共同的目標，利用混水摸魚的機會，「矛頭針對國民黨，分割執政黨的權利」！初爲參政會與政協會議，繼爲中央民意代表與政府重要職位。一方各欲利用中共以自重，結果皆落入中共的圈套；一方又欲各黨聯盟，造成中國第三大黨。後來的中國民主同盟，就是如此醞釀出來的。

黨派發展千奇百怪

中國近代的政治黨派，是隨中國對日抗戰而忽然的凌空的蓬勃興起來的。雖或眞爲時代環境所使而然；但吾人總覺與現代實行政黨政治國家的政黨，顯有偏差，未循政黨發展的正軌。不獨抗戰時期的黨派如此，民初北洋時代的政黨，亦復如此。這種偏差，卽美英國家的政黨，都是受人民領導的。而中國民初與抗戰時期的黨派，卻是要領導人民的。這自然是由於經濟能力、教育程度及社會組織各方面的差殊。然也不是說，中國的政治黨派，完全不受人民的領導；但就實際來講，在民主政治發展的初期，政黨對人民的領導，實多於人民對政黨的領導。中國的政治黨派，既有領導人民的責任，那黨派的負擔，便因之而加重了。換言之，人民對於政治黨派，既還沒有充分發揮監督的能力，那政黨的本身，便須有自我監督的能力。然而辛亥革命以後，中國的政治黨派，竟不能走上政黨政治的常軌；竟不能藉議會制度，完成立憲，走上民主政治的道路。其主要原因，卽在黨派本身的自私、自利、腐敗、墮落，沒有道德的操守，不能領導人民，更放棄了自我監督的責任。自民國初年正式成立國會至民國十三年中國國民黨改組以前，北洋政府時代，大小政治黨派，先後不下數百。除國民黨之外，其較著者，前後有共和黨、進步黨、統一黨、民主黨以及政學系、研究系、交通系、安福系等等黨派。在最初，各黨派尙能爲其政綱而致力，爲立憲而呼號，爲主張而論戰，爲民意而前奔，亦略具歐美政黨政治的形象。隨之，各黨派由政治理想的結合，一變而爲私人朋黨的結合，或狼狽爲奸，或互相利用。由領導人民，變爲忽視人民，出賣人民。不但擾攘十多年，沒有見到憲政的影子，連一部憲法，都沒有制定出來。甚且由維護立憲，變爲毀法亂紀，投靠軍閥。直皖戰爭以後，竟公開受賄選舉總統，政黨更成了財閥軍閥的御用品。終使段祺瑞說：「政黨成了歷史的陳跡」，而行集總統、國會、內閣於一身的大獨裁。至此所謂政黨，在北方實亡而名亦不存了。

經過二十餘年，至抗戰建國時期。中國所謂政黨政治，由於國民參政會及政治協商會議的召開，與國大及立、監兩院的選舉，一時各黨派亦應運而新生或復活起來。這自然不能不歸功於中國國民黨，領導國民革命的成功，及由訓政完成準備實行憲政的鼓勵，亦國際民主潮流所趨，人民厭亂求治——尤冀共產黨之能停止叛國作亂！皆爲中國不能不走向民主道路的理由。在這種趨勢之下，國民黨誠意放棄以黨治國而實施憲政，乃是必然的。共產黨如繼行作亂叛國，自不容於國人，成爲國人皆曰可殺的對象。國民黨的誠意，既得不到共產黨的贊同接受，各黨各派反而接受了共產黨的鼓動作其統戰工具，以抵抗國民黨「民主憲政」之實施。那國人所希望於政黨政治者爲何？所期於各黨各派者爲何？中國國民革命的目的，簡言之，就是實行「民主憲政」。自民國二十五年公布「五五憲草」，以迄召開國民大會、公布憲法，十年的艱苦奮鬥，得來誠屬不易。不料民主憲政行將實施之際，罔顧國家民族利益的共產黨，提出反對，自屬意料中事。卻不料向以標榜民主（以民主作其黨名），以「實施憲政」作主要政見的民主同盟與其他黨派，竟然一犬吠影，百犬吠聲，附和中共，公然反對國民大會、反對民主憲法。這與歐美的政黨，實在偏差尤甚！

再演一次黨派誤國

抗戰建國時期，乃中國政治黨派最活躍的時期。所有新興的黨派，原各有其無限的發展前途！各黨派要珍重其前途，發展其前途，其本身除重視組織、訓練之外，必須重視政治道德！有主義、有理想、得民心、孚重望、有風度、有氣節。尤不能再蹈北洋時代政黨之覆轍；專門投機取巧、因緣附勢、左顧右盼、出賣自身、出賣羣眾，招致「黨派誤國」之譏，被國人所共棄。但抗戰時期的政治黨派，除國民黨具有悠久歷史以外，其他各黨各派，實都比較幼稚，組織未固，經驗不足。此時的共產黨，表面雖已改邪歸正，與國民黨合作；實際則仍未脫離流寇生涯，放棄叛亂作風。當時國人的觀感，固共許國民黨而非共產黨，自然也更希望國民黨能精益求進，眞正成爲全民的政黨；也期待共產黨能徹底改絃更張，眞正成爲國民黨的友黨，精誠合作。共爲抗戰建國與民主憲政而努力！

但其他黨派，在此情況之下，卻大有爭取民心和政治領導權的機會。特別是由各黨派所聯合的「民主同盟」，已具有第三大黨的粗形更有可爲。縱令共產黨眞能從此放棄邪惡偏見，而與國民黨合作無間，保持兩大政黨的地位；縱令　國父孫中山先生極力贊成一國兩黨制度；但以歷史經驗和當時環境言，中國也仍需要其他政黨。這理由是很明白的：國共兩黨的並立存在，乃是不可移易的事實。倘國共兩黨，再走上極端對立時，第三政黨，就可作其中的橋樑，盡其調解責任。如國共兩黨任何一黨，走上偏差歧路，違反國家利益、人民福祉時，第三政黨，就可發生監視糾正的作用。據此以視當時各黨派的前途，自然是無可限量的；但不幸的，是當時除民、青兩黨之外，大多數的黨派，卻重蹈了北洋時代黨派的覆轍。偏激、搗亂、破壞，還要過之。抛掉自己的政見主張，抛棄政黨發展的正道，採取短視的投機取巧主義，不顧政治操守，背棄人民的權利，甘心獻媚賣笑，爲叛亂黨派之野心，陰謀跑龍套，作應聲蟲，再演一次「黨派誤國」的悲劇。這又是我們再度爲中國政治黨派，深感遺憾的事！爲我國家民族的前途，最大希望，則唯有寄於中國國民黨與民、青兩黨而已！

黨派聯盟醞釀經過

一個政治黨派的組成，主要的是以實現與推行其政見主張爲目的。某一黨派，如無政見主張，或其政見主張與其他黨派雷同，便無單獨存在之必要。在此情形之下，政見主張相同，性質相若之若干小黨派，爲集結力量，以貫徹其目的，聯合組織爲一個較大的政黨，乃是一個好主意。在推行政黨政治來說，也是一種好現象。中國抗戰時期的中國民主同盟，就是由當時若干黨派聯合而來的。

提到中國民主同盟，這是三十年以前，在中國紅得發紫透黑的黨派。其組織形成，醞釀很久，最初叫做「抗戰建國同志會」，經過三番四次的更改，才正式定名爲「中國民主同盟」。它的醞釀形成，是經過了幾個階段。民國二十七年七月，政府爲著抗戰建國大業，需要團結國力，意志集中，力量集中！在武漢成立「國民參政會」，延攬各黨各派人士、社會賢達、學者專家，聚集一堂，共謀國是。由於政府的號召與延攬，國內外各黨派人士，因而獲得聯繫的機會。一個黨政的組成，自然是有目的企圖的。當時各黨派的目的企圖，不但未如政府所要求者，努力切實以赴，反而藉口貫徹實行國民黨臨時全國代表大會所通過的「抗戰建國綱領」，聯合組織「抗戰建國同志會」，展開在野黨派的團結合作。對政府有所要求，採取一致的態度與行動。這就是中國黨派聯盟的第一階段。

二十七年十月，中國對日抗戰作戰略上的撤退，放棄了武漢。同時，本來僞裝投誠政府的中國共產黨，陰謀異志，也開始顯露。於是國共兩黨的磨擦，亦日甚一日。抗戰建國同志會因此強調國共兩黨，不可分裂，以統一建國爲號召。欲以第三者自居，折衝於兩黨之間，以抬高其政治地位！因復改組抗戰建國同志會爲「統一建國同志會」。通過並發表所謂信約十二條（見後），其政見主張，顯較前階段又急進了一步。這是中國黨派聯盟的第二階段。在這兩階段中，中共份子雖還沒有滲透進來，但發動組織，中共則不無暗中策動鼓勵的活動。

三十年春季，新四軍（中共改編的）叛變事件發生。祇是新四軍違抗軍令，破壞紀綱的事。繩之以國法，卽可。而「統一建國同志會」則故爲誇張渲染，藉口團結統一，奔走於國共兩黨之間。表面從中調和，協調國共兩黨的關係。其實一則向中共暗送秋波，企圖勾結；二則推波助瀾，企圖混水摸魚。統一建國同志會，從此便有進一步的企圖，將該會改組爲「中國民主政團同盟」的醞釀。不過迄未有公開組織的舉動。直至是年十月十日，忽在香港「光明報」正式刊載「中國民主政團同盟」的啟事，宣佈該盟業經在重慶正式成立（實際是在香港組成）。並發表宣言及對時局主張、政治綱要。這便是中國黨派聯盟的第三階段。其政見主張與企圖目的，顯較前兩階段又進了一步。參加該盟的份子，除有所謂三黨三派外，從這階段開始，中共亦以個別份子，秘密打入該盟，從事黨團活動。該盟當時以香港爲根據地，以重慶、昆明、成都爲其活動重點，互相呼應。三十年十一月，第二屆國民參政會第二次大會，在重慶開會時，該盟企圖透過參政會，實現其政治主張。曾提出所謂十大提案。國民參政會主席團，認爲這所謂十大提案，不獨無補時艱，反足以「破壞抗戰，動搖國本」，全部予以保留未付討論。該盟經此打擊，固很不滿；但因國際局勢變化，該盟在香港的窠巢，已生問題。倘非中共企圖利用，復加援手，作再次的改組，更名爲「中國民主同盟」而得復活的話，該盟亦早煙消雲散了。

民主同盟如此產生

三十年十二月八日，太平洋戰爭爆發。香港隨亦淪陷於日本。中國民主政團同盟原以香港作其根據地，至此，該盟便活動失據。其首要份子，亦星散各處，盟務乃趨於消沉。此時中共，正欲利用「民主自由」、「實行憲政」爲釣餌，爭取各黨各派的同情，遂行其所謂「統一戰線」的陰謀。卽認中國民主政團同盟雖已形同瓦解，但盟中原有份子，失望之餘，多無歸宿，仍有剩餘價值可以利用。中共周恩來輩，乃秘密策動素與中共接近的章伯鈞、沈鈞儒等，復聯絡該盟中之各黨派，重起恢復活動。原屬該盟的各黨派，以有中共出面撐腰協助，亦皆樂予接受。這是中共積極利用與控制各黨派的開始；也是中國黨派聯盟眞正受制，成爲中共工具的開始。

當中共周恩來與章伯鈞、沈鈞儒等商討之初，中共深覺民主政團同盟，受了「政團」二字的拘束，僅能以團體參加，而不能擴大吸收個人盟員。中共自命是一個獨立自主的大政黨，該盟復須避免共產色彩，自不能以共黨名義加盟。同時，中共既欲該盟以第三者的姿態出現，復欲其黨徒秘密滲透，以黨團活動方式，深入控制，使該盟成爲中共的第五縱隊，因此關於「應否准許個人份子參加」的問題，經過多次的討論，才如中共的意見，作了決定。

該盟終於民國三十三年九月十九日，在重慶舉行第一次代表大會。出席者計有：中國國家社會黨、中國青年黨（兩黨未久卽退出，見後）、第三黨、救國會派、鄉建派、職教派及所謂無黨無派的民主人士的代表五十四人。決議擴大組織及取銷「政團」二字，改名爲「中國民主同盟」（以下簡稱爲「民盟」）。這應是中國黨派聯盟的第四階段了。大會除通過「民主同盟對抗戰最後階段的政治主張」發表外（見後），並推選張瀾爲民盟主席。選出中央執行委員三十三人，推常務委員十三人。設立各種委員會，建立各省縣市總支分部；中共份子，一時入盟者更多。中共周恩來，且成了民盟活動半公開的實際的指導者。民盟改組佈署既定，卽在全國各地積極展開宣傳、吸收盟員，聲勢壯闊，儼然中國的第三大黨。中共當時原爲蘇俄的第五縱隊，民盟則又作了第五縱隊的第五縱隊了。

政見主張逐漸變質

中國各黨派聯盟，由「抗戰建國同志會」到「中國民主同盟」。名稱雖經數次變更，參加的政團，卻無大異。惟其政見主張，則步步提升了，由平調而高調，由抽象溫和而具體急進，而與中共看齊。聲應氣求，終於反對國民大會、反對憲法，而與中共同流合污，走向叛國作亂之路，終於見棄於國人，不得不自動宣佈解散。茲就其在各階段中所持之政見主張，分而觀之：

民盟在「抗戰建國同志會」階段中的政治主張：「貫徹實行抗戰建國綱領」。這是在野黨派企圖聯合的起步。以團結各黨派，共爲抗戰建國而致力，以迎合政府和國民心理，不但是溫和的，而且是合理的，應當的。誰能敢說不應該？但黨派聯盟，不外充實政爭的力量，且爲國民黨執政以來所初見。執政黨的態度如何？不能沒有試探。藉投石問路的方法，測量執政黨的反應，才能決定應採的行動方針。

民盟在「統一建國同志會」階段中，信約十二條，主張：「各黨派一律以平等地位，公開存在，意志集中，共同努力，以求國家之統一。」這在政黨政治理論上講，固是合理的，也是執政黨所已許可的；但從現實情況講，統一建國同志會這政見主張，動機卻不光明磊落。因爲武漢棄守，正是政府抗戰艱困之際。中共又急圖乘機而起，加深政府的困擾，以遂其陰謀野心。各黨派竟不顧大義，在中共唆使之下，罔顧民族存亡，更乘國家之危，向執政黨作進一步的要挾！實不啻要各黨派，無論良莠，都能在平等、公開、合法的地位上，且能展開絕對自由的活動。雖搗亂、破壞，政府不能干涉，法律不宜禁止一樣。民盟在「中國民主政團同盟」階段中，發表對時局主張的政治綱領，內容大要爲：「貫徹抗日主張，反對中途妥協。實施憲政，結束黨治。保障人民生命、財產、身體、思想、集會、結社之自由。反對一切非法之特殊處置。」這是由於中共已有很多「違抗軍令、政令，破壞抗戰建國、叛迹日益顯著」的非法事實存在。政府爲國家民族前途計，便不得不起而整飭紀綱、制裁不法。該盟如此主張，則直成了中共的幫兇，同時國共兩黨，這時已由暗而明，衝突不已。該盟在中共煽動之下，即妄想以第三大黨的姿態出現，折衝於兩黨之間。要求執政黨放棄根據三民主義與抗戰建國綱領「以黨治國」的責任，而讓名由各黨派聯合執政，實由中共來獨裁執政。這對執政黨的要求，可說又跨上了一大步。因爲前階段，僅希望各黨派，能與執政黨平等的公開的活動。現階段則要求執政黨，結束一黨黨治，使各黨派在黨權上平分秋色。

民主同盟正式成立的階段，所提政見主張：「結束一黨專政，建立各黨各派聯合政權。貫徹抗戰國策。切實整理軍隊。保障學術思想自由。加強對英、美、蘇等各盟邦之聯繫。」由於政府顧全國家大局，對於中共種種不法行爲，一再容忍。因使中共勢力，日益坐大。這從民盟各階段所提節節高升的政見行情，亦可測見。民盟以有中共的依恃，便挾中共以自重，向政府便步步逼進，不但要求結束黨治，且要求建立各黨各派的聯合政權，以替代國民黨的政府。這政見並不新鮮，中共叛國作亂，在民國二十六年至三十四年這階段中，所擬定的革命路線，就是「轉變民主革命，爲社會革命；建立聯合政府，轉變爲新民主主義共和國。」民盟現階段的政見主張，直可說是中共革命政策路線的翻版毫釐不差。

民青兩黨為何退盟

中國民主同盟的組成，號稱三黨三派，與所謂無黨無派的「民主人士」。份子至爲複雜，可謂集失意官僚政客、無聊文人及野心人物之大成，基於共同的利害關係而結合，自因政見不同、權利衝突而分裂。幾可說民盟成立之日，卽是民盟分裂之時。最基本的原因，就是思想上的相反，親共思想與反共思想之無可能調和。首先宣佈退盟者，就是青年黨，繼之則爲國社黨（以後改稱民主社會黨）。中國青年黨一貫的政策，就是反共的。該黨自民國十二年，曾琦、李璜、左舜生諸先生，在巴黎組織「國家主義青年團」開始與「共產黨旅法支部」，在思想上就是對立鬬爭的。直至抗戰時期，各黨派成立聯盟之時，仍未改變其一貫的思想主張。故民盟成立伊始，卽有反共派與親共派的暗爭。而鬬爭爆發的近因；則由於青年黨爲民盟中的最大政黨，該黨領袖之一的左舜生先生，因得被推爲民盟的總秘書。總秘書總攬民盟一切大權（左氏並代理民盟主席職權），致引起盟中親共派的不滿。民國三十四年十月一日，民盟在重慶召開臨全大會時，親共派積極展開活動，遂削去了總秘書代理主席的職權。因使青年黨在民盟中的地位，一落千丈。青年黨早已不滿民盟一味附和中共的政策，久有退盟之意。祇因未得適當機會。迨政治協商會議召開之前，青年黨乃決計單獨向政府提出代表名單，展開退盟的實際行動。從此雙方態度，更趨惡化。青年黨攻擊民盟親共派「爲中共之尾巴，自己無一貫主張，完全以中共態度爲轉移，專門替中共搖旗吶喊」。並對羅隆基等，頗多諷刺。羅隆基等，則誣青年黨被政府收買，「無在野黨風度，公然變成執政黨的喇叭」。章伯鈞則駡青年黨「不倫不類，時而與中共合作，時而與國民黨攜手，實無政黨資格」。雙方攻擊，愈演愈烈。青年黨終於不宣而退出民盟，使民盟頓失了一根有力支柱。左舜生先生，原名學訓，號仲華，湖南長沙人。（一八九三—一九六四），早歲留法，亦「國家主義青年團」首創人之一。剛強明智，嫉惡如仇。曾主編該黨「醒獅周報」，深爲世人所重視。抗戰初起時，在武漢卽代表青年黨上書蔣委員長，擁護國民黨與抗戰建國綱領。後來之退出民盟，故決非偶然之事。

中國國家社會黨的領袖張君勱先生，在清末民初，卽已從事憲政運動。張君勱先生，又名嘉森，字士林，號立齋，江蘇寶山人（一八八七年生，一九六九年卒於美國）。他是清季舉人，早歲留學德國，民元發起組織共和建設討論會，嗣併入梁啟超所組織之民主黨，亦可謂爲中國立憲運動的前輩。在北大教書多年。抗戰之前，在廣東創辦「學海書院」；在雲南大理創辦「民族文化學院」。是一個純粹的學者，著作亦很多。抗戰之初，卽上書蔣委員長，竭誠表示擁護的態度，他雖是一個學者，是一個大學教授；學而優則仕，亦一極熱衷於政治的人。

國家社會黨，民國二十四年成立於北京。張氏卽以其所著「立國之道」一書，作爲組黨的理論基礎。故其政綱，乃「絕對的國家主義與進步的民主政治」。其政見主張，自與共產黨的「國際主義及無產階級專政」，根本不能相容。當其與各黨派聯盟之初，亦由於該盟尚未遭到共產思想的侵襲與親共派的破壞。及三十四年張君勱先生由美出席舊金山聯合國會議歸來。目睹親共派處處操縱民盟，深表不滿。感到側身民盟，決非久計。故於政協會議之後，卽極力整頓該黨內部；並着手籌備與海外「民主憲政黨」之合併事宜。兩黨決定合作後，三十五年八月，卽正式宣佈改組爲「民主社會黨」。當時並聲明，僅與民盟保持聯盟關係，絕不妨礙其獨立活動。即爲該黨退出民盟之先聲。民主社會黨成立之前一月（七月）國民政府蔣中正主席曾電召張君勱先生前往廬山。民盟親共派已知張氏對政府之傾向，更趨積極。羅隆基等則大進說詞，企圖挽回張氏去志，當遭張氏拒絕。因之，轉而諷刺張氏爲「曾琦第二」。民盟的機關報——文匯報，對張氏之攻擊，尤不遺餘力。十一月，國民大會召開於南京，民社黨乃毅然宣佈：「無武裝、無地盤，不能捨民主之路；有主義、有政綱，不如獨立爲得計；」而脫離了民盟的羈絆。從此民盟兩大支柱，則全摧折了。

民盟各派系點將錄

民盟自反共的青年黨領袖左舜生、李璜與民社黨張君勱等相繼退盟以後。雖說失去了兩大支柱。所餘一黨三派以及所謂民主人士，一色親共份子，應能合作無間。事實卻不盡然。新的權力矛盾，新的意見紛歧，卻又構成無法調和的很多派系，開始磨擦衝突。倘非中共掌握得緊，亦必早已土崩瓦解了。茲將其當時之派系及其主要份子分析於次：

1. 屬於第三黨者：其首腦人物爲章伯鈞。章伯鈞安徽桐城人，曾留學德國，政治野心極大，被共產黨開除黨籍後又加入。鄧演達任國民革命軍總政部主任時，章曾任科長，頗爲鄧所重視。

鄧演達於民國十六年，在武漢勾結中共與中央對抗時，成立一個所謂「中華革命黨」。十九年，改稱爲「中國國民黨臨時行動委員會」。二十年，鄧演達以叛國罪處死後，該會卽告四分五裂，分赴南北，各結黨派。章伯鈞拾其殘餘份子，則在武漢組織所謂「中華農工黨」。二十四年，改稱爲「中華民族解放行動委員會」。三十六年，再改名爲「中國農工民主黨」。標榜介乎國共兩黨之間，以第三個政黨自居。國人亦習以第三黨稱之。加入黨派聯盟組織時，則尙未改稱爲農工民主黨。其黨本身，毫無實力，祇是買空賣空，投機取巧而已，因其原係中共黨徒。民盟與中共之勾結，章伯鈞從中奔走牽拉，出力最多，因復被中共所重，許其重新入黨。民盟成立時，論功行賞，章因得任該盟常務委員兼組織委員會主委。該黨的李章達及張雲川，亦得分別主持該盟南北總支部。

2.屬於救國會派者：中國對日全面抗戰之前一年。上海一部份左傾文化人士，改變所謂「人民陣線」的面貌，於民國二十五年六月，乃有所謂「全國各界救國聯合會」的出現。實際活動，則承受中共「民族統一戰線」的指導，造成學潮，鼓吹反調。是年冬，西安事變發生，該會亦與叛軍呼應。該會以多行不法，二十六年春乃有沈鈞儒、章乃器、王造時、李公樸、鄒韜奮、沙千里、史良等七人，以危害民國罪被捕之事發生。時人稱之爲「七君子」事件。抗戰發生後，七人亦全被釋放。這所謂七君子，也就是救國會派的基幹人物。國民參政會成立，除章乃器任安徽財政廳長外，餘均被遴選爲參政員。該派歷來的政見主張，深得中共的歡心；中共對該會，亦極力爲之鼓吹。民盟成立，固爲中共所策動，亦該會沈鈞儒等促成之功。沈鈞儒浙江嘉興人，係前清進士（一八七三—一九六一），曾留學日本，一向在上海擔任教授兼執律師業務。本派上層份子，在民盟中多高居要職。因與中共關係密切，其行動即多受中共的指使，因之對民盟的活動，亦最積極。該派內部，有南北兩派之分：南派領袖沈鈞儒，北派則由張申府領導；要皆以中共與民盟之馬首是瞻。

3.屬於鄉建派者：鄉建派又名村治派，以梁漱溟爲中心。

梁漱溟廣西桂林人，一向研究哲學與佛學。相傳梁漱溟曾投考北京大學，未被錄取，後與蔡元培先生接談，蔡氏賞其才，反聘之爲北大教授，後卽傳爲佳話。梁早年頗熱心提倡鄉村自治，嗣又改唱鄉村建設。著述頗多，實爲一空想的社會改良主義者。對於政治，頗具興趣，惟時冷時熱。處事毫無定見，立派則無羣眾基礎。民盟利用其名望，資爲號召，乃寄以該盟常委。該派如羅子爲、黃良庸等，亦多分任民盟中委。

4.屬於職教派者：以黃炎培爲首腦。職教派得名於民國六年黃炎培所創辦的「中華職業教育社」。黃字任之，江蘇川沙人。清季舉人，一向從事教育事業，曾任江蘇省教育會會長。孫傳芳據蘇時代，黃壟斷了全省教育，時有「學閥」之稱。國民革命軍北伐時，黃曾通電擁護孫傳芳，反對革命。迨革命軍克復江蘇，江蘇教育界發動打倒學閥運動，黃乃消聲匿跡。直至九一八事變後，始由上海生活書店經理鄒韜奮等拉攏，勾結中共，才復活起來。加入民盟以後，得任該盟中央常委，兼工商運動委員會主任委員。因與工商及金融界人士發生密切關係，聲勢亦漸壯大起來。嗣以職教社非一政治集團，另組「民主建國會」，展開政治活動，即多得力於工商金融界人士之助。該會在民盟中任職者，尚有江恆源、冷遹等，均係該盟中委。

5.屬於西北系者：以杜斌丞爲主腦，楊子恆等次之。杜曾任「西北王」楊虎城的秘書長，楊子恆則爲楊部一師長，皆陝西人，深得楊虎城的信任。二十五年，西安事變解決以後，楊虎城擬再圖政變未遂。杜斌丞等因對中央之處置不滿。其所以參加民盟活動者，實有挾怨報復的陰謀企圖。民盟成立後，杜任該盟中央常委，並主持西北總支部，負責陝、甘、寧、青各省的盟務。

6.屬於東北系者：本系有周某（忘其名）與閻寶航等，於九一八事變後，曾組織「東北救亡協會」，後改組爲「東北政治協會」。中國對日抗戰之初，該系份子，曾要求政府釋放並起用張學良，未能實現。因對政府反感特甚，態度亦極左傾。加入民盟活動，亦實有挾私乘隙，發洩積憤之意。周某曾任民盟中央常委，並主持東北總支部；但爲時未久，周某退出民盟，即由閻寶航繼負其責。閻爲遼寧海城人，曾留學英國。中共以後委之爲遼省主席。

7.屬於川康系者：本系以川康地方勢力爲背景，包括失意軍人、政客、士紳及幫會人士，且爲民盟經費最大之支持者，在民盟中的地位，相當重要。首腦人物張瀾，任民盟主席兼中央常務委員及財務委員會主委。其他任中委常委者，亦較其他派系爲多。張瀾四川南充人，曾任四川省長，成都大學校長，深得人望；加以性情隨和，持躬謹慎，向有好好先生之稱，以故能久居民盟的主席寶座，自成立以迄民盟解散。自然，經費靠山，亦為其不墜原因之一。

8.屬於教授系者：計有潘光旦、張東蓀、羅隆基、聞一多等。潘光旦被推為民盟常委，兼主持雲南總支部。潘以自由派自詡。原係國社黨人，但早已不受國社黨約束。他在雲南，儼然成了西南教授系的中心人物。張東蓀亦民盟中央常委，兼主持該盟華北總支部，羅隆基為江西安福人，約四十餘歲。任民盟中央常委兼宣傳委員會主委，為該盟對外的發言人。後任民盟副主席，成了該系首要人物。因與雲南主席龍雲頗多聯繫，該盟亦不願輕之。聞一多係民盟中委，三十五年，任西南聯大教授時，與李公樸同被刺於昆明。中共與民盟，皆誣指為國民黨所為，民盟當派梁漱溟前往昆明調查，莫得眞相。時且甚傳為中共的苦肉計，梁莫敢奈何，僅作了數萬言書面報告了事。聞一多原名多，以字行，曾任青島大學文學院院長，死時不過四十餘歲。該系份子，多係教授而政治慾望較強之輩，思想左傾，態度偏激，與中共關係密切，尤有蘇俄崇拜狂。時人即常有呼羅隆基為「羅隆斯基」，呼聞一多為「聞一多夫」者；亦可謂謔矣。不過此系始終為一空架，僅有少數上層份子，且互不相謀，多狂傲不近人情，更無社會基礎。

9.屬於國民黨落伍份子者：頗多其人，以柳亞子最為積極。柳原名慰高，字安如，別號棄疾，江蘇吳江人（一八八七—一九五八），常以名士自詡。狂妄虛驕，好作偏激言論以沽名釣譽。原任國民黨中央監察委員，嗣以反黨故，開除黨籍，積怨甚深，三十五年春，企圖參加政協會議，復遭政府拒絕。老羞成怒，乃組織「三民主義同志會」勾結中共，從事反政府的活動。柳在民盟中任中央委員。中共以該會擁共積極，後亦被列為附庸黨派四大基幹之一。

10.屬於幕後人物者：多為向與中央有積怨之人。最著者，如李濟琛，曾任廣東省主席，在國民黨及國軍中，資格都很老。一般失意軍人、政客，即利用李對中央的不滿心理，與其強烈的領袖慾，爭相捧抬，組織「中國民主促進會」，從事反政府的活動。並積極支持民盟在西南發展。陳銘樞亦係中央黨政大員。曾勾結盤踞江西共黨在福建組織所謂「人民政府」，反抗中央。再就是雲南省主席龍雲，曾與日偽秘密勾結，亦早不滿於中央。此輩雖皆未公開出面，然皆任民盟秘密中委，幕後支持民盟最力。且各派有代表，長駐民盟，擔任民盟中央要職。

內在矛盾由隱而顯

民主同盟成立之初，經過反共派與親共派的鬪爭，反共派的青年黨與國社黨，不願與親共份子同流合污，先後退出民盟以後，該盟所剩存的黨派，不管親共的程度如何，應該是清一色的，在根本思想上沒有什麼衝突。相反的，其內部的權力矛盾，由隱而顯，又開始新的鬪爭，一直到該盟解體。

職教派的黃炎培，從消聲匿跡而重起於政治舞臺。原是中共和其同路人提携抬舉出來的。他對於恩同再造的共產黨，自然要格外親近。但自新四軍（土匪改編，中共葉挺任軍長）割據江北，發動叛亂，經過國軍弭平以後，江蘇同鄉痛惡中共之餘，對黃即多方解說，勸其疏遠中共，勿再爲虎作倀！而黃亦良知尙未盡泯，感於桑梓之情，也不滿中共在蘇北的暴行。曾秘密致函於毛澤東，攻擊中共。事爲羅隆基所悉，對黃深表不滿！時羅已自視爲民盟首要，更以「民盟發言人」的資格，阻黃發表該函原稿。黃憤而要求退盟。隨經沈鈞儒等之極力勸阻，始作罷論。惟黃聲明，此後民盟對外發表任何重要文件，均須彼過目簽字，否則即不承認。顯係針對羅隆基之把持民盟宣傳而發。同時，黃炎培原已有意：早日參加政府，以遂其政治慾望。故自與羅衝突之後，態度突變，經常沉默寡言，對政府亦很少批評攻擊，並致力於其「職教社」及「民主建國會」的發展，企圖自成一政治集團，拋開民盟，單獨發展。

鄉建派中心人物梁漱溟，爲民盟中央常委兼秘書主任，素不滿羅隆基在盟內之操縱把持，衝突已非一日。梁覺忍無可忍，乃憤而辭職。經沈鈞儒及周恩來的勸慰，乃打消辭意。不過梁漱溟辭職之舉，已經有過好幾次。其最後辭職書中有云：「若必強留，勢必強去，徒傷感情，無益於事」。其辭意之堅決，必其內心有不可告人之痛苦！亦足見民盟內部矛盾之不易調和也。

民盟主席張瀾，佔有很多優越條件，是不易推倒的。張亦知羅隆基隱有取己而代之之謀。但羅又不敢溝通其他盟員來爭取。因之，即常欲從理論取勝，以貶張之聲價。如張、羅發生對國共態度「中立與不中立」之爭。張主中立，羅主不中立，雙方常常爭得面紅耳赤。嚴格言之，這是民盟根本政策之爭，對於張之地位，頗有決定性的作用。同時，這表面爲張、羅之爭，實際又是梁（漱溟）羅之爭。因爲梁漱溟不滿於羅隆基，甚欲藉張勢予羅以打擊。羅亦不甘示弱，乃聯合沈鈞儒向張、梁反攻。並乞中共周恩來出面支持。周則左摸右撫，化爲無事。不過一波未平，一波又起。張瀾與羅隆基爲召開全國代表大會之地點問題，又發生爭執。張瀾之川康系，爲保持其領導權與主席寶座，則主在川舉行，羅等則極力反對。張瀾見其領導地位已有動搖的趨勢，遂在四川利用袍哥作基礎，另組「忠義民主黨」，以厚其勢。

第三黨的章伯鈞，對民盟的活動，雖一向努力未懈，但見內爭日烈，難保不自毀其長城，倘民盟一旦崩潰，自己亦將窮無所歸。預爲自保之計，乃就其原有的基礎——中華民族解放行動委員會，改組爲「中國農工民主黨」。同時章復利用其民盟中央組織委員會主委的職權，分派該黨幹部至各地民盟支部工作。前者「充實黨基」；後者「以黨控盟」；自認爲兩全之計，但事被羅隆基窺破，對章伯鈞卽實行嚴密監視。章、羅互相逐鹿，互相猜忌，同床異夢的支持民盟殘局，以至於最後。

中共民盟簽約合作

民主同盟，在其前身「民主政團同盟」階段時。中共已謀亂日亟。爲利用可能利用之一切力量，已令其黨徒個別份子，秘密打入民盟，從事「黨團」活動。嗣後中共要進一步控制民盟，把民盟從落魄中提拔出來，擴大改組爲「民主同盟」。變成了爲中共搖旗吶喊的同路人。

民盟成立之初，沈鈞儒、章伯鈞等，很想邀請中共加盟。中共則不願以其獨立自主的大黨，降格相從，主奴不分，溷濁一堆。乃藉口「中共如果公開加入該盟，恐易使盟內各黨派遭受嚴重打擊，且將使其中間作用，完全消喪。」互商結果，遂決定中共以友黨姿態，從旁贊助。實則民盟一切表演節目，皆由中共暗中策畫指使。復利用章伯鈞、沈鈞儒、張申府之流，從中拉攏，加深雙方關係。初由中共按月補助民盟一切活動經費。民盟有了活動經費的保障，工作漸次展開，乃使大家興趣愈增，更有飲水思源之感！中共初步收買之計，乃如願以償。

雙方良好關係，發展下去，經時三月，卽三十三年十一月，通過張申府、章伯鈞的串通，民盟與中共作進一步的勾結，簽立「合作協定」。協定要點約爲：「雙方不得對國民黨妥協合作，如有談判，得互相通知。互相同意後，始得與國民黨成立協議，凡中共有所主張，不違背民盟原則者，民盟有支持之義務，如雙方主張意見有相左者，不可公開發表。」這協定，表面似很公平合理，實則祇能限制民盟，而不能約束中共，故自此合作協定簽定後，民盟事實上，則完全成了中共御用之工具。無獨立自主的資格，無自由發展的餘地；以致引起盟內若干黨派之不滿！惟親共份子章伯鈞、沈鈞儒、羅隆基、張申府等，則反因此而得操縱了民盟，與中共作進一步的勾結。

勾結事實歷歷可數

民盟與中共簽立合作協定以後，民盟無異賣身投靠，完全聽命於中共，一般國人譏之爲中共的尾巴。民盟猶矢口否認，無如事實勝於雄辯、民盟則欲蓋彌彰。其勾結事實之歷歷可數者如下：

第一、在政治協商會議舉行時及會後。各種協議，民盟與中共無不採取一致的態度。堅持國民大會通過議案，應有四分之三以上人數贊成，欲根本推翻「五五憲草」，否認舊有國大代表，並共同要求國府委員十四席，以便取得否決權。

第二、中共邀請民盟，在所謂中共解放區內，設立總支部。民盟份子，並得出任中共所委派之僞職。如李駿仁任延安大學校長；閻寶航任遼省主席；韓幽桐、闞夢覺分任教育廳長等；皆是。

第三、民盟與中共擬交換人材。民盟登記失業盟員，交由中共派往「解放區」工作。中共則派遣訓練有素之宣傳、組織人員，爲民盟工作。

第四、民盟商得中共同意，擬在「解放區」建立總支分部。中共地方黨部，予以協助。並於各地會同組織各種所謂民主運動的團體，藉以籠絡人心，吸收靑年。

第五、中共對東北問題，主張以政治協商方式解決；要求擴大停戰調處執行部至東北；限制國軍開入東北之人數；承認東北「民主聯軍」及「民主聯合政府」等反政府的主張。民盟則完全附和。

第六、民盟與中共聯合組織所謂「世界和平協進會」，發動反美運動；要求在華美軍撤退；反對美國干涉中國內政；阻撓政府遣俘、接收及復員等工作。

第七、民盟與中共，在宣傳上，不僅採取一致態度。宣傳事業上，亦密切合作。且以雙方的機關報及機關刊物，互爲宣傳，互爲吹捧。雙方之發言人，亦互相呼應，此唱彼和。同時，並交換情報及資料。

第八、民盟受中共之指使，發動反內戰運動。將各地國共軍事衝突之責任，完全歸諸於政府。在國共和平談判中，則爲中共張目，要求國軍立卽停戰，全面停戰，再行協商。以阻撓改組政府及召開國民大會。

第九、中共派李濟琛之姪李諾夫，爲華南特派員。與民盟南方總支部負責人李章達等，誘惑前十九路軍舊部及落伍軍人，組織所謂「華南民主聯軍」。陰謀發動軍事。策應中共北方叛亂。

第十、中共除控制民盟外，並利用民盟拉攏其他各小黨派爲之吶喊。分別引誘中國農民自由黨，中國民主黨等黨派，與之合作。

第十一、中共利用民盟發動和平運動，作爲緩兵之計。每逢中共兵力枯竭或軍事失利時，民盟卽高唱和平，要求停戰，並出面促成繼續和談，以拖延時日，俾中共有喘息機會，得以從容佈署反攻。

第十二、中共各地人員撤退之後，委託民盟代管一切財物。中共人員潛入地下活動，僞裝爲民盟盟員，民盟並多方爲之掩護。中共分子如有被捕情事，民盟則發動保障人權運動，力予救護。

第十三、中共利用民盟各地組織，佈署地下交通網，從事傳遞消息。雙方爲密切聯繫起見，中共各地區委，經常派遣代表，列席各地民盟會議。這在中共「地下鬬爭路線綱領」中，所載極爲詳明。

第十四、中共授意民盟，要求莫斯科三國外長會議，討論中國問題。以達到國際干涉中國內政之目的；並極力反對美國之單獨援助。

凡此種種，僅其彰明較著者，均足以證明民盟與中共勾結之緊密。同時，亦說明了政府當時對民盟之放縱寬容太過，竟無嚴厲的處置（見後）。寬恕了敵人，卽危害了自己。後來不可收拾局面之造成，亦實政府養癰遺患有以致之。

盟務不振愈趨愈下

民盟自青年黨退盟後，已給該盟嚴重打擊。迄民盟與中共加強勾結，簽立合作協定後，盟內若干黨派，更爲不滿。到國民大會開會之前，民盟內部意見，則愈見紛歧，入於紊亂狀態。由於民社黨的毅然參加國大，自動退盟，更形成該盟支離破碎，盟務不振，愈趨愈下。該盟之親共分子，章伯鈞、沈鈞儒、羅隆基等，不但不檢討該盟所以致此慘狀之由，改絃易轍。卻仍本其一貫態度，企圖撐持到底。如何撐持？章伯鈞等商決擬從下列問題着手。

1.爲鞏固民盟基礎，充實力量，擬擴大拉攏各左傾社團，如「民主促進會」、「民主建國會」、「三民主義同志聯合會」、「人民團體聯合會」等組織，正式加入民盟。

2.請求該盟之同情者及幕後人物，如李濟琛、陳銘樞、龍雲、譚平山等，公開出面予以支持，以資號召，藉挽頽勢。

3.積極挑撥民主社會黨內部，促使分化。拖住張東蓀等（原爲民社黨員），勿因民社黨之退盟而退盟。並以此打擊民社黨，阻止其與政府合作。

4.一方面攻擊政府召開國大爲非法及違背了政協決議；一方面又企圖重建第三方面（新的），再度發動和平攻勢，以博取國人的同情，利作政治活動資本。

5.決定向青年黨及民社黨，提出破壞盟約之質問。並實行盟內肅清工作，清除不利民盟的分子。

6.擬召開該盟二中全會，決定內部改組與推定秘書主任（前稱秘書長）繼任人選以及上述各項問題。

凡此種種問題，章伯鈞、羅隆基等，當時雖作了廣泛的探討；但多不能決定。故召開該盟二中全會，認爲勢不可緩。

內部暗鬪表面調整

民盟自三十三年九月成立，開過一中全會以後，再沒有開過中央全會。由於時代環境的劇變，該盟許多重要問題，急待解決。尤其想藉擴大組織，調整局面，以挽回該盟頹勢。因之，乃於三十六年一月，在上海召開該盟二中全會。會期五天，出席中委及支部代表共三十六人。會議經過情形：

1.主席張瀾致開幕詞，仍強調民盟一貫主張，與民盟基本的性質和態度。很顯然的，似仍欲以政協爲號召。且特別指出民盟爲一有永恆性與獨立性的政黨，基礎建立於全民上面，想洗清被人指爲「中共尾巴」之譏；更強調該盟是一個「政黨」，而不是一般人所稱的「政團」，以抬高其身價。實則名實不符，何能取信於世？

2.關於人事上的調整，局面並無大變更。張瀾仍繼任主席，打破了野心家的迷夢。因使民盟內部團結，暫得轉危爲安。張東蓀之繼梁漱溟爲秘書主任；葉篤義之代宣傳委員會副主委（兩人皆民社黨）。實不外以牢籠政策，收拾二人「脫黨（民社）歸盟」。此外羅隆基仍主宣委會；但對外發言，則受了限制。此次會議前後，范樸齋最爲活躍。范且爲張瀾的智囊、軍師；但彼仍僅爲該盟中委，未兼其他要職。並聲稱「十年之內不做官」。言外之音，蓋可想見。

3. 關於擴大組織仍未實現。二中全會之前，該盟曾竭力拉攏左傾團體入盟，並請李濟琛、陳銘樞等公開出面支持。卒因各團體本身，意見不一，且均欲以團體爲單位入盟。該盟鑒於民青兩黨退盟的打擊，則堅持祇能個人，而不能團體入盟。故邀各左傾團體加盟的計畫，則全成了泡影。至請李、陳等公開出面支持。一因該盟的弱點，已全暴露；二因各人正傾全力發展其私黨組織，無暇旁及，未能實現。

4. 民盟二中全會決議之所謂新政策：爲「堅持政協路線」；主張「不承認一黨包辦的非法國大；停止內戰；恢復和平談判」；並「重新組合第三方面之進步力量」。這所謂新政策，實際仍係民盟一貫的舊調重彈。惟所謂「重新組合第三方面之進步力量」。其意則在排斥民青兩黨於「第三方面」之外。至「否認國大」、「停止內戰」實皆中共之應聲。

民盟在其二中全會之前，章伯鈞、沈鈞儒等，經過多次商討，決心加強陣容，充實力量。但從此次會議的結果來看，其擴大組織之企圖，既已完全失敗。而人事的調整，亦未能令局面一新。惟對取消以政團爲單位入盟（決議取銷「調整盟內黨派關係章程」）之規定，似很認眞。即甚想表現該盟爲一具有整體性與獨立性的政黨。但事實上，非但盟內黨派界限，沒有因此而化除；而盟外人士，認該盟爲「中共的尾巴」，而非一個獨立的政黨，則始終如故。故民盟在支離破碎之際，雖有心求振，終由於本身組織條件的限制，局面縱略有調整，卻仍未能挽回其頹勢。

和談陰謀中共尾巴

民盟二中全會，決定重組所謂「第三方面」。制憲國大開會（三十五年十一月十五日）前夕，這所謂第三方面的人士，全體到了南京，有意對政府與中共的「和談」作最後的調解。不過情勢很不穩定。這時民盟的梁漱溟，頗有參加制憲國大會議之意；但遭了中共周恩來的斥責。羅隆基等欲聯合上書蔣主席，表示：國大如能展至十二月一日開幕，卽願出席。亦因遭到周恩來痛哭流涕的勸阻而作罷。結果，這次第三方面的調解，又歸失敗了。國民大會如期召開，並正式制頒了憲法。第三方面無形中垮臺，和談卽全陷於停頓。

從此中共卽極力抨擊：國大爲一黨召開之國大；憲法爲違反政協之憲法；表示決不承認。民盟亦步亦趨，附和中共大做其反國大反憲法的宣傳。但是民盟的身價，卻從此一落千丈了。第一，因爲政府與中共之間的關係，走到破裂境地，民盟則失去調人作用，已不爲政府所重視。其次，因民盟一邊倒的追隨中共，暴露了「尾巴」原形，一般國人亦認民盟已失掉中立地位，遭到鄙棄。在此期間，民盟雖依然厚顏無恥，附和中共到處叫囂；但其內心的痛苦，自然也是很難受的。因爲政府與中共的距離愈遠，民盟的重要性則愈低。及中共決定發動全面叛國作亂，並鼓動政府地區罷工、罷課、罷市、製造暴亂。政府乃不得不令中共駐留京、滬、平、津、渝等地之人員撤退。民盟以中共人員撤退，自己仍須負責掩護中共人員的地下活動，自然也是吃力不討好的事，而且還有很大的危險性。

民盟何以甘心忍受如此精神威脅？實由於民盟要角，仍迷信中共的武力鬪爭，可獲勝利。如沈鈞儒對人說：「中共到處挑起戰爭，使全國都不能安寧。人民無法生活，國民黨就非倒臺不可。即使有美國幫助，頂多延長一年兩年。」羅隆基、章伯鈞則認為：「雙方均無消滅對方的力量，九個月內，難有結果。屆時必回走政協之和平路途。如國民黨方面失利，則可能由政府開明的分子或民青兩黨提出和平。如中共方面失利，則將轉請民盟提出和平。」照沈鈞儒如此迷信中共武力論事，那民盟之親共路線，或許是對的。照羅隆基等的認識，國共兩黨誰勝誰敗，民盟總是有戲可唱的，而且馬上就要開臺了。

再度展開和平攻勢

第三方面進行調解國共和談失敗，中共亦叛亂日亟。政府為弭平禍亂，不得已乃展開對中共的軍事攻擊。於是中共喪失了延安老巢，陝北不能立足；蘇北被逐；魯南挫敗；東北屢次發動攻勢，亦均被國軍粉碎。中共因軍事節節失利，為了挽回局面起見，除企圖以「地下鬪爭路線綱領」，利用民盟等「四大基幹」，從事地下鬪爭，擴大各地叛亂之外。同時，援用故技，爲爭取時間，玩弄其「和平」把戲。陰謀以和平攻勢，鬆懈國軍的鬪志。發動反內戰運動，以阻撓政府的進攻。因之，乃授命民盟，再度展開和平運動。民盟亦以國共和談，久陷僵局，本身已不爲國人所重視。現在機會到來，自不甘於寂寞。遂如中共所命，重行展開反內戰運動及和平運動。

此時正值最後一屆國民參政會，在京舉行。民盟以機會不容錯過。經數度集議，乃決定民盟各參政員，各以私人資格出席國民參政會。該盟時任參政員者，計有：章伯鈞、羅隆基、張瀾、黃炎培、梁漱溟、韓兆鶚等，並準備向參政會提出和平方案。內容爲：

1. 再行召開政協會議形式之黨派會議。
2. 雙方立即就原地停戰；政府應承認中共轄區之地方政權。
3. 邀請中共代表到京商討懸案。
4. 普遍實行民選。

民盟此次發動和平攻勢。除係奉命行事外，乃欲造成和平空氣，一爲中共緩兵；一圖動搖政府戡亂的決心。利用全國各階層人民生活不安與厭戰心理，提出和平運動，無論政府接受與否，均可博得國人相當的同情，藉此吸引國人對該盟之重視，因而得以恢復該盟過去之政治地位。

不過民盟此次發動和平攻勢，在參政會所提出的和平方案，因仍未脫離尾巴色彩，偏袒中共，致遭大多數參政員的抨擊，而未獲得結果。中共除對民盟嘉勉一番外，對參政會則予以嚴厲攻擊。民盟隨亦大肆宣傳，指責政府毫無和平誠意，以掩飾此次和平攻勢的失敗。其時中共與民盟的策略：是要將內戰責任，推到政府身上；並不斷鼓惑羣衆向政府要求和平。但一般輿論，因遭頻頻欺騙，幾全反應：「內戰應由中共負責，和平應向中共爭取！」民盟見詭計未售，祇得另作打算。

環境不利亟謀應變

中共叛亂稱兵，節節失利。民盟和平攻勢，亦告失敗。民盟的地位與環境，確已今非昔比。如何才能應變？即成了民盟分子當前最重要的課題。該盟高級幹部會商的結果，決定了下列幾項活動步驟：

一、暫時停止和平運動。利用人民生活艱困，及渴望和平的心理。暗中鼓動人民，造成反戰風潮。使美國感覺中國民心厭戰，對政府喪失信心，以動搖其援助中國政府的信心。

二、在當前情勢之下，吸收盟員，爲首要工作。盟員活動，必須愼重，不要給政府有所藉口。由於個人之不利，影響團體之不利。盟員應分工合作，相見以誠，以民盟前途爲重。

三、目前局勢，急待檢討。應付政府的策略，亦須重新決定。擬召開三中全會，並準備召開第二次全國代表大會。預定地點在上海；日期爲六月。又恐籌備不及，決定會期展緩。

四、民盟前由鄧初民建議：以上海環境困難，不如將總部遷往香港。鄧並先行赴港佈置。旋經張瀾、沈鈞儒、黃炎培等商討結果，則擬將總部遷設南京，仍以上海爲活動中心。

五、民盟鑒於當前環境不利，除積極吸收盟員，整頓內部外。今後對政府的態度，表面上以不刺激爲原則；暗中則仍積極從事煽動破壞；與中共的軍事行動相呼應。

六、民盟中央宣傳委員會，決定宣傳綱領，頒發該盟分子，作爲口頭與文字宣傳的依據。其內容爲：1.誇大中共戰果；強調東北方面國軍失利情形，與東北戰局之重要性。2.宣揚政府官吏之貪污行爲，強調社會民眾反政府的情緒。3.強調社會及政治之變化，爲蛻變而非突變，必須經過聯合階段，即聯合政府的階段。

最後一點，民盟總算把它的廬山面目暴露出來了。民盟分子的終極目的，不過是藉國共衝突以自重。力謀以第三方面的姿態，促使國共問題，和平解決，組織「聯合政府」，以便從中攫得部分政權，遂其政治野心。

政府頒令戡亂建國

政府爲顧全國家大局，數年以來，對於中共種種不法以及叛國行動，無不再三容忍，多方遷就。總希望能以商談方式，和平解決兩黨間一切問題。而中共終於關閉了和平商談之門，加緊軍事行動，實行全面叛國作亂。政府以和平業已絕望，所期待中共最後之覺悟者，已爲不可能之事。遂於三十六年九月，毅然頒佈「全國總動員令（七月四日國務會議通過）戡亂建國」。

民盟於政府頒佈總動員令之前，曾數度召開中央常會，共同研議：以爲政府必對中共下令「討伐」。章伯鈞因主張：聯合各民眾團體，發表對時局宣言，反對政府下討伐令。黃炎培則主張：俟討伐令頒佈後，民盟卽將奔走國共和平經過，宣告國人，表明民盟的心跡。商討結果更認政府討伐令一經頒下，戰爭必然延長，民盟亦將首先遭受迫害。如在討伐令未下之前，起而反對，亦不宜過於露骨，免被政府有所藉口。

當民盟正在計畫發表對時局宣言，反對政府下令討伐中共之時。而政府所頒佈者，竟非討伐令，而係動員令。卽大出民盟分子意料之外。雖欲反對，亦不好措詞。同時，動員令頒佈以後，已使局勢明朗化了。中共擴大叛亂，政府決心戡亂剿共。所有附和中共的黨派，則自難容許再有活動。至此地步，民盟的處境，自然就很困難了。

怕上梁山藏頭露尾

政府總動員令頒佈後，民盟究將何適何從？一方面民盟不過爲中共暫時合作的伙伴，而非共產組織體內的份子，自然不願成爲被剿的對象。另方面，民盟份子，對共產黨不講感情、不重道義的作風，本心都是無法接受的。但與中共之親近合作，動機實不外乎「利用」。如眞要他們上梁山，投共入黨，自是絕非所願的。然則如之何方可？章伯鈞、羅隆基對人表示：「民盟向不主張軍事行動，亦不欲上梁山，今後將長住南京。」同時並指示該盟下級：「在目前局勢之下，民盟爲避免犧牲，不宜作公開活動。僅可在環境許可情形之下，發展外圍團體；並不可暴露民盟身份。不作大規模的集會，僅以小組會議及個別訪問方式，傳達消息，宣傳主張。一切活動，均特別重視機密。會議紀錄文件，應秘密存放，或焚燬。姓名地址，均用化名。」沈鈞儒指示所屬：「兩個月之後，共軍卽可完全獲勝，打敗各地國軍，主持政局。」意卽謂中共有前途，該盟亦仍有前途，以安慰所屬。

很明白的，擺在民盟當前的，似有三條路線可以選擇：一爲將其總部及首要份子，遷往香港。隨同中共轉入地下活動，準備長期抗拒政府。二爲如黃炎培所說：「如民盟受壓迫過甚，則考慮停止活動一個時期。因民盟是赤手空拳的黨派，不能專與刀鎗鬬爭。」三爲根本改變作風，尋覓與政府合作的途徑，參加民國三十六年大選，以合法政黨的姿態，從事活動。章伯鈞、羅隆基二人，欲長住南京，表示「不願上梁山」，意卽害怕流到共區去。其對下級的指示，與上述第三條路線的提示，卽欲以「藏頭露尾」的作法，與政府保持接觸，以免完全走上絕路。民盟亦深知，政府旣已決心剿共，卽無重開和談之可能。國共不事和談，民盟地位，便一文不值了。旣不便再行公開攻擊政府，又不能毅然走上梁山投共。遂決定坐山觀虎鬬：總部不遷香港，首要份子仍留京滬，以緘默態度，觀望局勢之變化，待機而動。

向美使魏德邁乞援

民盟徘徊觀望未久，終於來了一個使民盟恢復活動的機會。這就是美國總統遣派魏德邁爲特使來華，調查國共關係。民盟以乞援有路，便又展開活動。隨卽準備提出書面意見，譯成英文，由張東蓀、章伯鈞、羅隆基等，在與魏德邁晤面時，親自遞交。爲提高美特使的注意，並提出重點，向之面報：

1. 民盟係一和平民主獨立的政團，始終根據和平、民主、統一之主張，以求政治之革新。

2. 唯有循政協主張辦法精神，始能解決中國目前紛亂之局勢。

3. 美國如以軍需軍械及經濟幫助政府，以求解決國共爭端，徒足助長內亂，增加社會混亂，與美國之期望和平，適得其反，結果增加民衆痛惡戰爭。全國民衆，必將以怨政府之好戰而轉怨美國。

4. 劃定區域，對中共堅壁淸野，實掩耳盜鈴之計。各省均有中共及不滿現在政府之力量潛伏，實防不勝防。

5. 劃定較爲安穩區域，從事經濟建設。內戰不除，徵兵、徵糧，各省均難倖免，何能安定社會，實施建設？

6.蔣主席應履行四項諾言，以昭信於天下，恢復政協。

7.以前中共確欲和平，現在也未必不欲和平。惟須政府預先表示一些民主作風，不使對方疑懼，才有辦法。

8.青年、民社兩黨，雖已參加政府；但獨裁作風，仍未轉變。如對日和約等重要問題，確未經過政務會議或國府會議討論。近傳政府開放一部份地方政權，或國共中間之緩衝地帶，舉用民盟人士（第三方面民主人士），結果恐不過如青、民兩黨，徒供芻狗而已。

這些報告資料，一味詆毀政府，爲中共張目。誇張渲染，企圖蒙蔽魏德邁，予以同情及援助！他們不但未能如願以償，反替民盟召來停止活動的惡運。

政府毅然明令解散

政府自三十六年九月間頒佈總動員令，實行戡亂剿共。對民盟則始終希望其能改弦更張，承認憲法，參加政府。民盟非但拒絕政府忠誠之期望與勸告，且變本加厲，公開反對動員戡亂。並指使其盟員，在各地作破壞動員、反對戡亂的活動。如該盟港九及馬來亞支部，都號召盟員以人民動員反抗政府動員。一再強調該盟份子之參加中共組織爲合法、自由。極力掩飾支持中共叛亂之罪行。政府以民盟仍執迷不悟，追隨中共叛國作亂，已無可救藥。爲肅清反側，安定與鞏固後方計，遂於十月二十七日，由內政部發言人宣佈民盟爲非法團體。原文爲：

「查民主同盟勾結共匪，參加叛亂，早爲國人所注意，茲迭據各地負責治安機關先後報告，其顯著事實，如該盟派駱賓基在東北之軍事叛亂，與西北負責人策動孔從周之叛變，並煽動五月學潮及上海工潮，皆暗與共黨之軍事行動相呼應。政府頒佈動員戡亂命令後，該盟香港及馬來亞支部，公開宣言反抗，顯與共匪勾結一氣。最近該盟重要份子李蔭楓在川省招致匪徒，圖謀暴動，以響應共匪李先念殘部之竄擾。其他公然作叛亂、宣傳、掩護共匪之間諜活動，皆罪證確鑿。政府對此不承認國家憲法，企圖顛覆政府之非法團體，不能坐視不理。證之共匪近來四處流竄，益形猖獗，而該盟份子亦無不到處活動，互爲聲援；如不立加遏制，後方治安在在堪虞，本部職責所在，對此在匪區則助長叛亂，在後方則爲共匪聲援之不法團體，不得不採取適當處置。」

內政部發言人，同時聲明：今後政府對民盟活動份子，將依據「妨害國家總動員懲罰暫行條例」及「後方共產黨處置辦法」，嚴加取締。

自動解散表面文章

政府宣佈民盟爲非法團體，禁止活動後，該盟首要份子如黃炎培、羅隆基等，都不免恐慌起來。幾度緊急會議，咸認彼等及主席張瀾，都無權下令解散，須請政府下令解散民盟！尤欲以「阿丘」精神，將一切責任諉之於政府。政府以該盟既屬非法團體，必須「自動解散」。惟不強迫該盟盟員赴治安機關登記。盟員如不再有違法行動，仍可受到法律上的保障。該盟又於十月十五日，在上海舉行最後一次中央常會，皆以政府態度堅決，無法抗命，勢非自動解散不可。乃決定將該盟中央總部，卽日解散。並通告其盟員，停止活動。經黃炎培與政府交涉後，由張瀾用主席名義，代表該盟於十一月六日，發表公告如下：

「中國民主同盟，向以民主和平，團結統一爲一貫之主張，不幸戰禍愈演愈烈，同人處此，惟有痛心，更無爲國服務之餘地，最近政府宣佈民盟爲非法團體，禁止活動，同人已不能活動，當經公推黃常委炎培，代表同人，自滬赴京，與政府洽商善後事宜，經政府提示辦法如下：（一）政府已宣佈民盟爲非法組織，希望民盟自行結束，解除負責人之責任。（二）關於房屋：⑴民盟代管中共房屋物件，卽行移交政府接收。⑵民盟自有之房屋，可緩接收。⑶政府撥給民盟使用之房屋，應交還，如一時不及遷出，可暫借用。⑷盟員個人住所，不予干擾。⑸上海朱葆三路民盟代中共保管之房屋，同樣由政府接收，如一時學校無法遷讓，應另商借用辦法云云。當經黃常委答覆如下：⑴民盟既經政府認爲非法團體，惟有通告盟員，停止活動，自經通告以後，盟員如有言動，自應由個人負責。⑵關於房屋各點，自當照辦，惟須補充說明者，民盟本無財產，如其有之，應請讓民盟自行處理，格外請求兩點：⑶各地盟員，一律免除登記，並享有一切合法之自由。⑷各地盟員政府如認有違法行爲，以及先經因案被捕者，均由政府依法處理。如無共產黨籍實據不援用「後方共產黨處置辦法」，以上二三四各點，是否可行，候示復。至報端發表各種文件，有盛責民盟之處，多違事實，此時未擬置辯云。承政府示復如下：⑴如民盟能遵照內政部發言人所公佈正式宣告自行解散，停止活動，各地盟員之登記，手續可予免除，保障合法自由，但今後如有假借名義，非法活動者，各地治安機關，仍當依法辦理。⑵正因案被捕之盟員，如司法機關調查失據，判定其爲非共產黨黨員，或非爲共黨工作者，自可不援用「後方共產黨處置辦法」之規定。此外關於房屋各點，均可照辦等語，合將洽商經過情形，公布週知，並通告盟員自卽日起，一律停止政治活動，本盟總部同人卽日起總辭職，總部亦卽日解散，尙希公鑒。中國民主同盟主席張瀾。三十六年十一月六日」

張瀾於發表解散該盟之公告後，同日又發表補充聲明說：

「余迫不得已，忍痛於十一月六日，通告民主同盟全體會員，停止政治活動，並宣佈民盟總部解散。但我個人對國家之和平、民主、統一、團結之信念，及爲此而努力之決心，絕不變動。我希望已往之全體盟員，站在忠誠國民之立場，謹守法律範圍，繼續爲國家和平、民主、統一、團結而努力。以求達到目的。」

至此，成立已有三年多歷史的民盟，形式上卽正式宣告解散了。

實際轉入地下活動

民盟宣佈解散，不過徒然形式而已。實際活動，各地支部仍與中共配合，則全轉入地下去了。當時並由葉篤義負責，在上海永嘉路集益里十九號，設立秘密辦事處，作爲盟員地下聯絡的中心。民盟首要，且曾指示其盟員，能隱避者，暫時設法隱避；不能隱避者，卽赴香港或逃往中共區域。一時避赴香港者，前後約七十人左右；逃往中共區域者，則無法統計。該盟已到香港的中委，並已組織了臨時中央執行委員會及常務委員會。推常務委員三人，鄧初民爲臨時主席。決定今後以合法公開活動，掩護秘密的地下活動。並設法收容各地來港的盟員，重新佈置各地交通線與聯絡關係。

民盟在各重要地區之活動，亦多變更。如上海負責人，改由黃炎培之子負責。決定將上海支部的任務，交與中華職教社，繼續執行。重慶支部，改由章伯鈞之侄負責，已將重要文件焚燬。並疏散盟員。必須留渝者，則分編爲十組。每組指派一人，專負聯繫之責。華北總支部負責人張中府，表示遵命解散。惟張東蓀則仍暗中策動潛伏份子活動。該盟其他首要份子，則大都提不起勁來，或表示消極。如黃炎培表示：將息影上海，埋頭著述，並專致力於職教。沈鈞儒倚老賣老，表示決不離開上海，今後將仍在滬執行律師業務。羅隆基則因事實上已不容他往，故表示在杭州休養。梁漱溟則仍居重慶北碚，表示：民盟存在，既不能作任何活動，解散到落得乾淨。

當民盟宣佈解散時，該盟南方總支部，在港發表聲明：「本盟南方總支部，今後自仍一本為民主和平而奮鬪之素志，繼續努力。絕不因非法壓迫，而停止活動。同時並號召海內外全體盟員，共同奮起，一致反對。」該盟馬來亞支部，亦發表聲明，表示：反對政府宣佈民盟為非法團體；主張該盟總部遷港。並電暹羅、緬甸、越南、蘇門答臘、非律賓、香港、九龍、美國各支部，請其一致主張。最突出者，即中共「新華社」，評論民盟解散則謂：「民盟之被宣佈為非法，並不能損害民盟，卻反而給予民盟以走向較之過去更光明道路的可能性。」直言之，即認民盟既被解散，不如乾脆擺脫尾巴，正式加入中國共產黨，便是所謂「光明道路」。同時，中共中央政治局亦通告各地中共組織，收容民盟份子；先予以思想訓練，再行分配工作，利用其剩餘價值。

騎上虎背一誤再誤

民盟自三十三年九月成立，至三十六年十一月解散，為時已三年有餘。其所以未得其善終者，初則由於政見主張之一誤再誤，終於成了騎虎之勢，而無法自拔。茲歸納為幾點說明之：

1.民盟的組合，由於根本思想的差距，最初卽有反共與親共的兩派的鬪爭。反共是理智的，當然的；親共是投機的、取巧的。反共派退出民盟，民盟失去有力的支柱，卽已毫無實力。何況親共是投機取巧，不但遇事不能徹底，權利之爭，也是由投機取巧而生的。弄得組織支離破碎，毫無存在之價值；但以目的尚未達到，便不得不向中共大靠攏。由是一方面民盟內部，離心離德愈甚；一方面民盟更難見諒於國人。

2.民盟是若干黨派臨時的混合體，其信仰、主張、組織、路線，各不相同。其結合，完全是基於一時的利害。利害的結合，利則互爭，害則爭避；爭必離散，避必相違；乃是必然之理。因此，政協會議以後，盟內各黨派，就漸有各自爲政、同床異夢的現象。

3.所謂「民主同盟」，顧名思義，其目標全在爭取「民主」。他們以國民黨一黨領導訓政與抗戰建國，爲不民主。要求結束黨治，高唱「自由」「民主」，以欺世駭俗。那議制憲法的國民大會，應是民盟爭取「自由、民主」的大好機會。民盟捨此不圖，反而堅決「反國大、反憲法」，豈非故意搗亂，從共叛國！

4.民盟以調人資格，強調「國共和談」。就當時環境言，自不失爲機會主義者之一出路。因此，政協前後，民盟亦頗能爲人注意。但政協會議，乃國共和談的最高峯，亦民盟政治聲色的飽和點。國大旣開，政協自然收場。此後國共政治分歧，卽各趨兩極：一個是求統一、安定、民主、建國，向三民主義的大道邁進；一個是圖割據、破壞、分裂、叛亂，向蘇維埃祖國（蘇俄）

之途投奔。南轅北轍，有何可談？有何可和？

5.中共叛國作亂，和談之門已閉；憲法實施，民主政治已在推行。而民盟在組織上，又已名存實亡。殘餘份子，尚欲爲中共地下工作作基幹，繼續反政府的活動，不予解散，尚何所待？雖欲藉中共餘蔭，企圖死灰復燃，民盟已無剩餘價值存在，中共自然也不要利用了。至少當時是如此。

6.民盟雖係受中共之策動而組成。亦民盟原想利用中共，以達其政治目的。結果，反被中共所利用，作其叛國作亂的幫兇。中共對民盟之利用控制，由漸而緊，終於被牽著鼻子走。民盟份子，縱不想上粱山；可是騎上老虎下不了背，祇好沉淪赤海，作了野蠻獨裁政權的祭品。

慘遭修理悲哀下場

中共竊據中國大陸以後，對於關進鐵幕附庸中共的大小黨派，可以利用的價值，自然大減，甚或沒有了。狡兎死、走狗烹，僞政府成立後，即脫下「民主」僞裝，擺出「專制」原形，對各附庸黨派，開始修理迫害。漸漸的愈迫愈緊，愈縮愈小，愈久愈酷。對於民主同盟，自然也未例外。經過自三十八年至四十八年的十年修理迫害，所有附庸中共的黨派，無一不是悲哀下場。

三十八年，中共僞政協開會之初，中共尚須利用附庸各黨派作其「統戰」號召。但挑精擇肥，百餘大小黨派，僅保留了十一個，餘皆斬盡殺絕。民盟雖屬被保留之一；但其活動範圍，則限於文化界教育界的知識份子，不准逾越雷池一步。除此之外，民盟還須嚴格遵守中共所規定之「各黨派的共同限制」：1.不准在軍事、情報、公安機關內，及少數民族地區，發展組織。2.不准在農村及小城市活動。3.中共有權干涉各黨派組織、人事與經費。4.中共得派相當於百分之二的「黨」「團」人員，打入各黨派工作（實際打入者，已在百分之五十以上。並將各黨派人員，吸收加入中共）。5.各黨之訓練、教育，中共派人員負責。在中共竊據中國大陸最初三、四年之中，各附庸黨派，包括民盟在內，經過中共「三反」、「五反」、「鎮反」、「思想改造」、「宗教改革」之後，在精神上，實際上，都已被中共完全扼殺。他們沒有自己的「政綱」和「政策」。對中共各項政策，既不敢批評，也不敢不執行；對於「自由」「民主」，更不敢嗡半聲。形式上，是中共以外的組織，實質上，已成了中共細胞的一部份，且是將被再修理和消滅的一部份。

民國四十二年以前，中共在政治上，已能完全控制各附庸黨派。四十三年，中共偽全國人民代表大會召開，由於國外環境的需要，「統戰」策略，不能不繼續下去。但十一個附庸黨派，卻又斬去三個，祇剩下八個了。民盟也還被保留着。這時各附庸黨派，在中共一再欺騙奴役；又依中共許多「清規戒律」，在自我改造；都已敢怒而不敢言。但不幸的，又都落入了中共預謀的「大鳴大放」的陷阱，各自發洩蘊藏在胸中已久的積憤，以求一快；但這次大鳴大放的人，後來又都成了「右派」，被中共大事修理整肅。

中共發動全面「反右派鬪爭」之後，幾有使「統戰」工作中斷，立卽消滅各附庸黨派的趨勢。但中共基於統戰政策，當時仍不能放棄。對各附庸黨派，大有「殺之不能，縱之不可」之困難。乃改變策略，對各黨派進行分化，在各黨內部，進行淸算鬪爭。拉一部份人，打一部份人，使之個個孤立，人人自危。並將他們過去歷史上的政治問題，完全揭發出來。如對民盟章伯鈞、羅隆基、黃炎培等右派份子，過去一切醜惡事實，都被揭出來。從四十六年六月起，各附庸黨派，卽開始全面的深入的實行整肅運動。民盟奉命行事，其中央及各地組織，亦全召開整肅會議。結果，民盟被撤銷僞職者有：章伯鈞、羅隆基、葉篤義、韓兆鶚、潘光旦等三十餘人。中委被修理者五十九人，幾近三分之一。被列爲右派份子者，達四千三百餘人。

附庸中共的八個黨派，在這兩年之中，都經過徹底的修理、整肅，已完全失去本來面目。更使各附庸黨派無法自存者，第一、是所謂「交心運動」。要各黨派的領導人，如民盟沈鈞儒、黃炎培之流，身上前後懸著「交心牌」，口裏喊著「把心交與共產黨」、「把心交與毛澤東」！還要寫「交心書」，在報上發表，在北平、天津、上海等都市遊行，以示始終「追隨中共、效忠中共」的決心。其次，是所謂「社會主義學院」，改造各附庸黨派的高級人員；這是由僞政協出名，匪黨實際主持的所謂「最高學府」。每期容納約一百六十人，時已開辦了兩期。由中共指派所謂幹部（實爲乳臭未乾的孩子），擔任教授。接受改造的，必須有接受馬、列、史、毛思想；

服從中共領導，有走向所謂「社會主義道路」的決心，始有資格入學。

經過「反右派鬪爭」、「整肅」、「交心」、「改造」之後，附庸各黨派的領導中心，已全落入中共的掌握。各黨派被指爲右派份子的，亦被攻擊、修理得體無完膚，下場悲哀，但仍保留在各黨派之內。這不是中共寬大，更顯得是長期的控制、改造、迫害。使之成爲各黨派的石俑、木偶、菩薩。中共則如操縱寺廟的和尚廟祝一樣，以便隨時應付「統戰」的需要。

總之，中共修理迫害各附庸黨派人士，有其一貫的理論和方法。而我們所認識的：其一、十年以來，中國大陸各附共黨派的悲哀，正是反映中國大陸被迫害人民的縮影。大陸人民反共抗暴力量不斷的增長，也必將是大陸各附共黨派大徹大悟的動力。其次，大陸各附庸黨派的悲哀，在主觀上，雖是他們自投羅網，自作孽，不可活；在客觀上，仍是可憐可憫的。他們俯仰隨人，死生聽命，在中共「統戰」中偷存苟活。祇要他們在政治上不脫離中共的掌握，黨派的名義，亦不會取銷。因爲由於臺灣反攻基地的日益壯大；海外華僑反共力量之不斷增長，都是中共不能放棄「統戰」策略的根本原因。那大陸各附庸黨派，便成了中共對外政治攻勢的資本，僞裝「民主」進行「統戰」的工具。中共統治中國大陸，最初十年的情況，就是如此。

不務正業的江亢虎

旌德兩大漢奸之一

清末民初，旌德江氏，原爲中原望族，人才輩出。中國對日抗戰時代，卻出了兩個大漢奸：一爲江朝宗，一爲江亢虎，污染了旌德江氏的清望歷史。

江朝宗，字澄宇，安徽旌德人。辛亥革命時，任陝西漢中總兵。反對革命，擁護滿清。後任北洋袁世凱政府的內政部特務工作。利用權勢，擢升爲步軍統領（清季的九門提督）。民國六年，黎元洪總統被張勛脅迫，解散國會時，爲簽署問題，代理過國務總理十二天。十三年，與蒙古人那彥圖等，管理值年旗人事務，才半歸閒散。因其久歷戎行，尤其是特務工作，殺人很多。晚年雖僞裝懺悔，設道教會以自飾，道號大中；然昏聵無知，依然如故。一生讀書不多，卻愛附庸風雅，學得字音平仄，便事吟風弄月。他的詩旣胡調，字亦拙劣，猶沾沾自喜，時爲人寫聯對，向報刊投稿，或自刊印送人。二十六年，「七七抗戰」發生，日敵陷我平津，羣魔亂舞，相互爭奪。日敵利用江朝宗的舊勢力，挽之爲北平「維持會會長」。未久，改任北平僞市長，成了十足的漢奸。

北平僞組織諸頭目換班時，王克敏以不見容於汪精衛而下臺，日敵原欲以靳雲鵬繼任委員長。時江朝宗本係僞組織中委員之一，乃聯合大部分委員，起而反對。鷸蚌相爭，兩人皆無所獲，卻使王揖唐坐享其利，得膺僞北平組織之長。江朝宗爲何要力反靳雲鵬？種因甚早：民國十三年，靳雲鵬任內閣總理時，曾發表倪嗣冲爲安徽省長，江朝宗以所欲未遂，極爲眼紅，乃鼓動旅京安徽同鄉，起而反對，且代表同鄉，排闥直往詰責靳總理。兩人大吵大鬧，江直呼靳總理爲「靳瞎子」。且指面大駡：「靳瞎子，你瞎了一隻眼不够，還要再瞎一隻嗎？」（其實未瞎，僅一眼斜視）。靳一生最惡人叫他「斜眼」或「瞎子」。今江朝宗竟無情的擊其心理要害，既傷了總理的面子，也失了政治風度。爭官到了如此下流地步，其爲無恥，蓋可想見。靳當時自難忍受，遂命侍衛驅逐江出。此固爲江自取其辱，反認爲其「畢生之恥」，誓言必報。事過十餘年之後，兩人再共事於華北僞組織中，適逢改組機會，江果得一報當年之仇。江朝宗雖雪了所謂「畢生之恥」，自己實亦落得無恥之名。江朝宗任華北政務委員會委員，至三十二年，因病死於北平。而江亢虎的一生，比之江朝宗，更多采多疵（不是姿）了。他是本文的主角，現在不說其他，專講這位不務正業的江亢虎，因爲他是中國「首倡社會主義，首先組織社會黨」的人。民初，大名傳海內，風頭過一時。沒有做過大官，抗戰時，卻做了汪精衛僞政府的考試院長，爲其終身接觸政權的第一次，也爲其最後的一次，當算是第一流的漢奸。無論其爲僞爲正，都不妨談談，藉供治史者的參考！

投機取巧欺世盜名

江亢虎，原名紹銓，號洪水、亢廬。後改名亢虎，原名便尠見於世。他改名的意義，據其自道：「江水滔滔，洪水也；虎，猛獸也；亢，高昂也。洪水猛獸，俗指爲天災巨禍。江亢虎者，實兼洪水猛獸二者而駕凌之。」故孟子說：「禹抑洪水，而天下平；周公兼夷狄，驅猛獸，而百姓寧。」通常不但形容爲巨大禍患，通常還用來指罵一般「欺世盜名」的思想學說。江亢虎竟竊之以爲名，其狂妄大膽，不務正業的野心企圖，實已露其端倪。他祖籍旌德，江西弋陽縣人。生於清光緒九年（一八八三）。幼極聰慧，爲學進步甚速。自稱「十歲即能屬文」。能言善道，勇敢豪放，富進取心，惟浮而不實，粗而不精，故終其一生，百無一成。早歲入北京東文學堂，習日本語文。十九歲赴日留學，未半載返國。被當時直隸總督袁世凱看上了，聘爲北洋編譯局總辦兼北洋官報總纂。初出茅廬，地位已不算低，但少年得志，反助長了他的猖狂氣燄！既看不起當代賢豪；不屑與諸官僚往還；更不樂埋頭編撰；乃棄職再渡日本。

自斯而後，江亢虎數度赴日，亦數度返國任職任教。或習英、德、法各國文語；或研治各派社會主義的思想學說。繼由日赴歐，作環球之遊，仍常研究考察各派社會思想學說。回國後，初組「社會主義研究會」，並出版「社會星」刊物一種。民國元年，爲中國政黨政治爭相活動的時代，江亢虎乃將其社會主義研究會，改變爲「中國社會黨」。後袁世凱以其與俄國虛無黨有勾結，予以解散。江亢虎乃亡命赴美。民國十一年回國，又倡所謂「新社會主義」。在上海創立「南方大學」，自任校長。並遄赴南洋籌募經費。十四年，復將其中國社會黨，更名爲「中國新社會民主黨」。正當展開活動之時，而他民國十三年勾通清遜帝溥儀之案發，南方大學的學生，掀起驅江風潮。江亢虎以勢不可留，乃於十六年，解散「中國新社會民主黨」，遠適美國，赴加拿大。在這十餘年中，江亢虎可說是：思想則新舊雜陳，毫無準則；行爲則投機取巧，欺世盜名，漸爲世人所輕鄙。他的政治思想，亦接近了末路。詳情以下再作補充說明。

二十三年，江亢虎由加拿大返國，不敢逗留京、滬，乃潛居臺灣，時返時往數年。及對日抗戰發生後，二十八年，始由臺回上海，發表其所謂「對時局宣言」。一派漢奸論調，原已作了下水的打算。二十九年，汪精衛組織僞「國民政府」於南京，江亢虎初被任爲僞國府委員兼考試院副院長。僞考試院長，原爲王揖唐，王則腳踏南北，被汪精衛諷其辭職以後，江才被任爲僞院長。這是他在傀儡舞臺，登峯造極的時代；也是他整個生命力，趨向毀滅的開始和終結。

三無主義共產窠臼

江亢虎在日本及歐美研究，得了各派社會主義的皮毛，用以組織自己的思想路線，倡爲「三無主義」，嘯傲於時。一九〇三年，國父孫中山先生正在日本主張「三民主義」，認爲這是中國革命救國的基本原則。江亢虎則標新立異，獨唱「三無主義」，其意卽在與三民主義抗衡爭勢。他所主張的「三無主義」，卽認宗教、國家、家庭「三者皆苦」。必須「三者皆無」——無宗教、無國家、無家庭才能享得人生幸福！這就是他從「無政府主義」、「共產主義」中，所竊得的一知半解，作爲自己社會主義思想的路線與張本。隨後，他又發表了幾種相近的主張，與所謂「無家庭主義意見書」，強調反對「有家庭夫婦」。他這種胡調理論，認爲：「欲求親愛、自由、平等、快樂者，必先打破家庭。打破家庭，較之廢棄宗教，傾覆政府，論事則爲根本之圖；而成功則咄嗟立辦；更不難以和平手段得之。」故江亢虎「三無主義」的思想路線，又是以破壞傳統的家庭倫理爲起點。他這種思想，固早於康有爲的「大同書」；亦實不脫共產主義、無政府主義的窠臼，與其宣傳之唾餘。在中國曾積極主張無政府主義者的劉師復（原名思復，廣東香山人，爲中國首倡無政府主義之人，與吳稚暉、李石曾、蔡元培、張靜江諸先生，在中國搞無政府主義運動的人），批評江亢虎：「非社會主義正宗，不過是社會政策。」明指：「江亢虎忽而推崇共產主義，忽而排斥共產主義；忽而以集產主義爲共產主義，忽而以遺產歸公爲共產主義之眞精神；顚倒瞀亂，尤難究詰也。」

尤其世所謂共產主義，今日世界，已有實行之者，若列寧在蘇俄；毛澤東在中國；都未見其功，而徒遺其害，且已明白的擺在吾人的眼前。單就如江亢虎所主張的「三無主義」來看，共產主義的思想：「反對國家」，認爲國家是支配階級，壓迫被支配階級的工具。而馬克思所謂「國家消逝說」，從其立說至今，已超過一個世紀了，猶毫無一點跡象可尋。「反對宗教」，認爲宗教是人民的鴉片。中、蘇兩個所謂共產國家，宗教亦由禁而開。現在不但漸漸走上信仰自由的道路，停止了反對的呼聲；還產生了一種「崇列、拜毛」的新宗教觀念。「反對家庭」，認爲家長擁有極大的權威，使民主的基礎，遭到極端的削弱。家庭眞該破壞嗎？毛澤東竊據中國大陸之初，已實地實驗過：破壞家庭、毀滅倫理，所給中共的打擊教訓又如何？中共爲破毀家庭，而實行「人民公社」制度。幾年下來，卒導致中國社會生產與秩序整體毀滅。終不得不改弦更張，掉轉頭來，恢復家庭制度，才使社會漸有生趣！再說到國家，毛澤東最初出賣國家，「一邊倒」的投向蘇俄。受盡蘇俄老大哥的欺凌壓迫之後，才覺得無國家是痛苦的、悲哀的，終於不得不「反蘇、離俄」。至今這兩個共產國家，還各懷鬼胎，不能言歸於好，携手合作。說到宗教，中共也不完全否定了，且認是走向毛澤東路線，抒解人民痛苦，祈禱共產主義的精神安慰！故所謂「三無主義」，中共都作過實地實驗，事實上，是絕對行不通。江亢虎鼠目寸光，又祇略悉一點社會主義的皮毛，還沾沾自喜，以爲是其獨見所草創發明。祇認「宗教、國家、家庭爲苦」，乃未經驗到「無國家、無宗教、無家庭爲更苦」！雖未經過他自己親手來實驗；但都被共產主義者，左手把它提出來，右手又把它打垮了。江亢虎死得早一點，雖沒有親眼看到中共實驗「三無主義」的淒慘景象，實際上，他自到汪僞政府做官以後，對其所謂社會主義，便已絕口不談了。

一再組黨買空賣空

考中國近代歷史，最先出現社會主義性質黨派之時期，是在民國草創之初。時有戴天仇（季陶）、李懷霜等的自由黨；劉師復等的無政府主義派；徐企文、朱志堯等的中華民國工黨；中外人士聯合組成的大同黨；江亢虎、張繼等組織之中國社會黨等；國人咸目之爲社會主義的黨派。但這些社會主義的黨派，所主張的爲國家社會主義；或共產社會主義；或集產社會主義；或無政府社會主義；或基爾特社會主義；則多因黨綱籠統，旗幟未明，都不能令人無疑。究其實，大體都不外與國父孫先生在興中會時代，所揭示的民生主義的思想，部分相近似；但各不免掛一漏萬。

江亢虎所組織的「中國社會黨」，據說是取法「德國社會民主黨」而組成的，是由他的「社會主義研究會」，於民國元年一月改名而來。時人喜新好奇，頗多嚮往而加入之者。時張繼（溥泉）剛由法返國，該黨人士，則以其思想更新穎，便擁之爲該黨的首領。據江亢虎云：「黨務發展得很快，成立未久，各地支部成立者，已有四百餘處；黨員已有五十餘萬人。」依情理與時間事實來推斷，似決無此可能。這自然是他虛構的。因是年十月，該黨開第二屆大會時，卽有分裂現象。首先張繼辭去首領；劉師復則不滿於江亢虎的詐僞；許多黨員更謂：江亢虎言論行動，浮誇乖張，有買空賣空之嫌，多紛紛脫黨離去。未久，袁世凱解散國會，並以中國社會黨與俄國虛無黨勾結，妨礙了國際和平，亦予解散。江亢虎亡命美國，黨務活動，遂告停頓。在此期間，江亢虎雖偶有其他活動，仍不過是欺飾世人耳目而已。

迄民國十四年六月，江亢虎又復活起來了！將中國社會黨更名爲「中國新社會民主黨」，以其所謂「新社會主義」作號召，自任總理。復在上海創立「南方大學」，自任校長。據謂：要使「黨」與「校」，收得相輔益彰之效。其新黨的成立宣言，旣承認軍閥、官僚與議員的勢力；復有與農、工、商等階級，共圖國是之語。主旨矛盾，新腐雜揉，其爲投機取巧，已很顯然。時論則指其宣言主張，似是不倫不類的社會政策，自談不到什麼社會主義。當時並發表所謂「四大政綱」，表面堂皇正大。究其內容，顯然是爲對抗國民黨而發。企圖利用當時國內舊勢力，以對民黨的「聯俄容共政策」，作投機取巧之勾當耳。也有人說：江亢虎此時已經受了北洋軍閥的收買利用，行將肆其虎倀姿態。不料正當江亢虎組黨得意忘形之際，他前年私通淸遜帝溥儀之案發，大受輿論的攻擊。南大學生，更起作驅江之舉。江亢虎無法立足，不得已，乃遠赴加拿大。

所謂「中國新社會民主黨」，又隨之煙消雲散，成了歷史上的名字了。

國父提攜無微不至

江亢虎與國父孫中山先生之發生淵源，不知始於何時？或係是在日本東京的時候。一九〇三年，國父在日本主張以「三民主義」爲中國革命救國的原則。江亢虎當時則唱反調，主張社會主義，而實行其所倡的「三無主義」。頗不自量，有與國父打對臺，在思想上爭取領導之意。這或許就是他與國父發生關係之始。當時孫先生不但不以他唱反調爲忤，也未稍存不滿之念，日後反以至誠的態度，對江亢虎多方予以愛護提攜！茲舉以下數事以證之。

民國元年，國父在南京就任臨時大總統後，聞江亢虎成立「中國社會黨」，表示非常欣慰！隨將其自歐美攜回有關社會主義的書籍多種，贈予中國社會黨，並鼓勵該黨「多集同志，多譯此種著作，多輸入新思想。且謂若能建立一學校，研究斯學，尤所深望」！關於此舉，當時上海「天鐸報」，猶著文深讚國父熱忱愛顧該黨之意！以後，江亢虎在上海創辦南方大學，使黨與校結合，或許卽是受了孫先生的啟示與鼓勵！中國社會黨成立之初，江亢虎爲壯其黨的聲勢，除邀剛由法國歸來的張繼先生，爲其黨的首領外，並擁護國父孫先生爲其「黨外領袖」。孫先生雖再三表示謙辭，以後該黨黨務之能迅速發展，雖爲時人之尚新好奇，亦未嘗不是受了孫先生爲其「黨外領袖」，先聲奪人的影響。

中國社會黨成立之初，各方輿論，對之並無佳評美譽。如章太炎、譚人鳳、劉師復等，皆力持反對態度。而宋教仁先烈，對當時一般所謂社會主義，既多批評，且常與江亢虎有直接之論戰。其時「民立報」亦抱此同樣態度。江亢虎籠統的答覆，則謂：「共產制度，乃全世界社會黨的公言；……共產制度，必打破國家」。由於江亢虎之昧於國情環境，與其言論之乖謬，殊難迎合國人心理；加以當時國人對於「俄國虛無黨」，畏若洪水猛獸；以致中國社會黨，當時在湘、鄂兩省的活動，兩省省政當局，便力採禁抑手段。江亢虎則一再晉謁孫大總統，請求支持！其時孫先生對社會主義之所見，固與眾見略殊，然對江亢虎亦未稍予許可。因之，孫先生後來在中國社會黨演講時，便對社會主義，作了詳盡的解說與批評。時湘督譚延闓（曾任國府行政院長），聞江亢虎有請於孫先生，仍力持不可。及南京臨時政府北遷，譚氏更堅持所見，復電請中央通令嚴禁該黨的活動。

其實孫先生早已深悉：江亢虎對社會主義，爲一知半解；亦他所以成爲眾矢之的原因。但孫先生愛人以德，既不忍當面諍言折之，尤恐影響其研究興趣。過去以其由歐美帶回的社會主義書籍多種，贈予研究，其意實已盡在不言中，何況更有「多譯此種著作」之囑。及元年十月，該黨在上海開第二次大會，特邀請國父演講，孫先生亦欣然應之，乃藉機以「社會主義的派別及批評」爲題，連續講了三天，算是竭盡其言責了！這篇講詞，已成爲討論與批評社會主義最寶貴的文獻，在「總理全集」及其他文獻中都可徵考得到的。從此數事證之，皆可見到孫先生對江亢虎之愛護提携，無微不至的心意，非僅國父之風度偉大而已。不過出人意外的；中國社會黨，在第二次大會後，又內起糾紛分割了。

組黨做官最有興趣

江亢虎資質是優秀的。誠能循求學、做人、做事之正道而行，前途自然大有可觀！祇緣他於組黨做官之外，其他如公職、教書、講學，似皆很少興趣，僅在不得已情形之下，偶爾爲之。如光緒二十九年，由日返國，任刑部主事，因不得法，乃如棄「北洋編譯局、北洋官報」之公職一樣，改充京師大學堂日文教習（梁鴻志，就是他的學生）。以非所屑爲，復棄而赴日。清季末葉，曾至杭州，對女學聯合會大會講學，題爲：「社會主義與女學的關係」。卻以玩世不恭的態度，對女學生大發其「非難貞操、提倡自由戀愛」之論。以時代環境言，實已不敬其事，成爲謬論。浙江巡撫增韞聞之大駭，以其言論之患，甚於洪水猛獸，奏請清廷，下令逐之。還擬謀與大獄，幸賴江督張安圃力保，始免於難。蓋江亢虎此時，不但自稱爲社會主義學者，且以思想革命論者自居；人有以此稱之者，便更得意忘形了。殊不知此已大犯清廷之忌！

袁世凱解散中國社會黨後，江亢虎亡命美國，迫於生活，任加利福尼亞大學中國文化課程講師。四年，獲贈名譽博士學位。這原是他所要追求的。繼又主持美國會圖書館東方部前後凡七年之久，還是戀戀不捨其政黨活動。又棄而遊歷莫斯科及歐陸國家，吸取組黨活動的新教訓。回國後，十四年又搞所謂「中國新社會民主黨」，再度失敗。十六年再赴加拿大，任加大中國文化學院院長及漢學主任教授。又是七年，還是惓惓未忘其組黨做官的興趣。二十三年回國，一見國內環境大變，才失去了組黨信心，乃潛居於臺灣。

所以江亢虎一生的興趣，全在組黨、結派、做大官。對其他公職、教書、講學之事，皆有不屑爲之意，以其都不是官，且賺不到錢。成立「中國新社會民主黨」後，同時在上海創辦南方大學，自任校長。據說：辦南大全在助其黨務的發展。有人則謂：在擴展個人的地位與威風。美其名曰藉教育宣傳其主義學說，實則以興學募捐，比較名正言順，而歛財乃其眞實企圖！隨後，直以爲南大籌募經費作藉口，泛遊南洋羣島。後據當時南大會計楊某（傳說是周佛海之妻楊淑慧的父親）語人云：「江氏南洋此行，所獲無多。」實際如何？自不必研究了。祇是江亢虎，終以言行不檢，輿論非之，及密通清廷遜帝溥儀之事發，名聲更愈狼藉了。

密謀復辟恨李石曾

江亢虎反國民黨及中央政府之歷史甚久，原因是中央始終未能採納他的建議，給他做官。最重要的，還是民國十四年，李石曾檢查故宮檔案，揭發了他密通溥儀的文件，證實其有稱臣於溥儀之陰謀野心後，便把他社會主義學者的招牌，砸得粉碎，使他再叫不響社會主義了！毀壞了他啖飯的資本，斷絕了他的組黨活動與政治生命；因之恨李石曾入骨！由恨李而益仇視國民黨與中央，乃是盡人皆知之事。

緣江亢虎，官迷了心竅。民國十三年三月，由上海北上至北京，通過遜清內務府大臣金梁的關係，介之覲見遜帝溥儀，跪拜稱臣。原來辛亥革命、武昌起義時，各地革命軍，高張「興漢滅滿」的旗幟。江亢虎獨以爲有大不可者十二，著爲文章，攻擊革命軍。其文，當時國內各報皆拒絕刊出，唯日本報紙別具用心，予以發表。江亢虎珍藏此報十餘年，於覲見溥儀時，並檢本文報紙奏陳，以證其擁護清室之誠，藉邀寵幸！

正當江亢虎被北洋軍閥收買，十四年六月，組織「中國新社會民主黨」（對抗國民黨），洋洋得意之時，不意「清室善後委員會」（委員長爲李石曾）公佈清室密謀復辟文件，內有十三年江亢虎請覲見函與奏件，及江亢虎與金梁、康有爲、莊士頓等人來往書函文件。朝野譁然，與論大肆攻擊，南大學生接着亦掀起驅逐校長的風潮。江亢虎無法在國內立足，乃遠赴加拿大避風。一避多年，於二十四年返國，仍潛居於臺灣。對日抗戰發生後，二十八年，始回上海。二十九年赴寧，參加汪精衛的僞政府。由一個自命爲社會主義的學者，一變而爲投降賣國的漢奸，能說不是中國知識份子的奇恥大辱嗎？

窮愁潦倒落水為奸

江亢虎由加拿大返國後，時居臺灣、時居上海，實早已見棄於社會各方，生活亦日漸潦倒。無以爲計，曾商借上海新新公司屋頂遊藝場地，公開講學，像說書先生一樣，恃收一角兩角門票過活。人有於新新公司見之者，亦不敢與之接近領教。他甚至想求一小學教員，而不可得。終日晝伏夜出，識者料其終必投靠於日本人。因他尚擅日本語文，這就是他的剩餘本錢。結果，眞是走入了漢奸行列。

抗戰未爆發前，江亢虎鼠伏上海，某年，不明何故？忽從上海赴南京，時汪精衛正居國府高位，江亢虎原與汪氏有舊，此行或許是爲向汪氏獵官而來。江到南京，客居湘籍老記者張孝民家。張與江隔別已多年，亦未深明江亢虎的近況，他又託言係奉汪氏之召而來。張因之待客不薄，日則留連於山水名勝，入夜則酬酢無虛夕。秦淮河畔、夫子廟前，皆其經常出沒之地，亦似頗有所待而來。嗣被京中特工人員注意上了，遂假上海交際花朱劍霞之名，約之於某飯店敍談。江如約前往，特工人員乃挾之至警備司令部，幽之一夕。次日，急電告汪氏，汪乃保釋之。江不自安，乃踉蹌返滬，當電汪氏辭行，汪氏亦以清議可畏，不欲延之入幕，僅致送程儀數百金而已。不過汪、江兩逆，從此聲氣相通之後，卽建立了後來在南京僞政府合作的關係。

二十九年，汪精衛組織南京僞「國民政府」，急於登場開幕。一時正苦於找不到志同道合，過去尚有些名氣，且爲日敵所許可的傀儡人物。江亢虎不惜羽毛，自甘下賤，適逢其會，便落水爲奸了。初分配爲僞政府考試院副院長，院長爲華北漢奸王揖唐。後王改繼王克敏爲僞「華北政務委員會」委員長，對僞院長一席，仍戀棧不肯放棄。經汪精衛再三託人諷其辭職後，江亢虎始得正位爲僞政府考試院院長。此爲其終身接觸政權之第一次，自然喜不自勝！當其主持僞高等考試時，自詡「天下英才，盡列門下」，更爲得意！既言而無信，行不及義，完全忘了讀聖賢書，所學何事？又拋掉一個社會主義學者的身分，寡廉鮮恥，大言不慚！以「壯士斷腕」、「我不入地獄，誰入地獄？」自喻是「愛國、救國」的。實不殊於衣冠禽獸。近代文學家易君左，指江亢虎竟說：「餓死事大」，有文無恥，此賊爲尤。三十四年八月，日本投降，南京僞代國民政府主席陳公博（時汪精衛已去世），下令解散僞政府。樹倒猢猻散，嘍囉羣奸，東逃西竄；大奸巨憝，無法潛形，便盡鎖階下成囚。江亢虎即其中之一，接受國法制裁，應該死而無怨！

老虎橋監虎的遺聞

中國對日抗戰勝利，所有漢奸，難逃國法之誅。江亢虎初爲躲脫刑責，一度潛藏於南京清涼寺，削髮爲僧，企圖掩人耳目。繼復逃往北平，隨寺掛單，終無法掩其醜行，被密探查獲下獄。

平日大言炎炎，實亦貪生怕死的懦夫。三十五年，由北平押往南京老虎橋監獄，與周佛海、羅君強、丁默村等奸同籠。三十八年，大陸淪陷後，始移至上海提籃橋監獄。四十三年，病死於獄。年已七十有二。

江亢虎判罪，服刑於南京老虎橋監獄時，有早已退休的記者許羣（卻了，任東南日報記者多年），因「九一八」時期，與江亢虎在杭州有過多面之緣。勝利還都後，曾以故友資格，前往探監。意在一睹其闊別十餘年的風采；藉探其晚來個中消息。後許羣舉以告人曰：「江亢虎已近古稀之年，雖已老態龍鍾，或因『罪已定，心亦安』的關係，神智清楚，精神尤旺。但其早年豪放狂妄之氣，幾已消磨殆盡，人變得老實、客氣得多了。我去看他，他頗覺驚奇！閒談片刻之後，就說：『我與羅君強、丁默村，以前都不認識，都是到監中才知道的。至於周佛海，亦沒有特殊關係，祇因他太太（楊淑慧）的父親，曾在我辦的南方大學任會計，我也才間接認識了周佛海。周那時剛從日本回來，頗有朝氣；但誰也沒料到，竟有今日。可見人愈有權利，愈易壞事。若我老朽者，一生為學，一心謀國，今與之同難相處，更是沒有料到的事。』言外之意，要不外表示其假撇清而已。說到『周佛海病重垂死時，不許保外就醫；臨死竟無一親人侍側，同監難友，亦無一人知道。』頗義形於色，表示非常悽惋！老淚欲滴。說到他自己『牙痛了幾年，去年拔掉兩顆，痛雖止；但吃飯很不方便。現在想鑲兩顆假牙，醫生竟要我二千五百元，把我嚇了一大跳！祇好舉首向天，除此又能奈何？』繼之，我問他最近有無詩、文大作？他精神陡然一振！隨謂：

『近來祇偶然寫點詩，沒寫文章，主要的沒有參考書。以前我有整理五經的計畫，而今得不到自由，祇算空勞畫餅了。近來想翻譯一點英、日文的書報文章，拿點稿費，補助生活，也還沒有動手。』最後，他自動的告訴我：『近來的心情，非常複雜。不知從何說起？一時也說不了。我把近作的一首詩稿給你，請你指教！』詩題爲『戊子（三十七年）元旦試筆。』詩云：『監中已過三元旦，海內今存幾故人？買醉難求千日酒，埋愁拚送百年身！羣龍隔歲猶相戰，尺蠖隨緣會自伸，爆竹一聲驚破壁，及時飛去又新春。』此亦無病呻吟，以無聊當有聊而已。」

獻國寶交換國代的尤永昌

從四大寇尤烈說起

中國中和黨，爲尤永昌「子承父業」所搞的政黨。據說尤永昌之父，中國革命先進尤烈先生（字令季，號少紈，別號吳興才子，廣東順德人。一八六六—一九三六），於滿清光緒二十三年（一九〇七）丁酉三月十九日，創立「中國中和黨」。就其歷史言：自組黨至中國對日抗戰勝利，尤永昌恢復該黨活動時，曾謂該黨係繼國父孫中山先生創立與中會而組成的。以時間計算，該黨歷史自然已是六十餘年了。

尤永昌謂其父尤烈，與國父孫先生是同年（一八六六年）誕生的，本同一主義信仰，分別組織革命政黨。同時起義。同時亡命於東京及南北美洲，奔走革命，宣傳、組織、籌集舉義經費。

中日甲午戰爭以後，中國革命運動，已經由萌芽而發展。滿清政府畏懼革命，積極企圖撲滅革命運動。且目國父孫先生與尤烈、陳少白、楊鶴齡等四人，爲革命四大寇，曾通令緝捕。尤永昌且謂：中和黨於辛亥革命，民國成立後，認爲革命之目的，已經達到，其組織活動，便漸趨消沉。僅以「中和堂」名義，在海外活動。參加者多爲南洋羣島的華僑工人。不過當尤永昌發表此言時，有自稱海外中和堂代總理關仁甫者，則聲明：「中和黨與中和堂無關」。由此亦可略知，該黨仍不無內蘊糾紛。

革命先進尤烈，一生從事革命，晚年則在香港開館授徒。不忘革命思想的傳授，雖云自適其志，自得其樂；然窮愁潦倒的情形，亦可推想而知。民國二十五年，正外患緊張之際，尤烈應政府之邀請回國觀光。時罹小疾，迄是年十一月十二日，病逝於南京，國民黨尊崇先進，並舉行公葬。一代革命偉人，清廷所指之大寇、從此卽長眠於金陵地下。

世襲之說誇大人數

中和黨自創始人尤烈去世後，雖公推尤烈之子尤永昌繼任主席，主持黨務；但數年來，寂寞無聞。直至中國對日抗戰發生後，國內組黨風氣大開。中和黨於二十九年，亦曾一度改組；但仍未見其展開活動。及抗戰勝利，憲政開始，黨派活動，更風起雲湧。尤永昌受其影響，見獵心喜，始於三十五年八月二十四日，在廣州召集第一次全黨代表大會。決定擴大該黨組織；重新登記黨員；制定黨綱；確定內部人事。中央執行部負責人。主席尤永昌；組織部長高譎生；宣傳部長阮江；財務部長尤崧；海外部長謝劍萍；總務部長蘇民望；訓練部長梁宗武；秘書長雲實誠等。開始展開黨務活動。

當時據該黨自稱：有黨員三百餘萬人，散佈於國內外，惟大部份在南洋羣島。國內長江以北各省，約佔三十萬衆；南方僅廣州一市，則佔十萬人以上。以常情推之，如此數目之大，實在令人難以相信。更有令人捧腹不已者：謂尤永昌繼承尤烈爲該黨主席，等如世襲。其黨員亦多係世襲。代代相承，因之黨員人數，祇會增加，不會減少。乖情奪理，不但滑稽之至，簡直怪誕不經。

抗戰發生之初，尤永昌從香港返廣州，赴韶關及桂林等地視察。並謂曾發動其黨員，參加抗戰。嗣因戰況逆轉，交通斷絕。黨員既多失去聯繫，黨務亦因之陷於停頓。他雖力圖掩飾，亦難教人置信。該黨於三十五年八月，擴大組織後。尤永昌於十月間，再至廣州，拜會當時黨、政、軍各界首長。希望獲得精神上的協助！同時，視察該黨廣州之黨務，並發表所謂對時局的十點意見。名爲「中和黨對國事主張」，其重要者有三點：

一、國家民族至上，復員建設第一。應立即停止內戰、相誠協商國事。

二、實行全民政治、政黨地位平等，應由各政黨及社會賢達，參加政府。惟應以三民主義爲建國之準則。

三、依期召開國大。希冀各黨派代表出席，實施憲政，還政於民。

總之，尤永昌舊黨新立，雖已略具形式，然其後來的一切活動，並不甚如理想。

擬獻國寶交換國代

三十五年十一月，國民大會開會之前。尤永昌偕同有該黨黨籍之國民大會代表阮江、雲實誠等及隨行人員，一路風光，由廣州到達南京。擬晉見蔣主席，要求政府配給該黨五十名國大代表！並揚言將創造革命歷史上的盛舉，向國民大會呈獻國寶！「中華民國萬歲」國璽。據尤永昌說。此一國璽，原係國父孫先生與其父尤烈，在日本東京，擬定中國國號「中華民國」之時所刻。並自稱「此璽係遵奉乃父尤烈遺囑，必須於國民大會開幕時呈獻」。

尤永昌呈獻國寶之消息傳出後，頗為轟動一時；但大家對此事，又大都莫名其妙。按此印為象牙質，約一方寸大小，陽文篆刻「中華民國萬歲」六字。印上端雕刻有兩隻獅子。形象質地，雖無足珍奇之處；但尤永昌所言史事，果然確鑿的話，那此印自有其革命意義與歷史價值，獻於國家，歸藏於歷史博物館，乃屬正理。如若視之為奇貨可居，以呈獻國寶，作為交換國大代表的條件（其黨內傳出之消息），則未免大可笑耳。當時一般人士的意見，也大都類此。由此既足見該黨本身力量，甚為薄弱，且無自己明確的政見主張，徒然附和其他黨派，人云亦云。故其擴黨的動機，實不外欲藉此招牌，爭取國大代表席位，獲得參政之機會而已。

擴展組織形同捐官

中和黨主席尤永昌，獅子張大口，要求五十名國大代表，未獲實現。乃決定全力發展黨務，新創政治出路。分別在上海、南京兩地，建立基礎。上海市總支部，派楊孝權、賈漢鐸、鄭樂公、張蓮禪、戴持平、陸夏初等負責。於三十六年二月十六日，舉行全市代表大會，楊孝權當選為主任委員，極力吸收工人參加。尤永昌則親自在京吸收黨員，組織南京市總支部及所屬四個支部。並派賈漢鐸、許久香、唐文劍等，組織蘇州支部。過鴻聲、陳克平、陳建平等，組織無錫支部。趙定安組織吳江支部。王昇平組織崑山支部。王季春組織嘉定支部。陸海鵬、張佑民組織常熟支部。謝劍萍組織廣東總支部。陳德榮、何世從組織馬來亞總支部。徐中和、韓景琦等，組織江蘇省總支部，姜可生組織丹陽支部。彭學模、蕭翼如等組織武漢總支部。此外該黨在江、浙及南洋各地均有活動。

中和黨在各地所吸收的黨員，異常複雜，且多為幫會及下層社會份子。濫收黨費，強勸捐輸。黨部則濫發委任狀及證章。黨員在各地，多有藉黨招搖撞騙的情事。如委任職務，分別大小，各須捐黨費若干。並且對外宣傳：凡參加該黨組織者，可以免服兵役，以欺騙羣衆。無知的工人與農民，卽多被誘惑參加。甚有很多過去參加日僞組織的漢奸，亦乘機投靠，藉作掩護。類此不守法軌之事，不但深爲黨外人士所詬病，比較淸白的黨員，亦多相率離去。

該黨除本身組織活動外，在事業方面：於上海創設「中和公司」，資金五億元。附設工廠，吸收失業青年，以建立黨的經費與羣衆基礎。並創辦通訊社及貿易運輸公司，由阮江負責。發行遠東周報。在廣州開辦尤烈紀念中學。在吉隆坡創辦民國日報等事業。

楊孝權不法與倒戈

中和黨不守法軌的活動，以上海首開其端。而上海特派員兼上海總支部主任委員則爲楊孝權。楊本人卽常利用中和黨名義活動，在外招搖，私生活毫不檢點，濫開空頭支票。後因積欠飯館債務太多，企圖賴帳。經人告發，被巡捕房拘禁。該黨主席尤永昌，以楊孝權行爲不檢，有損黨譽，將其撤職並開除黨籍，其所有職務，則另派該黨中央組織部長高譎生兼代。楊孝權不服尤永昌之措施，卽發代電各地，聲明：「上海總支部」與尤永昌所領導之「中央黨部」，完全脫離關係。直接對「中和黨黨務整理委員會」（卽李少奇在香港所領導的「中和黨非常會議」）負責。並促請委員長李少奇來滬，主持黨務。

楊孝權，湖南人氏，時年約三十餘歲。民國二十四年，於廣東燕棠軍官學校畢業，並無其他學歷。但據其自稱，則曾在中央大學文學系肄業。中國對日抗戰期間，曾在浙西一帶打游擊。以身受重傷，被敵人俘獲。幾經艱困，始得逃逸。曾在香港某報館及上海東南日報，充任記者及副編輯等職。尤永昌擴大中和黨組織時，以其頗有活動能力，乃派其擔任該黨上海總支部主任委員。此時，他個人與香港李少奇的非常會議，原是毫不相涉的。他負責上海黨務，對尤永昌初頗恭順。及黨務發展，黨員人數增至七百餘，即儼然以該黨黨魁自居。對尤亦漸有輕視心理。且藉黨招搖，多行不法。被尤撤除其職務後，即在上海福來飯店，以「中和黨整理委員會」名義，招待記者四十餘人，申述反對尤永昌的理由。並報告該黨「整理委員會」今後的工作方針等。

尤永昌恐社會不明眞相，被楊孝權謊言所蔽，亦在上海招待新聞記者，宣佈楊孝權的罪行，並謂經該黨中常會決議，委派葉華裕兼任該黨上海總支部主任委員、單文啟爲秘書、蘇明爲組織部長；重整上海黨務，展開活動。

尤李兩派協商未成

三十五年八月，尤永昌擴大中和黨組織之時，曾有稱「中和黨非常會議」（即所謂整理委員會），常務委員李少奇、鍾達潮、高白瑛、黃相華、陳陶及港、澳、京、滬、南洋各地代表二十九人，於廣州建國日報，登載啟事。否認尤永昌爲中和黨主席，並稱尤不得以家庭繼承人，繼承該黨主席。故中和黨內部之有糾紛，已非一朝一夕之事。

當楊孝權開始反尤，與李少奇進行勾結時。李少奇在港應楊孝權之請，當卽改組「非常會議」爲「整理委員會」。以李逸濤、楊孝權、陳德榮、阮江、盧星洲、王鎭五、王侃曾、李少奇、賈漢鐸、朱晉綸等爲委員。李少奇爲委員長。所謂整理黨務，首卽與尤永昌進行對抗。楊孝權一度向李少奇建議，改黨名爲「新中和黨」；但未荷李採納。同時，尤永昌亦不甘示弱，爲挽回因楊孝權而損失之黨譽，也不得不力圖振作，以抗李、楊。雙方相持不下，勢將兩敗俱傷。雙方私心又覺得必須早日解決。

經過中間人士的拉攏，三十六年四月，中和黨尤永昌與李少奇兩派，又於上海飯店舉行協商會議。規定應出席者爲尤永昌、高謫生、申屠鉉、葉華裕、戴持平、李逸濤等六人。當推葉華裕爲尤派代表；李逸濤爲李派代表。協商內容：一、中央增設各部會，以容納各派人士，或歡迎社會名流參加。二、擬派李少奇爲聯絡部長。三、中央秘書長及副秘書長職務，推選呂信之、王貼時二人充任（馮自由著「革命史」中，曾記呂信之與胡漢民先生，同時參加革命，曾任尤烈之隨從秘書。王貼時曾任旅長，民國十九年，任尤烈的秘書，爲洪門大哥，其徒眾遍華南各地）。四、擬以李逸濤爲生產部長。五、中央各部門人事，暫不變更；而所委出之各中委，亦予承認，以維黨之威信。會後，並將議案由李逸濤抄錄寄往香港，徵求李少奇的意見。並請其來滬共商內求團結、外謀發展的計畫。李少奇接獲所談條件，則斷然拒絕採納。雙方協商不成，各立門戶，仍在各地單獨活動。

尤派二全代表大會

中和黨主席尤永昌，鑒於該黨自開除並撤去楊孝權職務後。各地黨務因楊之搗亂、繼續活動，不無受其影響。楊復與過去之反對派首領李少奇聯合，組織所謂「整理委員會」，與之實行對抗。故擬定於三十六年十月間，在上海召開第二屆全體黨員代表大會，整理黨務。會前尤永昌爲緩和港粵反對派的情緒與活動，並加安撫起見。特於九月二十三日，飛往廣州先作適當的佈置與安排，俾能圓滿達成大會的任務。除與黨內重要份子，交換意見外。並於大會之前三天（十月二日），在該黨廣州總支部辦事處，招待記者。報告該黨之組織發展情形，以及最近反黨活動的眞相。並謂決定於十月五日，在上海召開全黨代表大會。對黨務發展，作詳盡的研討。希望新聞界朋友，多予協助！

尤記二全代會（別於李少奇的大會）原定十月五日在滬舉行，嗣因各地代表，未能及時趕到，延至七日上午九時，始假座上海貴州路湖社舉行。到有各地代表九十餘人。先由尤永昌報告召開大會的意義及分析國內外情勢。並聲明該黨已準備在本屆普選時，合法爭取國大代表及立委。當經大會推選尤永昌、杜重、魏浩然、田覺非、葉華裕、姚潤章、吳劍虹、戴持平、蘇明、卓榮、瞿民治、鄭宇、李幼歡、董炳壎、陳鎮南、高謫生、李頌宜、孫育凡、李鐵錚、歐陽洞欽、容可量等二十一人爲中央常委，並互推尤永昌爲主席。通過：發表對時局之主張，及提案三十餘件後閉幕。

該黨此次代表大會，舉行兩天。幸經尤永昌作了會前的安排，故開會時，一切均能依照正常情形進行。既無刺激反對派的言論；亦無有傷害反對派的任何決議；尤能對反對派五日的登報申明，處之泰然！此亦本會議所以能風平浪靜的主要原因。

李派中和黨掛牌了

尤永昌爲解決黨內糾紛，擬在三十六年十月間，舉行中和黨第二次全國黨員代表大會。會前，李少奇派亦有意和緩雙方對立情勢，復派上海負責人楊孝權，於十月一日，與尤永昌再度進行談判。楊孝權當提出要求三點：一、准許其恢復黨籍及中央執委，並任命其爲中常委。如能辦到，彼當登報聲明取銷「整理委員會」。二、中和黨應參加民主政黨大同盟，並開除杜重等。三、如以上兩項不能辦到，當不擇任何手段，以打擊尤永昌。尤永昌以楊之三點要求威脅意味殊深，亦不甘就此屈服。乃召集高幹會議，決定拒絕接受。雙方即告決裂。

楊孝權碰了尤的釘子，頗有進退兩難之勢。爲顧及自己與李少奇的顏面，不得已，祇好走上極端。十月五日，正是尤永昌要開二全代會之日。楊即以整理委員會名義，刊登大公報，公然開除尤永昌及其附屬幹部的黨籍。並決定於十月十二日上午，在上海西藏南路該黨聯誼社，舉行全國黨員代表大會。當日出席代表及整理委員會委員李逸儔、楊孝權、鍾達潮等二百餘人。選出中央執行委員八十五人、候補執行委員二十五人，中央監察委員二十九人、候補監察委員十一人。復經第一次中央常會推定：主席李少奇，副主席關仁甫、秘書長李逸儔、副秘書長韓稚平，秘書處長杜樹模，組織部長鍾達潮，宣傳部長楊孝權、副部長徐大公，福利部長程克藩、副部長史正平，海外部長劉華冑、副部長廖仲明，聯絡部長陸甫、副部長黃耀池，婦女部長蔣璇雯、副部長黃葆予，特別黨員部長楊孝權、副部長孔令偉，法律顧問陳成蔭、黃一鳴，黨紀部長（未定）、上海總支部長史正平、副部長汪克漢。李記（少奇）中和黨算是掛牌了，公開與尤記中和黨，演唱對臺。

分裂擾攘隨波逐流

中國中和黨，自尤永昌子承父業任主席以後，似即有了內在糾紛存在。初有海外中和堂代總理關仁甫聲明：「中和黨與中和堂無關。」抗戰時期，該黨擴展組織活動之時，復有香港李少奇等聲明：「否認尤永昌爲中和黨主席。尤不得以家族繼承人，繼任該黨主席。」不過此時雖有反對之聲，尙無對抗之實。及尤永昌開除楊孝權黨籍後，因而促成了反對派的互相利用與勾結，始有各立門戶的組織活動。

一黨兩派對立的情形，原不算是中和黨的特殊。當時有許多黨派的情形，都是如此。這自然是政黨的美中不足。倘黨的領導者，本身健全，政綱明確切實，遵守政黨的正軌而行，自仍有其前途。但中和黨的組織與其領導者的條件，對於上述數者，都有相當距離。於一黨兩派之初，不能善爲融和。演至「一黨兩立」的局面，當然更難收拾了。終於浮沉於眾多黨派之流。不兩年，同成了中共清算鬪爭、撲殺的對象。

由學閥而職教派的黃炎培

初時原為教育團體

職業教育派，簡稱「職教派」，是中國民主同盟組成的三派之一。職教派的形成，則造因於「中華職業教育社」。歷史也不算短，至對日抗戰發生時，已整整二十年了。

「中華職業教育社」，成立於民國六年六月一日。原係一教育團體，並非政治結社。當時的發起人，多爲社會一時之名流學者，有梁啟超、唐紹儀、伍廷芳、張謇、范源濂、嚴修、王正廷、楊廷棟、湯化龍、蔡元培、蔣夢麐、鄧萃英、郭秉文等五十餘人。發起又兼實際負責者，有黃炎培、江恆源、錢永銘（新之，浙江吳興人，留日，銀行家，四十七年歿於臺灣）、楊衛玉、孫運仁、孫起孟等。該社於是年六月一日，發表宣言後，即算是成立了，未另舉行什麼形式上的大會。宣言洋洋洒洒，凡四千餘言，係針對教育時弊，發爲改革之論，頗爲時人所關切。同時公佈組織大綱十七條，說明係由發起人同意所訂立的。規定宗旨爲：「溝通教育與職業」。規劃要做的事業很多。其目的在：「推廣職業教育；改良職業教育；改良普通教育；俾爲適於生活的準備。」

該社自成立之日起，卽開始徵求社員，分別籌募事業及社務經費。規定以上海中國銀行及上海商業銀行爲收款機關。雖爲一無本起家的社團，又儼爲一大股份公司的組織。成立時，推定黃炎培、江恆源、楊衛玉、孫起孟等實際負責，以黃炎培任社長。從此以後，未曾更變。社會人士卽認黃爲職教社社長。國民革命軍北伐時期，該社活動，因黃個人同情反革命的關係，曾停頓一時。至民國二十年「九一八」事變後，始恢復活動，揷足政治。抗戰發生後，各黨派興起，在政治活動中，「職教」也形成爲一派。黃炎培卽爲「職教派」的領袖。

黃炎培靠軍閥得勢

職教派首領黃炎培，說得好聽一點，是國難時勢所造出來的英雄；說得坦率一點，乃左傾搗亂起家的人物。黃炎培，字任之，號楚南，筆名抱一，一八七七年生於江蘇川沙。遜清舉人。上海南洋公學畢業後，留學日本。參加政治活動頗早，清末「憲友會」的成立，黃卽爲江蘇支部領導人之一。曾參加革命，被清政府拘捕下獄，幸爲美教士蒲威廉所營救，得保性命。民國初年，曾任江蘇都督府教育司司長。旋赴美考察教育。回國後，設立江蘇教育會，自任會長。以此向各方招搖，鑽營政治出路，多爲蘇人所不齒。民國六年藉倡導職業教育爲由，蒙騙學者名流如梁啟超、張謇等多人，發起組織「中華職業教育社」，黃卽自任社長。孫傳芳督蘇時代，黃得任江蘇省教育廳長，依仗孫勢，掀風作浪，壟斷全省教育，因有「江蘇學閥」之稱。蘇人更呼之爲「破靴黨」（意卽死出風頭）。

民國十年，北洋政府梁士詒組閣時。黃炎培百計鑽營，爲梁士詒穿針引線，聯絡浙江督軍盧永祥參加「三角同盟」之功，梁卽發表他爲教育總長。這對政治慾望極強的黃炎培來說，自是一極大的引誘；但老謀深算的黃炎培，認爲教育總長，雖職尊位高，但北方政局，混亂複雜，迄未安定，決難久任。江蘇地方局面，雖不如中樞，然基礎已立，獨霸一方，無虞風險。今若捨此圖彼，終恐一無所得，故終未北上就任。這是據他自己說的。但據其江蘇同鄉說：黃炎培發表教育總長，原是有條件的：「不到實職」，由齊耀珊兼代。五個月後，又正式任命周自齊署理。此卽條件的第二點「黃居總長空銜，也祇限於五個月。」黃炎培雖作的是「無職總長」，但他卻能利用教育總長的空頭銜，翻手爲雲，覆手爲雨，在政海中打滾了。迨國民革命軍北伐，這是時代潮流所趨，無力可逆。黃卻昧於大勢，失之投機，反通電擁護軍閥孫傳芳（自稱五省聯軍總司令）堅決反對革命。十六年，國民革命軍以破竹之勢，底定長江。江蘇教育界人士，發動「打倒學閥」運動後，黃炎培始消聲匿跡。以黃個人爲中心的「中華職業教育社」，亦因黃之反革命，從此不敢大膽活動而中落不振。隨後，黃曾一度與左派份子魯迅、胡風等勾結，企圖巧取豪奪上海「申報」、「新聞報」（時主人爲溧陽史量才），鵲巢鳩佔。被杜月笙識破其奸，設法所阻，未能實現。

轉向左傾投機抬頭

民國二十年「九一八」事變發生後，中國共產黨指使左傾人士，在上海展開所謂「人民陣線」、「統一戰線」的活動。黃炎培隱逸了數年，忽然受了「統戰運動」的影響，亦靜極思動。加以孫起孟、孫運仁等，不甘就此寂寞，更極力從中慫恿。黃的乾兒子鄒韜奮，復積極拉他合作，參加沈鈞儒、章乃器等所領導的「全國各界救國聯合會」，共同活動。「七七」抗戰發生，隨之「八一三」全面抗戰展開，中共與左派人士的統戰活動，亦乘機擴大。黃炎培以機會降臨，不能放棄。認爲要搞政治活動，必先重視煽動鼓吹。乃發行「國訊周刊」，作爲職教派的宣傳機關。抗戰轉進至武漢時，黃與該刊，亦西遷漢口再至重慶。在武漢時，政府爲團結國人力量，組織「國民參政會」。職教派的黃炎培、冷遹（禦秋，江蘇人，三十五年任江蘇省議會議長）、江恆源等，在各黨各派互相標榜，與中共支持之下，皆得被選爲參政員。從此該派得以再起，活躍於當時的政治舞臺。

國民參政會，乃全國四方八面英雄豪傑匯聚之所。職教派諸人，原來都是默默無聞之輩。自黃炎培、冷遹、江恆源等，參加國民參政會，與各黨派互相往還，發生聯繫以後，大家爲團結在野黨派，表現集體力量，對抗政府計，先後乃有「抗戰建國同志會」、「統一建國同志會」、「中國民主政團同盟」、「中國民主同盟」等的接續組織。職教派一登龍門，亦身價十倍，漸爲國人所注意。政府西遷至重慶，該派宣傳機關「國訊書局」、「國訊周刊」，亦大吹大擂。動輒發表宣言，提出對時局的主張。但其言論既無一定，主張又非一貫，徒然投機取巧，利用政治的盤根錯節之鬬爭關係，更加抬頭，更出風頭。所謂「中華職業教育社」者，從此不但完全離開了教育性質，而爲一純粹的政治集團；且完全喪失了獨立性格，成爲民盟的寄生與中共的附庸。該派加入中國民主同盟後，黃炎培得任民盟中央常委兼工商運動委員會主任委員，利用職權，多方拉攏工商界及金融界人士，以爲己助！增高其在民盟中的地位。以後黃炎培「民主建國會」的組成，即全得力於工商金融界人士的支持。抗戰勝利後，政府召開「政治協商會議」，黃炎培亦以民盟代表之一，列席參加。從此職教派在民盟之中，不僅已成一中堅臺柱，黃個人且成了盟中五大領袖之一，較之羅隆基、梁漱溟更具虛聲。

寄生民盟一則笑話

職教派既因寄生民盟而興起，對於民盟，便無不曲護備至；對民盟的政見主張，亦無不極口讚揚！重慶有一次文化界人士的座談會上，黃炎培發表民盟「民主救國、民主團結」的濫調。隨後張道藩先生發言，卻認黃爲「唱高調」。他要組織一所「低調俱樂部」，凡加入這俱樂部的份子，都不必「爲姨太太洗腳」。張言剛出口，全場卽爲之捧腹大笑。道藩先生此言，雖近滑稽。原意不過在勸黃不必爲民盟「捧腳」逐臭，因民盟祇是中共的妾婢而已。其所以引致滿座大笑者，實因此言恰恰觸着了陳銘樞的風流韻事。時陳亦在座，頓爲面紅耳赤。張隨以言爲「無心之失」，馬上向陳面致歉意！實則弄巧反拙，欲蓋彌彰了。以後有人說，陳銘樞亦民盟的同道人。道藩先生無心之言，不意竟是一石兩鳥，暫且姑置不論。

中共叛亂日亟，國共和談，根本絕望。政府不得已，乃頒佈總動員令，實行戡亂剿共。這時，民盟的處境，便很爲難了。今後何以自處？民盟諸首腦，意見殊不一致；有主遷香港作地下活動者；有主根本改變作風與政府合作者；黃炎培則主張：「如民盟受壓迫過甚，則考慮停止活動一時期。因民盟是赤手空拳的黨派，不能專與刀鎗鬪爭。」其意還是不欲捨棄他安身立命的民盟。及民盟表面宣佈自動解散，實際轉入地下工作時，上海民盟的負責人沙千里，因離滬赴港籌設民盟新的機關，上海負責人一職，黃炎培卽自告奮勇，推其兒子擔任。黃並決定將民盟上海支部的任務，交與中華職業教育社繼續執行。將盟員分別安揷於中華工商職業學校、中華職業學校、中華補習學校以資掩護。至黃炎培本人，雖向人表示：「息影上海，埋頭著書，並專心辦好職教社」，亦不過爲一種掩飾之詞而已。不願放棄控制民盟，死守民盟的重要據點——上海，乃其眞實的企圖耳。

力親中共終被套牢

職教派，遠在「九一八」事變之後，已與中共發生了關係。黃炎培所參加之「全國各界救國聯合會」，卽中共爲「統戰」所設計的外圍組織。從此，該派言必稱中共；行必隨中共。該派所發行的「國訊周刊」，在重慶曾對中共大事吹捧；所創辦的「國訊書店」，亦中共書刊代印代銷的機關；均按期領有中共的薪津補助。中共且利用其各附屬機關，作爲掩護活動的場所。凡中共之所欲所爲者，職教派無不盡其最大可能，以滿足其所求。抗戰勝利後，黃炎培曾親至陝北延安視察。歸來，將其見聞感想，著有「延安歸來」一書，對中共尤爲歌頌不已。

迨政府與中共和談，中共毫無誠意，一再拖延。此雖爲中共的戰略，實阻延了黃炎培參加政府做官的時日。加以中共在蘇北造成人間地獄，黃因受蘇省同鄉的勸告，和自己良知的召喚，對中共之罪行，亦深表不滿。爲了略盡鄉梓之義務，曾秘密致函毛澤東，責難中共的不法。對民盟之一味附和中共，亦已有了反感。迨中共迫其發表「不單獨參加政府之談話」的事發生後，更憤而有退盟與疏共之意。原來黃炎培致書毛澤東之事，曾被羅隆基所悉，羅不滿之餘，又多方設法阻止黃公開發表該函的原稿，黃憤而要求退出民盟。雖經沈鈞儒等勸阻而罷，惟黃聲明：此後民盟對外發表任何重要文件，均須經彼過目簽字。否則，卽不承認。這不但是黃對羅把持民主同盟宣傳而發；亦黃預爲疏共退盟所揑造的口實，原來黃欲早日參加政府，以遂其政治野心；但欲如此，終非疏共退盟不可。從此，他便表示消極，緘默寡言，對政府亦少攻擊論調。並積極致力於「職教社」及「民主建國會」之發展，企圖自成一政治集團。

三十六年初，中共欲拉攏利用各小黨小派，在其統戰策略之下，組織「民主統一戰線」。曾策動沈鈞儒、馬敍倫、柳亞子、郭沫若等，積極進行。此事最初對內對外，均極秘密。及民盟重要份子進行討論時，這秘密才被揭穿。當時有許多人，認爲是中共的意旨，自然莫敢違逆。唯黃炎培獨告奮勇，認爲「民盟本身原是各黨派聯合的政團，民主統一戰線的性質與民盟相同，是代替民盟的組織？抑民盟所運用之外圍組織？」頗以爲疑，不願參加。黃炎培親共的程度，原不亞於沈鈞儒、章伯鈞之流；然以所欲未遂，卽有疏共退盟之意。不幸的，他已被中共牽牢，終成「欲罷不能」之局，衹好跳下火坑，同流合污到底。

新舊矛盾內部裂痕

職教派在黃炎培個人領導之下，雖有新舊份子之別，內部還算相當合作。自黃炎培企圖疏共退盟以後，便不免發生新舊派的裂痕；舊派爲冷遹、江恆源等，主張疏遠中共，脫離政治轇轕，保持職教社爲教育團體的本質。新派爲孫起孟、王紀華、劉仰芳等，主張親近中共，極力使職教社成爲一政治集團。黃本人則魚與熊掌，皆我所欲，總望二者得兼。黃炎培於抗戰勝利之初，在重慶所組織之「民主建國會」，卽新派孫起孟等慫恿黃炎培，拉攏一部份產業界與文化教育界人士，結合起來的。欲在「民主同盟」之外，另樹一幟。黃炎培組織「民主建國會」的另一陰謀目的：一方職教社仍留在民盟中活動；一方另建新政治集團；兩者配合發展。取法章伯鈞組織「農工民主黨」、沈鈞儒組織「人民建國會」，「以黨制盟，以盟養黨」的故技，異曲同工，以逞雄圖。這就不是新舊兩派人士，所能完全領會的。

舊派人物，皆涉世較深，多老成持重。而且掌握了職教社的經濟大權。對該社一切活動措施，頗具有決定性的作用。新派份子，多爲政治野心的人，沒有經濟支持，頗感一籌莫展；然又不甘示弱。乃鼓起勇氣，捧抬黃炎培作偶像；利用中華職業學校「校友會」爲基礎，向舊派進行反攻。孫起孟並創辦「比樂中學」，作爲新派事業的基礎。兩派既不能調和，積之稍久，自然歧見與日俱增。不過尙未達到公開決裂的階段而已。幸好該社除新舊兩派矛盾以外，尙有楊玉衛等，比較中立，在該社亦有相當力量。每逢新舊兩派有爭執發生時，楊玉衛等折衝其間，兩派都不能不買帳。

黃炎培之所以不滿意中共，而欲與之疏遠者，實爲其急欲傾向政府的做官慾所驅策。孫起孟、王紀華等，窺得黃之用心後，即一再警告黃炎培，不可重步民社、青年兩黨之後塵，而自取其咎！否則，將拆散職教社，另組新社，不擇手段，與之對抗。同時，沈鈞儒、章伯鈞、羅隆基等，雖不滿黃平時在民盟中的作風，然又恐黃若退盟，勢將不利於民盟，削弱了民盟的力量。因之，亦極力威脅黃炎培，阻止其疏共退盟而參加政府。黃炎培的企圖，內有孫起孟等的扯腿；外有沈、章、羅等的威脅；他在內外夾擊之下，已有進退兩難之勢。

黃炎培找不到好的出路，態度便漸趨於消極，閉門謝客，看報讀書。對民盟事務既不聞不問；對於中共態度，亦若即若離。及政府宣佈民盟爲非法團體，被迫自動解散以後，黃則完全失去了主宰。做官無路，附逆不甘，態度則尤矛盾不已。一方對職教社之組織與內容，決定轉向純粹教育團體的途徑；一方接收民盟在上海的據點，極力掩護民盟工作人員於職教社之中。以迄該社該派之被中共消滅。

老來交心不得翻身

職教派內部的裂痕，與黃炎培思想行動的矛盾，直到中國共產黨佔據中國大陸之後，才得到「矛盾的統一」。統一於中共的鐵籠。

中共在叛國作亂的過程中，對職教派雖多途利用過，卻曾未重視過。對黃炎培、孫起孟等所發起組織的「民主建國會」，反而特別垂青。在中共「地下鬪爭綱領路線」中，既列之爲「四大基幹」之一。中共竊據中國大陸後，將附共百餘黨派，經過大清潔洗滌之後，僅保留了八個附庸黨派，「民主建國會」仍爲其所欲利用者之一。什麼職教社或職教派，則根本予以消滅，歸併於「民主建國會」，黃炎培祇算是「民建」組成之一員。中共所保留的八個附庸黨派，完全是爲其「統戰策略」的需要，是有名無實的；而各附庸黨派的組成份子，自然更不足輕重了。在這種情勢之下，各附庸黨派，既經過千錘百鍊，活動復受到種種嚴厲限制；而各黨派的組成份子，在無數清規戒律管束之下，自是唯命是從，莫敢違逆。

中共政權成立之初，各附庸黨派的首要份子，叨了中共「統戰策略」之光，多數躋身赤朝。如黃炎培投共後，得任中共僞人代常委會副主席、僞副總理、僞輕工業部部長，官高爵顯，不爲不尊。自然更要盡忠報共，助紂爲虐，厲行三反、五反、鎭反、思想改造等等。不但幫助中共屠殺了千千萬萬的大陸同胞，而且玩火自焚，扼殺了各附庸黨派的組織與活動。惜爲時未久，經過中共大鳴大放運動之後，各附庸黨派的份子，又幾全落入中共陰謀佈置的陷阱。黃炎培和其他附庸黨派份子一樣，都被打入右派，列入整肅之內。除奪去本兼各職之外，年近八十的黃炎培，正和沈鈞儒等一樣，還要實行「交心運動」，身懸「交心牌」遊街示眾，沿途高喊「把心交給共產黨」等口號，以示與中共同生共死的決心。寫「交心書」，等於立下賣身契約，永世不得翻身。最後的處置，中共更限令各附庸黨派的高級份子，輪批關進所謂「社會主義大學」。名爲深造，實爲洗腦；名爲入校，實爲監禁。腦子沒有洗滌清潔，合於中共所要求者，則休想有畢業離校之一日。不過他在紅朝，有名無實的空招牌，始終是掛著的。如中共一、二、三屆「人大」副委員長；一、二、三屆「政協」副主席。至五十四年，第四屆副主席之銜，他卻無命承受，因於是年十二月在平去世，年爲八十九歲。這就是當年黃炎培附共的下場。

朱學範其人其事

勞工黨即勞動協會

抗戰勝利後，倡導組織「中國勞工黨」的人，就是「中國勞動協會」負責人朱學範和其原班人馬。中國勞動協會雖早具備組黨的某些條件，但在組黨風氣最熱鬧的抗戰建國時代，卻沒有正式公開組織，樹起「黨」的招牌。這是因爲中國勞動協會的實際負責人朱學範，覺得「與其有政黨之名而不好運用，不如仍用勞動協會的名義，易於獲得國際勞工團體的同情與支援」。這就是說：「重名不如重實，勞動協會雖無黨之名，卻居黨之實」。不過到後來勞動協會眞要改頭換面，掛起「勞工黨」招牌亮相的時候，卻又懾於黨派誤國的輿情，時乎不再來了。這是後話，暫且不去管它。所以「中國勞工黨」與「中國勞動協會」，實一而二、二而一的東西。故要說中國勞工黨，不得不先談中國勞動協會。勞協以朱個人爲中心，更不能不先談朱學範其人其事。

朱學範投拜杜月笙

浙江嘉善人朱學範，約一九〇四年前後出生於中產家庭。及長，在上海聖芳濟學院讀書。考取了郵政局郵務生。得任上海郵務總工會低級職員。其人中等身材，一雙濃眉大眼，滿面春風，能言善道，極易與人接近。爲人精明幹練，中英文亦皆略有基礎。有一點爲朋輩所共許者，即慷慨大方，輕於利而熱衷於名。三代以下惟恐不好名，這當然不算是他的壞處；但後來終於爲虛名所誤。平時言行尙謹，罕有疾言厲色。樂於仗義助人，又頗有江湖俠士之風。不過後來戴雨農（笠）批評：「朱學範浮而不實，弊過於詭。」證其後來若干言行，尙相當中肯。

民國十六年後，朱學範投拜上海聞人杜月笙之門爲弟子，繼爲「恆社」（上海靑洪幫組織，於民國二十年成立，擁杜月笙爲首領）中堅份子之一。朱學範一方因杜月笙先生的重視，極力予以提拔；一方面廣結幫會同門弟兄；漸露頭角，乃大活躍於黃浦灘頭。故自民國十六、七年以至三十五年，前後十八年之中，朱學範一直是受着杜月笙先生的卵翼，與恆社同門的照顧支持，才能一路順風。不過當其出道之初，僅爲二十三、四歲的靑年。血氣方剛，又有郵局較好的待遇，在私生活方面，卽不免於浪漫荒唐，也留下很多風流佳話。所幸尙能接受師門的訓誨與友朋的勸導，及時醒覺回頭，才沒有斷送自己的前程。

朱學範在上海加入中國國民黨。從事勞工運動，很有興趣，亦相當努力。十六年國民黨清黨時參加反共工作，尤爲積極。上海郵務總工會改組，因得被選爲常務理事；繼又被選爲上海總工會常務理事。前後六次奉政府之命，代表中國勞方，參加國際勞工會議。於是朱學範便騰達起來，一躍而爲中國勞工領袖之一，國際知名的勞工領袖人物。在政府立法院方面，爲吸收勞工人才，亦延攬朱爲立法委員。未可否認，朱學範是富有組織能力的人。因而他亦從此野心勃勃，大有「登泰山而小天下」的妄念。在杜月笙先生門下，恆社二千弟子之中，亦唯有朱學範另立門戶，開創「毅社」（類似恆社，亦幫會中人），吸收門徒，多至千人。卽可見其志不在小。

勞協發展種下禍根

民國二十年「九一八」事變發生後，國人反日情緒非高常漲。中國共產黨和其同路人，陰謀利用外患，擴張自己的勢力；利用「統一戰線」「抗日救國」口號作號召，積極組織各種社會團體，作其外圍的統戰工具。國民黨在上海從事勞工運動的同志，一方爲團結發揮勞工反日力量；一方爲防止上海勞工運動，被中共和其同路人所攫取；認爲有加強勞工組織領導之必要，因而以郵務總工會爲基礎，成立「中國勞動協會」（以下簡稱「勞協」）。勞協於民國二十四年二月二十四日成立於上海，章程所標舉的宗旨：「發展勞動文化，辦理勞工福利。」朱學範被推爲該會理事長；一直蟬聯，十多年來，沒有變更。二十六年「七七」抗戰發生，勞協遷漢口；二十七年，再遷至重慶，設會址於九道門藥材公會內（內有很多機關），僅小屋一間，職員一人，看管會務。發行「中國勞動」月刊一種，作爲宣傳。這時所謂全國性的勞工團體——勞協，實在侷促得不成格局，且不爲社會人士所注意。

二十八年，政府批准以「勞協」代表「中華民國總工會」，加入「國際工會聯合會」爲會員。朱學範亦數度代表中國「勞方」，參加國際勞工會議。勞協聲價，始隨之提高，不僅成爲全國性的勞工團體，也是世界共認的國際勞工團體之一。由於朱學範在國際間的長袖善舞，不久國際勞工團體的經濟支援，亦源源而來。勞協名利雙收，特別是經費充裕，會務發展，亦極迅速。不但辦公室擴充了，工作人員增至數十，而附屬已辦或正計畫中的事業，更爲不少。勞協得到國內外的合法地位與國際勞工團體的支持，朱學範亦自然成了全國勞工領袖。但當時的中國共產黨則指勞協爲「貴族工會」；目朱學範爲「白色工會頭子」；極力攻擊勞協爲國民黨御用的工具。同時，由於勞協經費充裕，聲譽日隆，以及所辦各種福利事業之有聲有色，亦引起了中共的垂涎，陰懷攫奪的野心！同時，也種下朱學範個人以後悲劇的禍根。

緊急進攻左傾開始

中國勞動協會遷到重慶以後，中國兩大——勞協與全國郵務總工會——最具實力的工人團體，實際皆由朱學範一人負責主持。於是朱學範便成了中共必須爭取的重要對象，認爲抓住了朱學範，即可控制勞協與郵總兩大工人團體。中共針對目標，即策動左傾人士，利用種種機會，對朱學範施出四大法寶——滲透、包圍、虛名、美色，緊急進攻。其攻取情形，大體如下：

一、滲透，是中共進行鬪爭的開門法寶。即把自己的力量和影響，自外滲透潛入於某種組織或羣眾之內部，發生作用。勞協原是政府團結工人的組織，朱學範也是相當反共的人士。中共此時除派遣大批爪牙，分別打入重慶各工廠與勞協事業機構之外，勞協本身尤滲進很多中共與左傾份子，書記長易禮容（湖南長沙人，與毛澤東曾在湖南第一師範同學。係老共產黨）即是中共派駐勞協的指導人。

二、包圍，是中共對人對事，慣用的手段。無論其對黨內或黨外都是一樣。包圍的目的，即一方將眾矢集中於一的；一方封鎖及破壞其對外的來往聯繫。中共對於朱學範，首則利用外圍左傾份子沈鈞儒（曾和褚輔成合辦「上海法學院」，朱學範曾爲該院夜間部學生）與朱學範的師生關係；及章乃器、黃炎培、馬敍倫等在滬與朱的密切交往關係；經常輪番包圍朱之左右，進行挑撥、煽動、離間，反政府和國民黨，以動搖朱之心理。隨後更派「赤色工會」首要鄧發、劉寧一等人，以影響朱之思想和行動。

三、朱學範對於「利」比較淡泊，對於「名」，則極熱衷。中共打入勞協的中共份子易禮容等，與包圍朱左右的左傾人士，即針對朱之此種心理，盲目的吹、拍、抬、捧，不遺餘力。什麼「中國勞工家長」；什麼「民主領袖」；什麼「國際勞工領袖」等；讚揚推崇到了極點。朱爲許多虛榮所蔽，對於易禮容輩，乃益加寵信，言聽計從。積以時日，勞協實權，便漸次落入易禮容手中。

四、朱學範過去在上海，有一度浪漫荒唐的生活，最大的嗜好就是漁色。中共針對朱學範這種風流興趣，馬上就使用了美人計。先後打入勞協的李佩、俞欣、章琴等，皆風姿綽約，艷光照人，人見人迷的赤色尤物。或爲秘書，或係職員，經常追隨於朱之左右。朱學範不是柳下惠能不受其影響？能逃脫中共所佈置的紅色風流陷阱嗎？

朱學範處此層層利刃圍攻之下，是絕不容易逃跑的。因爲人是不能離開環境而生活的。朱學範生活於此環境之中，不待強迫，自然也會走向左傾的道路。

赤色工頭鼓動風潮

正當朱學範領導勞協開始左傾，不過還在猶疑徘徊之際，適三十四年「五一」勞動節，馬超俊、陳立夫、谷正綱諸先生，本國民黨「扶植勞工」的政策，發起組織「中國工人福利協會」，在重慶青年館開成立大會。該會成立的宗旨與目的，原與中國勞動協會不相衝突，各別努力，兩流同歸一宗。而且勞協理事長朱學範，亦被選爲福利會的理事，用意亦在求兩會合作互助的方便。乃朱學範仍感不滿，尤疑「福利會」將奪取「勞協」的工運領導權。參加成立大會的朱之幹部多人，卽當場起哄，大喊擁護「朱學範」的口號，反對「福利協會」爲非法，弄得兩方面幾乎都不好下場。從此政府已瞭解了朱學範的用心，亦使朱學範左傾轉變，日益積極。

抗戰勝利後，國共兩黨的鬪爭表面化。中共積極發展統一戰線，更不惜採用種種不法手段，蠱惑勞工團體，反對政府。勞協乃成爲中共爭取的唯一目標，除利用勞協與政府間之些微隔閡，大肆造謠、挑撥、離間，除對勞協深寄同情外，並派其赤色工會的「赤色工頭」鄧發，自延安飛到重慶，與朱學範秘密商洽，互相勾結，擴大風潮；企圖消滅「福利協會」的組織，加強掌握工運的領導權。中共如此的煽動陰謀，自爲勞協所樂意接受的。政府以朱學範誤會了福利協會的組織，爲求團結起見，亦自動放棄了福利協會的活動。三十四年八月，二十七屆國際勞工大會（世界職工聯合會），在巴黎舉行，政府更不念舊惡，仍派朱學範代表中國勞方赴法參加。中共赤色工頭鄧發，亦爲代表之一（代表所謂解放區職工聯合會）。朱、鄧兩人聯袂出席，均當選爲大會副主席。兩人在法朝夕同處，生活打成一片，感情自益親密，而朱所感染之毒化思想亦愈深。三十五年春，政治協商會議，在重慶召開。朱與赤色工頭鄧發，由法返國，正値中共與民盟大叫「民主」之際。朱之態度大變。復受鄧發之鼓動影響，亦有掀起風潮，出一番風頭之意。乃與易禮容等親信幹部，秘密會議，決定改變政治路線。以勞協名義，發表空前的二十三條所謂政治主張。中共乘機，則更積極滲透勞協。表面與勞協爲平等合作，實欲造成朱爲純粹傀儡，而控制整個勞協。及中共與民盟誘使勞協製造重慶「較場口事件」發生後，朱學範則完全落入陷阱，自拔維艱，悔已莫及。爲勢所迫，於是左傾日顯。

較場口文鬪變武鬪

三十五年春，政府召開政治協商會議的目的，在解決國共兩黨間的一切懸案。中共則毫無誠意，視之作一種鬪爭手段。利用會議時期，一方擴充叛亂武力；一方與民盟等尾巴黨派製造反政府的活動。準備假借民眾團體名義，在重慶滄白堂舉行「慶祝政協成功紀念大會」。但中共與民盟，皆信譽掃地，無法發動民眾團體出面。乃讚揚鼓動勞協首倡發起，以壯聲色。朱學範未明詭計，在層層包圍之下，便落入了中共與民盟的圈套，終於闖下重慶較場口（常爲羣眾集會之場所）的大禍。

三十五年二月十日，勞協發起在重慶較場口舉行的「陪都各界慶祝政協成功大會」。朱學範和其「毅社」子弟兵、勞協各單位附從之徒，以及左傾羣眾，全都參加了。勞協原來計畫，僅爲開會、遊行，作點宣傳而已。這原算一種文明的行動，即中共所謂「文鬪」的一種；不意在中共與民盟秘密策動之下，竟造成一種「武鬪」。使勞協吃虧上當，朱學範罪生不測，更是哭笑不得。

慶祝大會於是日上午八時許開會，首宣佈主席團（由中共與民盟安排）的名單十三人有沈鈞儒等救國會的人物，有馬寅初、馬敍倫、黃炎培、劉清揚、曹孟君、朱學範等。在這些人之中，除朱學範擁有勞協之外，其他都與任何民眾團體爲無關之人。祇有一項共同的特色全是中共的尾巴。如此場面，首卽引起「重慶總工會」的不滿。隨之羣情憤激，認爲一區區勞協，不能代表「陪都各界」。火藥氣味，卽已開始瀰漫於全場。及宣佈開會時（還沒有到開會通知預定時間），眞正「陪都各界」的團體，到場參加者，頓增至二三萬之眾，超出勞協所號召的羣眾十倍以上。首則主席臺上，互爭不讓；繼因臺下羣眾，洶湧而至，秩序漸亂；爆炸性的場面，大有一觸卽發之勢。

大會臨時推定總主席劉野樵（重慶市農會理事長），剛上臺拿起麥克風宣佈開會時，李公樸（救國會派）迅速向劉野樵爭奪麥克風，想當主席。於是臺上一片大亂。隱伏於主席臺側的左傾打手，卽一湧登上主席臺（可見已有預謀），把劉野樵打得頭破血流。臺上演鐵公鷄，臺下亦混亂互毆。結果，民盟份子所謂救國七君子，都成爲眾矢之的，慘遭修理毆打。重慶運輸公會常務理事謝雅南，旣被打傷，還被左傾之徒押到勞協扣留。羣眾聞訊復湧至將勞協包圍，把謝雅南救出送醫。朱學範、易禮容和勞協職員，則皆由後窗逃逸無踪。

這次慶祝會，原是中共策動民盟利用勞協發起召開的。開會時，中共代表周恩來、王若飛、鄧發（參加政協代表）等多人，都化裝分立於重慶較場口附近指揮。有意造成流血事件，藉端擴大態勢，以威脅政府。幸好總主席劉野樵，負傷雖重，仍凜然不變，竭力維持會場秩序。振奮精神，不爲少數搗亂份子所動搖，繼續開會，才使武鬪沒有繼續擴大下去，否則就更不堪設想了。中共與民盟份子，知大勢已去，莫可挽回，也祇好黯然離去。事後，治安機關完全明白：純係中共與民盟的政治陰謀。勞協因有悔過之意，亦未加深究。

法律之前無可遁形

重慶較場口的事件，朱學範雖是罪魁禍首；政府諒其爲盲目所致，亦未予追究。隨後朱學範乃藉復員之名，將勞協遷至上海。在重慶僅設一「駐渝辦事處」，由易禮容負責，名爲管理勞協在渝之事業機構，實際則成了中共在渝的聯絡活動中心。朱學範回到上海以後。懍於在渝的教訓，及受其親朋師友的共同責難後，頗有悔悟之意，言論行動，亦收斂了幾個月。

「重慶市總工會」因素不滿於勞協的一切作風與反動行動，三十五年八月，發現勞協「駐渝辦事處」內部，潛伏很多共產份子，圖謀不軌。同時，查出該會過去種種貪污舞弊，與侵吞美援救濟、鼓動罷工暴動、私藏軍火等種種證據，向重慶市政府及重慶地方法院，分別提出檢舉。市政府查明屬實，當批示三點：一、貪污部份，由法院審理；二、秘密組織，危害治安，即予法辦；三、准由重慶總工會，接收該會辦事處在渝各事業單位。八月六日，總工會實行接收，並由憲警斷絕交通，將該辦事處包圍，拘捕共諜及嫌疑職員十六人。易禮容等六人，則越牆逃遁。搜查結果，並獲得有關軍事情報、運輸彈藥、鼓動工潮、反政府反美等秘密文件多件。

勞協自民國三十一年始，即已源源獲得國際勞工團體鉅額經費的支援。使其組織、福利、文教、國民外交等工作，發展皆極迅速。特別是事業機構，更爲龐大，如重慶市大樑子的勞協福利社、美工堂電影院、勞工醫院、文化服務站、沙磁（沙坪壩、磁器口）區和化貓（化龍橋、貓兒石）區勞協服務站、勞工補習學校二十餘所、幼稚園及托兒所多所。不可否認，當初對於重慶的勞工福利，確有相當貢獻。祇惜後來政治路線錯誤，以致爲德不卒。這些機構，當重慶總工會實行接收時，曾又引起一場糾紛。復經社會部派包華國前往處理。將總工會所應接收者，暫交重慶市政府及保甲長保管。因此案已由重慶地方法院提起公訴，法律自可公平解決。嗣經法院判決，認爲朱學範、易禮容等，觸犯刑章，應予按律處罰。朱學範屢經票傳，避不到庭。易禮容則自案發以後，已潛逃香港，重慶地方法院乃予通緝。

當「重慶市總工會」接收勞協事業單位之消息，傳到上海時，朱學範聞訊，惱怒萬分！仍始終頑強，指爲政府特意迫害。中共及左派的報紙，亦爲勞協張目，極力攻擊政府。及政府所搜獲勞協之秘密文件照片與不法事實公佈以後，社會人士，始完全瞭解了眞相，咸認朱學範等罪有應得。法律之前，無可遁形。

態度灰色圖挽頹勢

原來朱學範上了中共與民盟的當，闖下重慶較場口的大禍以後。最初不但沒有悔過之意，反而變本加厲，附和中共與民盟。政府和恆社師友，咸以朱學範身爲國民黨黨員，而且本性原極純良，不應有此乖謬言行。曾多方加以勸導，盼其早日覺悟，勿再爲中共及民盟所利用，更深陷落泥潭。斯時朱學範，良知尚未全泯，亦懍於過去的一切經驗教訓；警悟左傾附共的後果，必將遭到政府更嚴重的打擊。同時亦懼慮「恆社」與「毅社」的師友子弟，因此而眾叛親離。復以勞協內部，意見紛歧，大有形成分裂對立之勢。朱爲挽救危機，乃轉變爲灰色態度，以僞裝欺騙各方。對內亦採取了以下四項措施：

1. 將勞協書記長易禮容免職，以素稱溫和之張光岱代理。

2. 緊縮機構，分散工作重心，以轉移社會人士之注意力。

3. 對外保持灰色態度，專門辦理復員事宜。一面與政府的勞工政策，表面勾通；一面繼續組織其工人羣眾。

4. 轉變勞協的事業發展，沖淡政治色彩，注重福利、文化、教育。

朱學範如此措施，卽儘量不使其政治鋒芒太露。一面可以敷衍中共與民盟；一面可以蒙蔽政府。政府為團結國力，祇求勞協能安分守己，隨對朱學範亦給以諒解！朱因之又得與中共代表劉寧一，同赴莫斯科，出席國際工人會議。勞協責任，朱則暫時交由同情政府之該會理事某負責，力求安定，以避免外間之攻擊。

朱學範之所以採取灰色態度，其主要用意仍在沖淡其左傾的政治色彩，取得政府更多諒解，以挽回勞協的頹勢局面。進而希望能收回重慶被重慶總工會所接收之事業機構，使勞協不致破產。故自莫斯科回國以後的朱學範，雖仍不失灰色態度；但其偽裝活動則日趨積極。經常往返於京滬之間，並一度專赴廬山晉謁蔣主席介公。不過勞協多數溫和的理監事，對勞協的灰色態度，與朱學範左傾親共的作法，未完全澄清之前。根本抱持相反的態度，仍醞釀勞協大加改組。他們曾聯合向朱學範提出四個條件：

1. 勞協發表反共宣言。
2. 徹底改革勞協。
3. 中共「解放區」工會，退出勞協。
4. 發表擁護國大之通電。

朱學範雖認改組勞協，似可商量；但明顯的反對中共與公開通電則不願。不過此時，朱亦深覺眾怒難犯，自己所持之灰色態度，亦已再無立足之餘地。乃於三十五年十一月十六日，由上海秘密潛赴香港。一在避免參加國大（朱係戰前由滬市選出之工人國大代表）；二在拖延解決勞協問題。三則藉口準備赴巴黎出席十二月四日之世界職工聯合會。但他在脫離上海親朋師友監視之下，到了香港，便發表談話：「反對一黨召開國大。」朱學範灰色的狐狸尾巴，便完全暴露出來了。

兩個勞協滬港對立

朱學範由滬潛赴香港，託庇洋人。復經恆社師友多方勸導與擔保其回到上海，不受侵害，被朱拒絕之後，這就是朱學範政治生命的凋喪，與自由生活的完結。更不幸的是禍不單行。他到香港不過數天，三十五年十一月二十日，在香港乘人力車外出，恰被汽車撞傷。在繁華的都市中，交通頻繁，車禍本不算稀奇的事，但朱撞車後，中共竟借題發揮，擴大宣傳。其尤無恥者，且誣指係政府特務有計畫的謀害。並由延安以所謂「解放區職工會」及「陝甘寧邊區職工會」等團體名義，電朱慰問。極力挑撥離間，以加深朱學範對政府的惡感，誘之徹底投降於中共。

勞協大多數溫和派的理監事，因各個利慾薰心。藉口不滿於朱學範的作爲，早有整頓勞協的要求！及朱學範離滬出走，在香港發表反動言論之後，他們對朱，便已完全絕望，才有正式改組勞協的決計。當朱學範撞車負傷，在醫院休養期間，此項改組準備工作完成，遂於三十五年十二月八日，在上海舉行勞協第五次理監事聯席會議，主要議決爲改選理監事。全由溫和派的水祥雲、劉兆洋、沈鼎、安輔庭、康濟民等五人，當選爲常務理事。安輔庭爲理事長、沈鼎爲書記長。並通告於十二月十五日正式就職。重新調整事業方針，展開新的工作。「中國勞動協會」，從此乃以更新的姿態，重見於上海。

上海勞協改組，在港的朱學範和易禮容等，則全被摒棄於勞協之外。惟勞協原係朱學範一手所創立，其潛在勢力，一時尙難肅淸。故朱仍心有未甘，乃在香港另設「勞動協會辦事處」，並發表聲明，否認上海新改組的勞動協會（否認國內勞協，那有海外辦事處？殊屬荒唐）。香港辦事處，並透過香港政府副勞工司蘇雲之關係，獲准立案。內部一切，仍由易禮容（重慶地方法院通緝時逃港）負責主持。易與中共在港工運負責人歐陽少峯，取得聯繫，極力拉攏工人團體。並出版「中國工人」、「勞工通訊」以爲宣傳。形式爲一獨立機構，實際則完全接受中共歐陽少峯的領導，成爲中共進行工運的工具。故「勞協香港辦事處」與上海「中國勞動協會」，不但組織上互不相屬，純然對立；即政見與工作路線，港滬雙方，也是截然相反的。

直向世界工聯訴苦

朱學範以過去多次出國，參加世界勞工會議，對於各國工會，旣有聯繫；對於各國勞工領袖，亦多私交結納，積時旣久，情感亦深，因之經常公私不分，超過國際交往的慣例。三十六年三月，世界職工聯合會將在日本開會。其代表團中有蘇俄的塔拉索夫、法國的綏蘭村、澳洲的蒙克、英國的培爾、美國的唐森德等。他們由歐洲經過香港前赴東京開會時，曾邀約朱學範偕同前往參加。朱因未獲得政府指派爲中國勞方代表的資格，也就無法領得政府的護照，已無參加之可能。但朱祇好另走門路，設法經由菲律賓轉往捷克京城布拉格，與中共所謂解放區工會代表劉寧一，取得聯絡。朱因得利用中共的關係，與劉同道赴日，出席世界職工聯合會議。

朱學範有了直向工聯訴苦的機會，曾在大會滿口謊言，訴盡苦衷，妄指：「中國工運，遭受政府的壓迫，工人領袖被捕。中國勞動協會不得不遷往香港，指導民主的職工運動。並希望大會援助中國工人，爭取民主自由！」其時國際人士，對於中國政局大勢與國共兩黨鬪爭內幕的實情，尚無眞正瞭解。因之，世界職工大會，對於朱學範訴苦的報告，亦覺模糊，未作其他具體表示，僅以聲援該會之文件，送交中共駐捷公使館，轉呈我政府。文中表示，似仍承認朱學範所領導之中國勞動協會。不過這時朱所領導者，僅爲勞協一個「香港辦事處」而已。無論就情、理、法那一方面而言，它都不能代表「中國勞協」。同時此次工聯大會，另外雖決定成立「世界職工聯合會遠東分會」，由朱學範等組織，也祇有文字紀錄，後來亦未見有具體事實表現。

乞援美國頗有斬獲

大會後，朱學範對國際繼續展開活動。先飛英倫，再往美國，所經之處，仍強調其所領導之「偽勞協」（香港辦事處），為中國唯一合法之工會中心。妄誇該會擁有會員一百六十萬人，其中三分之一，在中共佔領區域。上海為最多的會員集中地，約有會員三十萬人。會員中包括有共產黨、民主同盟、自由份子及其他民主性工人團體。朱學範在美國的活動，尤為積極，情形大略如下：

1.宣傳政府強佔勞協辦公處、勞工醫院，及其他福利機構。並指出各項福利事業，均係美國勞工同盟及工業團體協會所捐獻建設。欲藉此刺激並引起美國勞工團體對中國政府發生不良印象。

2.對於濫用勞協公款、貪污舞弊，及煽動工人武裝暴動種種事實，則極力掩飾。並聲稱美國工業團體協會社會服務委員會曾派史契爾特來華調查，為之證明，並無罪行。即根本抹煞了重慶地方法院之判決。

3.極力與美國工業團體協會會長摩勒、該會社會服務委員會主席亞勃蘭森，及全國會議理事裴理斯等聯絡。並要求彼等仍承認在香港之中國勞動協會（即辦事處），為中國之唯一合法的工會中心，繼續予以經濟上之援助！（先後又獲得美國工業團體協會資助，約二百五十萬美元。）

4.製造謠言，宣傳中國政府強迫工人繳納工會會費。竟謂某織造廠一工人，因拒繳會費而被槍殺。且謂現在上海之「中國勞動協會」，係由中國官員主持。向美國呼籲，停止貸款與中國政府。

朱學範在美國的活動，居然頗有斬獲。如獲得工業團體協會之資助，卽其一例。其所以能致此者：一是美國朝野上下，多不瞭解中共叛國情形。二、美政府相當袒共，與中國政府的關係，漸不友善。三、中共從側面極力吹捧勞協與朱學範。四、朱學範與美工界領袖，多有秘密關係。朱學範由美回香港以後，私幸在美活動成功。卽與其親信幹部易禮容等，密商「勞協」發展計畫。首先吸收香港各工人團體之主要份子，並與李濟琛之民主促進會及民主同盟南方總支部，密切聯繫合作。朱學範一度欲秘密潛赴上海活動，卻被其幹部勸止。改勞協爲「中國勞工黨」之說，這時也在舊調重彈。

中國勞工黨之出現

當中國政治黨派風起雲湧之際，盛傳朱學範有以中國勞動協會及「毅社」爲基礎，組織「中國勞工黨」之說。時朱學範以「徒擁政黨之名，而不好運用，不如仍抓住勞協爲切實。」以致傳言未能實現。迨三十六年，朱學範由美返回香港，因已獲得美國工業團體協會經濟援助的承諾，名利雙收，倍感興奮！便急圖展開勞協工作。朱之幹部多人，亦舊事重提，改勞協爲「勞工黨」！他們的理由：一、勞協香港辦事處，僅爲地方性的機構，而非全國性的團體，名實皆無從展開。二、勞協爲工會性質，或文教團體、福利機構，而非政治性的團體，招搖範圍有限。三、勞協工運，現正進入低潮。必須改頭換面，一新耳目，才能刺激工運的發展。朱之心意，雖已略有動搖；但又覺得：一、國內環境，今非昔比。黨派誤國之說，已喧騰於輿論。二、黨名不如勞協之名，易於攫取國際工會的同情。如最近美國資助之獲得，即勞協光榮之「名義」換來。以故仍不欲正式宣佈組黨。但其幹部，特別是易禮容，認朱祇知其一，未明其二；祇見目前未顧將來；堅持改黨爲上計。朱恐失去其幹部，經再三考慮的結果，才勉強作成三項決定：一對國際與港滬兩地之活動，仍沿用勞協名義不變。二、在中國內地及南洋一帶活動，用會名或黨名，可各視情況而定。三、中國勞工黨一切活動，仍本勞協之組織、制度、工作推進、章則法規皆不必變更。這樣的決定，等於一官兩印，勞工黨即勞協的原湯原藥。勞協與勞工黨，仍一而二、二而一的東西。

不過從此以後。所謂「中國勞工黨」，也眞的在重慶出現了。因爲勞協留渝的幹部，暗中已以「中國勞工黨重慶支部」的名義，展開活動。負責人爲汪進儀、湯湘傑、李寰英等。該支部工作迅即展開，在重慶區域設立了十三個小組：

1. 江北民生機器廠小組，負責人爲劉定平、何清雲、劉濤、蔣明華。
2. 重慶電力廠小組，負責人爲劉振基、劉德惠、唐鶴生。
3. 豫豐紗廠小組，負責人爲唐紹雄。

4.豬鬃廠小組，負責人為程儆堯、楊吉輝、傅立志。
5.北碚製料廠小組，負責人為李世民、邱海波。
6.裕華紗廠小組，負責人為鄭友維。
7.申新紗廠小組，負責人為汪仁學。
8.四川絲業廠小組，負責人為尹崑山。
9.李家沱小組，負責人為王坤榮、姜松齡。
10.大渡口小組，負責人為孫建平、陳傑文。
11.南岸區小組，負責人為歐陽淳、陳立誠。
12.江北區小組，負責人為汪進儀、徐嘉陵。
13.沙磁區小組，負責人為劉崇瑞、彭永吉。
重慶支部，第一步工作，為調查登記舊有勞協份子，進行聯絡各工廠工人，樹立該黨基礎。

紅朝新貴沐猴而冠

勞協原是一個文化性的團體，一變而為工會組織，再變而為政治黨派。前後都以朱學範個人為中心。朱學範把玩了勞協十多年，他因此而發跡，亦因此而葬送了自己。當他走紅運的時候，不但已成了中國的勞工領袖，亦國際勞工界知名之士。倘能珍重羽毛，前途自未可以限量。無奈其野心太熾，一生爲虛榮所誤。不服師友親朋忠誠的勸導；反被左傾投機份子所蠱惑；終於墮入中共的陷阱，愈陷愈深，而不能自拔。觀其態度之反覆轉變，亦可見其內心之苦痛難挨。及至自認爲已到了無可奈何的地步，祇好走上極端，左傾到底。

朱學範原是反共最積極的人。國民黨於十六年清黨時，他在上海曾做過別動隊的支隊長，當然已能瞭解左傾投共的必然後果。但在其情緒憤激、理智昏迷之下，曾一度有朱秘密加入中共之傳說。而中共駐京發言人梅益亦表示：「朱如不向國民黨屈服，能够奮鬬到底，則中共將接受朱爲中共一份子。」下文如何？固不得而知。惟自政府宣佈動員戡亂以後，該會或該黨的活動，則益感困難！朱學範固覺依附中共前途渺茫；但回頭是岸，又覺心有不甘。隨藉口參加國際勞工會議，由港出國，蟄居英倫多時，仍被中共牽著。卒於三十七年春，潛赴哈爾濱，正式投共。中共陰爲發展統戰，需要統戰工具；而陽以朱學範參加人民革命，特酬以中共僞國務院郵電部長、僞全國總工會副主席、僞第三屆全國人代大會山東代表、僞政協第四屆全國委員會常務委員、附共黨派民革中央委員會常委。朱學範竟以「雜色份子」、「貴族工人」、「白色工頭」（中共說的），高居紅朝新貴。

何魯利用農民搞政治

四川省糧民索債團

中國對日抗戰勝利後，政府為和平解決國共兩黨糾紛，積極開始實行憲政，建設國家，因而聚集各黨各派人士及社會賢達，舉行政治協商會議，共謀國是。一般政治野心人物，均企圖揷足政治舞臺，爭得一席之地。於是各聚其眾，五人一黨，三人一派，一時大小黨派，風起雲湧，開中國歷史空前未有的現象。

中國農民自由黨之出現，就是在此種時勢之下造成的。其出現之另一機會或原因，則為被四川「糧民索債團」之活動與其所獲成果的引誘鼓勵，因利乘便所促成。於是該黨的負責人如何魯、王白與、王國源等，皆為四川糧民索債團主要份子。組黨亦即在該索債團解體之後，時為民國三十五年八月間。

所謂「四川糧民索債團」事件，是起因於抗戰勝利、建國開始之際。四川省議會爲把握機會，爭取時間，積極推動川省地方建設。於是決議：「動用中央應還川民各年度借穀，作爲川省建設基金。」此項決議，乃藉地方之財力，作地方建設之用，從原則上講，是絕無可以非議的地方。不幸的，此舉竟被少數反對川局現狀者所利用，加以曲解，鼓動風潮，欲藉此擴大爲其政爭的工具。因而號召各縣糧民，羣起反抗。組織所謂「糧民索債團」從事推動。其主持人，團長爲胡文瀾（後退出），副團長爲何魯、王白與等。展開活動，形成軒然大波。

幕後傳說人事淵源

川省議會「動用借穀案」，既被糧民索債團所利用，扯入政治漩渦；四川省參議會深恐善政反成惡果，乃於三十五年七月開會，將原案撤銷，並決議：「中央借穀，仍應歸還糧民。」至此，糧民索債團的目標，既完全消失，風潮平息，該組織亦歸解體。事後傳聞，糧民索債團事件之發生，前任四川省政府主席當時擔任陪都衛戍總司令的王纘緒，實爲該團之幕後主持人。其如此持論者，或因索債團的主要人物如胡文瀾、何魯、王白與等，均與王總司令有較深關係之故。或謂王氏此時亦欲藉此索債運動，達其重主川政之目的。此不論其爲道聽塗說；或爲有意誣枉之言；總之，無風也不會興浪的。

糧民索債團可資利用的目標既已消失，但該團之組織與人事，尤其是農民羣衆，仍有利用作政爭的價值。故該團之主要份子何魯、王白與、王國源等，也不欲輕易放過機會。便順水推舟，對該團既有的組織關係與人事聯繫，略加調配，遂使糧民索債團蛻化而爲「中國農民自由黨」。

索債團於七月間停止活動，中國農民自由黨便成立於三十五年八月。曾發表「宣言」及「政策政綱十九條」，且製發「各級黨部須知」與「各級黨部組織系統表」等文件。人事方面，則推定何魯爲主席、王國源爲秘書長、王白與爲宣傳部長、李俊英爲組織部長。並決定：中國農民自由黨總部，設於重慶。辦事處分設：唐家沱載英中學，時何魯擔任該校校長；化龍橋王國源住宅；及重慶大學內三處。

中國農民自由黨成立之始，何魯等卽計畫爲黨建立經濟基礎。首在重慶組織「農本公司」，以經營鹽業爲主，因鹽業經營較易而獲利較厚。資本的籌集，擬以原四川糧民索債團份子爲徵股對象，謂其能收回借穀以欺騙農民。總額定爲千億元。並擬於上海、成都、重慶三地成立分公司。上海分公司派曾任四十一軍孫德操部之高級參謀雷畏蓮負責。成都分公司派曾與劉文輝有關係及曾任王纘緒顧問的王雲凱負責。重慶分公司則派張懷奇負責。以後發展如何？則不悉其詳。不過該黨份子，多數都是四川糧紳，或與糧紳有關之人。糧紳多是富有的，所以該黨在經費方面，似非很大的問題。

該黨自稱其黨員，當時約有七十萬人，則未免過於誇張。黨員之所以有如此龐大數量，則謂為糧民索債團的份子，均已加入該黨。實則索債團的份子，皆為各方臨時湊合而來。嗣聞借穀案已得合理解決，則皆分道星散，其組合自然無形瓦解。該黨零零星星吸收了一小部份，容或有之，若謂全數加入，則為欺世駭俗。據估計，當時該黨黨員，決不會超出七百人的範圍。

何魯二王歷史背景

中國農民自由黨，幾個首要負責人的歷史背景，雖不算特別突出的人物，亦非一般平庸等閒之輩。個別分析起來，似皆應列入優秀之林。如何魯，係四川廣安人，早年留學法國，攻習數理，乃其專長。返國後歷任南北各大學教授，及安徽大學校長，頗負時望。抗日戰爭發生，西遷來川，曾任重慶大學院長及教授等職。並在重慶唐家沱，創立一所「載英中學」，自兼校長。其人生性孤傲，懷才自負。所習為數理之學，又喜愛詩詞歌賦及書法，書法且略具格派。豪於飲，又常藉酒罵座，批評時政，似為一極不滿現實之人。遇有上課或講演，輒慷慨激昂，事後詢之，亦常不自知其所云為何。甚至酒酣耳熱之餘，不惜與其學生晚輩，出入花街柳巷，同作狎邪遊。常不修邊幅，放浪形骸，謂為一名士型的人物，未嘗不可。但如寄以一黨領袖之重任，期其善盡領導之責，則恐難負眾望。

王國源，四川西充人，留日本帝國大學，前四川省政府主席王纘緒之侄。隨王工作甚久。王任川省主席時，王國源則任省府駐渝辦事處處長。迨王纘緒轉任陪都衛戍總司令時，王國源亦隨之任秘書。「王氏重主川政運動」發生時，王國源乃爲其主持人物。第四屆國民參政會，王國源則由四川省參議會，轉爲國民參政員。農民自由黨之成立，王國源出資出力亦最多，實爲該黨負實際責任的人物。何魯雖負主席之名，實不過王國源之傀儡而已。

王白與，四川蓬安人，早年就讀於北平。爲蒲伯英氏之女婿。伯英氏名殿俊，四川廣安人，前清進士，辛亥革命時，川省之領導者，曾任四川諮議局局長（一八七七—一九三五）。王白與返川後，曾在劉湘部下工作，服務於新蜀報。劉湘主川政時，王亦隨同至省府工作，並主辦華西日報。俗語說：前人種樹，後人乘涼。王藉蒲伯英的蔭蔽關係，得與川中舊日軍政要人，多所往來，聲勢亦因之而壯。三十五年八月，重返新蜀報，任總經理。王時以「農民自由黨宣傳部長」之資格，有將新蜀報收爲該黨黨報之擬議。惟因該報內部，人事複雜，雖討論很久，終未成爲事實。

此外尚有李俊英者，東北人，時年約三十餘歲。據說：蔣主席（介公）兼長中央大學時，李曾任警衛隊長。他長於國術及魔術，在沙坪壩設立一所「圖強國術社」，自兼社長，廣收徒眾。據云：有徒眾百餘人，多爲無業之遊民。該黨主席何魯，以其勢力可以利用，因拉之入黨，畀以組織部長。並介紹他在重慶大學總務處服務。何常語人云：「小人物，大用場」，蓋即指此李而言。

代國取爭音之外絃

中國農民自由黨、曾一再公開宣稱：「決不參加政權之爭奪。」實則該黨首要份子的政治興趣，均極濃厚。對於國大代表的追求，尤爲殷切。凡此皆可於其言論態度中，窺見其內心深處。三十五年八月，當該黨成立之初，對外印發很多傳單，「主張速開國民大會，不再延期。擴大代表名額，儘量容納政協會以外之賢人君子，共決國是。」另一文件則曰：「在此種情況之下，莫若速開國民大會。既定會期，絕不可再行延展。集合全國優秀份子於一堂，完成一部嚴肅而優美共同遵守之憲法。……惟二十五年十月十五日以前，所產生之國大代表，吾人雖不敢完全否認；但其時各地方政治，尚爲封疆大吏所把持，或爲一黨一派所壟斷。……不免稍有遺恨。」至於「三十五年政治協商會議，以二三黨派之集議，竟決定一切國家大事而毫無慚色。最後將國大代表名額，增加爲七百名，而自行佔去百分之九十三。」

因此農民自由黨認爲「補救之法，最上者莫如徹底改選。次則於七百名之外，再增加一千名。凡參加政治協商會議之黨派與賢達，不在此數。須大量容納工、農、商、學之優秀人物，及在野廉潔樸學熟思之君子，以期盡善盡美。」諸如上述之言論主張，可見該黨當時對於國民大會，尙採擁護的態度。紘外之音，則不過希望於國民大會代表名額中，分得若干席位。證以大會後，該黨之言論行動，實非誣詞。

初持政見尙屬得體

該黨於爭取國大代表之活動外，關於政見主張，曾有「中國農民自由黨最近十四條主張」發表。原文冗長，類皆人云亦云之詞，無有特殊。卽於每條主張之後，均加說明。並強調世界第三次大戰，已難避免，爲民族生存、人類和平計，唯有切實執行其十四條主張，才有辦法。

該黨提出十四條政見主張後，主席何魯爲謀擴張黨勢，並取得中外各方的贊同與影響計，曾上書政府當局，分函我國留外學生及外國友人。並聞曾函羅斯福（美前總統）夫人、美國杜魯門總統、英國邱吉爾首相、法國皮杜爾總統、俄國史達林元帥等。一方面闡揚該黨的政見主張及解決我國目前國事政策；一方面則希望各國予以同情及支持。

政治協商會議後，政府與中共進行和平談判。由於中共之毫無誠意，玩弄陰謀手段，以致拖延多時，毫無結果。該黨曾致書各黨各派，進行勸告。略謂：「當今世界各國，聰明才智之士，方努力於全人類幸福與和平之建設，而我國則正展開大規模之內戰，言之可恥。」「吾人對於政府，自當促其走上民主與修明政治之途徑；但亦不宜盡削喪其威信，使之毫無能力。至於破壞其有利人民之設施，以洩一黨之怒憤，尤爲過分。黨派武力，已成過去。無武裝之黨派，更不容依賴有武裝之黨派。不可以黨助長內亂，從中取利。應秉公協調，維持正義，使中國統一，而成爲世界健全之民主國家。」此函曾刊載於重慶新蜀報。該黨此時，對政府正存著甚大的希望（國大代表）！故所有政見主張，都尙屬溫和得體。與當時一般黨派，與政府背道而馳者，自有不同。

所求不遂反對國大

農民自由黨幾個主要人物，對於國大代表深有興趣。及國民大會開會前夕，猶多方展開活動，冀能如願以償，參加開會！直至政府將社會賢達全部代表的名單公佈後，該黨首要，竟無一人獲選。若輩失望之餘，便不免老羞成怒。乃於制憲國民大會開幕後之第四日（三十五年十一月十八日），一反過去態度，通電反對國大召開。認爲「團結旣不可能，召開國大毫無意義。不如即行停開，免空耗國帑，而造成不可挽救之重大糾紛。如其勢成騎虎，爲顧全政府威信，則請取銷國民大會名義，改稱憲法起草委員會，以息紛爭，而固國本。」

該黨由擁護國大，一變而反對國大。一則曰「停開國大」；再則曰「取銷名義」。如此出爾反爾的言論態度，實與中共、民主同盟和其他附庸於中共黨派之反對國大，頗有異曲同工，漸趨合流之勢。該黨原係尙可與爲善的黨派，後竟不惜出此下策，亦足見其黔驢之技已窮。

與反政府黨派勾結

農民自由黨在思想主張上，原與中國共產黨是絕不相容的。但以爭取國大代表未遂，即大有不滿政府的態度。在中共「反政府」的統戰策略與利用各小黨派之原則下，對此新起的反政府的農民自由黨，亦自不免有乘機捕獲利用的企圖。

適有林立飛者，福州人，年約四十餘歲，原爲中共南方支部負責人之一。眞實姓名不詳，林立飛爲其化名。他與農民自由黨之要角王國源，原係日本帝大同學。當農民自由黨不滿於政府時，林卽掩蔽共黨身份，乘虛蹈隙與王國源拉近關係。王未深察，卽介紹其加入該黨。林入黨後，卽發生滲透僭竊作用。該黨所有發展活動計畫，甚至機密大事，林均參與商討。不僅此也，林於取得王國源等之信賴後，並以該黨名義作掩護，在京、滬一帶，展開活動。陰爲中共與民主同盟發展勢力。進而不僅與各地所謂民主人士，有了密切往來；卽與中共亦有了秘密勾結。該黨首要份子，雖已有所覺，然亦甘之如飴。其用意亦不外欲與反政府各黨派密切聯繫，藉狼狽爲奸，以增加其自家黨派之聲勢。

該黨雖以「農民自由」爲號召；但對解決土地問題的主張，爲「私有制」。照共產黨的術語和階級分類來說，該黨實爲一代表地主階級利益的集團。這主張，尤與中共當時的「分田」、「

沒收」等土地政策，矛盾已極。該黨因對政府不滿，曾於三十六年春間，受共產黨的利用，在四川各地，發動所謂抗捐、抗糧、拒服兵役運動。惟因力量薄弱，鄉民亦多瞭解該黨與中共的秘密關係，不願盲從；以致未獲效果。

雖欲回頭終告消沉

農民自由黨，向政府方面，找不到政治出路；勾結中共所作的盲目行動，亦無所獲。即決定改變該黨的發展方向，開闢新的政治路線。因於三十六年三月間，在重慶召開所謂該黨一中全會。到會者爲主席何魯、秘書長王國源、宣傳部長王白與、組織部長李俊英、中委張聖與、殷調元等七十餘人。

會議商討新的政治路線及一切策略計畫，曾決定策略四點：一、竭力開展社運，拉攏袍哥，加強羣眾力量。二、儘量吸收農科學生及農業界人士，爭取各市縣鄉農會人員，予以運用。三、各小黨派之聯絡，並設法與民、青兩黨中下級幹部携手。四、加強宣傳工作，調整新蜀報人事，使成爲純粹宣傳機關。

同時，對其下級黨部，亦作了四項指示：一、組織之發展，不能只急於求數量，而應力求質之健全。二、各級黨部，應爭取外圍組織、各種社團，推動黨團核心作用。三、對政府及在野黨派，應力避無謂之誤會。對外聯絡，應以謙而不卑的態度。四、各級黨部經費，以自籌為原則，必要時，由中央酌量補助。

從該黨所決定之政治新路線策略與下級黨部之指示觀之，頗有在暴風雨之後，祈求寧靜；亦似已覺今是昨非，趨善向上之意。祇因中國政局環境大變；各黨派被中共所利用之價值，愈來愈小。農民自由黨，雖欲回頭，已時不我予了。故其所謂政治新路線、策略、計畫，亦都成了空勞畫餅。

終未與中央合作的李濟琛

廣東的民主促進會

中國民主促進會，是由廣東「中國民主促進會」與「上海民主促進會」兩會合併改組而來。前者原爲李濟琛等所創設；後者原爲馬敍倫等所設立。兩會本來都是中國共產黨所策動組織，作其御用的工具。合併以後，仍以中共爲背景。

廣東的「中國民主促進會」，據說在中國對日抗戰以前，就已形成組織。不過當時的名稱，爲「中國國民黨民主促進會」。李濟琛後來解釋說：這是因爲對日抗戰以前，有許多不滿政治現實的中國國民黨黨員，認爲國民黨近十餘年以來，藉口以黨治國的政治措施，大不同於以前。已有由少數人實行「獨裁、專政」的傾向。如不及早糾正此一錯誤傾向，中國政治的前途，實屬可慮！他們故都覺得有「促進民主」之必要！因之，乃由李濟琛等，發起組織「中國國民黨民主促進會」。當初所以採用此一名稱，實因民促會的會員份子，大部份都是國民黨的老黨員。且其主張政策，都是根據中國國民黨總理遺教的政綱政策。不過其時該會的發展活動，僅限於兩廣及香港、南洋一帶。在北平、上海、漢口等地之發展則比較的少。而且在南洋新加坡一帶活動，所用的名稱，又別於國內，是以「民主促進大同盟」來號召的。抗戰勝利以後，這同盟亦停止了活動。

對日抗戰勝利以後，該會負責人李濟琛，回到廣州，企圖擴大展開其政治陰謀。乃藉口詆毀抗戰以來，國民黨的施政措置，愈弄愈糟，很多事情令人更為失望！民建會如果仍用「中國國民黨民主促進會」的名義來號召的話，難免國人一時清濁莫分。因對國民黨的失望，轉而「懷疑本會」，則未免寃屈難白了。故三十五年五月，該會在香港開會，決定改名稱為「中國民主促進會」，且宣佈正式成立。首要份子有蔡廷楷、譚啟秀、翁垣照、張文、應雲霖等。其會員份子，為大多數為前十九路軍舊部，及一部份官僚政客與失意人士。該會當時公開出面主持者，為蔡廷楷。實以李濟琛為首腦，則在幕後策動。

上海的民主促進會

上海民主促進會，原是由「上海人民團體聯合會」改組而來。中國對日抗戰勝利復員後，上海隨又成了各黨各派活動的重要據點；也成了政治掮客無聊文人的活動中心。民國三十五年六月二十三日，上海政治掮客馬敍倫等，利用「上海人民團體聯合會」名義，率領多人，自稱爲「民眾代表」，乘滬寧鐵路火車，由上海赴南京，向中央請願，爲中共叛亂集團張目。當途經鎮江時，有蘇北難民，羣集於車站，向馬敍倫等表示：請他們將中國共產黨軍隊蹂躪蘇北的暴虐情形，向政府及中共代表轉達。請中共迅速撤離蘇北，以挽救民命！馬敍倫等趾高氣揚，拒未接受。迨馬敍倫等到達南京車站時，又有大批蘇北難民，向之陳述意見，要求他們帶領蘇北難民，同向政府及中共代表請願！並提出七項具體條件，以促進和平早日實現！馬敍倫不但未予接納，且向難民羣眾，公開發表袒護中共的謬論。當即引起難民羣眾的憤怒，以致發生衝突。結果，雙方都有傷害。中共與中國民主同盟，乃藉此大加渲染，淆亂宣揚，稱之爲「六二三」事件，且擴大而爲所謂「反內戰運動」。

「反內戰運動」，實中共經常時冷時熱所提的口號。當中共叛亂軍事進攻失利時，則叫得更高更響。此次衝突事件，原係中共指使民主同盟，策動「上海人民團體聯合會」所發動的。妄稱：有十餘萬羣眾參加。其中很多都是工商各界人民團體和學生，而且很多是中國國民黨的黨員。故領導者，就是國民黨的黨員。隨後，馬敍倫等爲繼續擴大運用與維持其長久性，乃將「上海人民團體聯合會」，直接改組爲「上海民主促進會」。所以該會，是三十五年所謂「六二三」事件後的產物。其中主要份子，爲馬敍倫、鄭振鐸、黃廷芳、閻寶航、許廣平、包達三、王紹鋆、盛丕華、張炯伯、雷潔瓊等。一切活動，都是由中共所計畫指導的。中共指導該會的人員，曾向共黨作報告時，即說：「上海民主促進會，在戰時及戰後，俱有不斷的努力。所以才發展甚大。」這對該會以後的反動活動，實是一很大的鼓勵。

粵滬兩會合併一家

廣東「中國民主促進會」與「上海民主促進會」之同名，其初並無什麼瓜葛聯繫，實不過是偶然的巧合而已。不過同受中國共黨所策動，同屬中共的外圍組織；政見主張同為反政府反國民黨；乃是無可諱言的事實。由於兩會的背景、地位、立場、態度相同。有人從中斡旋，乃有合併的醞釀。三十六年二月，中國民主同盟召開二中全會之前，該盟首要人物，為求反動力量的集結，亦曾極力拉攏雙方，進行商談合併。時兩會猶各有成見，隨便談談，亦無接近跡象。

不久之後，李濟琛由香港到了上海。「上海民主促進會」為表示好感，特別舉行盛大的歡迎會。雙方表示各本會的主張立場，無不相同，為統一力量，兩會自以合併為得計。稍後，蔡廷楷又駕臨上海，「上海民主促進會」也同樣開會歡迎！李、蔡以盛情難卻，不免舊調重彈，對於合併問題，才正式進行研究。經上海民主促進會代表馬敍倫、王紹鏊等，和廣東中國民主促進會代表李濟琛、蔡廷楷、譚啟秀等正式進行商談。由於李、蔡受了歡迎大會的精神賄賂，加以中共之頻施壓力，乃決定粵、滬兩會，合併爲一家，乃名爲「中國民主促進會」。

兩會合併成立經過

粵、滬兩個民主促進會，既經商洽決定合併，原可即時正式成立的。但仍以雙方成見，未盡泯除，尤其是關於中央理事會主席、副主席人選的問題；及中央總部設在上海，抑在香港的問題，意見仍未一致，合併改組之事，祇好延緩，從長計議。迨雙方議定「行動綱領」及「合併共同契約」達成後。由於上海方面之遷就，人事問題也有了默契。遂於三十六年七月一日，在香港開會，正式宣佈合併爲「中國民主促進會」。中共簡稱之爲「民促」（另「中國國民黨民主促進會」，中共則簡稱「民進」）。

該會正式合併改組之日，除通過「行動綱領」、「合併共同契約」外。並發表宣言：「兩會所以合併，不僅因名稱一致，而且目標相同。同聲相應，同氣相求。今後將匯合國內民主潮流，促進民主政治的實現。」其「行動綱領」，亦稱：「以三民主義爲原則」；但不說民族、民權、民生。其第一條的標舉：「本會以政治達到民有、民治、民享，爲行動之最高標準，」作爲號召。該兩會之所以能實現合併，可說完全是中國共產黨運用「民主統一陣線」所促成的，組織統一，力量增加，效命中共，自更完善。兩會合併後，內部組織的情形：

一、中央幹部理事會理事，李濟琛、馬紱倫、陳銘樞、李章達、李天民、蔡廷楷、梅龔彬、馮祝萬、陳邵光。

二、監事：何香凝、應雲霖、楊建平。

三、主席：李濟琛。副主席：馬紱倫。蔡廷楷任組織組兼海外組。梅龔彬兼宣傳組。李章達兼軍事組。馮祝萬兼經濟組。陳邵光兼民運組。何香凝兼婦女組。譚冬青任秘書長。

四、該會所屬港九總支部理事，爲黃精一、曾偉、譚冬青、金義、林爽。監事爲李朗如、張殊明、廖鳳英。而以黃精一爲常務理事。

李濟琛其人與其事

李濟琛，字任潮，原籍江蘇，一八八五年生於廣西蒼梧。他原係「新桂系」的要角之一（新桂系中人物，有黃紹紘、李宗仁、白崇禧、黃旭初、葉琪、李品仙、廖磊等軍政大員，後以意見紛歧，漸告分裂）。所謂新桂系，是別於「舊桂系」（民國六年至十年間，兩廣巡閱使陸榮廷所領的廣西軍人集團）來說的。新桂系始於民國十六年，寧漢合作之後。汪精衛於武漢失敗後，即企圖在兩廣，勾結西南粵桂軍政大員，造成新的政治勢力；組織政府，與南京中央政府，分庭抗禮。這時，李濟琛正坐鎮廣東，亦野心勃發，深懷異志。因而墮入汪精衛的政治陰謀，開始自毀其光明前途。

李濟琛原是一個優秀的革命軍人，深得先總統蔣公所器重。國民革命軍北伐時，曾任北伐全軍總司令部總參謀長、國民革命軍第八路軍總指揮。民國十六年五月，任廣東省主席，兼西南政務委員會主席；威鎮西南，未可一世。自汪精衞政治陰謀揷足廣東以後，從此引起西南問題，層出不窮；粵桂紛爭，無有寧日。迄民國十八年二三月間，因維護李宗仁擅撤湖南省主席魯滌平職，李濟琛終於下臺，且被扣押於南京湯山，七月底始恢復自由。陳濟棠獲得胡漢民先生的抬舉，起而代李，南天稱王，又達七年之久，民國二十五年始還政於中央。李濟琛被扣，獲得自由之後。對於中央，始終懷恨莫釋，直至抗戰勝利，從未與中央忠誠合作過。二十二年，復與陳銘樞、蔡廷楷、蔣光鼐等，在福建造成政變，成立所謂「人民政府」，勾結盤踞在江西的朱毛共軍，狼狽爲奸，反抗中央。福建叛亂弭平之後，李濟琛則如喪家之犬，到處鑽營，興風作浪，作仇視中央與反對國民黨的活動。及二十五年「雙十二」西安事變發生，李濟琛又勾結張（學良）、楊（虎城），公開爲叛軍撑腰。

對日抗戰發生，李濟琛以機會難得，乃乘國難之危急，串通中國民主同盟等黨派，爲中共不法叛亂行動張目。抗戰勝利以後，中共叛國日急，李濟琛亦變本加厲，大張旗鼓，組織和號召一切反動集團，追隨中共，叛國作亂，進行顚覆政府。「中國民主促進會」之成立，乃不過爲其陰謀野心之一着棋而已。三十八年三月一日，政府治安機關在南京、上海兩地，同時破獲李濟琛等所佈置：「勾結共匪、顚覆政府」之秘密機關，由所獲得之秘密資料觀之，即能充分證明，李與毛共，實爲一丘之貉。

呼應中共並圖組軍

中國民主促進會自合併改組成立以後，便積極推展其反動活動。該會主席李濟琛，曾在香港召集其高級幹部：蔡廷楷、彭澤民、馮祝萬、李民欣、黃精一、應雲霖、陳樹渠、蕭雋英、何香凝、李朗如、李杜等舉行會議。作成五項重要決定事項爲：

1. 中國民主促進會與三民主義同志聯合會（李濟琛任名譽理事長），仍各維持原有組織，分途從事活動。惟兩會合組一聯席會議（或名西南聯合執行部），由雙方推舉李濟琛爲執行部主席。蔡廷楷、李民欣、李朗如、黃精一、蕭雋英、陳樹渠、何香凝、李杜、應雲霖、陳此生等十人爲委員，蕭雋英爲秘書長。規定每半月開會一次。

2. 反對內戰。依據政治協商會議，實行民主政治。發動對美國宣傳，停止以物資接濟政府。響應中共各項言論及主張。策動民眾團體，攻擊政府弱點。

3. 推派李杜赴東北各省，從事發展活動。並派大同慈善總會之袁俊邦，隨同前往。推派黃理存赴臺灣，推進民運工作，組織支部。設立電影院，創辦航業，發展經濟事業。

4.聯絡「洪門民治黨」，並設法與該黨首領司徒美堂（僑領）在港合辦漁業公司。

5.向海外發展，吸收華僑以爲支援，並組織海外總支部。同時由蔡廷楷等，召集前十九路軍舊部，在華南各地秘密募兵。在羅定組織同鄉聯誼會，收容失業軍官進而組織所謂「民主聯軍」以便在西南造成割據局面。

除了這些決定皆已漸次推行外，並盛傳該會有勾結香港英人，已取得英方諒解，「准其在港募兵購械」之說。事實上，該會在粵桂邊區地帶，時有以李濟琛的名義，招兵買馬者。該會曾一度準備在廣州發動軍事暴動。祇因李章達籌款，未能實現；黃精一製造僞幣，因原料不足，未能印出，以致軍費無着而作罷了。蔡廷楷曾派前十九路軍舊屬蒙少泉、梁棟、王達煥等三人，在廣州組織羅定同鄉會。以同鄉會名義，向廣州市華僑家屬及地方人士募捐；復強迫「德覺」與「菁莪」兩局（皆羅定地方公款管理機構），撥出稻穀八百石，捐助該會以充軍餉。並委派譚多薪、譚明昭、鄔廣漣、呂雄才等，分赴廣州市及廣東西江兩岸，以及廣西梧州等地，佈置通訊聯絡站。企圖響應中共周恩來所說的：「六月作第二次南路起義。」該會所謂「華南民主聯軍」，第一軍軍長爲丁應林，以收集東江及珠江散匪，爲基本隊伍。第二軍軍長爲方方，副軍長爲歐初，以收集中山縣屬及西江之散匪爲基礎。香港方面，由李濟琛親自負責。澳門方面，則由馮祝萬與陳炯明之舊部熊略，兩人負責。該會所有這些反動活動，規模似乎相當擴大，究其內容，卻皆浮而不實，或無以爲有。

主張荒謬行為不軌

李濟琛以中國民主促進會及三民主義同志聯合會「聯席會議」主席的資格，經常發表荒謬主張。其對時局的意見，妄稱：「召開國大與頒佈憲法之後，內戰規模更加擴大。改組政府，將民盟、中共及其他努力和平民主人士，摒諸門外。」指責政府當局，則說：「缺乏獨立自主的外交政策，利用美人恐蘇心理，勾結反動派，助長內亂。」他且以國民黨負責人自居，謂「國民黨已違背總理遺教，拋棄三民主義，以致誤黨誤國。」最後並提出七項荒謬主張，煽動國人，譁眾取寵。茲摘錄如下：

1. 政府必須放棄武力統一政策。雙方立卽停火，恢復三十五年一月十三日以前防地。停止徵兵徵糧，保證內戰不再發生。
2. 重開政協會議，成立民主聯合政府。釋放張學良、楊虎城、費鞏等一切政治犯。
3. 經過普選方法，產生眞正國民代表。重新召開國大，制定反映民意的憲法。
4. 反對外國干涉中國內政，撤退外國在華駐軍。保護愛國運動及華僑。
5. 大量裁軍減政，停止發行通貨。
6. 救濟困乏農民、失業工人、災民、傷兵、公務員及海外僑胞。

7.改造國民黨，重選各級領導機構；廢除黨內獨裁，培養民主作風；並保證與各民主黨派合作建國。

這所謂七項主張，無一不是中共平日政見宣傳的翻版。中國國民黨中央以李濟琛屢次發表荒謬言論，淆亂國人視聽，且作種種背叛黨國之活動，爲整肅黨紀，決定予以開除黨籍之處分。李濟琛認爲開除黨籍，無損於絲毫。於是愈行不軌，決心徹底附庸中共，叛國作亂到底。

且與正在美國考察水利的馮玉祥（回國時被燒死於俄國郵輪）勾結。計畫在香港召開所謂民主黨派擴大會議，從事「新政治協商會議」運動。妄想以中國民主促進會及三民主義同志聯合會爲基礎，一方聯絡各地所謂「民主人士」，發動和平運動，爭取民心。一方號召「國民黨開明人士」，反對政府。重訂政治協商條件。並進而聯合各「民主黨派」以爭取國際同情。不過李濟琛所有這一切的努力，自認儼然一代英雄；祇緣攀籐附葛，終跳不出中共的掌握，是則大可悲耳。

李諾夫等包圍監視

正當李濟琛積極展開政治陰謀活動之際，中共爲實施其「地下鬪爭總路線綱領」的預定計畫，即派夏衍、喬木、司馬文森等，對李加緊包圍，實際乃是監視。復派李之親侄李諾夫，爲華南特派員，藉以密切對李之勾結。李諾夫係廣西大學畢業生。抗戰以前，即已加入中國共產黨，曾在上海被捕下獄。釋放後，在重慶「中共辦事處」工作，嗣調往延安，任特委書記。李濟琛原是政治野心極爲強烈之人，又受中共、民盟及華南失意軍人政客緊緊勾牢，無法突破重圍，也才死心爲中共所用。

李濟琛在中共控制之下，凡中共有所主張，必然力加響應。如反對國大和憲法，要求美國停止援華；要求莫斯科會議，討論中國問題等；他比中共叫得更爲響亮。政府實行全國總動員，戡亂剿共；及解散中國民主同盟組織；李均表示激烈反對。後來，更有代替民盟，組織反動大集團，在華南建立所謂「民主聯軍」與建立僞組織的企圖。並且聲言，在一年之內，卽可推翻政府。足見李濟琛領導該會叛黨禍國，已抱破釜沉舟之決心，毫不顧及後果了。

李濟琛在國民黨及國民革命軍中，資格尙深，地位不小。惟領袖慾極強，素愛標新立異，以自鳴清高。自己多行不法，反而懷恨中央。一般失意軍人政客，捉住李之心理弱點，卽大事抬捧；其擁李爲首領者，實以之爲傀儡玩具耳。李因傾慕虛榮，亦甘冒天下之大不韙，死心塌地，爲中共効力。惟該會內部份子，亦極複雜，意見卽不免紛歧。首爲粵、滬兩派地域之見；次爲各個私人利益之爭。表面上雖一致擁護李濟琛爲領袖，李實不能完全控制指揮。該會第二號領袖蔡廷楷，在政府動員戡亂剿共之後，態度已趨消極。財政組長李朗如，以財物兩空，無所自出，亦久有退會之意。而滬派馬敍倫，以獨立自主地位，一落而爲因人成事，已早有另起爐灶的打算。李濟琛不自珍惜其前途，倒行逆施，無法突破重圍，卽無異作繭自縛！

附庸黨派遭受整肅

民國三十八年，中共竊據中國大陸，高張鐵幕以後。將所有附共及無所屬之黨派，選精擇肥，初步僅保留了十一個，餘皆解散撲滅，不許偷生。中國民主促進會，當中共退出延安時，所發佈之「地下鬭爭總路線綱領」中，曾列爲「四大基幹」之一。此時中共所保留之十一個附庸黨派中，自然仍留有「民促」在內。不過內部人事，中共則隨心所欲，另作調配。如李濟琛、蔡廷楷等，則將之與「民促」截斷關係，安置於「中國國民黨革命委員會」，中共簡稱「民革」。而「民革」被准許活動的範圍，則限定於大中城市中，國民黨的叛黨份子，及舊軍政界高級人員。中共顯然是要求「物以類聚」。一方使同類容易發生同化作用；一方中共便於控制改造。而中國民主促進會，則由原「上海民主促進會」之馬敍倫班底負責；亦有特許的活動範圍，不准逾越雷池一步。

四十三年，中共僞政協舉行第二屆全體會議時，十一個附共黨派又被修理調整，斬去三個，祇剩下八個了（「三聯會」與「中國國民黨民主促進會」，歸併於「民革」。「人民救國會派」則歸併於「民盟」）。這八個附共黨派，後來經過中共反右派鬪爭、整風、交心、改造運動之後，各附庸黨派的負責人，大都過不了關，又多被撤銷僞職或遭受整肅。「民革」與「民促」的份子，自然也未倖免。中共爲着「虛僞民主」，裝點門面，爲着「統一戰線」需要工具；李濟琛與馬叙倫輩，形式上，雖仍負着「民革」與「民促」的責任；實際上，則有名無實，全成了中共「民主」「統戰」的傀儡。他們在精神上，已被折磨打擊得落花流水。不過他自三十八年由香港北上投共後，中共也給過他一些有名無實的副職，如「政協」、「人代會」、「中央人民政府」等高級的副主席頭銜，約有十年之久。四十八年十月，以七十五歲高齡，病逝於北平。

一代學人梁漱溟

學人凋謝迴響不一

民國三十八年，中國共產黨佔領整個大陸之後，反共的黨派，隨政府播遷來臺。所有附庸中共的各黨各派，則陷溺於中共鐵幕。當年搞黨派活動者，有一個中國近代新儒家之一的梁漱溟，投附中共之初，頗受中共相當禮遇，毛澤東且稱之爲「新儒家的代表人物」。被豢養於中國大陸四十年，不幸於民國七十七年三月二十三日，病逝於北平協和醫院，享年九十五歲。雖其晚節有可議之處，究竟還是我國儒家一位學者。

消息傳來，兩岸報紙，都有廻響。臺灣學術界人士心情反映，自然不一。有以其誤入歧途而太息者；有因學術人物凋謝而惋惜者；有爲文述其學術思想者；有擬集其生平著作而出版發行者。這在人事上，固屬後死者常情慣有的舉措，也不必多講。不過中國儒家學者，從來對於學術與政治——或可謂爲文藝與氣節的觀念，嚴謹或隨和的態度，各依其志趣所趨，見仁見智，而沒有絕對一致的共識與定論。又何況時當「紅羊赤馬悲滄海」的末世！但讀聖賢書，所學何事？士先器識而後文藝，總是自古有道之士，諄諄致意所期於後學的！

我與梁漱溟原說不上學術道義之交，不過抗戰在重慶時期，多見過幾次面，曾對某些問題作過交淺而言深的討論，終以識見距離難於投合；我尤覺其言行矛盾不一，執迷未醒，義利莫辨，終而分道揚鑣了。現在且不介述其學術思想的本末，亦不想說皮裏陽秋的話，僅就個人親接傳聞所知者，述其概略，藉供讀者參考。

儒學世家研究廣泛

梁漱溟，原名煥鼎，字壽銘，後更字漱溟，遂以字行。生於清光緒十九年（一八九三）九九重陽日，廣西桂林人（羅光先生，另有說法）。其父梁巨川（濟）清季舉人，爲政府一小官吏，於民國七年十一月，投身北京積水塘（有云爲其別墅淨業湖）自殺，以殉清室。或云辛亥革命，溥儀遜位後，梁已蓄志殉清，今算是償了夙願。不過北京輿論界，仍多爭議其事，稍後，梁漱溟雖爲文作過一番解釋，但終未能盡釋羣疑。這與國學大師王國維（靜安），於民國十六年，自沉於北京昆明湖，時論紛紜，同樣成了歷史的疑案。十年之後，一個小官吏，能攀上國學大師作比配，梁巨川亦因此而成了知名人物。

梁漱溟係梁巨川的次子，出生於一個儒學世家，小時以居住北京時爲多，趨庭承訓，感染儒學思想最深，又能力學不懈。科舉制度取銷，也讀過北京第一所新式小學。他既沒有趕上科舉時代而三榜出身；也沒有喝過洋水、留過學。不但對中國儒學造詣極深，且於西洋文史哲學，涉獵亦相當廣泛。少年研究過印度哲學、佛學與西方柏格森生命哲學，企圖與中國儒學融和貫通起來。這種功夫，本非輕而易舉之事。近百餘年來的大儒學者，多作過這種努力，但終未見有人能提出爲學術界共許的具體有成的結果來。梁氏雖未達其極致，卻已著書多種，在學術界中，亦已顯露頭角。受其先人自殺的刺激後，對當前的社會與政治，亟思有所改革，以挽救國家命脈，因之又傾心於政治學術與社會主義。主要著作有：印度哲學概論、東西文化及其哲學、中國文化要義、鄉村建設理論等。前三種，偏重於思想方面，後一種似爲其實踐「鄉村建設」目標的藍圖。

現在且撇開梁漱溟學術思想的本末不談；但儒家思想，以孔子主仁，孟子尙義爲其主流，梁漱溟的「鄉建理論」即淵源於儒家的王道主義。頗獨慕古代農業倫理社會的生活，有古代重農思想的傾向（不同於歐洲十八世紀中葉的經濟學說——重農主義）。「王道」與「霸道」是對立的：王道，主張爲政以德，以道德感化，推行仁義政治；霸道，主張施政以威，以獨裁專制，厲行權力政治。前者以仁義爲服人術；後者以暴虐爲役人術。梁漱溟的思想，既以儒學爲中心，卻未守着王道本位，作積極的活動，反企圖與祇講霸道的中共互助合作，究何所圖？實難理解。我絕無意輕視學者，這如不是妄想以仁義之道，與虎謀皮，便是對新朝新主，別有希冀！現已無可查證，祇算是我的揣度好了。

理想村治逐漸左傾

梁漱溟爲達成其改革社會和政治，以救國家的初志，早年已追隨國父孫中山先生，奔走同盟會的革命運動。民國六年，蔡元培（孑民）先生長北京大學時，曾聘梁漱溟講演印度哲學，頗得蔡氏的讚許。相傳：蔡元培先生任北大校長時，曾有兩次打破北大歷史紀錄的作風：一爲聘請第一位女性教授——陳衡哲；一爲聘請曾投考北大未錄取的學生（與蔡氏接談，極賞其才）爲北大教授，這位學生，就是梁漱溟。

梁氏在北大教了幾年書，終以教書非其所志，乃於民國十三年，辭去北大教席，從事自己所理想的事業——鄉村建設。時國父孫中山正開府廣州，氣象一新，風傳全國。梁氏乃離京赴粵，倡導鄉村自治並創辦村治學校，培植鄉村建設人才。繼回北京，接辦王鴻一所創辦的「村治月刊」，宣傳鄉村自治。在河南成立村治學院；在山東創辦村治實驗班，稍後又組織「中國鄉村建設協會」。經之營之，似皆無甚大成就。直到七七抗戰發生前夕，他在山東，已難立足，政府乃聘之爲國防參議會參議。抗戰軍興，民二十七年，政府爲團結力量，集思廣益，在武漢設立國民參政會，梁氏被邀任國民參政員，漸漸由學人而成爲政壇人物。初期的言論行動，尚很客觀公正，受政府與社會相當的推重。時武漢已成了抗戰中心，亦各黨各派人士活動集中之處，思想分歧、言論龐雜，梁氏受其影響，與左派發生了關係。以鄉建作標榜，開始走入歧途，附和中共與其同路人，大肆批評政府及國民黨。進而與各黨各派人士組會結盟，儼然以第三方面勢力自居，挾中共以自重，專以政府與國民黨爲攻擊對象。言行態度，至此亦全變了。及中共竊據中國大陸後，所有各黨各派，中共則全部收攏，加以整肅。梁氏原來有點學術地位，毛澤東以其尚有剩餘價值可以利用，一方爲施行統戰策略。在先後三屆政協會均任爲政協委員與常委；一方面給予批鬪改造，希成爲中共的忠實信徒！

個性倔強忠厚固執

中國文人，尤其已成了名的文人，多數有些怪性格、壞脾氣。梁漱溟是文人，自然也不例外，連得他的像貌，也有點怪模怪樣。戰前北大教授陳之邁（來臺後去世）常說：「北平文教界中有三位名人的相貌，嶔奇古怪：羅家倫（志希）像黑熊鴨公叫；馮文炳（廢名）黃瘦伴瘋癲；梁漱溟頭如丘陵山岳；但他們三人在學術上，又是不可多得之人。」因之，梁漱溟認爲「觀瞻所繫，不能隨便」，故無論冬夏，經常必戴一頂不同色形的帽子，其實也不盡然。

梁漱溟的習性，不能算是怪，他有很高的智慧與學養。看起來像一個嚴肅、耿直、倔強、忠厚、熱忱、機智，循規蹈矩，比較古板的人。其誠信老實，踐履篤實，尤是文教中人所共許的。人們說他怪，或許是因他太固執古板；但他也沒有某些文人風流瀟洒、放蕩不羈的行徑。居常沉默寡言，專心於學術研究。有時亦富有幽默感。如他在北京清華大學演講時，某學生以胡適之先生的名著「中國哲學大綱」（卷上。下册迄未出書），請教梁老師！梁氏說：「那本書，在表面上好像是稍微有一點兒價值的樣子。」引得滿堂學生大笑起來。再如民主同盟要腳之一，羅隆基（民盟副主席）的俄文名字「羅隆斯基」，首先就是由他發明叫出來的。也足見其風趣的一面。

梁漱溟對於儒學信仰的守道精神，是值得讚揚的！無論研究印度哲學、西洋哲學，乃至佛學、社會主義，始終立於儒學基點。但其立身處世的性格，無論是非、善惡，合理或不合理，有時實在固執得不通人情，率直言之，頗有點剛愎自用和驕吝性格。如共產黨不斷的施以批鬪，他始終倔強固執其理想與信念。公開與毛澤東抬槓子，否定「階級鬪爭」而不改其主張。中共四人幫時代，江青要他「批孔」，他則強調：「聖人不能批。」文化大革命，鬧得如火如荼之際，江青對梁氏更不放鬆，強其「批孔」。梁氏雖遭嚴厲迫害，仍未變其心、移其志。這種表裏如一，始終不二的人格與其威武不能屈的精神，稱他如孟子說的「大丈夫」，可當之無愧！

當中共進行批鬪梁氏之初，北平家中所藏書籍，通被檢查人取出焚燬。梁氏在無法挽救的時候，僅要求保留某一本字典，也不見許。他曾懇切的說：「這本字典，係向朋友借來的，燬了則無以奉還朋友。」在此急難當中，猶斤斤於此小節。即可推想其平日誠信之德必無虧損，可謂君子人也。

鄉建理論與民粹派

梁漱溟半生研究中西文化與哲學所獲得的結論，認爲在中國未來歷史的發展中，儒家思想，必然仍是中華民族賴以自救與生存發展，不容或缺的主導力量。梁漱溟固是一個中國固有文化的擁護者；但對十九世紀以來的國際大勢與中國客觀環境，究欠深入的觀察分析，仍多不免食古不化、抱殘守缺。企圖融和西方文化，貫通於中華儒學，又被其固執保守的成見所阻擋。雖積極致力於新儒學的探討，亦忝爲近代新儒家之一，但其結果，還是與明末的新儒學家，走上同一道路。對於西方文化，既指出歐美資本主義，自由、民主之路，沒有可取；蘇俄式的共產主義、獨裁專制之路，也行不通；那還有什麼較好的路可走呢？我們依其多種著作與言論來看，似乎仍獨鍾情於中國以農立國，嚮往於古代農業倫理社會的生活。如何才能致此？認爲唯一有效的方法，是經由「鄉村建設」自治之路，喚醒國人自覺、自治、自救，才能突破痛苦的環境，使中國步上康樂幸福的大道！梁氏這種思想主張，從他參加同盟會與廣州基地革命，在廣東、河南、山東鄒縣，重慶北碚等地，多次實踐試驗，已可見之。雖無若何成績表現，總不失其初衷。最後在中共多年批鬪壓迫之下，猶固執其成見，不稍變移，以迄蓋棺論定。他這種篤行主觀意志的精神，固然是可欽可佩，究其客觀價值，則實在毫無可取！

梁漱溟爲實踐其理想——鄉村自治的鄉村建設，嚴格言之，皆不過是一種烏脫邦的社會主義；或農村改良主義；或民粹主義的陰影作祟。這最好的教訓：即全世界任何國家，尙無光耀世界的成功先例；相反的，俄國歷史上，卻早有了失敗的先例在。俄國十九世紀六十年代後，有一派知識份子，對於俄國革命的看法，主張「到民間去」！他們同情於農民解放，認爲俄國有特殊的國情——以農立國；有共同的封建土地制度存在。故俄國不必像西歐一樣，要經過資本主義的轉變到社會主義。倡這一派主張的人，稱爲「民粹派」。俄國「民粹派」的思想主張，雖與梁漱溟「鄉建派」的鄉建理論不盡同，而忽略了客觀環境的發展；不明社會改良與革命的本質則一。故「民粹派」終被馬克思主義所粉碎；「鄉建派」亦終被毛澤東所否定，結果亦略同。

梁漱溟的鄉建理論，雖本源於中國儒家學說，而非出於俄國的民粹主義；但兩者的本質，卻都是一種空想主義。毛澤東的共產思想與其革命過程，雖也重視過農村；但那祇是一種策略的運用，以利用農民爲革命手段。與梁漱溟所理想和追求者，迥然有別。梁氏於中共佔領大陸後，猶不自藏其拙劣，固執成見太甚，忽視了環境的變遷，在霸道政治之下，仍然高調其農村建設。如四十二年九月，中共召開人民政協會議，梁漱溟「特邀」以「掛名」政委的資格發言，批評中共農業政策，指「鄉村農民生活太苦」，曾與毛澤東展開舌戰，致被毛澤東罵得他狗血淋頭（見毛澤東選集第五卷），再策動其黨徒，羣起而批鬪攻擊之。從此共區每有羣眾運動，梁漱溟就要多遭一次批鬪之殃。他被不斷的批鬪，也就是從他妄言批評共區農業政策，「鄉村農民生活太苦」開始。易言之，能說不是他「鄉建理論」所買來之禍嗎？

鄉建派之形成發展

現在回頭來講所謂「鄉建派」。梁漱溟有了主觀的「鄉建理論」作基礎，便想找機會來作實踐的試驗，時北方主張鄉村自治的王鴻一，在北京創刊一種「村治月刊」，鼓吹鄉村自治，以建設中國。梁漱溟受其鼓勵，便躍躍欲試。乃於十三年離開北大教席，遄赴廣州革命基地，提倡鄉村自治運動。並創立了「鄉治人員訓練班」，培養鄉建專業人才。十五年，山東村治派人士聞其風，邀作村治講演，名乃大噪。十八年，應王鴻一之聘，接辦「村治月刊」。並於河南創立了村治學院。於是南北兩派之主張村治或鄉建者，遂合流爲一。對於村治宣傳與建設，便積極推動起來。王鴻一去世後，梁漱溟、彭禹廷、梁仲華等，都是其中的主幹人物，時人因以「村治派」目之。村治派，爲擴大聲勢與推展這一運動，旋復組織「中國鄉村建設協會」，作爲推動全國鄉村建設運動的中心機構。先後召開過「全國鄉建工作討論會」三次，與會主要人物，除上述梁、彭、梁主幹外，尚有章元善、楊開道、晏陽初（四川人，留美，倡導平民教育）等知名之士。時梁漱溟已著有「鄉村建設理論」一書發行於世，與會人士復決定：改「村治派」爲「鄉村建設派」簡稱「鄉建派」，並推梁漱溟爲本派領袖。

對日抗戰初起，時梁漱溟正在山東鄒平，創設「鄉建實驗班」。因受戰爭影響，復以成效欠佳，乃率鄉建工作人員，參加抗戰工作。政府以梁氏熱忱可嘉，乃促之來漢，聘爲國防參議會參議。二十七年，國民參政會成立於武漢，梁氏復被選爲國民參政員。這時的武漢，實際已成了全國抗戰的中心。各黨各派人士，龍蛇雜處，皆乘機活躍起來。思想龐雜，行動分歧。梁漱溟落此環境中，亦揭舉「鄉建派」的招牌，常與各黨各派接觸，與左派人士勾搭。其思想言論受其影響，便左傾起來。這就是梁漱溟從學術研究改行政黨活動之始，亦其賣身投靠左派的起點。

二十九年，少數黨派，在香港組織「建國同志會」。三十年，又聯合各黨各派，合組「中國民主政團同盟」。梁漱溟以鄉建派資格參加，主持該同盟的宣傳機構。高唱「結束黨治、保障人權」，對國民黨與政府各方，進行批評。三十三年，在中共駐渝代表周恩來策劃之下，復將「中國民主政團同盟」擴大改組爲「中國民主同盟」，簡稱「民盟」。梁漱溟的「鄉建派」，便成了民盟三黨三派主要組織成員之一。梁漱溟當選爲民盟中央常務委員兼國際關係委員會主任委員，成爲民盟主幹之一，知名度亦頓時增高。從此便完全改其新儒家學者的本色，成了政治舞臺的小丑。不過，民盟內部主幹人員，原是同床異夢的，從此也糾紛迭起，梁氏又是其中鬭爭主角之一，風頭也愈足了。

水漲船高時冷時熱

中國民主同盟（民盟）組織的主要成員，爲三黨三派——中國青年黨、中國國家社會黨（後改爲中國民主社會黨）、中華民族解放行動委員會（稱第三黨，首領章伯鈞）、救國會派（沈鈞儒）、職教派（黃炎培）、鄉建派（梁漱溟）。另外包括七個小派系，及所謂無黨無派的民主人士——有羅隆基在內，與中共份子。民盟組成稍後，被中共及左派份子實際的一手把持操縱了。而反共黨派（青年黨與民社黨）及個人，便先後退出同盟。民盟中所餘者，多係無聊的文學人士、失意的官僚、政客、軍閥等野心份子。由於分子的複雜，意見紛歧，糾紛叢生，各以中共馬首是瞻，中共因而從中操縱了各黨各派，作其御用的工具。鄉建派的梁漱溟，自然亦成了工具之一。

梁漱溟的知名度，因參加和利用了民盟，在政壇地位上，亦水漲船高，聲色俱厲，直至民盟解體。抗戰勝利後，三十五年四月，政府邀集各黨各派與社會賢達商決國是，召開政治協商會議於重慶。梁漱溟乃能一躍以代表民盟之資格參加，共商國家大計，乃不自知珍重，善盡責任，反乘機大發政治牢騷，態度異常激烈。會後隨代表團訪問延安（共區），大受中共統戰式的接待歡迎！梁漱溟因與毛澤東有不倫不類的師生關係，被毛稱爲「老師」，譽爲「新儒家的代表人物」，梁氏欣然，得意忘形！返重慶後，一方常引此為榮，並極誇讚毛澤東，也挾毛以自重；一方私以告其親友，對延安的印象觀感，並不甚佳！這應算是他的良心話。

不過梁氏自延安返渝後，意態忽趨消極。據說，主要原因：民盟幹部內爭日烈、國內政治紛擾愈為混亂，他無法適應，大有進退兩難，騎虎難下之感！時有離開政治，高蹈遠引，致力學術研究的表示。或謂：梁漱溟此一冷淡態度，係受其友熊十力（原名子貞，曾任北大、中大、武昌師大等校教授。著作很多，以「新唯識論」稱著）勸導：「臨崖勒馬，回到學術本位」之所致。更有人說：他恃寵而驕，想大展一次鋒頭，曾致書毛澤東，要求毛澤東同情他對「國共問題」的主張。毛竟置之未理。為此，且曾一度要求退出民盟。經民盟沈鈞儒等再三勸留，直到民盟推彼為本盟秘書長後，意興頓時熱起來，認為政局仍有可為，態度才又趨於積極。這說明什麼？他這次之所以灰心消極，原來為的是沒有拿到民盟實權——秘書長。證以組盟之初，他與羅隆基之格格不入，動輒衝突，益可信之。不過經時未久，梁氏故態復萌——又冷了。這事是在聞、李兇案之後。

陰謀嫁禍聞李遭殃

三十五年七月，聞一多（原青島大學文學院長，時任西南聯大教授）、李公樸（江蘇人，留美，時任昆明臨大教授、國民參政員）先後被刺殺於昆明。案件發生後，民盟與左派份子鼓噪起來，鬧得滿城風雨。梁漱溟不究事實的眞相，竟自告奮勇，偕同周新民代表民盟赴滇調查。回重慶後，似乎不願張揚，僅作了一篇數萬言的報告書，照例對政府大肆攻擊一番。政府時正在多事之秋，對此案亦無暇深入追究。明知這是嫁禍於曹的苦肉計，陰謀手段，究亦徒勞，於事無補。因聞、李兩位教授，平日都是不愛搞政治的人；可是政治和黨派，既然打入了學校，左派份子便有機會與計劃的進行統戰和挑撥離間。聞、李兩教授，病在都是天眞的書生，弄不清楚政治黨派、生死利害的關係。更未明政治是無情物，自古以來，愛搞政治黨派的英雄，都是以「犧牲別人、壯大自己」爲目的的，因之遭了殃，送了命，向上帝去喊寃也不會援救你！當時除聞、李二人之外，據說還有潘光旦（仲昂，原西南聯大教授），亦在犧牲名單之內，如非美國領事館搶救得快，也與聞、李同歸於盡了。

梁漱溟經過這次「民盟人士」白白犧牲之教訓，復對中共與政府和談，糾纏愈深，拖延不決，深感厭煩，心又漸冷了。加以羅隆基（曾任教授、國民參政員、民盟副主席）把持了民盟對外宣傳，極爲不滿！梁氏不深加思考，再度向民盟提出辭職。經過沈鈞儒挽留與周恩來（中共駐重慶代表）的勸慰，梁又沒有事了。及國大決定開會前夕，梁漱溟曾以第三方面人士的資格，奔走和平，態度猶很積極，未久，突然不告而行，離京飛往北平。各方多方揣測，終未明其故。他臨去秋波，僅公開發表一致民盟的辭職書。這應算是他對民盟第三次的辭職。無論其因何求去？

外人或至今未明，但其內心或誠有不可告人之處。

不甘寂寞戀棧難捨

不過梁漱溟突飛北平，最初頗似悠閒，心無窒礙，未久或爲已悔孟浪，或爲不甘寂寞，又飛返了重慶。表面宣言：從此退出現實政治，息影渝市郊區。三十七年，曾在北碚金剛碑，創辦一所「勉仁書院」（勉仁，原爲梁之書齋名）和「勉仁中學」，延聘名師有熊十力、牟宗三諸學者，擔任講席。至於學校行政，則皆委其門徒故友處理。而梁氏本人，則以辦學與著述爲名，實則仍未忘情於政治與黨派活動。時政府不計中共態度的依違，已宣佈定期召開國大。梁氏與黃炎培、羅隆基等，又連名上書國府主席蔣介石，表示：國大如能延期召開，彼等始允參加。事被中共周恩來偵悉，認爲梁漱溟等的態度「有違中共意旨」（根本反對國大，不是召開時日問題），梁已不滿！稍後，周恩來在中共與民盟聯席會議席上，對梁漱溟等，復公開予以譴責！梁氏氣憤已極，離席出走。直至民盟宣佈解散時，終未出門露面有所活動。

通常情形，周恩來對於民盟的領袖和幹部，向以同路人相待，平日相處，還相當和諧。明知是互相利用，中共爲了統戰關係，絕不擺出面孔，使人難堪。民盟人士，亦覺周恩來似有「不怒而威」的形象，總是言聽計從，很少有申辯與反抗之事發生。有人說這是權力所造成的奴性，自未免言之過當。有人則認爲主要原因：民盟不但要利用中共、挾中共對政府以自重，好予取予求；而中共對民盟優厚的經費補助，簡直成了民盟的衣食父母；誰敢對衣食父母而不卑躬遵命？梁漱溟之敢憤而離席，或是早已看不慣周恩來那種「以主自居」的囂張像，或亦由他倔強固執的性格使然。這與他後來被威脅批鬪而不屈，同樣是具有大丈夫的氣象。

從此以後，梁氏既不再登民盟舞臺，所謂鄉建派，也就名實俱失了。說眞的，鄉建派在實質上，僅爲一代表梁氏個人成派的名字，因依附民盟組織與中共支持豢養才站起來的。其派的本身，原無固定的組織與羣眾基礎，祇有梁氏個人唱獨腳戲。其參加政治黨派活動，全是因人成事，自己亦沒有一貫的思想主張。加以他的態度時冷時熱，實無成爲政黨領袖的條件。梁氏既早知民盟不可有爲；對中共觀感也矛盾重重；猶力與民盟、中共糾纏不放，弄得自己欲留不能、欲去不得。幾次將擺脫，而無決心擺脫，見好不收，戀棧難捨，終被拘困於鐵幕。

迷於統戰鑄成大錯

對日抗戰前後，中共曾奉國際指示，推行各種各色的統一戰線（簡稱統戰），不但對國際爲然，對國內亦復如是。所謂「統戰」，簡言之，即是爭取人、財、事、物有利的條件與力量。主要的是對人事，以「壯大自己、削弱敵人」。中共在政治上對人事的爭取，祇要政治思想與態度左傾的團體或個人，便不計其品德、地位、職業等如何？都是對象，值得進行拉攏、勾結、利用的。初皆不計其既往，妄加吹嘘抬捧，使之樂與左派接近交往。然後對其政治思想與態度，逐漸加以煽動、挑撥、離間，甚至威脅、利誘，必要求其能與左派同流合污而後已。抗戰末期與國共談判階段，許多政治黨派和無數野心投機份子，就是在中共這種「統戰法術」之下投誠效命的。原很本分的儒家學者梁漱溟，也就是迷惑於其統戰而誤入歧途之一人。

梁漱溟任北大教授時，毛澤東正是北大圖書館的管理員，兩人勉強可以扯上一點關係。抗戰勝利後，國共關係緊張的時候，梁漱溟曾隨考察團飛赴延安考察一星期，毛澤東就用上了他的統戰法術，扯上在北大一點點關係，對梁氏非常客氣，稱之為「中國新儒家的代表人物」。「老師長、老師短」，把梁漱溟叫得頭頂發熱、笑口常開。一個生性倔強固執的學者，也和常人一樣，都愛戴高帽子的。梁氏對毛澤東虛僞的推尊重視，直信以為眞！便覺一經品題，身價也增了十倍。相反的，梁對毛澤東個人的印象，也一直是好的。他回到重慶以後，左袒的態度，益為明顯。並謂：「共產黨雖有解放全世界的目的，絕無消滅國民黨和國民政府的意思。」經時未久，結果如何？梁氏迷惑於中共統戰，或至死未悟！

毛澤東與蔣介石，抗戰前武裝鬬爭了十多年，戰時猶未忘情於陰謀暗算。抗戰勝利後，毛澤東為爭取準備叛國作亂的時間，才露出笑臉，由美大使赫爾利擔保，於八月二十八日親來重慶，進行虛僞的國共和談，一切言論態度頓改常態。軍事委員會禮堂舉行大會時，他在大庭廣眾之中帶頭高呼：「蔣委員長萬歲！」及回到延安，不但故態復萌，反惡形畢露，變本加厲進行全面的叛國作亂，對蔣委員長個人態度，則視同血海深仇的敵人。這也就是中共一種由統戰轉爲血戰，或文鬪轉武鬪的戰略運用。不論統戰或血戰，目的都在消滅敵人。

梁漱溟不明中共的統戰的妙用，一直迷於其統戰法術之中。毛澤東虛僞的推重他，他便對毛澤東歌頌不已！這位原本天眞的學人，加入民盟之初，受其同道的引誘欺騙，自然毫不自覺，以後則愈陷愈深。對中共的作風，或有不滿；但心理上對毛澤東卻未減色。讚其「功多於過」、「毛澤東不是凡夫俗子」。及毛澤東收穫了統戰成效，竊據了中國大陸，雖然說：「毛澤東的天資很高」；但時已到了兔死狗烹的階段，隨便能給梁氏以狗血淋頭的痛罵了。所以中共的統戰法術又是祇講利害，爲目的不擇手段的。從此以後，梁氏內心對毛澤東，雖多反感，但祇敢怒而不敢言，忍受不斷的批鬪下去。這也可說是梁氏「一念之差」所鑄成的大錯。

整肅附庸困頓以終

民國三十八年，中共控制了整個大陸之初，對所有附庸的黨派、團體及個人，迅卽放棄了花言巧語，擺出笑裏藏刀的姿態。雖仍以「統戰」作幌子，實則已經開始進行整肅迫害了。愈逼愈緊、愈整愈大，愈久愈酷。大約經過十年——民國四十九年以後，大部分黨派，都被併吞或消滅，其有倖存者，亦已名存而實亡。名義尚予保存者，並非有所偏愛，實要利用作新的統戰工具，資為人民「政協」民主幌子而已。至各黨派的黨員及其他附庸份子則全予以清算、鬪爭、改造、下放、交心的過濾洗滌。民盟的羅隆基、黃炎培輩，都被壓低了頭屈服了。梁漱溟在北平的家人，經過清算鬪爭之後，掃地出門。梁漱溟個人，亦橫遭不斷的迫害、改造、批鬪。他受不了，曾有過兩度企圖自殺未遂的紀錄。仍在濁流之中，隨俗浮沉。有志莫伸，無為而為，祇苟全了性命而已。昔日生活於國民黨統治下，不覺得民主自由之可貴。今在共黨批鬪迫害之中，剝去一切民主自由，何嘗沒有悔不當初之心！

不過梁漱溟總還算是苦難羣中的一個幸運者。因中共新政權成立之初，要利用其一貫民主幌子的統戰法術，推行所謂人民民主專政。三十九年政協成立，為擴大民主的幌子，將附庸的各黨各派經過初步整肅，選精擇肥之後，被其所承認保留者不及百分之十。對所選的十一個黨派，仍嚴格規定條件、限制、與活動範圍，皆不得出軌。各黨派原來的組成份子，則隨便混亂調配安置，甲黨調乙派或乙黨配丁派。七拼八湊，弄得各黨各派已全非其本來面目。四十二年，二屆政協開會後，中共對十一個附庸黨派，又全面加以深入的整肅。劃分出左、右、中三種派別，實行「固左、拉中、打擊右派」的決策，進行清算鬪爭。使各個分子，個個孤立，人人自危！中共又滌除了庸懦不忠的三個黨派與若干個別分子，僅存八個黨派。四十八年，三屆政協後，對各黨黨員又來一次交心、改造、下放的迫害。至此，附庸黨派的幹部與黨員，似皆懾服了，至少表面上亦非懾服不可。

梁漱溟的鄉建派，在這十餘年的強風駭浪中，無論名實，固已早不存在。而梁漱溟之所以算爲幸運者，卽他在三屆政協中沒有打入右派，還與龍雲（前雲南省主席）、黃紹竑（前廣西省主席）、葉恭綽（北洋官僚）等一樣，列爲所謂政協特邀份子，掛了政協委員的虛名，仍保留在某黨之內，作爲民主傀儡，忍受中共長期控制、批鬪的迫害。及四人幫當道，江青強迫他「批孔」，梁氏沒有屈服，還算有點良心，對得起儒家的祖宗！總之，梁漱溟在附共羈留於大陸四十餘年中，雖恃其倔強固執的意志，以抗拒中共的清算批鬪的迫害？結果，還是逃不出折磨、憂傷、困頓以終其生。

雖其晚節未全，總算有骨氣，是一代儒學知名人物。

周亞衛妻唱夫隨企圖參政

利用當年歷史名稱

光復會，係中國對日抗戰勝利後，三十四年十一月，由尹銳志、周亞衛等，在重慶組織成立的。當時曾召開過所謂中央大會，通過了組織綱要、政治綱領、負責人選，並發表宣言，名爲「光復會中興宣言」，有云：

本會在前清末葉，致力革命。丁未之秋，先烈徐錫麟先生等，事敗就義；領袖秋瑾女士，因以中道成仁。邇後數載，同人等繼續奮鬪，得見辛亥之光復成功。此本會已往之革命歷史也。今世界擾攘不已，國內憂患駢臻，水深火熱，人不聊生。而多黨參政，共商國是。本會爰辦中興會務，協同建國，相期眾志成城，同舟共濟，全民奮起，本會今後建國任務也。願本會同志，繼承革命先烈遺志，共同努力國事，並希望全國人民有志之士，蜂擁參加本會，共同爲國爲民，羣策羣力，協同政府建設國家，發揚民主精神，促進世界和平，竭盼鄉鎮市各地人民，起來組織，民國幸甚。

這宣言的內容詞藻，我們且不必去推敲它。惟該會既是恢復（中興）辛亥以前的光復會，重建組織。但辛亥以前，光復會之創立，實非僅徐、秋兩先烈而已；光復會也非「民國成立以後，很少活動」（周亞衛說的），實光復會在徐、秋兩先烈殉難之前兩年，即已併入了中國同盟會。這雖對新建的光復會，無關宏旨，但史事卻不宜太過含混。究竟民國三十四年時的光復會人物與清末進行革命的光復會人物之間，有多少關連，卻是一大疑問。

光復會過去的光榮

提到辛亥革命以前的光復會，它革命的光榮史蹟，的確是令人非常興奮的！光復會與興中會、華興會，同是中國近代革命，最初的三個革命的秘密組織。興中會爲 國父孫先生領導；華興會爲先烈黃克強先生領導。光復會組成的分子，一部分爲革命運動理論的指導與鼓吹人士，若章太炎、鄒容、蔡元培、吳敬恆、于右任、宋教仁等皆是；一部分爲革命運動的實踐家，若徐錫麟、秋瑾、陶成章、馬宗漢、陳伯平等皆是。

光緒三十一年（一九〇五年），三會以志同道合，咸認革命團體，有集中力量，團結奮鬪之必要，乃在日本東京合併而爲「中國同盟會」（中國國民黨前身）。中國同盟會成立之後二年，光緒三十三年（一九〇七年）五月，徐錫麟（字伯蓀，別號光漢子，浙江紹興，一八七三——一九〇七），起義安慶，槍殺安徽巡撫恩銘，自己也被執遇難。在同時期，同盟會最早的第一位女黨員秋瑾（字璿卿，號競雄，又號鑑湖女俠，浙江紹興人，一八七五——一九〇七），響應安慶發難，謀起義於紹興，也被清吏破獲，英勇的殺身成仁。使中國革命的聲勢，爲之大振！越四年，辛亥一役，卒推翻了滿清政府，結束了中國幾千年來的專制政體，建立了東亞第一個共和國。

妻唱夫隨分領首長

尹銳志與周亞衛等，襲用辛亥革命前「光復會」的名義，重建組織，雖或有中國傳統習俗「乞靈祖宗枯骨」的觀念，藉資號召之意；但祖宗的光榮，並不即是自己的光榮。光復會不論是承先或新創？自己的前途，還是要靠自己努力去奮鬬創造！光復會在重慶恢復組織之後，即由尹銳志擔任會長，周亞衛擔任副會長。周、尹原係夫婦關係。現在分領正副會長，亦頗有妻唱夫隨的味道。她和他都自稱爲舊光復會的老會員，尹銳志少年時代，或許有過一番努力。據說她在辛亥革命時，曾擔任過女子光復軍司令。周亞衛卻確是一位老軍人，有軍事學家之稱。曾任陸軍大學教育長、軍事委員會法制處處長，他組織光復會時猶任中國童子軍理事會理事長之職，官拜中將，不過這時已經退役。

尹、周重建光復會時，據說曾由周亞衛面謁蔣主席，報告該會政治綱領及組織綱要，並獲得指示。該會那時除登記調查各地老會員及老會員之後裔外，並吸收新會員。不分男女性別與職業，凡崇信該會歷史與主張者，經會員二人以上之介紹，均可入會。

光復會會址，設於重慶市老街三十二號附一號。各省市縣設立分會及支會。據說：重慶幫會份子，參加者頗多；已有分支會三十餘個，會員亦達數千人。政府還都後，該會復於東南各省展開活動。尹、周並派王南山爲上海負責人，馬雲龍爲南京負責人；切實注意上層人物。並計畫在江、浙各縣，普遍設立分會，如常熟、江陰、杭州等地，均已先後成立。

多角主張缺乏中心

光復會的政治主張，內容與其他一般黨派所標榜者，無甚特殊。惟其用書面提出時，則顯示出獨標一格，如：（總綱）全民建國。（一綱）全民團結。（二綱）全民職業。（三綱）全民體育公醫。（四綱）全民教育公學。（五綱）全民德育。（六綱）全民政治。（七綱）全民經濟。（八綱）全民國防。（九綱）提高婦女。（十綱）保育兒童。每綱之下，附帶說明。它也號稱十大政綱。同時，該會每於國內外發生重大事件時，亦迭次發表對國是的意見。其意見，間亦與中國民主同盟等黨派所提出者相同。如主張：召開各黨派會議，求國是之根本解決；改組政府，應有和平局面及政治民主之實質；考核各「黨派革命歷史，平均參加政府」。最後一點，卻很顯明。這或許就是該會所以要承襲辛亥前光復會的目的；尹銳志、周亞衛所以要強調歷史，達到參加政府的企圖。

光復會的興起，晚於中國民主同盟。後來雖沒有參加民盟組織，但三十六年春間，洪門民治黨（司徒美堂）、民生共進黨（樊崧甫）、國民自由黨（林東海）在上海組織「中間黨聯盟」時，曾有意邀約該會參加。該會以勢孤力弱，亦欲依附他黨以自壯。尹、周當即表示願意參加。惟聲明各黨派本身仍保持自由，如對某項政治主張，必經盟內各黨派同意，始可發表。這原是中間黨聯盟，已往公開宣佈的決定。尹、周聲明，則不免有點故弄姿態。不過該會為了水漲船高，終必與其他黨派合流，此時亦已成了必然的趨勢。

因此，光復會自謂：在今後民主立憲時代，乃為與各黨派共負復興建國任務之一個穩健中和政黨。該會規定：會員必須「遵守革命思想，爭取人民社會利益，以人民之友為友，以人民之敵為敵；對世界主張和平，反對侵略；對民族主張獨立，反對併吞；對人民主張自由，反對壓迫」。該會一方面倡導和平解決國共問題；一方面又表示反對共產黨；光復會如此多角的政見主張，既似投機取巧，也似自欺欺人，旁觀人士殊多惶惑難解。

糾紛不息份子複雜

政府還都以後，光復會隨派王南山、馬雲龍分負上海、南京方面的會務。而尹銳志與周亞衛則仍留居重慶，藉口是策劃該會一切活動，亦可遙控指揮各地會務。據其會內人士所傳消息，則謂因重慶所收會員太濫，地痞流氓與野心份子，甚多混入，以致內部糾紛時生。尹、周既無方法解決，又不放心離開重慶；但該會糾紛，不但未因尹、周的留守而和緩，反因積重難返，日益擴大。

三十六年秋季，尹銳志以會內問題，陳陳相因，將愈拖愈重。因之，召集渝市各支會主任委員二十餘人開會。宣佈第十一支會主委陳寧康，將會員百餘人拉與中國青年黨；第三十支會主委楊志熤，爲共產份子；第一支會主委蔣耕臣、第四支會主委姚仲元，皆爲大流氓；都違背了會章或蓄意搗亂。爲整飭會務，將分別予彼等以處分或開除，重整光復會精神。

當時各支會主委，多數同情被處分的份子。認尹銳志之措施不當，且態度橫蠻，一致表示不滿。會後卽開始醞釀着倒尹銳志運動。時民主同盟份子張運靈、姚仲元等，卽乘機煽動，企圖控制該會，使之成爲民盟的外圍。同時，也有主張擁護周亞衛任會長者；倒尹者亦意見不一。不管是會務問題，抑家務問題？光復會從此更不被人重視，已很顯然。

條件不夠被人利用

辛亥前的光復會，誠是一個光榮的革命團體。三十餘年後恢復重建的光復會，卻未能克紹箕裘，廸光前烈！主要原因：尹銳志雖有革命歷史，但其性格乖張，思想落伍，自非眞正的領袖人才。而周亞衛雖爲國內有名的軍事學家，惟年事已高，行動迂腐，而且氣魄毅力不够，亦不宜從事政治活動，尤不宜作勾心鬪角的爭逐。

尹、周在時局動盪之秋，雖利用過去的聲望與地位，號召了若干社會下層份子，組織起來；但以份子良莠不齊，且有反政府的共產黨及民主同盟份子混跡其間。由漸積之勢，終於成了無法控制之勢。後來尹銳志有將該會改組爲「光復黨」之意；但由於尹、周及光復會本身的條件皆不足，不論其如何改頭換面，也不會有很大的成就，甚或徒作野心政客的工具，供其利用而已。三十八年，中共統治中國大陸後。當時附共黨派不下百數。被中共所承認者，只有十一個（以後又滅三個，僅存八個），其他黨派，全被消滅。光復會既在消滅之列，而周亞衛與尹銳志亦不知其所終。

黃炎培足踏兩邊走四方

遷川工廠熱衷政治

關於黃炎培在抗戰時期的政治活動，余在前作「由學閥而職教領袖的黃炎培」一文中，已經說得很多。因意猶有未盡，故作本文補充之。

原來中國共產黨，抗戰勝利後，禍亂活動，日益積極。而一般失意的官僚政客與左傾的文化人士，復從而推波助浪，火上加油。致弄得政局愈趨混亂，經濟無法復甦，社會不安，民生部分，工商實業界，與一部分文化教育界人士。既對當前動盪的政局不滿，而又具有熾烈的政治野心。認為「中國民主同盟」不足以團結領導各黨各派、促進國家的和平建設。決計在「民盟」之外，組織獨樹一幟的力量，附和中國共產黨的陰謀活動，開闢新局，逐鹿中原！

另一方面，適「民主同盟」內部之「職業教育派」的黃炎培，雖已任「民盟」中央常務委員兼工商運動委員會主任委員；但他因爲：一、此時已不滿意中共與民盟的作風；二、自己早欲參加政府，達其政治目的；最初乃有「疏共退盟」之意。於是引起「職教派」中新舊兩派意見的紛歧，日益加劇。舊派主張「疏共脫盟」，使「職業教育社」成爲一純粹的教育團體。新派不但主張「親共、守盟」，並且還要進一步的加強合作。而黃炎培個人，則抱著投機態度，總想二者能夠得兼。一面仍以「職教派」的招牌，在民盟中活動；一面另組團體，保持其獨立性，不受民盟影響。兩者配合發展，使能左右逢源進退皆可。概括來說：黃炎培此時政治上理想的活動：一、以職教作基礎；二、另組一團體，代替民盟；三、不滿中共與民盟，又要利用他；四、不滿意政府，又想參加政府。即掌職教與民建（另一團體）兩個團體，周旋於政府與中共民盟之間，不即不離。巧妙運用四條路線，以達其理想要求！這就是他「足踏兩邊走四方」的策略。可是「職教派」中的新派分子孫起孟、王紀華等，皆左傾激進之輩或直爲共產黨徒，已窺得黃炎培的心理，以有機可乘，便投黃之所好，積極展開包圍慫恿，並極力拉攏上述工商實業界及文化界人士，與黃進行合作在政治上大投資。因之，乃有倡新組織「民主建國會」的醞釀。

民建組織成立經過

黃炎培以「民盟」中央常委兼工商運動委員會主任委員的資格及職權，經常活動於遷川工商實業界人士之中，日久生情，與工商實業界人士建立了密切的淵源。復經孫起孟、王紀華等的積極串通拉攏，談到進行合作之事，自然也就得心應手了。故孫起孟等與胡厥文、章乃器、胡西園、施復亮、胡子嬰、黃墨涵、章元善等，初步會商時，卽已一拍卽合。並且皆有唯黃炎培馬首是瞻之意！因之，所謂「民主建國會」，不久之後，也就在最無阻力情形之下出現了。時爲民國三十四年十二月十六日。

民主建國會成立之時，據黃炎培報告說：「該會組織，倡議於民國三十四年八月二十一日，爲鑒於抗戰勝利後，內戰接踵而起，國共兩方，各執一詞，民意無由表現。認爲社會中間人士，有組織成爲一種力量之必要，以公正立場，指導民主正軌。十月十六日，確定名稱及組織大綱；十一月二日，舉行籌備會。籌備僅經月餘，現已完全達成。」十二月十六日，該會在四川重慶白象街西南實業大樓，召開成立大會。到會者計一百三十四人。大會除通過組織原則、會章、政綱之外。並選出理事三十七人，監事十九人；出席人士，幾已半數當選或任職員。大會並發表成立宣言。其政綱列總綱、政治、經濟、社會四項，分爲四十一條。第一條：「建國之最高理想，爲民有、民治、民享。我人認定民治實爲其中心。必須政治民主，才是貫徹民有，才能實現民享。」這與「中國民主促進會」所揭舉之最高行動綱領，可說並無二致。

外圍組織名稱很多

民主建國會成立以後，黃炎培在名義上，則轄有「職教」與「民建」兩個組織，運用起來，雖比較廣濶；但他在左傾分子孫起孟、王紀華等挾持之下，「疏共、退盟」的想法，始終沒有做到。「民建」雖未明白加入中國民主同盟，而其一切活動，無一不與民盟同聲相應，並直接間接傳播中共的宣傳號召。如該會常務理事李燭塵（湖南永順人，留日、抗戰前任久大精鹽公司總經理。戰時，任全國工業協會理事長、民建中央副主委。投共，任僞輕工業部部長），以社會賢達代表的資格，參加了當時政府所召集的政治協商會議。政協會議閉幕後，該會曾在重慶「遷川大厦」，舉行慶祝和平大會，由李燭塵報告出席政協會議的經過。隨又聯合「中國人民救國會」、「陪都文化界政治協商會議協進會」，組織「陪都各界政治協商會議協進會」。表面爲促進民主和平之實現，實際則受了中共與民盟之指使，爲中共及民盟擴壯聲勢。並先後在重慶、成都、上海各地，設立分會：

一、重慶分會：由鄺公復、徐崇林、趙友農、陶守誠等負責。

二、成都分會：由黃墨涵、陳筑山、周萃池、李孟釗、陳諒叔、王厪非等負責。

三、上海分會：由章乃器、盛丕華、張絅伯、兪寰澄、范曉峯等負責。

該會的活動經費，則由張綱伯負責籌集。在「東南信託公司」及「建國銀行」撥付。總會初設於重慶。復員後，遷設上海。至滬後，即擴大活動，積極吸收工商界及文化教育界人士參加。並向江、浙各省，展開組織。在上海並出版「聯合晚報」，作為宣傳機關。更由黃炎培、章乃器等，出面號召，負責組織外圍團體。如「實業界民主促進會」、「文化新聞界聯誼會」、「中國農村經濟研究會」、「中國金融研究會」、「中國工業協會」等。一時聲勢，相當壯闊，祇是多為有名無實。

民主建國會，除上述擴展組織活動之外，每逢國內局勢重要關頭，或重大事故發生時，動輒發表政見主張。如反對美國援華；要求國際干涉中國；發起反對內戰運動；保障人權運動等。國大開會，制頒憲法，該會則聲明擁護政協決議，不同意一黨包辦之國大及所通過之憲法。美總統派遣特使馬歇爾、魏特邁等來華，該會均派代表往見。並提出所謂備忘錄，要求民主和平，反對美國援華。同時去電美國，歡迎美國左傾領袖華萊士來華訪問。民建這一切的活動，都是中共既定的經常的反政府的政策宣傳。「民盟」既隨聲附和，「民建」亦無不同聲相應，為中共張目。

內分四派份子複雜

抗戰勝利後的中國政局情形，由於中共的叛國作亂以致令人很難滿意。民主建國會適時產生，其組成分子，自是良莠不齊；有熱心謀國之士，亦有乘機營利之徒。不過淸者自淸，濁者自濁，經過疾風、板蕩之後，自然涇渭分明，姑且不論。惟從當時「民建」組成分子之思想態度觀之，實有極端左傾者；有自由主義者；有大工商企業家。因各本身立場、利害與目的之不同，故其思想、政見、主張亦異，因而形成若干派系。雖說同床，實則各懷鬼胎。除受中共利用擺佈之外，別無作用可言。大別之可分爲四派：

一、實業派：有胡厥文、胡西園、吳羹梅、俞寰澄、黃墨涵、莊茂如、章元善、張樹霖、王恪成、賈觀仁、彭一湖等。此派較爲溫和保守，祇希望能在和平安定中，發展生產。其中多爲工商實業或金融界人士。惟胡厥文、王恪成兩人，則較接近於左傾少壯派。

二、元老派：有錢永銘（新之，浙江吳興人，留日，爲國內有名的實業家與銀行家。民建常務理事。四十七年歿於臺灣）、冷遹（字禦秋，國民參政員，民建常務監事）等。此派人員，大都聲望較著，老成持重。對黃炎培個人，尙能起若干影響；但對整個民建作用則不大。

三、中立派：有楊衛玉、范曉峯等。此派無絕對的政治意見，比較中立。每逢新舊兩派有爭執發生時，楊衛玉等則折衝其間。兩派爲求暫時能够合作，不致翻臉，對楊等也不能不買帳。

四、少壯派：有章乃器，係浙江靑田人，前浙江實業銀行副經理，大學教授。二十六年，與沈鈞儒等七人在上海被捕，有「救國七君子」之稱。抗戰時，任安徽財政廳長。加入民盟爲中委。任民建會中央副主席。投共後，任中共僞政府糧食部長（中共大鳴大放時，被圍攻，打入右派整肅）。施復亮（卽施存統，浙江金華人。早年加入共產黨，爲CY負責人。以後脫離共黨。研究經濟。喜發政論。任民建中委。投共後，任中共僞人代會常委、僞勞動部部長）、王紀華、孫起孟、胡子嬰等。此派全係左傾分子，或直係中共黨徒，最爲活躍，在該會內作用亦大。民主建國會後來之完全左傾附共，全由此派所造成。卽該會主持人黃炎培（舊官僚，因反革命而下臺，後以左傾附共而起家。詳見上文。）亦已受左派包圍挾持，喪失了自己的意志，後來終於形成尾大不掉之勢。

少壯得勢加盟親共

黃炎培組織「民主建國會」的最初目的，原想「疏共、脫盟」，獨樹一幟，參加政府，闖蕩天下。但終被左傾分子孫起孟、王紀華等所挾持，黃已形成大權旁落，一籌莫展。致該會成立之初，欲利用中共於一時，卻反無法擺脫中共的籠套。黃炎培雖被中共牽牢，無法疏遠；初未加入中國民主同盟，卻是實現了黃炎培的主張。

中國民主同盟召開二中全會之前，沈鈞儒、章伯鈞等，決定擴大改組民盟，「民建」左傾分子，卽擬將該會加入民盟。當經召集全體理監事會議，進行討論。黃炎培被脅，已莫敢置詞。左派分子施復亮、孫起孟等，極力主張參加，張絅伯亦表示支持。黃墨涵、胡西園等，則以參加民盟，政治色彩過分濃厚，堅持反對。雙方經過激辯之後，左傾分子因仍多要仰賴工商實業人士，表示讓步。乃採取折衷辦法，決定：「會員可以個人資格、自由加入」。於是黃炎培「不加入民盟」的主張，又大半落了空。

其後，少壯派逐漸控制了「民建」。元老派日趨消極；實業派以味口不對，則多抱觀望態度。該會左傾親共，乃益徹底。一九四七年，中國共產黨被國軍攻擊所迫，退出其老巢——延安之前。另作新的叛亂佈署，所頒行的「地下鬭爭路線綱領」中，卽正式將「民建」列爲四大基幹（民盟、三聯會、民促、民建）之一。中共要求這所謂四大基幹者，是要以不中立的姿態，結成民主愛國反獨裁反內戰的「統一戰線」。在工商業中心區域，吸收羣眾及中立的工商企業家，作爲反政府鬭爭的基礎。由此卽足見「民建國會」與中國共產黨的關係，曾透過民主同盟之拉攏撮合，而日益加深。

操縱改組包辦選舉

民主建國會，根據會章，第一屆理監事的任期，已於三十五年十二月十六日屆滿。早應進行改選，以符規章。但已控制該會的左傾少壯派，則藉口內部意見，未能統一，尚待先事妥爲協調；加以會員多數散處各地，集合不易；乃不得不一再延期，迨左派分子一切佈署完成，乃決定：「改選理監事，爲本會改組的第一前提；而改選事宜，又必須先有計畫。」因而所採取的辦法，即先行分函會員，提出候選人。再由各分會決定正式候選人名單送總會。由總會彙集分發各分會，召開會員大會，以無記名普選。總會根據分會票數統計，新的理監事，就產生了。這在形式上，也是民主的；而實際關鍵，則完全操縱於總會。總會操縱於左派，左派稍動手腳，即可隨心所欲，將選舉包辦得很圓滿！因爲此時，會中的實業派，已存觀望態度；元老派則意志消極；黃炎培個人，則成了左派分子，全權在握，自能爲所欲爲，如其理想計畫，完成改組。

其選舉結果，理監事較第一屆，頗多更動。尤其重要職位，則多由左傾少壯派佔領，僅少數中立分子，點綴於其中。其名單如下：

理事：黃炎培、胡厥文、章乃器、胡西園、施復亮、吳羹梅、李燭塵、王光華、楊衛玉、孫起孟、王恪成、俞寰澄、張樹霖、酆雲鶴、胡子嬰、徐崇林、黃墨涵、蕭萬成、畢桐輝、夏炎德、林漢達、莊茂如、章元善、王靖芳、王載非、鄢公復、寧　村、范曉峯、王孝緒、麥琪生、林滌非、姜慶湘、陳　鈞、文先俊、羅淑章、王之浩、周勛成等三十七人。

理事長：黃炎培。

常務理事兼各組主任：

財務組：施復亮。

會員組：章乃器。

分支會組：楊衛玉。

言論出版組：伍丹戈。

技術研究組：曾慶湘。

事業組：章元善、黃墨涵、彭一湖、俞頌華、盛丕華、張綱伯、胡西園。

監事：彭一湖、賈觀仁、張雪澄、李組紳、閻寶航、冷遹、董向樵、沈肅、文魏如、蕭倫豫、楊美貞、胡景文、董幼嫻、鄧建中、徐伯昕、劉伯昌、鍾復光、劉丙吉、姚維鈞等十九人。

該會改組完成，已完全合於左傾少壯派的理想。當時並擬具三十六年度的事業計畫。內容要點如下：

一、必須強化分支會及基層組織，使民主建國會，不成爲一空洞之上層機構，期能與羣眾緊密結合。

二、應出版機關刊物，或將過去之「平民」周刊，予以復刊；在報紙方面，則設法強化「聯合晚報」，使成爲有力量之機關報。

三、加緊建立「民建會」之各項附屬事業。除學校及其他文化教育性機關外，並須有生產性、足以盈利之事業。

四、爲強化會務計，必須充分籌集基金，以爲準備。

功狗下場尾巴悲哀

民主建國會，原是以「遷川工廠聯合會」爲基礎的組織。最初表面目的，當然是着重促進國內和平統一、發展工商事業、促進生產。其中組成分子，自然全屬工商實業界金融界人士，並包括一些附庸的文教分子。這些分子的階級屬性，按照共產黨的術語區分來說，是屬於「資產階級」一類的。但資產階級，是無產階級革命的對象。中國共產黨，既是代表所謂無產階級的組織，又何以會容許代表資產階級的黨派——民建會——存在？更何以會特別重視它，列爲四大基幹之一，且與之聯合起來？此與其革命的基本理論，實爲絕大矛盾。這顯然是中共爲其「統一戰線」策略上的需要。需要在叛國過程中與竊據中國大陸初期，有賴「四大階級聯盟」之必要！俾向「主敵」進攻，以達其初步的理想和目的。「民建」之所以被中共重視，除此戰略因素之外。則爲利用它作工具，在國內外工商實業界人士中，發生影響，起帶頭作用。從而控制掌握所有資產階級，完全馴服於所謂無產階級——中共。到了這一階段黃炎培「足踏兩邊走四方」的理想策略，便全毀滅了。

民國三十八年九月，中共僞政協第一屆全體會議開始時，中共爲使各附庸黨派完全服從，曾通過所謂「共同綱領」，成立了「僞政權」。這政權，中共妄稱爲「人民民主專政」。既「專政」又「民主」，固爲一可解釋的矛盾；但中共最初的說明：他們的「專政」，是「四大階級聯合專政」。其所謂「共同綱領」，亦聲稱僞政權的性質，是「中國人民民主專政，是中國工人階級、農民階級、小資產階級、民族資產階級及其他愛國民主分子的人民民主統一戰線的政權」。如其所云，中共僞政權專政的階級，既包括有「民族資產階級」在內。那「民主建國會」組成的分子，自然也就是代表民族資產階級的。原是「階級敵人」的「民建」，中共爲着「民主統一戰線」的戰略關係，不予撲滅，反而利用；不取其實，祇用其名。所以「民建」之能混溷於中共叛國作亂的逆流中，無非是虛聲欺騙而已。

中共在尙未完全控制中國大陸之前。三十七年七月，曾在河北石家莊，召開其黨的所謂七屆二中全會。此時卽已計畫利用各黨派、各團體、各地區代表，組織所謂「新政治協商會議」（別於政府的政協會議），成立僞中央政府。籌備經年，僞政協終於三十八年九月，正式開鑼。當時附庸中共的黨派，不下數十。被中共淘汰後所保留的十一個黨派，則都作了「僞政協」搖旗吶喊的龍套分子。「民主建國會」與其負責人黃炎培、章乃器、施復亮等，雖皆有幸未遭斬殺而保留下來；但其活動範圍，則縮小限定在工商界的資本家及中小工商業者，不得逾越一步。除此之外，還有各附共黨派「共同限制五條」，以及其他許多清規戒律，都是絕對不容違犯的。

中共鞭笞政策，雷厲風行。又經過所謂三反、五反、鎭反、思想改造、宗教改革之後。到四十二年時，中共在政治上，對各附庸黨派，已能絕對控制。原來僅存的十一個附庸黨派，再撲殺了三個，還剩下八個。「民建」又是倖存者之中的一個。民建雖得倖存；但精神上、實體上，已全被中共扼殺幾盡。他們已沒有自己的政綱政策。對中共各項政策，既不敢批評，又不敢不執行。迨中共大鳴大放之後，民建主要人物，如黃炎培、章乃器等，大都打入右派，遭到修理，民建已經全無內容了。形式上雖是中共的外圍組織，實質上已成了中共的一部分，而且是名存（保留招牌）實亡的一部分。其猶許存其名的理由，實因中共「統戰」策略的需要，尚不能完全放棄。還要利用其「招牌」，以備向國際國內來買空賣空。或可視作中共的一個「人民團體」；但其任務，除爲中共搖旗吶喊之外，就是「自我改造」與改造其同類、同行、同階級。使之更合於中共迫害、鬪爭資產階級的要求。

川軍兩驍將劉文輝與潘文華

西康王與跋扈將軍

對日抗戰時期，川軍鄧錫侯將軍，以二十二集團軍總司令兼「川康綏靖主任」，坐鎮四川成都。名義上，他是代表中央管轄川康兩省的軍政，地位崇高，望重一方。祇是自己所轄軍隊無多，並不能實際履行其職權，勢力且不能達及成都市。他生性雖比較溫和謙讓，也常不免要發一些牢騷：「我能做什麼？遠有西康王劉文輝，近有成都跋扈將軍潘文華，動輒得咎，」這絃外之音，實有暗示劉文輝與潘文華，為川軍的驍將，頗懷不滿之意。余踵其意，因集個人對兩將軍的觀感，草成此文。

川軍劉文輝與潘文華兩將軍，自民國成立以來，在四川軍人長期混戰當中，雖吃過不少敗仗，也打過很多勝戰。早有勇敢善戰之名，指為驍將，自不為過。據一般川省人士說：過去川軍作戰，大都不需要什麼六韜三略那類高深的軍事學識，多半還是用的古老的那套戈矛對陣方法，或許進步一點。祇要稍稍具有一點軍事常識的人，就可進到軍隊去混。正如岳武穆說的：「文官不要錢，武官不怕死。」單憑「不怕死」三個字，和自己命運的造化，就可以步步高升。當將軍、任方面，並不是很難的事。劉文輝與潘文華兩將軍，實際也就是這樣起家發達起來的。他們至今的思想與作法，似乎還是萬變未離其宗。

軍校出身發達很快

劉文輝，字自乾，四川大邑人。與劉湘同鄉，且有叔姪關係。生於光緒十八年(一八九二)。民國五年，畢業於保定陸軍官校。軍事學歷，似比當時其他川軍將領，都高一籌。因而發跡亦較早。初供職於劉成勳部（禹九，大邑人。十二年，四川省長兼總司令；國民革命軍軍長）。民國九年，升川軍第九師師長。在川軍割據混戰中，他是主角之一，勢力也愈集愈大。十五年，革命北伐，參加國民革命軍，任二十四軍軍長。逼迫劉成勳歸隱後，勢力更雄。十七年，兼四川省政府主席。及二劉（劉湘與劉文輝）一戰再戰之後，劉文輝敗走西康。二十七年八月，中央以王纘緒為四川省主席。為安撫劉文輝，二十八年一月，亦被任為西康省主席。從此獨霸西康，勢力及於川康兩省。成了「西康王」，亦歷時很久的「不倒翁」。

劉文輝的基本隊伍，爲二十四軍。實際人馬有多少？誰都不明其底蘊。國防部不明，川康綏靖主任不知，甚至連他自己也弄不清楚。全川五十多縣，都是他二十四軍的防地。他當了西康主席之後，二十四軍軍長實際就是他的兒子。他的野心，尙不僅此。還想拿了四川省主席之後，西康主席就交給兒子。世襲川康兩省，由「西康王」變爲「川康王」。

潘文華，光緒末年畢業於四川陸軍速成學堂。與川軍劉湘、王纘緒、唐式遵、楊森、賀國光等將領皆爲同學。供職川軍，以追隨劉湘的時間爲最長。十五年，加入國民革命軍，任第二十三軍軍長（劉湘二十一軍，後爲唐式遵。王纘緒爲四十四軍）。抗戰發生後，一直駐防成都，及其附近。成都則成了劉、鄧、潘三部勢力分佔，以潘部最強，故有跛扈將軍之稱。

體態性格平居生活

劉文輝不若鄧錫侯之魁梧其偉，是一個體形瘦小精悍，面色微黑的人。未入戰鬪狀況前，辦公或在家，經常都是一襲長袍背心，手持二三尺長的旱烟桿，常不離手。發脾氣時，就當順手的武器——打人。貌亦不揚，頗似貿易場中的老闆，或鄉下傳統「子曰館」的老學究先生。誰也看不出，他竟是頂頂大名的「西康王」兼二十四軍軍長。在川康兩省境內，有呼風喚雨的神力。劉文輝爲人，比較陰沉。與人初次見面，神態肅然，不隨便說話。有時更守口如瓶，似乎有什麼秘密情況，絕不願向外人透露一樣，令人常有莫測高深之感；與客人見面，也講洋人禮節，緊緊握手，多時不放，顯得異常親熱！相對又默默無言。客人在心理上，又常不免發生錯覺。

潘文華與劉文輝比，卻不是同一類型。潘年齡小於劉，風度翩翩，宛如濁世公子，面團團，文縐縐。家居着便裝，亦不若劉文輝之老氣橫秋或迂腐像。行走則慢斯條理，像京劇臺上的伶人，走方步一樣，表現很做作不自然。見客講洋禮握手，僅指尖接觸一下，不若劉文輝的熱情，更好像不願意似的。與人接談態度，亦與劉文輝異，談吐有時比劉坦率，不像劉之陰沉，令人莫測高深。兩人在一塊，形像判然，一個像鄉下人，一個像城市中人。他和多數川軍將領一樣，有一共同之點：愛發牢騷。不但對川軍將領，個個不滿；即對中央軍政大員，也無一可許者。連帶他的部下屬員，也是一樣，牢騷滿腹，常奇怪的愚蠢的發問說：「中央爲什麼要找王纘緒當主席，而不選擇我們軍長？」弄得人常常無以作答，啼笑皆非。

住宅庭院各擅其勝

劉文輝在川康各地，都有公館。成都有名的劉家花園，就是他的住宅。成都市四方八面，都有他的便衣軍力配備，卽不虞有人來謀害。這是成都人都知道的事，以故誰都不敢膽大妄爲，一捋虎鬚。夜晚，人有應經其居境者，寧多繞道而行。打箭爐的劉公館，建於城中最高的小山上，可以瞭望四週。晝夜皆有岡哨，以防不測。雅安有行轅，修了很大的兵營，警戒森嚴。惟康定的官邸，除門衛外，四周都有便衣隊巡邏。他經常來往於西康成都之間，部隊的指揮，則全交由兒子負責，更不虞有他。

成都劉家花園的住宅，為一典型的古香古色公館。有樓臺、亭閣、花園、假山、池沼和花草樹木，够資格稱為花園。潘文華成都的公館，則為一中西合璧式的建築，有花草樹木，點綴其間。入門通過小院，迎面為一大客廳，純粹西式。廳外卻像東方國家的神廟，滿懸各種顏色金字歌功頌德的匾額，大小俱備。祇缺香火供品與善男信女的頂禮膜拜而已。廳內佈置，則宛如咖啡館或大飯店的酒吧間，陳設高貴的沙發，平時很少客人去坐，靜寂亦如古寺禪房。

劉文輝的公館，古香古色，與潘文華公館之金碧輝煌，頗能互相輝映。各有朱漆大門，土里土氣，也皆侯門深似海，禁衛把關，人人都祇有望門興歎而已；但都不及鄧錫侯百花潭的康莊別墅，不設大門，不加圍牆，有山林梅竹之雅，來得自然有味。這兩位驍將，也都不如鄧錫侯之好客，有「座上客常滿，樽中酒不空」的風雅。也不像王纘緒之愛好字畫、作作詩、弄圖章，玩軍事兼玩文事之能文武雙全。不過這兩位驍將，也有其共同之處：對於新聞記者的訪問，都視為畏途。通常政要，惟恐記者之不登門來訪。他們卻恰恰相反，亦足見其政治手腕，是難登大雅之堂的。尤其劉文輝，有時還要破ㄖ大罵：「訪他媽的啥子×」！再有與川軍各將領共同的嗜好，就是「姬妾成羣」。潘文華與另一位楊子惠將軍，最為突出。

嗜好略異姬妾成羣

過去舊時代的四川軍人，嗜好雖有不同，而買姬納妾，卻成了風氣。多則數十房，少亦三五房。不惟享樂，亦以顯其富庶。以前有人談到四川將領們有姬妾數十房之多者，總是令人搖頭太息，說：皇帝有三宮六院，將軍們僅數十房，也算不了什麼。祇是有傷陰德，誤人子女，壞了家庭倫理和社會風氣而已。至於有些將軍，愚昧太甚，還要大事炫耀，「甚至大批派送十八九歲的姨太太，到上海去留學。每人一幢租界上的房子，奴僕如雲，用錢如水。而川康山民，有十七八歲大姑娘，尚無遮羞之一片布者。若衣若食，自更不必說了。」（抗戰前「獨立評論」雜誌刊載）這些將軍們，竟置廣大百姓生活於不顧，專去尋歡作樂，討好姨太太！又如何能領導軍、政、社會，爲人民大眾謀福祉？因此情形，在七七抗戰之前，曾導發過一次「姨太太風波」，成爲成都社會的頭條新聞。這風波的一方，是四川大學校長任永叔（鴻雋）與教授陳衡哲，因看不慣川軍將領們的多妾生活，發爲文章，不免有所諷刺。另一方，則爲川軍某些將領策動「姨太太們」發表宣言，創辦小報，攻擊任、陳兩先生，甚至信口大罵。任、陳兩先生，深恐對方缺乏理性，橫蠻性發，由文鬪轉爲武鬪，秀才碰了兵，就無法對付了。祇好自動辭去川大校長與教授之辭，離川赴平，才平息了這一風波。

潘文華將軍，曾否捲入這次姨太太風波中？我卻不得而知。我祇知道潘文華也是姬妾成羣的一個。羣妾當中，最得寵的是三姨太太。據成都居民傳說：這位三姨太太，白膚黃髮，杏眼桃腮，還相當亮麗。聽到她一口道道地地的四川土話，卽可知其一頭黃髮，是染色僞飾的，而不是一個洋婆娘。成都市民，每在成都市最繁華地區春熙路附近，如聽到後面有叮噹！叮噹！鈴聲的雪亮包車，像上海十里洋場，長三堂子的姑娘，黃昏時候，出堂差的包車一樣，車鈴響個不停，車上坐着一個艷裝姑娘，花枝招展的招搖過市，不必問、不必看，都知道是潘三姨太來了。聰明的路人，就要馬上讓路，讓包車衝過去。否則，被衝倒了，還無處可以訴寃，自己倒霉，又能怪誰！有人說：「黃髮桃腮，奇裝異服，鈴聲叮噹，招搖過市」，亦成都市景之一，可以收入「成都導遊手册」。

西康王嫁女的奢豪

川軍少數將領，因處西陲，孤陋寡聞，甚有一生未曾出過四川大門者。不但有如王安石詠「桃花源的居民」詩所云：「兒孫生長與世隔，雖有父子無君臣」一樣，且不知今世爲何世？蘆溝橋的炮聲，沒有震醒他們的迷夢；老百姓的呼號，沒有撼動他們的心靈。自高自大，抱殘守缺。不識時務，不達人情，更不瞭解政治行情。終日鬩牆是爭，私利是圖。似無有出乎劉文輝、潘文華之右者。玆各舉一例以明之。

民國二十八年，正抗戰進入第三個年頭，局勢緊張，國家已到了存亡關頭。西康王劉文輝，還不瞭解這局勢之嚴重危險性，猶若無其事然，爲其閨女出嫁結婚，開了一場轟動全成都的熱鬧場面。先則紅東滿城飛，喧嘩遍四野。成都少城東勝街的沙利文飯店，早經全部包租，住客一律趕走。整個兩條大街，搭建大篷，全用紅綢蓋頂，篷簷懸垂五色綢製彩球、彩帶，隨風飄動，宛如天女散花。嫁粧陳列大街兩側，任人觀賞，都是外洋進口新奇品物，與中國古老的器具寶貝。最令人注目的，則爲一輛最新式流線型，當時天津、上海亦少見的汽車，和兩輛新穎透亮的人力包車。比潘文華三姨太所乘坐招搖過市那輛雪亮包車，還要亮一些。一般紅男綠女小市民，穿捗於珠光寶氣的彩球彩帶之間，錦上添花，令人眞是望洋生歎！四川省政府特別捧場助興，挑派了一批活潑伶俐又漂亮的女職員，掛佩特製的彩花彩帶，充任招待員，更替春光增色。

及期，賓客陸續而至，都因招待員的關係，或爲親戚世誼，或爲同事良朋，佇立而談，閒話不休，趦趄不前，以致大門爲之阻塞難通。經過多時疏導，秩序才漸次井然。各方所贈禮品，除金珠、首飾、紅包、聯幛和器物之外，單單銀牌、銀盾、銀鼎，就塞滿了兩個廳堂。賀客盈門，無論識與不識，有無淵源關係，「來者有份」，坐下來就吃，吃過午餐吃晚飯，酒席如流水，開個不停，有人坐桌就開。自晨以迄夜深，似猶未休。至其執事人員，忙了多久，吃了多久，多少人衆，外人卻不得而知。這樣的鬧熱奢豪場面，恐怕也祇有西康王劉文輝，才能辦得如此風光赫赫！在我有生之年，祇聽說過（就是這次），卻沒有看過。古來帝王之家，公主下嫁，駙馬招親，不知何如今朝？一年數載之後，成都居民，猶有爭道其事者。最奇怪的，西康王的親家是誰？夫壻為誰何人氏？公主如何亮麗？卻不聽有人說過。

跛扈將軍不懂政情

劉文輝之奢豪，已名震成都。成都跛扈將軍潘文華又如何？則太過狂妄自大，不懂政治行情。對日抗戰初期，湖南主席張治中，張惶失措，一把無名大火，燒掉長沙。他闖了這次大禍之後，逃回重慶，不但沒有受到應有的處分，反而接替陳誠（辭修）將軍，做了總政治部主任。張治中處世待人的態度，原是目中無人，官僚氣勢十足。現在則更自視為天之驕子了，誰都不敢攖其鋒。唯有跛扈將軍潘文華，就偏不買他的帳。

有一次，張治中奉命代表蔣委員長介公赴成都，主持中央陸軍官校的開學典禮。這位天之驕子，也知道有所謂「行客拜坐客」的禮數，便屈尊就教，去拜訪潘文華。他雖早知道這位老粗將軍，是不太識時務的；但自己路過其門，又不得不入。不料剛至其門前，就碰上了一個大釘子。這眞還不是潘文華擋駕不見，而是其侍從門衛，狗仗人勢，擋阻了他的坐車，要張治中下車走。這眞是蜀犬吠日，少見多怪，張治中已是氣得口不能言。抗戰軍興、劉湘率軍出川抗日，後在漢口暴斃。川軍潘文華等羣情騷然！某次蔣委員長赴成都，意在安慰各將領，乃潘文華等，竟不識大體，昧於實情，陰謀刼持委員長於錦城，效張、楊西安事變的故事。幸賴軍校學生軍，已先作防範，得化險爲夷。否則，後果眞不堪想像。潘文華粗魯無識，竟至如此之極。至今思之，猶不寒而慄！

潘文華住宅，金碧輝煌，朱漆大門，兩旁士兵守衛，宛如文丞武尉，誰都不敢走近門前，除非有萬不得已之事。張治中此來，不過是禮貌性的拜會而已，亦別無所事。那日，當張治中坐車，抵達潘宅門前時，遵門衛的指示，下車步行。以爲可以直入，卻再被門衛阻止。還得先行投刺，經許可後，才得入門。潘文華也未免太過狂妄自大，不明政治行情，不識張治中是何等人物？連馮玉祥都要讓他三分的大好老。此時，潘文華如果是知禮的話，縱不整冠出迎，至少也得說聲「請」！由侍從引晉來。張治中入門，迎面卽爲一大客廳。潘未出迎，僅從坐椅立於沙發前，以手指張氏就坐。隨自取加力克高貴香烟，從罐中抽出先自嘴含一枝，再遞一枝給客人。張氏抽烟未畢，卽擲烟藉故興辭。潘起送，及門而止。張治中出門，已是氣上加氣了，猶見門衛用脚踢門前的老百姓。張亦頓然瞭悟：「必有其主，也才有其僕。」又何足怪！行客拜了坐客之後，照禮講，坐客也得回拜才對。而潘文華竟置之不理。迄張氏留蓉一週，公畢返渝時，始終未再見過潘文華的影子。張治中受了此次無名晦氣之後，於是逢人便說。說的自然沒有好話。相反的，潘文華如果早明瞭政治行情，且悉張治中人格的話，或許也不會如此愚昧。

中共控制中國大陸以後，三十八年，劉文輝與潘文華，亦隨鄧錫侯、熊克武等，聯名通電投共。皆被中共利用，活動了一個時期。劉文輝於六十五年六月，病逝於北平，享年八十五歲。潘文華以後，則消息不明。

傲慢自大的劉文典

剛愎自用才美之累

民國以來，我國儒林中，以傲慢凌人著名的學者，當推安徽劉文典先生。他在國民革命軍北伐時期，曾任安徽大學校長。一日，因安大學生鬧學潮，國民革命軍蔣介石委員長特召之來京，有所垂詢。乃劉一時意氣風發，竟對蔣公傲睨，放肆無禮，革去安大校長之職，退居清華大學教授，以教書終其生。

論者對他的觀感，頗不一其詞。譽之者則謂：他在中國學術上的地位。與對我國古文學莊子研究之貢獻，自陳寅恪而後，堪稱海內第一人。毀之者則曰：其人自大傲慢太甚，簡直是剛愎自用，常不近乎人情。縱有才美如周公，亦不足觀矣。這是儒林人士兩種不同的評說，讀者可從下列事實察之。中共統治中國大陸以後，他一直留在北平，如常教書，沒有離開。當抗戰勝利後，清大自昆明復員時，他就說過：「天下尙未定，何必要逃兩次難！」——雖不幸而言中，決心不走。祇是中共解放大陸後，對於高級知識分子的清算鬪爭，卻步步逼進。如馮友蘭、賀麟等很多學者，都下放到農村土改或學習小風爐鍊鋼。劉文典當不會例外。現在是否尙在人間？則生死莫卜。果然尙在的話，當亦與馮友蘭並駕近百歲了。不過他體弱多病，又有芙蓉癖，絕不是長壽之相。

現在我來談他，對他不必要的褒貶，一概免了。祇就本標題方面，作一點簡略輕鬆的介紹。

資質很高不修邊幅

劉文典，字叔雅，安徽江北人。約出生於民國前二十年。他的家庭狀況，幼年生活與求學過程，案頭皆無正確資料可考。僅知他受業於劉師培（字申叔，又名光漢，江蘇儀徵人。爲近代著名學者，學術著作極豐。其祖若父，皆中國經術名家）之門，得劉學正傳。約清宣統二年時，留學日本。因其資質高，記憶力強，努力向學，自修日、英、法、意諸國語文，皆有相當造詣。

叔雅先生，相貌清瘦，身軀飄飄，有弱不禁風相。頭髮鬍鬚，經常留得很長，又不愛洗滌修整。眞是首如飛蓬，面似黃蠟，這當與其抽鴉片帶來的惰性有關。在昆明聯大時，年不過五十餘歲。已是兩鬢蕭蕭，戴上老花眼鏡。抗戰時期，大學教授們在國內，大多數是穿藍布長衫，着戰前所製舊時西裝者極少，新的又製作不起。但他的長衫特別長，掃地而行。像辛亥革命以前，中國婦女所穿的裙子一樣，不准看到腳，走路不能踩到裙邊。祇得慢慢輕移蓮步。他偶然也穿皮鞋，既破且髒，從不擦油。經常穿的是中國布鞋，路走得慢，更加缺乏精神。他乃是一個最不講究邊幅的人，很像一個八股老學究，人常以「劉孔夫子」稱之。更有人說：他這種形貌、頗似其家鄉——安徽特產人物，遍佈江浙一帶當舖裏的朝奉。經人如此形容以後，過細注意一下，他眞是七分像老學究，三分像安徽朝奉。

他生性很怪，頗有幾分自大狂；但待人之情尙厚。途中與人相遇，無論學生或朋友，都是自己先行停步，如日本人一樣，作九十度的鞠躬，態度異常可親。說話一口安徽江北語音，聲音極細。如不注意傾聽，常會不知所云。上課時，發聲亦若此。這是學生們最傷腦筋的事。愛聽他的課文，又無法入耳。

清大文學於斯而振

清華大學，原爲私立清華留美預備學堂。民國十七年夏，國民革命軍北伐，統一國內後，八月，清華才改爲國立清華大學。因有美國庚款基金（共有四千萬美元）之助，更加發展起來，成爲後來居上。最初祇有文、理、法三院，校長爲羅家倫（志希）。當北洋政府時代，教育經費困難，教職員薪水，常一欠就是幾個月。惟有清大，教職員的薪水，按月照發；學生食宿，又全係公費；因之，清大在國內，便成了金字招牌的大學。劉文典卸任安徽大學校長後，經陳寅恪（江西義寧——今修水——人，屬客族，祖寶箴，湖南巡撫；父三立，又號散原老人，大詩家）推薦，卽北上任清大教授。中國文學在清華，過去原不受人重視。爲清華中文系樹立起大纛者，陳寅恪固爲其主將，而得副將劉文典之力，亦實很多。原不重視中國文學的清華大學，從此便大放異彩了。

劉文典，在清大中文系教授之中，是掛頭牌的角色；也是清大教授中公開抽鴉片的第一人。他煙癮過足了，講課更是有聲有色。他在昆明西南聯大時，已經五十多歲，猶誨人不倦。上課時，愛講故事、經典、笑話，妙語如珠，詼諧百出，雋永風趣，最能引人入勝，亦其最受學生歡迎的主要原因。上課時，課堂上雖擠得水洩不通，但他停住嘴，堂上仍是鴉雀無聲。開講了，就祇聽他滔滔不絕。經常是二小時連堂，學生亦始終沒有倦容。

劉文典，是莊學專家。老莊學說，皆主柔而戒剛。以人之齒舌爲例而言，說到「夫齒之亡也，豈非以其剛乎？舌之存也，豈非以其柔乎？」他的學生史國貞，曾告訴我：劉師講到牙齒時，便插上一個笑話說：「中國民間有猜謎的遊戲，俗叫『打燈謎』。我現在說一個老謎語給你們猜。謎語是清清白白的，你們不要有『機心』，就能『不知爲不知』。有了機心，就會瞎猜胡猜，失去『自然』。謎語四句話：『一物生來五寸長，一頭有毛一頭光，挿進去乾乾淨淨，拿出來含水帶漿』。如果存了『機心』來聽、來猜，確是相當猥褻（大家都笑），實際謎底就是今日人人要用的『牙刷』。」劉文典上課之能引人入勝，卽類此隨時觸類引發，又不妨其學的笑話多。此不過一例而已。

學問淵博獨步海內

教授講課，要能叫座，固非有眞知實學不可；也必須有幽默風趣的笑話趣談，以調劑聽眾枯澀的情緒。劉文典受業於劉師培之門，不但得到劉師培的正傳，其於中國古文學認識之淵博，也要算是海內獨步。章太炎（炳麟，浙江餘姚人，國學大師）素不輕許他人的學問，惟於劉文典，則特別惜之重之！這是絕不容易的。劉文典對於中國古文學，自漢、魏、晉而南北朝文學，與晚唐詞並莊子之學，在劉師培之後，尙無第二人可及。尤其關於莊子之學，歷代註而箋之者，代不乏人。陳寅恪則獨讚劉文典之莊學，「能明白的表現『知之爲知之，不知爲不知』的可貴」。這「知之爲知之，不知爲不知」，而沒有說「是知也」一句話，也正是表現他與叔雅，都得了莊學「機心」正傳的意思。這點以後有機會再解釋。

關於劉文典文章之學：他自修深通英、日、法、意四國文字，早年譯書很多，姑置不論。他對於國學文章方面，則宗魏、晉，與劉師培係同出一脈，如以淸末民初而言，他可算是王湘綺（

闓運，壬秋，湘潭人，國學大師）後第一人。劉與王不同之處：劉似與淸季陽湖學派有淵源。詩宗晚唐，富有艷而麗的色彩。而湘綺的詩文，則以傑出創作爲多，成爲一家之言。劉師培與劉文典，皆創作少，研究心得多。劉文典是莊學專家，故最愛陸機的「文賦」。他認爲中國到了陸機時代，才有極其邏輯的論文章的方法與文學批評。故「文賦」一文，實可與一部「文心雕龍」比美。祇要能精研此一文一書，於中國之文章學，便可思過半矣。他對「紅樓夢」的文學價値，亦有相當的研究與見解。此處便不多說了。

由於他學問的淵博，在清大講學，範圍也相當廣泛。而且多半是輪年輪月開班的。課程除莊學、古文學、詞學之外，還有「中國古代大文豪之研究」，其中包括有莊子、曹植、晚唐溫飛卿、李義山、昭明文選等課。每課講的時間都很長，少則數週，長可一、二年。他對上述的大文豪，皆賞讚不已。他自己也說：「古人與我非親非故，我何必如此捧他們？其中自有該捧之理由在。」這也當算是他已接受了莊子達觀的機心。劉文典雖驕矜自大，相信他還不會狂妄到「前無古人，後無來者」的地步。

須無傲氣必有傲骨

近代一個藝術名家徐悲鴻（壽康，江蘇宜興人，大畫家）說「一八須無傲氣，不可無傲骨」。而劉文典教授正兼而有之。本來一個有學問的人，縱令是莊學專家，總難免如一般凡俗一樣，沒有「機心」。有機心，也不會沒有傲氣。他對領袖之放肆無禮；對朋友之狂妄自大；這兩故事，且留待以後，另節再說。

現在我祇舉幾件事，都足證明他傲氣十足。中國對日抗戰時期，日寇飛機到處轟炸，昆明地區，自未能免。他在西南聯大講課時，卽常對學生說：「警報來了，一定要跑。我雖很窮，亦必借錢坐車逃出城外。你們要知道：我還沒有盡傳所學給你們。如果我被炸死，中國文化，就被炸去一大塊去了。沒有中國文化，日寇更會猖狂了。所以一定要跑警報。」劉文典對於中國新詩、新文學家，素不放在他的眼底。他常對學生說：「他們不似你們幸運！你們今天在這裏讀書，政府請了我來教你們，何等幸運！他們可憐，他們幼年失學。世界上祇有幼年失學的人最可憐！」語未畢，學生已哄堂大笑了。清華有一次開教授會議，時朱自清（佩弦，浙江紹興人，數主清大文學系）提出某（忘其名）應晉級教授。劉文典認爲：天下無此荒唐的事。直指朱自清說：「如某人當教授，你請我到那裏去？置陳寅老於何地？必先請當局給我兩個設法，謀一條出路，然後方可語此。」朱自清與某皆大窘。經馮友蘭調解，始寢其事。他以後常對人說：「他校吾不敢知，吾清華文科，實祇兩個半教授。」人或問之曰：「請示所知，那兩個半？」劉笑曰：「寅恪一個，友蘭一個，我半個也。」目中無人，一至如此。馮友蘭還是因爲他曾作過清華文學院長，才勉強列之。

故劉文典，從來是傲氣凌人的，當然不限於上述幾件事而已。不過他的傲骨，也是偶有可觀的。如不逢迎領袖、不巴結權貴，但都不被人注意而已。而惡他傲氣的人，反說他在耍學者脾氣。今日世俗，愛道人之短，誇說己之長，和煙視媚行的人特多，於是連所謂「傲骨」之輩，也就不在嘉許之列了。劉文典卽其中之一。

不知為不知的註脚

劉文典講課，最愛以故事引起學生聽課的興趣，最後才歸到主題。學生也容易接受其理論。如他講莊學「海鷗鳥」的故事說：有個住在海濱的人，每天早晨，到海濱和海鷗鳥去玩，海鷗鳥幾千上萬隻，都集在他的身旁。那人的父母知道了，便對他說：「你明天去捉幾隻海鷗鳥回家玩。」第二天，那人又到了海濱，將發動捕捉時，海鷗鳥似已有先覺，便都飛上天空，不敢下來。這就是說：「人有機心，海鷗鳥便有戒心。」這就是莊子所說：「有機事者，必有機心。」所謂「機心」，乃是一種巧詐之心，而非宇宙自然之心。故伴「機心」而來的，便是「戒心」。

接着，劉文典又講了一個歷史故事：永嘉（晉懷帝年號，紀元前三〇七年）時期，有個天竺和尚佛圖澄，來到中國，自言有百餘歲，經常不食，靠空氣調養。據說：他的肚子旁邊有個孔，平日用棉絮塞起來。晚上讀經，把棉絮拔掉，孔中便有光照射出來（這是神話，且不管他）。當時北方天下大亂，石勒與石虎雄桀好殺，死人無算。佛圖澄和尙想去拯救眾生，便往見二石。略施法術，顯其神通。石氏兄弟，大爲讚服，不但不殺他，反尊之爲大和尙，敬禮甚隆。這時中國江南，有個高僧支道林，聽說佛圖澄在北方教化了二石兄弟，便說：「澄公把石虎兄弟，當作海鷗鳥。」卽說明：「澄公沒有機心，所以石虎兄弟便如海鷗鳥一樣沒有戒心。」如此以故事證「機事」，對「機心」便全瞭然了。

有學生問劉文典教授：惠施學說，與莊子能否契合？惠施學說，語多神異，趣味橫生，清談家何以不取作清談資料？他講莊子天下篇，便答覆了這個問題：惠施學說所談的，是名家的理。根據思想道理以探求眞理。與易經老莊學說都不同，而是研究宇宙萬有的原則，屬於哲學。前者屬於名學，公孫龍等也屬此派。惠施所說：卵有毛、鷄三足、馬有卵、犬可爲羊、火不熱、目不見、龜長於蛇、白狗黑等。公孫龍說：白馬非馬、堅白論等；這些都是名學上的理，立詞詭異，理不易得。清談家是專談空理的，以名家學說，義理難懂，便很少人去追求。卽能通能談，要人聽得懂，仍不容易。所以名家學說，很難流播，終有學而少傳。與老莊學說，根本是各行其路的。我（劉自稱）未專攻，不敢以不知爲知，略悉皮毛而已。這也就是陳寅恪先生獨許他「知之爲知之，不知爲不知」的註腳。

自大自用不矜小節

劉文典教授，由於生性很怪。情緒欠佳時，常與人鬧得不歡而散。其實他心地光明醇厚，平日待人接物，不失常軌，極爲可親。但在逾矩之時，自大自用，便乖舛了。革命北伐，政府奠都南京時代，劉文典擔任安徽大學校長。安大學生，因故鬧風潮。時北伐軍蔣總司令介公，已成中國最高的實際領袖。黨、政、軍的決策，皆由其掌握。爲欲瞭解安大學潮實況，因召劉校長來京面詢。劉見蔣公時，即指手問曰：「你就是蔣介石嗎?」蔣公駭然！隨責其對安大學潮處置不當，致學潮愈鬧愈大。劉文典並不反躬自咎。還大發牢騷，聲色俱厲。蔣公知其爲不可以理喻，遂令收押看管。暫了此鬧劇。事聞於章太炎、吳稚暉兩先生（皆與劉爲友），皆分向蔣公關說，請宥其無識，准予保釋。蔣公原無罪劉之意，祇在挫其一時的火氣，蔣公礙於章、吳兩先生的情面，祇得見好收篷，不加追究。劉既獲釋，乃赴滬謝章太炎，章笑問之曰：「聽說你當面罵了他一頓，可是當眞?」劉猶氣憤未平，指手畫腳的說：我完全是用的京戲臺上「擊鼓罵曹」的姿式，章亦激賞不已。蓋章亦素有「章瘋子」的雅號，曾贈劉一聯有云：「擊鼓堪稱彌正平（上聯忘了）」之語。劉固自大自用，章亦庶幾近之。

劉文典，抗戰期間在昆明西南聯大開課。及抗戰末期，於空襲中逃躲警報。在防空洞口，與文學家沈從文相遇。劉冒昧的對沈說：「你何必躲警報？」沈反問：「劉先生爲什麼也來躲？」劉曰：「我躲警報，不是爲我劉文典，而是爲中國。告訴你：如我被炸死，就沒人教莊子，中國文化被炸去一大塊，日寇更要猖狂了。至於你教小說的，隨處都是。你何必躲？」沈從文素性謙恭厚道，亦知劉乃一剛愎自大自用之徒。講課時，亦常對學生說過如此「向自己臉上貼金」的話。我心雖不平，實無與他計較的價值。

劉文典，自修而通英、日、法、意四國語文。過去也翻譯過許多外文書籍，這是事實。有學生爲習第二外國文，晉叩劉文典的意見。劉曰：「方余之留東也，習法、意文，係極簡陋之和（日本）、法字典。其時，尚無和、意字典出版。吾國至宣統二年，始有鄺富灼之英華大字典，比較完備。以今日所出字典視之，亦嫌簡明。然早期吾華學生之寫讀能力，皆較爾等爲佳。可見工具愈方便，愈懶惰，一如今日之有汽車然，人之兩腿，反而退化矣。」不但答非所問，簡直是借題自炫一番。學生無故挨罵，祇好抱頭而退。同樣的情形：劉文典常對學生，批評近代的翻譯家說：「彼輩將原本書，置於其右，稿紙置於其前，半吋小字典，置於其左。翻一個字，譯一個字。請問如此譯筆，尙成何話說？其中國文佳者，則湊而成文；但求圓而成之，與洋文的原意，亦相去不啻十萬八千里也。」其自大自信心之強，卽類多如此。

晚年生活相當腐化

劉文典老師早歲體弱多病，原想藉「福壽膏」的神效，以改變其體質！當時抽鴉片煙，已成了北京上流人物的風氣；而戒煙，也是北洋政府例行的禁令。據傳：他是「奉旨」吸煙的，自然更有自由。何人之「旨」？則不得而知。不過他上了癮，而其體質、體力，並未因之而改善，反而上了它的大當，惡化、腐化都加深了！昆明的「雲土」鴉片，早已馳名於全國，比「印土」略遜一籌。劉文典戰時在昆明，得到「雲土」就近的供應，視同聖品。晝夜顚倒，生活也就愈爲腐化了。

抽鴉片的人，通常有一種習慣，劉文典自不例外。由於抽煙，有種種享受，所以才把鴉片稱「福壽膏」。劉文典每次鴉片抽得過足了癮之後，隨把一隻宜興小茶壺嘴，寒入口中，深深的吮一口雲南普洱茶。這本是「老煙槍」的習慣，因爲茶更能充實加強煙的勁頭。劉文典現在已不喝清淡的一般綠茶。他到了昆明，除愛「雲土」之外，也愛上雲南普洱茶。用一把小宜興壺，放在小茶油燈上，慢慢的煮，煮得茶汁發黑發苦，喝起來，才算過癮。這茶提神振腦的功效，和鴉片一樣。雙重的精神振奮劑，便把劉文典這一夜，非見到東方既白，很難上床安然就寢。也非至午後，日近黃昏，不會起床。

故劉文典每日的起床時間，必在下午三、四時左右。夕陽西下，才緩緩的行去講課。教務處排他上課的時間，必先取其同意。否則，他要開罵。在課堂上，通常是兩小時連接的。他隨帶笳力克洋煙一罐（戰時昆明易買），一枝接一枝，隨抽隨講。鴉片要取最好的「雲土」，香煙要抽英國的「笳力克」：雙槍夾攻，便把他兩手的指頭，燻得盡是咖啡顏色。在生活方面，就更加浪漫、更加腐化了。

雲南氣候，四季如春。劉文典家住昆明文林街一陋巷的花園中。一榻橫陳，藉著煙燈看書不輟。他的學問，固多在這環境中充實起來的。在生活上，也眞逍遙自在得很，不知世外尚在上演槍林彈雨、血肉橫飛的慘劇！有客至，不管是否同志？都叫去陪床而睡「過燈癮」，此爲抽鴉片者的術語。偶抽一口，或論學，或聊天，快樂似神仙，最饒奇趣。抗戰勝利後，全國大復員，大家都忙整裝還鄉。他愛上昆明這地方——雲土、普洱、氣候，不欲離滇。獨發妙論說：「天下尚未定，何必逃兩次難？」今日思之，雖不幸而言中。卻把自己陷在北平，誤了自己一生，斯亦至可悲矣！

神乎其技的周仲平

平江異人一文一武

距離湖南省會長沙不遠的一個山城小縣——平江，民國以來，曾出過兩個有相當名氣的人物，一武一文，或說是一個術士，一個作家。前者，爲神乎其技的周仲平，湘人以「活神仙」譽之，算是法術之士，亦類今日之魔術大師。後者爲作家，以寫「留東外史」與「江湖奇俠傳」等許多武俠小說而成名的向愷然。這兩個異人，都遭遇過政治的迫害：周仲平遭到一個自命爲前進革命的將軍——張治中，妄加之罪：「妖妄惑眾」，於抗戰初期，二十七年，不該死而被槍殺了。向愷然雖碰上一個聲名狼藉，殺人不眨眼的屠夫——張敬堯，要殺他而未殺，反而禮之若上賓。兩人遭遇之不同，竟有如是之別？

向愷然，筆名不肖生，或署平江不肖生。天資很高，憤世嫉俗，多發之於筆墨。所撰作的武俠小說，不但名噪於國內，且喧騰於東亞各國。據傳：張敬堯督湘時，因案下令要捕殺他。他絕無難色，便親往晉見張大師。張不識其人，問何事？以前來「投案」對。張奇其勇敢機智，與之言，又皆詞理簡妙，切中竅要，因之大悅！結果，不但沒有殺他，反和他結為異姓兄弟，禮之若上賓，盛宴招待，傾談竟夕，翌晨始遣輿送之還家。能說不是異數嗎？

平江不肖生向愷然，能言善辯，見多識廣，所作留東外史與武俠小說之類，敍述人物，生動活潑。內容多新奇怪異惶駭物聽，而其文筆之流利，讀之常令人忘倦。雖販夫走卒，亦多係其忠實讀者。故其人其事，類多能知之，當另作專文介紹。至周仲平「神乎其技」的故事，湘籍人士，幾已家喻戶曉，但外省人士，或耳熟而不能詳。三十年前，余於所著「忘機隨筆」中，雖有記述，但嫌過簡，今日舊事重提，祇就記憶之可能者，稍加充實而已，藉供讀者茶餘酒後之談助。

神仙之名由南而北

周仲平的家世與出身，人多不悉其詳。僅知其幼年，浪跡江湖，中年回家，不知從何人學得很多本領——醫術、拳術、法術，無不精通，特別是法術神奇。問其師事何人？則始終秘而不宣，令人更莫測其高深。好事之徒，也祇注意他的神異法術，而不計較其他。他是平江縣人，與向愷然（平江不肖生）為同鄉，且極友善。向愷然在其所作武俠小說中，對周仲平的事跡，以影射方式，間亦爲之宣傳揄揚。湘人雖以「異人」、「術士」、「活神仙」目之；但欲走訪其人者，門前經常懸有「謝客」之牌，家人亦必稱出門未返，始終難得一見。有人能於市廛或賭場中，偶然遇之者，亦不固爲躲避。對日抗戰時，他年約四十左右（民國二十一年，彭位仁任十六師師長時，曾委爲軍醫），其人貌椎魯而不揚，既矮又瘦，似一弱不禁風的人，說話一口平江土腔，與之言，又鄙俗如市井中人。兩目烱烱有光，對初晤面之人，目尤睒睒轉動不已，似對人作極深度的觀察然。別無其他奇形異相。不過他兩耳特別長大，人多謂爲長壽之徵，其實他並未長生不老，四十多歲，即作了張治中槍彈之鬼。周仲平在日常生活方面，素性相當嚴謹。節衣縮食，儉約過活，不嗜煙酒，不貪女色。唯一毛病，就是嗜賭如命。賭則屢戰屢敗，通神的法術，也不能幫助他。他之喪魂斷命，亦即種因於賭。

周仲平雖非富有之家，衣食總可無虞。平時衣着或長或短，絕不講究什麼派頭，如一鄉下老粗。唯於治療病患，施行重大法術時，雖男女環觀如堵；或嚴多季節，重裘不暖之際；亦必脫盡外衣，僅留一身內衣袴褲。有時在緊急關頭，還敞胸露臂，汗流浹背，熱氣衝頭。傳說：十三年十二月間，周仲平到了北京，有人將周神仙之事，言於段祺瑞。段氏好奇，召之入宅，略事寒暄後，曾獻「盆中釣鼈（甲魚）」之術於段前。甚得段氏之激賞！時段氏正任北洋政府臨時執政，聘之爲高等顧問。用意何在？外人不得知。一時故都政壇人士，多稱周仲平爲「甲魚顧問」。由是周仲平「活神仙」之名，不但傳播於湖湘之間，亦展開於北去了。北洋財政總長葉恭綽，曾介紹周與張作霖相見。張請周表演法術。周隨從衣袋中，取一鑽戒出，交予張手，並說：「大帥：請看看我這戒指如何？」張檢視手中戒指，忽然不見了。原已被周用法術取去了。張卽深信周之法術高強。辭去時，猶致以多金。

小施法術無不稱奇

周仲平平日小施法術，亦類似今日之「魔術」表演；但其條件、手法、裝式，卻與玩魔術不同。最顯明的：不用特製的道具與用物；凡所取給與利用過的物品，都不必還原；在施行法術時，都不隨帶助手；隨時隨地可施，隨心隨手可作。施行法術之前。通常祇有兩項儀式：默誦咒語；畫符化水。遇有較爲嚴重的事故（如重病、災難等）而須禳救解脫者，才有較隆重的請師儀式。儀式畢，脫盡外裳，端坐於木櫈上，閉目凝神，默唸咒語，似爲請神禱告。時而輕鬆，時而緊張。緊張之際，多流汗如注，或歷時很久，或頃刻下坐，始正式進行作法。其法民間傳說很多，此處不能詳說。作法經過，曲折不少，亦不縷述。以下我所欲言者，儘量避言其煩瑣動作，祇說他施法本身的事態而已，他究有多少法術？外人自不得知，茲僅舉數事觀之：

周仲平有一次在朋友喜宴中，筵開數席，座客有挽周仲平獻一技，作致新人賀禮者。周爲熱鬧喜慶場面，亦不辭。思有頃，先請主人備一木盆，盛清水，置於簷下。隨展報紙覆蓋其上。同時，請座客兩人，自告奮勇，一至廚房取生鷄蛋一枚；一至書房取一信封和火柴兩根至，並將火柴放進信封內。兩客將蛋與信封，皆高舉過頭，有目共睹。周隨唸咒語。唸畢，叫客檢視信封，火柴已失；叫另客打破鷄蛋，已成熟蛋。分開蛋黃，兩根火柴，已變成兩根小針，揷在蛋黃之內。

周仲平施行火柴變針法術之後。正當觀衆熱烈笑談時，他又走近簷下盛有清水木盆之側，唸唸有詞。少頃，盆中漸有水聲發出。他又加唸咒語一次，隨揭去覆蓋盆上的報紙，觀衆祇見水中鼓起水泡花，像釜中沸水一樣。且漸生出綠色浮萍，終於浮萍滿盆。時盆側外繫一繩，周仲平將繩輕輕提起，則赫然大甲魚在，猶動彈不已。衆客驚其神奇，稱讚不已。周則說：恭賀新婚喜慶！當將甲魚（代表富貴）交厨司烹之，敬獻新人加餐！周仲平見賞於段祺瑞，「甲魚顧問」之得名，亦即由此術得來。

其他小法術，周還有很多。如叠置青磚十餘塊於地，舉掌輕輕一劈，磚上下皆裂，惟當中一塊，完整如故。此與今日運用功夫劈磚者，頗不相同。如遠距「銅鐘」數丈，遙舉食指作敲鐘，能作噹噹響聲。如左手持一空碗或空酒壺，隨取一小手巾或報紙覆蓋其上。右手向空中一招，則滿碗或滿壺美酒，到了左手中。兒童之輩，常向周仲平討糖果。周問所需之後，隨從某童頭上取下一帽，向空中一舉，所需糖果即滿盛於帽中。諸如此類小技，在大庭廣衆之中，有求之者，亦常不辭。此雖小技，非如玩魔術之有夾帶者亦不同。令人難於索解則一。

科學萬能亦難釋疑

民國十九年，余回長沙省親，尚未聞有周仲平其人（實早已傳名）。時何鍵（芸樵）主湘政，提倡國術，五嶽三山的奇人異士，皆集於長沙國術館，舉行大擺擂臺，競技較藝。亦不見有周仲平其人。對日抗戰，武漢緊急疏散時，余送眷回湘。長沙街談巷說，便多有關周仲平之事。同學李琳、方陶夫婦，皆平江人，爲余說了兩件有關周神仙的故事：有林姓夫婦，與周仲平爲老友。一日林夫婦陪其戚劉翁，由長沙靈官渡擬乘小筏渡江赴友約，方解纜起行，適見一人奔跑而來，大呼「稍待」，要求同渡。林識爲周仲平，自予樂從。劉翁則知其名而不識其人，互爲介紹寒暄後筏已至江中。周不揣冒昧，急伸手取下劉翁的近視眼鏡，擲之江中。劉翁疾呼：「使不得，使不得！」已不及矣，殊有慍色。林妻以告翁曰：「無妨，周先生開玩笑而已。」相與顧視一笑，周亦隨手向江中撈取而上，水猶淋淋，就衣拭乾，仍以交劉翁。筏抵岸，周不辭而去。劉翁曰：眞異人異行也。

某年新歲，平江同鄉會，聚會於長沙。周籍平江，亦來與會。會畢，李琳邀周仲平獻一技以娛同鄉。眾皆拍手贊成，周不能辭。隨請李琳備紙筆置几上面盆中。周向與會諸人說：我昨過「北協盛」（長沙有名的大藥舖）之門，見新運到中藥很多。現值進補之時，如有所需者，不妨將藥名數量，開列紙上，並藥費皆置盆中，不勞諸位遠行，仲平當代購來！李夫人方陶便戲開「洋參一兩」並鈔洋一元，親置盆中，如言以報紙蓋妥。周隨閉目，唸唸有詞，約二十分鐘後，請李夫人揭開報紙檢收！果得洋參一小包，原紙單上已標藥價，還蓋有北協盛的印章，和應找還的餘款，亦清楚無差誤。眾皆讚周技不已！惟李琳夫婦，皆科學迷，對其眞實性，仍有疑難釋！乃獨赴北協盛，探詢究竟，並核對印章固絲毫不爽。他們雖信周仲平有一套：但總不免於疑！

這兩件事，皆李琳夫婦所告余者，後一件且是他們親身經歷的。從此使他倆「科學萬能」的頭腦，也不免發生動搖。據說：周仲平的本領，還不僅此。更能在一、二小時內，從長沙到上海，買到東西回來：但有一個條件，必須指定上海先施、永安、新新三大公司。否則，恐費時間太久，買者不能久候。有人說：這是一種「奇門遁甲」的法術。這法術爲何？恕我外行，不能道其詳。

祝由科亦稱辰州符

周仲平所玩弄的法術，當然不能與現代的魔術同看，似應歸於「祝由科」或「辰州符」一流。我國自古傳有「祝由科」，用符咒治療疾病。典籍與老輩相傳：其法始自軒轅黃帝，乃我國最古老的醫術。所謂「祝由科」者，祇「祝說病由，不勞藥石，祇用咒語符籙，便可醫治病患，故曰祝由。」今傳其術者，多屬湖南舊辰州府人，故亦稱「辰州符」。但不算是辰州府的特產，湘、滇、川、黔邊，甚至越南，亦有此術，辰州不過其著者。

以前湘境各大小城鎮，常有門懸「祝由科」或「辰州符」或「排教」招牌，行醫爲人治療疾病者，卽是此輩居留之所。門診或出診，皆能接應。其他各省，似不多見。「辰州符」係祝由科的別名，「排教」則屬辰州符的旁支。相傳湘西辰州、永順一帶，盛產杉木，爲其他林木地帶所罕見。杉木樹幹通直，長達數丈，質輕而韌，蟲蟻不侵，性耐水濕，向爲建築與製造傢俱的上好材料，幾爲全國所採用的木材。但在交通不便的時代，產地辰州出口，必須經由小河流放過洞庭湖，入長江到漢口分散發賣。而辰州木材運行，非如其他貨物可以裝船，必須用竹繩扎緊成「排」，方能承當急流激湍的衝擊。更需法力超強的法師，隨時防範被人破壞，木排才不致散失。否則江中散了「排」，便爲無可挽救之事。正如平江不肖生向愷然在「江湖奇俠傳」中所云：「每一大木排，必有武功、法術兼備的高手護排。否則，便易被其他法師來拆排。」此輩護排高手，通稱爲「排教」。

「排教」高手鬪法。余輩兒時，亦常聽家鄉父老傳說很多。雙方法師，亦如今日的武俠神奇小說，互施法術，各顯神通。說得有聲有色，至今猶難盡忘。有人說：排教亦祝由科的旁支，而非正宗；但正宗的法術，我卻未聽人說過。排教法師，除護排之外，每靠碼頭，亦常登陸，爲人治病。同時，入民國以後，排教之風，亦漸漸減少。懸牌招搖之業者，已不多見於市廛。窮鄉僻壞，偶或有之，法術亦多失其靈效。

辰州符排教的道行

所謂正宗祝由科的法術與治病，我未見過，自不外乎咒語符籙。惟辰州符旁支「排教」的道行，我卻聽到傳說不少。排教的護排與治療病患，通常唸咒、畫符，皆須利用「一碗水」，施行其法，故法師亦稱為「水師」。水師，亦若普通農民。施行法術時，也是平常打扮，非如一般道士、和尚，有所謂法服、法器等。玩弄小法術，悅眾取樂時，也和周仲平一樣，隨時隨地可施。治療疾病，祇須明白病情，不必親視患者。唸咒、畫符，常須斬斷一雄鷄之頭，瀝血數滴於符上，將鷄與頭，均棄擲於地。焚符於盛清水之碗中。水師隨含符水，小病則噴向病者身上或患處（有時則於患處以指畫符）；重病，符水則噴向庭院「移寄物」之上，用鐵籤直戳移寄物之中；病即霍然而癒。

有熊錫光者，係余同事曹渭賢的表兄弟。十八年，熊服役於湘西永順軍中。親見其友陳參謀之母，年近八十，右臂間忽紅腫一塊。初起時，不痛不癢，家人亦不以為意。繼而紅腫擴大，堅硬如石頭，痛苦不堪！經軍醫多方治療，久未見效。因病狀異乎平時的疱癤，普通軍醫，又不敢開刀割治。嗣得地方士紳的介薦，請周姓水師醫治。周水師略視患處，曰：「容易。」施法亦如上述。移寄物，則係庭院中一樹，痛苦呻吟中的陳母，當鐵籤戳樹時，房中病者忽傳出大叫一聲，其右臂患處，流出很多血水，頓覺輕鬆已極。未久，腫退塊消。二日後，即告痊可。相傳這是排教的一種「移病術」，周仲平似亦具有此術，以後再說。

可是，事有更可怪者？當周姓水師用鐵籤戳樹，陳母一聲大叫之後，周水師隨唸咒語，含符水噴向鷄頭與鷄頸之上。將頭與頸，復接合起來，擲之於地，鷄又行走院中如常；但行未逾丈，仍倒地而死。觀眾瞠目結舌，咸謂眞神乎其技。

移病術亦排教之流

周仲平除在大庭廣眾中，玩弄上述的小法術，尋歡作樂，譁眾取寵之外，也經常如排教水師一樣，爲人治療疾病，故他亦可說是辰州符、排教之流亞耳。茲舉一事以言之：對日抗戰發生那年，亦周神仙（仲平）聲名最響亮的時候。抗戰勝利復員時，湖南銀行行長朱雪眞，爲余話往事。言長沙南門，交通銀行魏經理，爲人極忠厚老實，在長沙商界中，頗負眾望。有至戚某，患重病，呻吟床褥有年。中西醫治，都找不出病之確實根源（時醫院設備太差）已束手無策。由魏經理的介紹，戚家祇好乞靈於周神仙，挽救其戚已垂危的生命！周親提一木箱至其戚家，置箱於大門之側。入探其戚之病況後告魏經理說：「我且試試，才能決定有無救治？」

隨命其家人至大門側，把箱子提進廳來。箱子極輕，家人猶疑必係用品藥物之類。及周仲平親將箱子打開，乃一根極長而粗的鐵練，別無他物。計其重量，自超過原來所想像的。家人正在疑惑之中，周仲平又叫他邀數大力工人至，命如周所示作法：周神仙則坐在粗木椅上。眾工人用鐵練將周緊緊綑綁起來。鐵練兩端，且用大鐵鎖鎖住。練中套一根小麻繩，叫一約年七、八歲的小童牽着不動，叫他拉才能拉扯。準備畢，周仲平閉目默坐，口中唸唸有詞。表情緊張，已是流汗滿面。經過約一刻鐘的時間，周忽大叫一聲「拉！」小童如言一拉，「鐵練即寸寸斷脫」。周亦躍起，欣然向魏經理曰：「恭喜、恭喜！令戚得救，可以起床了！」正在大家將信將疑之際，病者果然起床至廳，向周神仙叩謝救命之恩！大家亦驚喜不已，主客又熱烈恭賀一番！

後來魏經理私以詢周：「拉斷鐵練，固爲神仙的大法；但用意何在？」周曰：「如果拉不斷鐵練，病者便不可救了！」「這是因爲病者的命運，與其祖墳上一株大樹相剋制。樹存則人死。必拔掉此樹，病才會好（以後有鄉人來報：祖墳上果有一大樹倒了）。」魏曰：神仙眞是法力無邊。隨置盛宴，以酬其醫！辰州符排教治病之神奇，我在向愷然「江湖奇俠傳」和其他傳奇書本中，都已領教過。周仲平的治病法，除用鐵練綑綁自身之外，其他並不異乎排教水師的法術。他的「移病術」，利用一株樹，亦與排教以「羊代罪」無異。所以我故敢說：他的師承，相信也是出於排教。我如要斥他爲「荒誕無稽」，固然有點說不出口；若要信其「無爲有，靈若實」，未免又背了自己的良心。還是祇好存疑，等待時間來證明！

代罪羔羊治癒鼓脹

周仲平這種以樹代罪的移病術，與排教「以羊代罪」的移病術，既無甚差異，意義亦完全相同。胡存厚(前政大教授胡耐菴之兄)先生告余：長沙青年李道恒，服務湘西沅陵縣署，親眷皆留家鄉，老母六十餘歲，患俗稱「鼓脹病」有年。腹大如鼓，若孕婦然，脹痛難當。經常求治於長沙湘雅醫院，西醫為施人工抽水法治之。雖奏效一時，稍隔時日，又鼓脹如故。屢抽屢脹，更不勝其苦。住院已半年，認此殊非根本治療之道。於是欲乞靈於中醫或土法、又遍訪名醫不得。時李道恆正在湘西，為母病，訪求更急。聞沅陵有龍五爺者，為當地巨紳。民國七、八年時代，他已成湘、鄂、川、黔邊的風雲人物，現以年高，養望在鄉，地方人士，皆敬重有加。李道恆與之素昧平生，因特備禮品數色，前往拜訪。談及母病情況，龍曰：「非田癩子莫治。」乃為之推薦。得田應承，言明餽禮，遂邀之偕往長沙。田癩子，性極乖僻，早年為「排客」，已積資頗豐。七十後，始捨其業，以行醫救人為業。及經李邀，私意亦欲藉機赴省垣觀光，事誠兩得其便。

田癩子至長沙，先察李母病況，曰：「不必休息，即定翌日施術，早治早癒。」當囑李道恆備活山羊一隻，及一切祀神應用物品，置庭院中。至時，田癩子行禮如儀，唸咒畫符畢，口含符水噴於羊腹，仍唸咒不已。羊腹漸漸起如球狀時，田乃於其裹腿布中，抽出一長不及五寸的小尖刀。雙目注視羊腹的重點，唸詞益急，表情緊張，遽將手持利刄，直刺羊腹。戳口處，汩汩流出許多色黃而臭的濃汁。及羊腹漸漸縮小如常態，時道恆之妻，正在病房李母床側，高呼：「媽媽肚子消了！」此時，羊固作了「代罪羔羊」犧牲了，而臥病有年的李母，亦霍然而癒了。周仲平的「移病術」實極似出於排教之門。但仲平不承認，也不否認，因他平日總是絕口不言師承之事。

法力無邊精神貫注

胡耐菴教授的族兄存厚先生，與友合作，經營木柴公司，經常往來湘西辰、永之間，與一劉姓水師識久交深，幾乎無事不可共商。關於所業辰州符之事，亦常直言無隱。劉水師曾云：辰州有一最負盛名的籐法師，人尊稱之爲籐大爺，聲譽滿湘西。道中人，無不知其人，更無不敬仰其人與其法術之高深莫測。此非別人，即劉水師的老師。劉因諱師名，即常以「師尊」代之。劉水師常自謙的說：「我自問學藝，差可過門；但爲人治病，如接合斷骨，尙難立刻見效，至少亦須經時半日。」「如接合斷鷄頭，祇能支持片刻，行走三數步即仆。若師尊者，法術之高，確已達到極致。爲人治病，見其可治者，治之無不立見病患若失。其不可治者，寧不動手，亦不願其癒而曇花一現，反而傷透人心。如狗斷腿者，自可立時接合如常。接合鷄頭，亦祇能經時半日而已。」並謂：「其師曾救活一遭匪徒殺害的人。其人頭頸已半脫，約逾一刻鐘。師尊急施法治，幸得復生，今猶生活如常。」故辰州符之法力，誠有令人不可思議者。

劉水師云：自己承師尊之教，爲時尚淺，法力自然不深。最大的毛病，是由於精神的貫注力不够。師尊施法，除咒語、符籙之外，絕不假助任何外力。師尊常說：「符籙效用，首在唸咒。咒語之功，端在精神凝聚。精神貫注，金石爲開。初入師門學藝，即須勤練運用內功之術，當焚化符籙，密唸咒語、噴灑符水時，必須運用全副精神，隨火、隨聲、隨水，匯聚於一的(目的)。法力之著神效者，實皆施法者之全神貫注，有以致之耳。」所以余從師以來，謹守師訓：「學必勤習」，始終未敢稍懈。

以上所述皆胡存厚先生所告余者。對日抗戰之前，江、浙、湘、鄂、川、陝各地，多有「宗教哲學研究社」的創設。以研究宗教哲理爲主，以「精神療疾」爲用。曾風傳一時，信者亦實多其人。今日臺灣的「宗教哲學研究學社」，亦遵其舊制，施行「精神治療」之術；默誦二十字眞言，化布符於淸水杯中，病者服之，多見奇效。由此可見上述籙法師「精神貫注」之言，實可信而有徵。故周仲平之術，亦不必輕予否定。

嗜賭如命慘敗罹禍

周仲平挾其神奇的法術，行走江湖，爲人消災弭患，濟世救苦，自是一個極受社會各界歡迎的人物。他本身不嗜煙酒，不迷女色，節約自持，更具有安身立命的好條件。祇惜「嗜賭」如命，成爲他無可救藥的致命傷。照一般愚夫愚婦（如湖南省銀行戴某）的揣想：周仲平如果利用其神奇法術，從事賭博，必能隨心所欲，操必勝的把握。可是周則恰恰相反，而是每戰必敗。不自死心，還像左宗棠一樣，再接再厲，「屢敗屢戰」，終於弄得慘敗，不可收拾。據說：他是經由戴某之手，因賭虧挪用了湖南省銀行庫存公款十多萬。當時十多萬，並不是一個小數。無法交還戴某歸庫，被人向張治中省主席舉發。張遂令警拘周下獄處死。但銀行庫款，周具神通法術，爲何不直接去拿，而必假手於戴某？豈眞如迷信家所言：天子門下的江山財物，都有神靈守護，一切過往神祇、邪魔，都不敢侵犯耶！江湖規矩，極重「君子愛財，取之有道」，凡非法與不義之財，都是不許取的。雖所謂「刼富濟貧」，或當別論；但有殺傷破壞，仍不許爲正當。周仲平實亦江湖之流，敢於明知故犯，究竟有無難言之隱？外人卻不得知。他死後，有人傳其詐騙取財的經過，此亦道聽塗說，殊不一其詞。

或謂：湖南省銀行司庫的戴某，平日因放蕩冶遊，花費甚鉅，便利用職權的方便，私用公款不少。急待歸還，又無以爲計。他與周仲平原爲舊識，私以周爲活神仙，因親往與之商談求計。周許之，謂養「以母養子」之法，可以彌補。能畀我萬金「爲母」，三日之後，可「養子」十倍之數，除歸還虧空外，餘則爾我均分。戴某迷信神仙之法，便如所言，私取庫金予之。周得萬金，仍一賭而光。越三日，戴往詢周。周直以輸罄告之，要求再來萬金，保可如願以償！周如此頻頻需索，戴則愈陷愈深，無法自拔。嗣以事急，被人向張治中主席檢舉。周猶欲挾戴逃走。卒被軍警雙雙逮捕下獄。另有一種說法：謂有長沙商界鉅子龍某，與周仲平為賭場密友，向有債務關係。龍某迷周之神技，夢想富上加富；周卽投其所欲，騙財愈積愈多。由於貸款屢索不還，結成怨仇。及張治中主湘政，龍因挾恨，以周「妖妄惑眾」，密向張治中告了一狀。張為威懾天下計，便拘周仲平，予以槍決。

二說雖有出入，現亦不必深究。而周仲平之被殺，則為確鑿不移的事實。周仲平素行聲名，尚稱正派。無論其因何而遭殺身之禍？種根於賭博，則很顯然。

罪不當誅另有死因

周仲平誠如上述「挪用省庫公款」或「詐騙取財」，固皆罪有應得；但罪也不至於死。有謂：張治中快刀借人頭，純為一種軍閥作風。不過亦另有原因：一石兩鳥，藉題發揮而已。因張治中挾其所謂兩大政策——自治與自衛，來主湘政，正是抗日戰火已蔓延到了華中的時候。他又染上了左派時髦：「民主、前進」，標榜所謂最新的「社會革命」。經過他胡亂改革作為之後，已經鬧得湖南鷄犬不寧，民怨沸騰了。同時武漢緊急，戰火又威脅到了湖南。在此險惡情況之下，政治措施，自以「安定民心，鼓舞士氣，以不變應萬變」為上策。乃張治中不此之圖，反變本加厲，欲威鎮四方，「殺一警眾」。便以「妖妄惑眾」之罪，於二十七年春，殺了活神仙——周仲平。張猶洋洋自得謂：活神仙，我猶敢殺！小百姓又那敢不「噤若寒蟬，任其驅策?!」這就是周仲平不該死而死的主要原因。所謂「挪用公款」或「妖妄惑眾」，都不外是借題織罪而已。也或許是周仲平的煞星當頭，惡運恰巧碰上了。

周仲平被槍殺之日，長沙眞是萬人空巷，送神仙歸天，或眞以爲周仲平罪該萬死！周仲平也神色自若，不發一言，毫無反應，俯首就刑，頗有從容就義之概！他或許自認：這是江湖豪俠應當如是；也或許他自知違背禁誓，師門不容，大限到了！當他被捕下獄後，有獄卒某，曾勸他：「上請天兵天將，助主席挽救危局，保衛湖南，將功贖罪，也救了三湘百姓！」周仲平當時猶歎息的說：「我不是姜太公，彼也不是周武王，命也運也，莫可奈何！」蓋已有自知之明，其命莫保了！

背誓犯禁難免報應

自古相傳：江湖遊俠、江湖醫生、術士，甚至綠林盜寇，即凡跑江湖，混飯吃的人，無論是獻技、賣解、或所謂排客、辰州符，或爲邪門左道，無一沒有師承。當若輩入門拜師之時，儀式都相當隆重，必須焚香化帛，行三跪九叩首的大禮。雖無立字畫押之習，而斬鷄頭、立惡誓，卻是常不可免的。從此以後，闖蕩江湖，靠所學技藝，吃飯維生，是可保證的。但要恃技藝，為非作歹，或致富貴利達，師門也是絕不許可的。如果欺師滅祖，背誓犯禁，也必遭報應。「如果未報，時候未到」，世俗亦常懸此以自警惕！由於這種封建、鬼神、迷信思想的束縛，才使江湖人士，循規步矩，沒敢去做翻江倒海的事。最低限度，也使一入師門之徒，受着精神的威脅，始終尊師重道，安份守己的主要原因。

莊子所說：「盜亦有道。」這道理就是說：強盜有強盜的規矩制度，不能隨隨便便去破壞。周仲平雖不是強盜，而其行為，卻破壞了本行師門的規矩制度。臨刑而能坦蕩從容赴死，這自然不是他具有不怕死的精神，實在是他已自己明白：「背誓犯禁」，破壞了師門的規矩制度。師門不容，難逃天譴！他能說出「命也、運也、莫可奈何」的話，守法就刑，還足見其良心，尚未全泯！

神仙昇天餘波盪漾

周仲平的大不幸，是被張治中狂妄取了他的生命，成了人間的寃鬼。日寇沒有南下長沙，暫時保住他湖南主席的寶座；但他殺了周仲平之後，為時未久，正其氣燄更高張之際，自己的不幸，也接著而來了。即其愚昧盲目之行，繼所謂「兩大政策」之後，「張皇失措」一把無名大火，將長沙燒了。他爲「推行兩大政策」，先取了周仲平的頭；因「結束兩大政策」，則取了酆悌（長沙警備司令）、徐崑（警備團團長）、文重孚（警察局長）三人的頭。前後四個人頭，都作了兩大政策的祭品，仍未保住其主席的地位•獨惜自己的蟻命，秘密逃往重慶。名爲待罪，實則奔走權要之門，預通關節。

旅渝湘籍人士之好事者，當卽傳出一副對聯說：「治績何存?兩大政綱一把火；中心何忍，三個頭顱萬古寃。」聯頭標「治中」二字。橫額則爲「張皇失措」（非常眞切）。長沙大火的責任，當然應由張治中個人負責。他是當時湘政唯一的發號施令者。他不發令，又誰敢放火?所以當時國人，無不大聲疾呼「張治中可殺！」絕無人提到酆、徐、文三人或某一人有罪！不意重慶當局，竟被張治中一面之詞和關節溝通所蒙蔽。周仲平與酆悌等四人，又皆死無對證。致張治中乃得逍遙法外，僥倖苟全了蟻命。

當張中治逃回重慶待罪之際，湖南民間的謠言，又四處蜂起。一說：長沙的無名大火，是周神仙顯靈，對張治中的一種報復，縱令逃回重慶，也是死定了。由此亦可見湘人痛恨張治中之至深且鉅！也才會有此種迷信果報的信念。實則張治中不但未獲應得之誅，反而繼陳誠（辭修）將軍，擔任了國軍總政治部部長的高官重寄。因之，湘人又傳播一種謠言：張治中之暫得不死，是他痛哭流涕，向某夫人跪叩了三個鐘頭保住的。總之「善有善報，惡有惡報，如果未報，時候未到。到了時候，周神仙還是會顯靈的！」信不信由你。神仙昇天，餘波盪漾，此處不過照錄湘人的謠言而已。

滄海叢刊已刊行書目(八)

書名	作者	類別
文學欣賞的靈魂	劉述先	西洋文學
西洋兒童文學史	葉詠琍	西洋文學
現代藝術哲學	孫旗譯	藝術
音樂人生	黃友棣	音樂
音樂與我	趙琴	音樂
音樂伴我遊	趙琴	音樂
爐邊閒話	李抱忱	音樂
琴臺碎語	黃友棣	音樂
音樂隨筆	趙琴	音樂
樂林蓽露	黃友棣	音樂
樂谷鳴泉	黃友棣	音樂
樂韻飄香	黃友棣	音樂
樂圃長春	黃友棣	音樂
色彩基礎	何耀宗	美術
水彩技巧與創作	劉其偉	美術
繪畫隨筆	陳景容	美術
素描的技法	陳景容	美術
人體工學與安全	劉其偉	美術
立體造形基本設計	張長傑	美術
工藝材料	李鈞棫	美術
石膏工藝	李鈞棫	美術
裝飾工藝	張長傑	美術
都市計劃概論	王紀鯤	建築
建築設計方法	陳政雄	建築
建築基本畫	陳榮美 楊麗黛	建築
建築鋼屋架結構設計	王萬雄	建築
中國的建築藝術	張紹載	建築
室內環境設計	李琬琬	建築
現代工藝概論	張長傑	雕刻
藤竹工	張長傑	雕刻
戲劇藝術之發展及其原理	趙如琳譯	戲劇
戲劇編寫法	方寸	戲劇
時代的經驗	汪琪 彭家發	新聞
大眾傳播的挑戰	石永貴	新聞
書法與心理	高尚仁	心理

滄海叢刊已刊行書目(七)

書名	作者	類別
印度文學歷代名著選(上)(下)	糜文開編譯	文學
寒山子研究	陳慧劍	文學
魯迅這個人	劉心皇	文學
孟學的現代意義	王支洪	文學
比較詩學	葉維廉	比較文學
結構主義與中國文學	周英雄	比較文學
主題學研究論文集	陳鵬翔主編	比較文學
中國小說比較研究	侯健	比較文學
現象學與文學批評	鄭樹森編	比較文學
記號詩學	古添洪	比較文學
中美文學因緣	鄭樹森編	比較文學
文學因緣	鄭樹森	比較文學
比較文學理論與實踐	張漢良	比較文學
韓非子析論	謝雲飛	中國文學
陶淵明評論	李辰冬	中國文學
中國文學論叢	錢穆	中國文學
文學新論	李辰冬	中國文學
離騷九歌九章淺釋	繆天華	中國文學
苕華詞與人間詞話述評	王宗樂	中國文學
杜甫作品繫年	李辰冬	中國文學
元曲六大家	應裕康 王忠林	中國文學
詩經研讀指導	裴普賢	中國文學
迦陵談詩二集	葉嘉瑩	中國文學
莊子及其文學	黃錦鋐	中國文學
歐陽修詩本義研究	裴普賢	中國文學
清真詞研究	王支洪	中國文學
宋儒風範	董金裕	中國文學
紅樓夢的文學價值	羅盤	中國文學
四說論叢	羅盤	中國文學
中國文學鑑賞舉隅	黃慶萱 許家鸞	中國文學
牛李黨爭與唐代文學	傅錫壬	中國文學
增訂江皋集	吳俊升	中國文學
浮士德研究	李辰冬譯	西洋文學
蘇忍尼辛選集	劉安雲譯	西洋文學

滄海叢刊已刊行書目(六)

書名	作者	類別
卡薩爾斯之琴	葉石濤	文學
青囊夜燈	許振江	文學
我永遠年輕	唐文標	文學
分析文學	陳啓佑	文學
思想起	陌上塵	文學
心酸記	李喬	文學
離訣	林蒼鬱	文學
孤獨園	林蒼鬱	文學
托塔少年	林文欽編	文學
北美情逅	卜貴美	文學
女兵自傳	謝冰瑩	文學
抗戰日記	謝冰瑩	文學
我在日本	謝冰瑩	文學
給青年朋友的信(上)(下)	謝冰瑩	文學
冰瑩書柬	謝冰瑩	文學
孤寂中的廻響	洛夫	文學
火天使	趙衛民	文學
無塵的鏡子	張默	文學
大漢心聲	張起鈞	文學
回首叫雲飛起	羊令野	文學
康莊有待	向陽	文學
情愛與文學	周伯乃	文學
湍流偶拾	繆天華	文學
文學之旅	蕭傳文	文學
鼓瑟集	幼柏	文學
種子落地	葉海煙	文學
文學邊緣	周玉山	文學
大陸文藝新探	周玉山	文學
累廬聲氣集	姜超嶽	文學
實用文纂	姜超嶽	文學
林下生涯	姜超嶽	文學
材與不材之間	王邦雄	文學
人生小語(一)(二)	何秀煌	文學
兒童文學	葉詠琍	文學

滄海叢刊已刊行書目㈤

書名	作者	類別
中西文學關係研究	王潤華	文學
文開隨筆	糜文開	文學
知識之劍	陳鼎環	文學
野草詞	韋瀚章	文學
李韶歌詞集	李韶	文學
石頭的研究	戴天	文學
留不住的航渡	葉維廉	文學
三十年詩	葉維廉	文學
現代散文欣賞	鄭明娳	文學
現代文學評論	亞菁	文學
三十年代作家論	姜穆	文學
當代臺灣作家論	何欣	文學
藍天白雲集	梁容若	文學
見賢集	鄭彥棻	文學
思齊集	鄭彥棻	文學
寫作是藝術	張秀亞	文學
孟武自選文集	薩孟武	文學
小說創作論	羅盤	文學
細讀現代小說	張素貞	文學
往日旋律	幼柏	文學
城市筆記	巴斯	文學
歐羅巴的蘆笛	葉維廉	文學
一個中國的海	葉維廉	文學
山外有山	李英豪	文學
現實的探索	陳銘磻編	文學
金排附	鍾延豪	文學
放鷹	吳錦發	文學
黃巢殺人八百萬	宋澤萊	文學
燈下燈	蕭蕭	文學
陽關千唱	陳煌	文學
種籽	向陽	文學
泥土的香味	彭瑞金	文學
無緣廟	陳艷秋	文學
鄉事	林清玄	文學
余忠雄的春天	鍾鐵民	文學
吳煦斌小說集	吳煦斌	文學

滄海叢刊已刊行書目(四)

書名	作者	類別
歷史圈外	朱桂	歷史
中國人的故事	夏雨人	歷史
老臺灣	陳冠學	歷史
古史地理論叢	錢穆	歷史
秦漢史	錢穆	歷史
秦漢史論稿	刑義田	歷史
我這半生	毛振翔	歷史
三生有幸	吳相湘	傳記
弘一大師傳	陳慧劍	傳記
蘇曼殊大師新傳	劉心皇	傳記
當代佛門人物	陳慧劍	傳記
孤兒心影錄	張國柱	傳記
精忠岳飛傳	李安	傳記
八十憶雙親 師友雜憶 合刊	錢穆	傳記
困勉强狷八十年	陶百川	傳記
中國歷史精神	錢穆	史學
國史新論	錢穆	史學
與西方史家論中國史學	杜維運	史學
清代史學與史家	杜維運	史學
中國文字學	潘重規	語言
中國聲韻學	潘重規 陳紹棠	語言
文學與音律	謝雲飛	語言
還鄉夢的幻滅	賴景瑚	文學
葫蘆・再見	鄭明娳	文學
大地之歌	大地詩社	文學
青春	葉蟬貞	文學
比較文學的墾拓在臺灣	古添洪 陳慧樺 主編	文學
從比較神話到文學	古添洪 陳慧樺	文學
解構批評論集	廖炳惠	文學
牧場的情思	張媛媛	文學
萍踪憶語	賴景瑚	文學
讀書與生活	琦君	文學

滄海叢刊已刊行書目㈢

書名	作者	類別
不疑不懼	王洪鈞	教育
文化與教育	錢穆	教育
教育叢談	上官業佑	教育
印度文化十八篇	糜文開	社會
中華文化十二講	錢穆	社會
清代科舉	劉兆璸	社會
世界局勢與中國文化	錢穆	社會
國家論	薩孟武譯	社會
紅樓夢與中國舊家庭	薩孟武	社會
社會學與中國研究	蔡文輝	社會
我國社會的變遷與發展	朱岑樓主編	社會
開放的多元社會	楊國樞	社會
社會、文化和知識份子	葉啓政	社會
臺灣與美國社會問題	蔡文輝 蕭新煌 主編	社會
日本社會的結構	福武直 著 王世雄 譯	社會
三十年來我國人文及社會科學之回顧與展望		社會
財經文存	王作榮	經濟
財經時論	楊道淮	經濟
中國歷代政治得失	錢穆	政治
周禮的政治思想	周世輔 周文湘	政治
儒家政論衍義	薩孟武	政治
先秦政治思想史	梁啓超原著 賈馥茗標點	政治
當代中國與民主	周陽山	政治
中國現代軍事史	劉馥 著 梅寅生 譯	軍事
憲法論集	林紀東	法律
憲法論叢	鄭彥棻	法律
師友風義	鄭彥棻	歷史
黃帝	錢穆	歷史
歷史與人物	吳相湘	歷史
歷史與文化論叢	錢穆	歷史

滄海叢刊已刊行書目(二)

書名	作者	類別
語言哲學	劉福增	哲學
邏輯與設基法	劉福增	哲學
知識・邏輯・科學哲學	林正弘	哲學
中國管理哲學	曾仕强	哲學
老子的哲學	王邦雄	中國哲學
孔學漫談	余家菊	中國哲學
中庸誠的哲學	吳怡	中國哲學
哲學演講錄	吳怡	中國哲學
墨家的哲學方法	鐘友聯	中國哲學
韓非子的哲學	王邦雄	中國哲學
墨家哲學	蔡仁厚	中國哲學
知識、理性與生命	孫寶琛	中國哲學
逍遥的莊子	吳怡	中國哲學
中國哲學的生命和方法	吳怡	中國哲學
儒家與現代中國	韋政通	中國哲學
希臘哲學趣談	鄔昆如	西洋哲學
中世哲學趣談	鄔昆如	西洋哲學
近代哲學趣談	鄔昆如	西洋哲學
現代哲學趣談	鄔昆如	西洋哲學
現代哲學述評(一)	傅佩榮譯	西洋哲學
懷海德哲學	楊士毅	西洋哲學
思想的貧困	韋政通	思想
不以規矩不能成方圓	劉君燦	思想
佛學研究	周中一	佛學
佛學論著	周中一	佛學
現代佛學原理	鄭金德	佛學
禪話	周中一	佛學
天人之際	李杏邨	佛學
公案禪語	吳怡	佛學
佛教思想新論	楊惠南	佛學
禪學講話	芝峯法師譯	佛學
圓滿生命的實現(布施波羅蜜)	陳柏達	佛學
絶對與圓融	霍韜晦	佛學
佛學研究指南	關世謙譯	佛學
當代學人談佛教	楊惠南編	佛學

滄海叢刊已刊行書目(一)

書名	作者	類別
國父道德言論類輯	陳立夫	國父遺教
中國學術思想史論叢(一)(二)(三)(四)(五)(六)(七)(八)	錢穆	國學
現代中國學術論衡	錢穆	國學
兩漢經學今古文平議	錢穆	國學
朱子學提綱	錢穆	國學
先秦諸子繫年	錢穆	國學
先秦諸子論叢	唐端正	國學
先秦諸子論叢(續篇)	唐端正	國學
儒學傳統與文化創新	黃俊傑	國學
宋代理學三書隨劄	錢穆	國學
莊子纂箋	錢穆	國學
湖上閒思錄	錢穆	哲學
人生十論	錢穆	哲學
晚學盲言	錢穆	哲學
中國百位哲學家	黎建球	哲學
西洋百位哲學家	鄔昆如	哲學
現代存在思想家	項退結	哲學
比較哲學與文化(一)(二)	吳森	哲學
文化哲學講錄(一)(二)(三)(四)	鄔昆如	哲學
哲學淺論	張康譯	哲學
哲學十大問題	鄔昆如	哲學
哲學智慧的尋求	何秀煌	哲學
哲學的智慧與歷史的聰明	何秀煌	哲學
內心悅樂之源泉	吳經熊	哲學
從西方哲學到禪佛教—「哲學與宗教」一集—	傅偉勳	哲學
批判的繼承與創造的發展—「哲學與宗教」二集—	傅偉勳	哲學
愛的哲學	蘇昌美	哲學
是與非	張身華譯	哲學